赵忠祥◎著

赵忠祥作品系列

岁月回眸

中国工人出版社

图书在版编目（CIP）数据

赵忠祥：岁月回眸／赵忠祥著. —北京：中国工人出版社，2015.10
ISBN 978-7-5008-6284-0

Ⅰ.①赵… Ⅱ.①赵… Ⅲ.①赵忠祥—自传 Ⅳ.①K825.42

中国版本图书馆CIP数据核字（2015）第285352号

赵忠祥：岁月回眸

出 版 人	芮宗金
责任编辑	葛忠雨 刘广涛
责任校对	董春娜
责任印制	黄 丽
出版发行	中国工人出版社
地 址	北京市东城区鼓楼外大街45号 邮编：100120
网 址	http://www.wp-china.com
电 话	（010）62350006（总编室） （010）62005039（出版物流部） （010）62379038（社科文艺分社）
发行热线	（010）62005049 （010）62005042（传真）
经 销	各地书店
印 刷	三河市嵩川印刷有限公司
开 本	710毫米×1000毫米 1/16
印 张	26.75
字 数	325千字
版 次	2016年4月第1版 2020年1月第2次印刷
定 价	48.00元

自 序

“文章千古事，得失寸心知。”自从20世纪90年代萌生写作并出书以来，岁月如流，转瞬20多年辞我而过。我本想尽量多地把职场生涯、人生体验、所见众生相与世事况味，更多地诉诸笔端，可能会多写些文字；也曾渴求叙事更顺遂、状物更绵密，把值得呈现给读者的风云变故尽情倾诉。但虽事在人为，却也凡事似有定数，所以迄今为止也仅写下了五部著作，而再无进益。

我喜欢读书。先前曾受“万般皆下品，唯有读书高”的影响，但我很长时间却从未想过自己要写出一本书。直到年近半百，上海人民出版社陈军盯上我，并不达目的誓不罢休，终于逼得我写出了第一本书并出乎预料成了一时的畅销书。以后遂一鼓作气，我又写了几本。计有《岁月随想》《岁月情缘》《岁月缤纷》（岁月三部曲）《湖畔絮语》《诗意年华》（格律诗集）。

我自从写了书后，更知著书立说实非易事。我是怀着敬畏之心学步先贤，每当完成一篇，自觉相差甚远，就像对过往主持的节目似的，虽已尽力，却因功力所限，从未自满过一样。我写书，尤其在写第一部时，可谓诚惶诚恐，字斟句酌，也知疏漏浅薄之处在所难免。然而《岁月随想》甫一面世，反响却让我始料不及。读者的厚爱、热情令我产生如梦如幻的手足无措，签售时遇到的热烈场景也令我感激涕零。从未承想，我本打算出一两万册就大喜过望，却一版再版印到105万册，并连续多时列畅销书榜首。

朱柏庐先生“治家格言”有云：“得意不宜再往。”我可以继续写书，但不宜再像以往大张旗鼓以再求畅销，因之以后得意不再，批评之声盖过过去的溢美之词乃至累及名人出书的声誉。当然我会义不容辞地讲，“万般皆下品，唯有读书高。”此潮流可爱护亦可评说，但绝不应棒喝甚至喝令制止。当然没什么人会听我的，而我也大可不必越俎代庖。往事啦，也如烟散……但我仍珍惜我所写的书和书中的世事人生，那是我生命中最值得记述的片断，那是我不愿湮没的苦乐年华，那也有我在伟大时代伟大事件中的壮怀激烈、仰天高歌。凡事皆有定数，名家大师有著作等身，也有孤篇抵百卷，都可名留千古。我辈凡夫俗子，何苦力拼，见好就收，遂消磨了无止无休写书出版发行以博文声的遐想。

因之很久再未曾动笔，逐渐“门前冷落车马稀”。现在已经很少有出版社与编者像前些年那般“一曲红绡不知数”的邀约了。2015 年夏日竟忽然又有出版社愿出我的作品集，当即欣然允诺。也许是旧习仍欲动，也许是仍不甘寂寞，于是我整理旧作，增加部分内容又一回出书啦。

赵忠祥

2015 年 9 月于北京

赵忠祥简介①

赵忠祥是新中国创业时期的电视工作者，是中央电视台第一位男播音员。他从1960年2月至今先后担任播音员和节目主持人逾五十年。在党和国家的培养下，赵忠祥成为一位电视宣传骨干，在政治上始终与党中央保持一致，在工作上认真负责、勤勤恳恳、兢兢业业。无论是在新闻播音工作中，还是在担任主持人期间，也无论是直播还是录播，在历次重大广播中，赵忠祥从未出过差错，均能圆满完成任务。五十多年在这样一个重要岗位上能做到这一点，需要付出的努力是可想而知的。赵忠祥是电视播音与主持的多面手，在屏幕上热情诚恳地为观众服务，深受广大观众喜爱。不但播音主持艺术长青，创下至今为止广播电视行业人员从业的最长年限，而且赵忠祥也以全方位的素养实现了多种播出形态的转型、开拓，并进行了包括新闻、评论、采访、专题、解说、朗诵、医药卫生、少儿、体育、综艺、竞赛、娱乐等各类节目的实践。赵忠祥主持的节目类型涉及了迄今为止中国电视屏幕上的所有播出形态。同时，赵忠祥从不按自己的兴趣挑三拣四，而是时刻等待领导和主创人员的安排和召唤，并做到“召之即来，来之能战，战之能胜”。

① 编者按：本文为2010年“赵忠祥播音主持50年学术研讨会”上对赵忠祥50年职业生涯的总结和概括。现收于中国电视艺术家协会主持人专业委员会资料室。

一

由于20世纪80年代以前中央电视台没有录像机，新闻等所有节目都只能进行直播，而且不允许出差错。早年中央电视台处于初创阶段，但那时的工作内容十分丰富，这也为赵忠祥的进步和历练提供了难得的历史机遇。

三年困难时期（1959–1961年）全党全国人民的同甘共苦；中苏论战；第一颗原子弹试爆成功；党和政府的重要会议、公告、政令，均须直播。由于赵忠祥是唯一的男声，所以很多时候这些新闻都是由他发布。

在此期间，赵忠祥还以采访记者的身份，专访过大庆王进喜、大寨陈永贵、全国劳模时传祥等，还采访过多位名医，报道了当年断手再植的主治医生陈中伟，外交英雄王唯真，数学大师华罗庚等多位典型人物。尤其与活跃在20世纪中期的多位艺术大师，如马连良、裘盛戎、张君秋、侯宝林等在工作中的接触、观摩、请教，让其终身受益。

由于当时人手少，赵忠祥必须承担各种播出工作。1961年第26届世乒赛期间领导派他随张之学习，并实况转播过世乒赛的个别赛事。

二

1960年赵忠祥18岁时，即被派转播国庆游行实况，由于圆满完成重任，他连续担任了1960–1967年度（除1965年他被派下乡“四清”工作）的历次国庆实况转播，均取得圆满成功。“文革”中，国庆游行一度中断。1984年，赵忠祥仍被派担任国庆游行与阅兵式实况转播。1994年和1999年，赵忠祥在天安门城楼上主持《国庆烟火晚会》实况直播，也都圆满完成任务。在此期间，赵忠祥共转播与主持国庆大典9次，创下无人再能超越的纪录，因为之后规定每10年举办一次庆典。

三

1973 年年底，赵忠祥以出色的播音水准被指定为播报毛主席重要新闻的唯一播音员。

赵忠祥是 1978 年《新闻联播》第一个出镜播报的播音员，而且是被指定的唯一出镜者，并力主引进提示器。在 1979 年的《新闻联播》中，他第一个使用了提示器播报。

1979 年 1 月，赵忠祥被派随邓小平同志访美报道。在访美期间，他进入白宫专访卡特。当时，我国外交部通报美方："这是中华人民共和国中央电视台记者第一次采访一位美国总统"。赵忠祥在这次访美中圆满完成各项任务。

在此前后，赵忠祥曾采访过三十余位国内外政要，包括两次采访卡特、里根及基辛格等人。

四

在长期的新闻播音实践中，赵忠祥形成了自己庄重大气的播音风格。他要求自己在播报各种新闻时要做到：第一，气壮山河的声威；第二，包容四海的气势；第三，曲尽入微的阐述；第四，悲天悯人的关怀；第五，谦恭诚恳、朴实无华的播报，并且要与广大受众产生感同身受的共鸣。要求自己爱岗敬业，以永不疲惫的状态出境，不卑不亢，游刃有度。

五

1985 年，上海《新民晚报》发起第一次全国范围的读者投票选出最佳播音员的活动，赵忠祥位居榜首。

20 世纪 90 年代初，赵忠祥连获多次奖励与提名：因在 1993 年 12 月韶山现场直播"纪念毛泽东同志诞辰一百周年"，即"人间正道是沧桑"晚会和 1994 年元宵晚会、1994 年春节戏曲晚会上的出色表现而被评为"星光奖"最佳主持人；1993年，赵忠祥在为大型电视纪录片《毛泽东》解说中充满激情、政论性的配音风格获“CCTV杯解说奖”；获1993年、1994年度广播电视学会主持人节目研究会“金话筒特殊荣誉奖”；1994年在中央电视台青少部（全国）电视调查中，被观众投票评为“中央电视台十位受欢迎主持人”中的第一名。在1995年年初，正值港台歌星频频在内地演出，社会上掀起一股追星热时，国家统计局在重庆抽样调查。大陆、港、台最受欢迎的艺术家中，赵忠祥被广大群众评为第一名。为此《重庆日报》报道：“重庆人对大陆艺术家的喜爱人数超过了港台影视歌星，中央电视台富有威望的著名节目主持人赵忠祥为最受欢迎的人。赵忠祥的屏幕形象，没有哗众取宠，没有华丽包装，而是以朴实亲切、庄重、诚挚，以鲜明的民族文化格调赢得了最大多数观众。”

六

1985年，赵忠祥倡议与全台各部门几位优秀的编导、记者共同制作了新闻专题、新闻评论节目：《十二小时即时采访》《谈宝钢》《看北京》二集，《逛灯会》《撞击与反射》三集等，深入反映改革开放中各行各业的新气象、新风貌和探讨面临的问题，这些节目成为中央电视台新闻专访和评论承上启下的重要环节。《十二小时即时采访》以展现节日夜晚普通劳动者坚守岗位，无私奉献的感人事迹为内容，荣获1985年全国新闻专题一等奖。赵忠祥要求自己在采访与提问中体现人文关怀、尊重与善待对方，适可而止，避免逞口舌之利难为对方。新闻评论中要世事洞明，不要自以为是；新闻评论的重要功能在于预判未来，而不是纠缠过去。

七

在播报新闻的同时，赵忠祥还应邀参加其他类型节目的播出。1981年他第一次以主持人的身份，主持《北京市中学生智力竞赛》，全方位参与出题、赛程、主持、评分过程。由于突出了励志与文化知识的魅力，此次节目大获成功，遂成全国一个时期的重要节目形态。接下来中央电视台举办的《第二次中学生智力竞赛》《蒲公英知识竞赛》、《全军知识竞赛》均获各界好评。

八

改革开放以来，中央电视台的屏幕逐渐多姿多彩。1980 年，赵忠祥被邀为中央电视台第一部译制片《红与黑》的主角于连配音，获好评。1982 年，著名导演潘霞邀他参演电视剧《多棱镜》，该剧获第一届飞天奖。各种实践拓宽了他的视野，增加了适应多种节目的能力。

九

1980 年 12 月 31 日，赵忠祥应邀为第一部《动物世界》栏目配解说。由于工作认真、解说动听，以致他后来成为专职解说者。至今赵忠祥已为《动物世界》和《人与自然》栏目共配解说两千五百多部、集，解说文字一千八百多万字。

1995 年，在台领导指示下，《人与自然》创办，赵忠祥与张子扬担任创意，主编并由赵忠祥主持与解说。由于该栏目和世界首脑“环发大会”接轨，遂获联合国秘书长加利先生的表扬。此消息中央电视台曾作新闻报道。在 2000 年的一次全台节目收视调研中，《人与自然》获专题类节目五个分项评比第一和综合评估第一名。

十

赵忠祥与杨澜主持的一百期《正大综艺》，认真贯彻老领导梅益同志提出的“知识性、欣赏性、趣味性”的主持宗旨，防止低俗，并在与杨澜的合作中自撰串词，突出亲力亲为的真情实感，尽量体现丰富的中国文化底蕴。赵忠祥在娱乐环节当中要求自己，只可自嘲而不可挖苦别人，幽默中表现出典雅。

十一

从1983年开始，赵忠祥出任十五届“春晚”主持人，也从1983年开始担任《维也纳新年音乐会》实况转播主持人25年，对欧洲音乐有了较深认识。

十二

应刘效礼之邀，赵忠祥为大型文献片《毛泽东》《邓小平》《孙中山》20世纪的这三位伟人传记片配音；为李近朱的《庐山》《大京九》和闫东的《共产党宣言》《伟大的历程》配音；这些巨作均获“五个一工程奖”等大奖。仅20世纪90年代以来，赵忠祥就解说《神州风采》近千集，《百年中国》百集，为全国各地无数的专题片配音。赵忠祥的声音如今在各地荧屏内外回响，不绝于耳。在龙门石窟、九寨沟、云台山、黄山、庐山等众多景区，每天也都有赵忠祥的声音伴随各地游客欣赏祖国的大好山河。赵忠祥在实践中深知“说者千钧力，闻者始动衷”，所以，他的声音中既有“力拔山兮气盖世”的阳刚，又有柔情似水的阴柔，以真情实感做到声声入耳、字字有情。

十三

赵忠祥主持《香港回归》《澳门回归》《千年之禧》等大型综艺晚会与数百场各类专题晚会，都是张弛有度，神采飞扬。

例如从主持第一场西柏坡“心连心”活动以后，到老、少、边地区参与“心连心”演出20多场。2008年夏，赵忠祥以年龄最大的成员身份参加四川震区“心连心千里行”和为“神七”发射壮行的酒泉基地“心连心”演出。在此期间，赵忠祥任劳任怨、不辞辛苦，受到领导表扬。

十四

2009 年，赵忠祥应上海东方卫视力邀，主持娱乐节目《舞林大会》共 26 场。至此，他完成了各类型节目的主持实践。

2010 年 9 月，中央电视台综合频道于 18：00—18：50 推出新创栏目《我们有一套》，由中央电视台与地方台的资深主持人轮流主持。赵忠祥主持的一场节目创下了 1.467 的收视率，这也是中央电视台多年来这一时段的最高收视纪录。资深主持人最可称道的是，长久以来他们都得到了广泛的喜爱与欢迎，赵忠祥正是这样一位一直深受观众喜爱的艺术家。

2000 年以后，赵忠祥虽逐渐淡出综艺节目。但在 2005 年年末，《法制晚报》与《南方周末》两家平面媒体所进行的随机采访调研中，南北的受访群众中最希望赵忠祥主持“春晚”人数比例高达 87.5%。赵忠祥以自身的敬业精神和出色的播音主持功底，已经成为几十年来挥之不去的符号，和观众有着宛如一家的“亲情”。赵忠祥在各个时期都为党的宣传事业发出了正义之声，美好之声，动情之声。

当我们回顾赵忠祥五十多年的从业生涯，不但为他的行业内最长的从业年限，最广泛地驾驭各类节目，而且从未有过差错的播音感佩之时，我们还要向大家说明，五十年来，赵忠祥从没有因自己的事情耽搁过任何一次播出，难道他永不生病？不，他曾几次发高烧却仍坚持在一线播报。

1998 年夏，赵忠祥脚部三踝骨折，头一天打石膏，第二天就被推到播音间。他忍着剧痛为《共产党宣言》做解说。因王光美同志点名要他解说《刘少奇》，他仍带伤解说。接着是为多期《人与自然》的出镜主持，他无法彻底休息一段时间。这时 1998 年长江特大洪灾爆发，中央各部委在最危急、最关键的时刻举行了大型赈灾义演。赵忠祥接受重任坐轮椅上场，用一只脚支撑站立，以最饱满的激情完成了这场重要的政治任务并获表彰。

十五

赵忠祥热心公益事业，20 多年来与白谦诚等同志精诚合作为主持人事业尽职尽责。并担任 13 年中国广播电视学会（2004 年 12 月改为中国广播电视协会）节目主持人委员会会长，现任中国广播电视协会主持人委员会主任至今。

赵忠祥在第八、九、十届全国政协任职期间参加人、资、环委员会，多次对环保事业建言献策，2007 年曾获全国政协优秀提案奖。赵忠祥在担任中国野生动物保护协会常务理事期间也做了大量公益活动。

十六

为提高播音主持业务，赵忠祥好学不倦，广交朋友，诗词书画皆有修养。从 1996 年以来，赵忠祥共出了五本专著，《岁月随想》一书至今保持其个人随笔散文类销售 105 万册的纪录。《诗意年华》是他的一本格律诗选，收集近三百首旧体诗，由此可以看出他在传统文化上的修养。

2009 年，赵忠祥被文化部所属部门评为最有影响的十大收藏家。他认为这是时代、中央电视台、优秀的编播团队培育了他——“央视是一棵大树，他只是一个叶片”。

机会是留给有准备的人的。这份简介让我们再次感到赵忠祥曾几乎撑住中央电视台播音、主持的“半壁江山”。赵忠祥之所以有那么多开拓的机会，是因为他以刻苦钻研的敬业精神，友善谦和的态度和完成任务的“万无一失”，获得了领导和观众的信任。五十多年的经历证实了赵忠祥对党的宣传事业的忠诚与奉献。

目录

上 篇 少年时光：烂漫年华烂漫愁

儿时游戏回忆缘起 / 4

捉迷藏 / 7

玻璃球 / 11

拍洋画 / 17

蛐蛐和蝈蝈 / 21

空竹 / 36

风筝 / 43

蚕宝宝 / 53

赤包、“姑娘儿”、茉莉花 / 60

叠三角、跳房子及小吃 / 67

勾老条 / 76

画糖人 / 81

蓝天鸽梦 / 88

心灵的憩园 / 110

中　篇　荧屏内外：半世峥嵘路，满园璀璨花

初到电视台：回眸恍若一梦中 / 124
第一次出镜：央视第二个播音员的处女秀 / 133
一字之师华罗庚：教我学习运筹学 / 136
干校和插队：那也是我生命中的一段时光 / 140
忆西南：相聚是缘，缘尽于此，情却永存 / 168
央视 20 年：昨夜星辰昨夜风 / 191
我与《动物世界》的缘：赞美大自然的生灵 / 222
从播音员到主持人的转轨：柳暗花明又一村 / 232
义气与职称：解铃“不”须系铃人 / 248
道是无情却有情：我与《正大综艺》 / 257
蓝天雄鹰 / 280
《岁月》情怀上：《岁月随想》出版往事 / 286
《岁月》情怀下：《岁月情缘》出版往事 / 308
带伤主持《我们万众一心》大型赈灾义演晚会 / 333
汶川地震后随央视心连心艺术团奔赴灾区慰问 / 342
北京奥运随想录：环球盛赞开幕式，百年奥运梦成真 / 357

下 篇 退休生涯：字画诗文伴我游

我的书法 / 372

我的画作 / 374

我的诗文 / 386

附 录 众家评说赵忠祥

上篇
少年时光：烂漫年华烂漫愁

SHANG PIAN

儿时游戏回忆缘起
捉迷藏
玻璃球
拍洋画
蛐蛐和蝈蝈
空竹
风筝
蚕宝宝
赤包、“姑娘儿”、茉莉花
叠三角、跳房子及小吃
勾老条
画糖人
蓝天鸽梦
心灵的憩园

“烂漫年华烂漫愁”，我终于选定这句形成于二百年前的诗句，作为本篇回忆儿时天真欢愉时光文章的标题。从小学作文伊始，就养成如此习惯：老师出题，我们作文。久之自己写作，如无命题在先，终难成文。故每当余提笔之际，则寻典故、穷记忆、触遐思，偶觉心念闪动，犹如电光石火，豁然洞天，立握佳题，其喜洋洋，文思恣肆，或成万言亦未可知。

朱柏庐先生治家格言云：“祖宗虽远祭祀不可不诚，儿孙虽愚经书不可不读。”先辈垂训岂戏言哉。东坡学士成文之际苦思首句，如《潮州韩文公庙碑》开篇之语：“匹夫而为百世师，一言而为天下法。”拈须数茎而妙语忽来。上溯至太史公，如《游侠列传》引文：“韩子曰：‘儒以文乱法，而侠以武犯禁。’二者皆讥，而学士多称于世云。”命题与句首相辅相成，全文与开篇相呼相应，佳句偶得，神思陡涌，全篇立成，或行云流水，或一泻千里，气势雄浑，掷地有声。早年读书，每思先贤名篇妙成，私心慕之。余虽愚钝，岂可不效。

本篇题目，实无心开卷，有缘得来。三十年前，偶见《清诗别裁集》线装古本一匣，卷帙浩繁，无暇通览，遂信手翻看，忽有七言二句跳入眼帘：“烂漫年华烂漫愁，春光春水两悠悠。”颇有唐人诗意，于是拂之不去。二十年前，余拟古风《春城歌》曾借后句入篇：“……君看玉龙山上雪，春风不曾到山头。春雨尽日似轻愁，春光春水两悠悠……”此诗曾选入拙作《岁月随想》中，时光如水，亦成往事。

今拟再出新作之际，友人嘱我写回忆童趣之文，遂欣然命笔。成人回味儿时，总觉往事甜甜，皆因那是烂漫时光，青春金曲，值得用心去唱。然忧患与生俱来，儿时亦有愁情，如作业未成，考试不佳，老师责斥，同伴怄气，再加磕碰划伤，偶感风寒，岂一味“千里快哉风”。何况虽不为生计盘算，却也有捉襟之羞，甚至耿耿至今，终难释怀，如当年购书无钱之事，历历在目。

余年少时喜诵诗文，偶向家母提及，若能购得《全唐诗》一部，别无他求。本戏言耳，然事隔未久，母亲说：曾托同事某代为留意，因其夫在书局任职。据称其问及：“赵家并非富户，何以如此豪阔。”噫，余顿悟此书实非如我家境可求购者，遂暂作罢。

事隔多年，先慈亦过世久矣，每忆此事，犹如在昨。余少不更事，以当时之家计，何能提此令高堂窘迫之题。目下，年年有余，然求购《全唐诗》之心却无，盖陇未得何以望蜀，三百首尚未读熟，遑论五万首哉。幸喜少时虽贪玩却未忘读书，且稍有所获，未敢自许，得本文题“烂漫年华烂漫愁”即可见一斑。全篇略十余段，忆少时透明之欢乐和淡淡之哀愁，约可见成人不自在，自在不成人之意。佳题在案，文思如涌，古人云“开卷有益”，信不谬矣。

儿时游戏回忆缘起

1997年秋天，一家儿童杂志的记者采访我，希望我能对现在的孩子课业负担太重的状况谈一点看法。他们希望我配合一些社会上知名人士发出呼吁，减轻孩子们现在日益加重的校内与校外的课业负担。老实说，我一想到现在的孩子们有那么一大堆功课就难受。小时候，应该让孩子们有时间玩儿，痛痛快快地玩，随心所欲地玩，在玩耍中学习知识，学习文化，学会对社会人生的观察。我当然十分理解这家杂志的好意，觉得现在的孩子真挺累挺苦的，小小年纪就卷进了他们还不明白的激烈竞争的旋涡，小学升初中，初中升高中，高中考大学，每一步都不敢放松，对孩子们的功课督促，除了老师还有家长。孩子考试，家长们也如临深渊，如履薄冰，每一次考试完，不但折腾得孩子们头晕眼花，也使家长们食不甘味，寝不安眠。考前如此，考后也更不得安宁。考不及格的当然好一顿数落，没考第一，没考100分、99分也要被指责。孩子们每天除了在学校里要上满五六节课外，回家还要做没完没了的作业，星期日甚至节假日不少孩子还要上五花八门、名目繁多的各种“提高班”“补习班”“加强班”“辅导班”，放学回家哪有时间玩。以致如今，孩子驼背的多，戴近视眼镜的多。我听几位老师说，现在孩子们厌学的情况一年更甚一年，这已经是一个不能回避的社会问题，我是应该讲点什么的。但我最终谢绝了这家杂志的采访。我坦率地告诉他们，我当然可以对现在的“应试教育”表示不满，振臂高呼让“素质教育”即刻攻占“凤凰山”，借此对孩子们表示同情，呼吁孩子们不要只埋头课业。但我心里十分清楚，不管媒介报刊怎么呼吁减轻学生的课业负担，如今哪所学校，敢有丝毫的放松？哪个学校松一松，影响了升学，家长也不干。于是，在所有的地方，家长们不厌其烦地督促着孩子们学习，陪着孩子复习到深夜，生怕将来孩子考不上好的高中，考不上好的大学。如此紧张的学习环境，使得孩子们根本不知道还有另一种学法。因此，现在的孩子并不是没有时间玩，而是没有玩的情致，好像也没地方玩，也不怎么会玩了。老师们何尝不知道孩子们的辛苦可怜，也不是不知道孩子们应该玩、需要玩、必须玩。但现实的局面，使教师们不敢放松，就好像金庸小说中描写的武林高手比拼内力，在节骨眼上谁先松手谁就送命，也仿佛拔河比赛双方较上了劲儿，谁先松一松就会全军崩溃。

就在写本文时，我从电视里看到一条消息，这是1999年6月30日中央台午间《新闻30分》播出的最后一条消息：上海市教育部门决定，上海的小学一、二年级，不再进行考试，作业要在课上完成，每节课由原来的四十五分钟改为四十分钟，课间休息由十分钟改为十二分钟。这说明有关方面为了减轻孩子们的课业负担正在采取积极的措施。

一个时代一个活法，就像一方水土养一方人。在知识爆炸、信息爆炸、图书爆炸、人口爆炸的时候，再让孩子或一部分孩子返回到我们小时候的生活方式中去，我想这也行不通，也可能害了孩子。于是我觉得我没有任何能力，对当今的老师、家长、学生说三道四，指手画脚。如今孩子们怎么想的，怎么学的，怎么个活法，也只好由他们自己去适应吧。他们穿的，他们吃的，他们使的，他们用的，他们玩的，是我们小时候做梦都没见过的。当然我们小时候玩的那些玩意儿，今天的小朋友也大多不清楚。

我虽没应约写稿，倒被勾起了我对儿时玩耍的记忆。我们小时候就像一群放在野地里的鸡，不是鸡场里的鸡，定时喝水，定时喂食，而是像农家的鸡，早晨起来一掀鸡窝门，哗，放到野地里就齐活了。“鸡栖于埘，日之夕矣。”到晚上又全都回来了，连喂也不喂，就这么散着养，散着长。由它觅食，由它撒欢儿，由它乱跑。当然，我们还规规矩矩地上学，也做作业，可家长不大管孩子学业的事儿。

现在孩子们放学时，学校门口站一大堆大人。孩子一出校门就扑到家长身边，有爷爷领的，有奶奶牵的，有妈妈推车接的，有爸爸开车接的……我们那会儿，要是有家长来校门接孩子，这孩子先是躲，后是藏，要是当着同学面叫家长接回家，肯定要埋怨爹和娘：“谁叫您接我，我明儿怎么见同学！”仿佛受了奇耻大辱。可话说回来啦，那会儿街上才有几辆汽车呀。我那条胡同一年也未见过一辆小轿车，现在在繁华街市，连大人都不敢轻易过马路，孩子不接成吗？一接就直接回了家。我们那会儿背着书包，没准儿先上哪个同学住的胡同去玩，有时一块儿先做作业，有时没作业那就玩到天黑再回家。反正晚饭前一准回窝，谁家大人也不会为这事儿在意。

现在孩子们这么多好玩的东西，什么电动玩具、机器人变形金刚、乐高组装玩具、电子游戏机、旱冰、滑板，包括现在红极一时的电脑游戏，而且家里对孩子的要求总是千方百计地满足。这些我们小时候听都没听过。那时候是穷玩，就是在胡同、院子里瞎玩，根据住家的地形地貌“因地制宜”地巧玩，什么都不在乎，什么都会玩。每天不玩到饥肠辘辘、口干舌燥不算数，不玩得痛快淋漓不叫玩！

我最近和几位同龄人聊天，掰着手指数，小时候都玩过什么玩意儿，都怎么玩过。不数不知道，一数吓一跳，我们在懵懵懂懂的年月里玩过数不清的玩意儿，做过数不清的游戏，无师自通，那些个玩意儿现在还历历在目。

捉迷藏

捉迷藏应该是古今中外、无论贫富贵贱的人童年时最基本的一个游戏，千秋万代玩也玩不腻，是最能体现与锻炼、造就个人才华的一种游戏。这游戏，因地制宜，什么都不需要，不论春夏秋冬，不论正午黄昏，随着居住环境的地形地貌，立刻可以展开一片游戏的天地。

捉迷藏似乎有个年龄段，一般是上小学时玩，上中学以后就玩得少了。在小学里通常放学以后，一些孩子就会聚到一个同学家里去玩捉迷藏，选中的这个同学家大多住在四合院或大杂院，要是有个穿堂门通两条胡同那就太好了。我一个同学家住的院子是个讲究的四合院，看了一本介绍北京民居的书，回忆对照起来，有实榻大门、影壁、前后院、内院、耳房、东西厢房、上房、跨院和四隅抄手廊。我们在他们院子玩过多次捉迷藏。大四合院我也进去过，那大约是一处文化单位的宿舍，住了十多户人家，有几进院落，几组跨院，各院之间，都有过厅，通道相通，最后面还有一个小院，有厨房、厕所、贮藏室、后罩房。四合院无论大小，都由房屋垣墙包绕，房屋院落之间，相互连通又相互分隔。对于捉迷藏这样的游戏，四合院自然得天独厚，堪为首选。

小时候只要串过几家玩捉迷藏又悄悄留点意的，没有不懂四合院格局的，不用学，玩着玩着就明白了。

通常是一帮孩子先熟悉一下地形地貌，就分成两拨儿或让两个人来找大家伙儿。手心手背一翻，“单蹦儿倒霉！”喉咙一喊，脚一跺，就选出了“找的”和“藏的”。“藏的”自然比“找的”更紧张，更激动，更兴奋，就像《动物世界》里几只小老虎、小狮子互相嬉戏，小猴子欢蹦乱跳，追逐滚打在一起差不多，身心是全部地投入。为了玩得更过瘾，更刺激，通常都要划定一个不大的区域，易找难藏才进入院子里，有可以进出的屋子，屋里有桌椅的家具物件也都能用来藏身。找人的用红领巾把眼睛蒙起来，或是脸靠在手背，手贴着墙儿，等大家都藏好了，或是数到一百，或者大声问：“藏好了没有？”若有声回答，自然是还没藏好，若无声回答，自然就藏好了，就可以睁开被蒙的双眼开始找人了。这捉迷藏玩起来没有裁判，全凭天地良心，“找的”人双手捂住眼睛喊数，贵在诚实，谁也不会偷看。哪个最后被找出来的，或者到最后还没有找到的那位，他就算胜了。

记得有一次在我一个同学家住的四合院里玩，那是一个正规的四合院，院子不大，可是中规中矩。进门有前小院，进大院有影壁，影壁上有松竹梅兰雕花，还有福禧的字，折面往西就到了前院，前院有一株海棠树，有一大盆石榴。天棚石榴金鱼缸，仿钧窑的茄皮紫金鱼缸里养着子午莲，夏天开着红花，打着骨朵；石榴花开红似火，石榴树下一地密匝匝的炸酱草，开黄花，结籽，一碰就崩开。溜一土池草，草茉莉花开得蓬蓬勃勃，一院子香气。侧院与前院都铺着青石方砖，周围也都种着花，鸡冠花、凤仙花、玉簪花等。我最忘不了的是中门前的两株海棠，枝蔓婆娑，幼枝呈紫色，花开时艳似绮霞，绰约可爱。不过这个院子早先只住两家，后来住四家，再后来住六家，街坊邻居相处得和睦，从没吵过嘴，翻过脸。那天玩捉迷藏，我想来想去，最后跑到了侧院。侧院的藤本植物皂角子正开着浅紫的花，豆青色的叶子沾霜一样，茸茸嫩嫩的，藤枝繁密，一阵清苦的香气似有若无。我躲进了街坊家厨房，当时，街坊关大妈正在厨房做饭，我站在她身边，从窗户里向外看。窗户棂子上是糊着纸的，当中一块玻璃已被油烟熏得模模糊糊。我看见小伙伴朝厨房走来，他好像是看见我了，又好像没看见，他不信我会这么大胆。他探头探脑，一副鬼子进村搜八路的模样，真让人感到太有意思，同时也太紧张了。我大义凛然地盯着他笑着。忽然我拉了一把关大妈，就在小伙伴冲进厨房的一刹那，我把关大妈请到了我刚才站的地方，而我自己哧溜一下藏在厨房里的水缸旁边。小伙伴噔噔噔地跑进厨房，问：“大妈，赵忠祥刚才在这儿吧？”大妈笑嘻嘻地说：“什么？”小伙伴说：“您真的一直站这儿？刚才您一直站这儿吗？”关大妈说：“什么真的假的？”小伙伴又匆匆跑出去了。我当时的心怦怦直跳，那种惊心动魄的感觉现在说来依然比看一部警匪片过瘾刺激。最后，所有的人都被找出来了，就我没被找着。我到现如今也没说破其实那天是我先站在窗前的。

还有一次是在夜黑风高的晚上，我已上初中了。那是一个节日的夜晚，班上召开联欢会之前，我们几个大孩子玩起了捉迷藏。这个年龄段的孩子，已少了幻想，多了机智。我利用地形地貌藏在一个斜靠在墙边的笸箩后面，这是虚虚实实的战术，笸箩就明放在那，那笸箩有小磨盘大。我听到一阵嚓嚓嚓的脚步声走了过来，我以为是小朋友逮我来了，开始并不害怕，心想逮着算我倒霉，突然对面的手电筒亮了，贼亮的光乱晃一气，原来是巡夜的保安。隔着筛眼一看，嘿，不是一个人，是两个人。他们的影子在淡淡昏黄的路灯下拉得非常长。他们一边巡视，一边还虚张声势地喊："这儿有没有人？"我心里头咚咚直跳又急又慌，不知该怎么办。心想他们根本不知道有人在玩捉迷藏，现在猛猛愣愣地站出去解释，没准先把他们吓一跳，而且这会儿要被他们搜出来，他们也不相信我们正在玩捉迷藏，那后果就更不妙了。我沉住气没吭声。庆幸的是他们只是诈唬一下，乱晃了一通手电筒，竟然没发现笸箩后面藏着人。谢天谢地，他们总算走了，咚咚咚咚地走了。当我钻出来时，心头像撞鹿似的怦怦乱跳，简直有了九死一生的感觉。游戏往往体现与浓缩了生存的过程，游戏也带有军事色彩，会玩游戏捉迷藏的，真打起游击来绝对管用。这次还真有点像躲过了"鬼子"的搜查。

玩捉迷藏自然要由简到繁，由易到难，由小到大，由内到外，如此这般，才能提高难度，提高兴趣。我们自然也就从家里玩到院子里，玩到胡同里，学校里，再后来，就玩到城外去了。一二十个孩子，男男女女结成一队，有了一些浩浩荡荡的气势，也算是粗具规模。那会儿的孩子出城根本不和家里人说，说出城就出城了。我当年上小学在北京市东城区闹市口一带，我们玩的地方在如今的建国门外。当年，建国门那儿有段城墙，城墙上有一处豁口，我们叫它豁子。豁子外就是荒郊野地，凹凸不平，杂草丛生，还有稀疏的灌木、苇子坑。苇子坑满目荒凉，有乱葬岗子，有废窑坑。取完土烧完砖，在野地里留下一个游泳池似的大深坑，旁边矗立着一个小山包似的废砖窑。那土坑不知深浅，因年久积水，成了一个个小水塘。夏天，胆子大的孩子们常来游泳，听说过淹死人的事。彤云漠漠，秋意正浓时，孩子出事儿的情况，也屡有发生。所以，豁子外变得惊险，家长们一般都不放心孩子们出豁子去玩儿。

我小时候的北京冬天特别冷，街上水车走过，洒下的水，冻成冰道。上下学路过这儿，孩子们就会助跑几步，然后打个冰出溜。久而久之深色的冰面现出一道道密密麻麻的滑痕。那时候，四合院的屋檐上挂着冰溜，连取暖的煤火炉烟囱伸出屋外的拐脖下也挂着焦黄的冰溜。每个孩子的小脸到冬天都冻出萝卜丝似的道子，小手皴得出小血口子，都这样。有一天上半天课，虽朔风入骨，我们一群高小学生玩兴却浓，擅自结伴出豁子去玩了。天冷得伸不出手，我们就来到了结了冰的水塘边，滑冰出溜或打冰块玩。记得那冰层上有个大窟窿，很可能是谁为了捞鱼凿开来的，冰窟窿上敷了一层薄薄的冰，像提花的银缎子花纹。我们把美丽的薄冰揭开，就看见三三两两的小鱼悠悠然然游了过来。我们兴奋地用手捉它，捧起小鱼，装在事先预备好的玻璃瓶子里，越逮越来劲，但搅和了半天也就捞着七八条小尾巴鱼儿。我们很满意，准备第二天孝敬我们老师，摆在她家窗台上让她高兴。我们边捞鱼边互相叮嘱不准告诉别人咱们出豁子玩了。

乐极生悲，正准备撤回城呢，就在这个时候，只听“哎哟”一声，一个孩子掉进冰窟窿里了。啊呀，我觉得天塌了一样，完了，惨了。可别看那孩子不会游泳，倒挺勇敢的，连“救命”都不喊，狗刨似的憋着气扑腾着。女孩子们吓得捂住脸往边上躲，临危不惧的还是男孩子，大家斜着身子一个拉一个地去拽落水的孩子，就这样七手八脚终于把他给拽上来了。大家松了口气，总算没惹大祸，但他衣服湿透了，拽他的孩子们也弄得一身水。天冷，寒风一扫，一下子就把衣服冻成了冰壳。小伙伴们相拥着往回走，这叫乘兴而来，败兴而归。大家一个个冷得全身哆嗦，也吓得脸色发青，谁也不说话了。一位女同学一边儿抽抽搭搭地流泪，还舍不得扔了那装着几条小鱼儿的玻璃瓶，只有那几条小鱼儿还撒欢儿似的游上游下。

我们先把落水的孩子送回他家，只能坦白交代了，然后悄悄各回各家。大约谁也没有心情和勇气告诉各自的家长。反正老师后来知道了这件事，没有批评我们，也没有处分谁，只是千叮咛万嘱咐以后千万别这么玩了。现在我明白了，老师也后怕呀，不幸之中的万幸是没出大事儿。真对不起当年的好老师，叫您担惊受怕啦。

事隔多年了，我仍然觉得儿时的捉迷藏游戏其乐无穷，那是多么欢乐的时刻呀！那时的欢乐不仅使我们冒险的天性得到满足，还使我们体验到在一个瞬间决定“生死存亡”的惊心动魄。惊心动魄本身就是莫大的乐趣，它使我们更深地享受到小伙伴们亲密无间的友情，相依为命的亲情。在那清贫的日子里，我们每个孩子都穿着补丁摞补丁的衣服，破旧不堪的鞋袜，没有任何玩具，就这么空着手，照样玩得满头大汗，高高兴兴。我们有无数的想法、决定，可以不对家里人说，但对小伙伴却无话不谈。我们放了学不回家，一群小伙伴聚在一起就这么穷玩、疯玩，开心极了。

现在的孩子能享受到我们当年的乐趣吗？

玻璃球

现在看到街上卖的那种大水晶球，不知出自哪位工匠之手，球心里的山水人物花里胡哨的，我不太喜欢。倒是看着它，不由得想起了小时候我弹的玻璃球。非常可惜的是那年月的玻璃球我连一个都没能保留下来，都丢了。活像大把的没有作为的时光，就这么毫不可惜地丢了，根本没想到给日后留点儿念想。话又说回来了，如果把什么物件都一样留一点儿，也顶多算是留个破烂堆吧，如今只好这么想了。要知道，玻璃球儿曾经满足了多少男孩子的课余的欢乐呵。

弹玻璃球，就是把玻璃球放在右手大拇指和食指之间，手心向上拳起，拇指发力一弹，看谁发力强，发力狠，弹得又远又准。球分两种：一种是母球，又称老子儿，属于漂亮的玻璃球；一种是筹码，我们叫泡球。泡球就是最普通的小玻璃球，有绿的、白的、蓝的、黄的、透明的。我小时候就弄明白了它的构造：工人拿个小细玻璃棒，放在烧熔化的玻璃液中，一边搅，一边转，沾上一小疙瘩玻璃，等凉了，把小玻璃棒齐根儿弄断。这玻璃球严格说只是一块玻璃疙瘩，外面还留有旋转时的波纹，既不方又不圆所以不值钱，一分钱可以买几个。而老子儿就贵了，要花一分钱甚至两分钱才能买一个。母球很圆，很光润，很精致。有时透明如水晶的玻璃球中央镶着猫眼般的彩色心儿，赤橙黄绿青蓝紫，数一水儿红心儿的最名贵，我特喜欢。这不是一般孩子想要就可以搞到的。我们胡同的孩子叫这种球“一条龙”，真像一条火龙。那一脉红色，着意舒展，有的粗些壮些，让你觉得那么有力那么茁实；有时那一缕红心儿又飘逸清秀，显出富贵中的一种婀娜，娇艳中的一丝灵气。我从小就对色彩有兴趣，每一种色彩似乎都能和我心中的喜悦相撞。它们像自动变幻的万花筒，钻出来，繁红闹紫，金谷芳塘，草茵花绮，尽成香国……那一段记忆里绚丽的色彩就放在玻璃球里镶着藏着，每一种色彩都仿佛是种象征，有着神奇的故事；每一种色彩无论交织、并列、上下相叠，都像童年初识的人生百态，变幻莫测。仿佛里面的心儿是琥珀里的千年虫儿，仔细观察，就觉得那心儿在缓缓地蠕动……那时，我们小孩子都会请家长缝一个烟荷包大的布口袋，盛一口袋玻璃球挂在腰上，听它们哗啦哗啦地响，觉得这就是财富，就是幸福。买玻璃球的钱是从早点的三五分钱里抠出来的，因为这三五分钱也不是外婆轻易给的。如果今早儿家里有剩饭，有一块剩馒头，烤一烤吃了，就不给钱了。一个星期下来，总有一两天家里没有剩饭，外婆就会给我三分到五分钱买早点。三分钱买个烧饼夹个焦圈边走边吃，五分钱就可以再买碗豆浆坐在那里就着喝了。每当我手里攥着一分钱能在一大笸箩里挑个玻璃球时，我就企望能挑到一个红心的一条龙，但很难找到。在我小时候弹球的经历中，顶多碰到过三两个。那些球真的漂亮，可惜，我连爱不释手的机会都没有，见别人有，我羡慕得不得了。我有的球差不多都是“酱油”，乌的，上面有一层白漆似的色彩，偶尔有个把深蓝、血青的。玩弹球不是全靠买，有不少孩子靠赢球来聚集自己的“财富”，所以这种弹球多少带有赌博性质。每个久经沙场的玻璃球儿，身上会有球碰球留下的碴口，麻麻扎扎的让你感到一种历史的沧桑。不知几经转折，从这个孩子口袋到了那个孩子手中，又到了谁手中，不知已有了几多年月，也不知周转了几条街巷。旧虽旧矣，但也有琢磨头儿，要是口袋里全是新球儿，反而没了魅力。

弹玻璃球，玩法很多：有一种是往坑里弹。先画一条线，在不远处挖三四个坑。先发力往最远的坑里弹，进坑的就算安家了，你若没进坑，我就可以打你。把手架高，一眼睁一眼闭，叭！嘀嘀嘀——把球撞得老远老远。打坑球特别有讲究：第一下打了以后，要观前顾后，要考虑自己的母球在哪里，好打下一个。如果打得太远，就没法往回打了。弹球跟打台球很相似，只不过是用手弹而非用杆而已。当然，地面永远赶不上台球桌那么平。还有一种，画一个圈，往圈里搁球，押宝！押泡儿球也可以押一分钱一个的子球。若有五个人玩，那才好玩呢，每人掏五个，圈里花花绿绿一堆……我真想都胡噜过来，都装我兜里。这时弹球发力看谁离线最近，谁先从线处开球，往“锅里”“当”一叮，打出一个就归你一个。要是把自己的球打进“锅里”不出来了，就算死了，你就被淘汰出局了。瞎了，五个球有去无回啦！惨得就只能在一边待着看别人玩了。有的孩子打得真好，百发百中，把球都打出来了，但最后只剩一个时，“啪”一打，“锅里”的球出去了，他手上的球却稳稳钉在“锅中”没出来。这时大家伙儿“哇”的一声就跳起来了，比世界杯冠亚军决战进球时都激动，这叫“空锅坐，大家乐”。他要把一堆球全“吐”出来还回每个人，重打锣鼓另开张，这“锅”白玩了，先输的尤为兴奋。

再有一种玩法：两三个人一块儿玩，先撞墙。玩玻璃球必须在土地上，不能是水泥地，因为水泥地会把球磕坏的。在胡同里选个僻静平地儿，用个瓦片画道杠印，地要平，墙要硬，往墙上撞球，球回来落地后，看谁的球离线最近，谁先开局先发射。如超不过对方，就要想法把球撞得离墙近一点儿，离

小时候的我

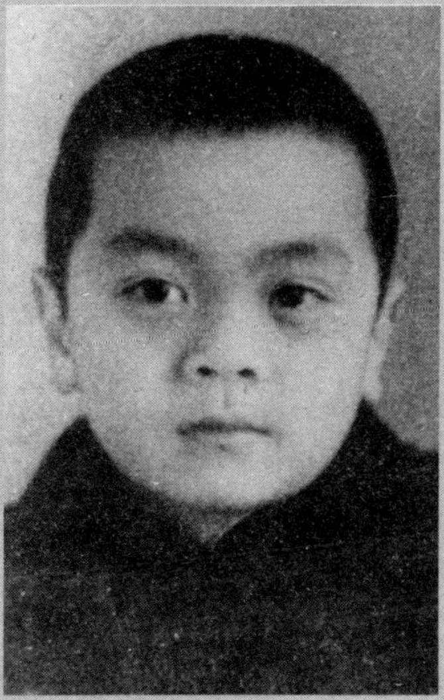

我五岁时的照片

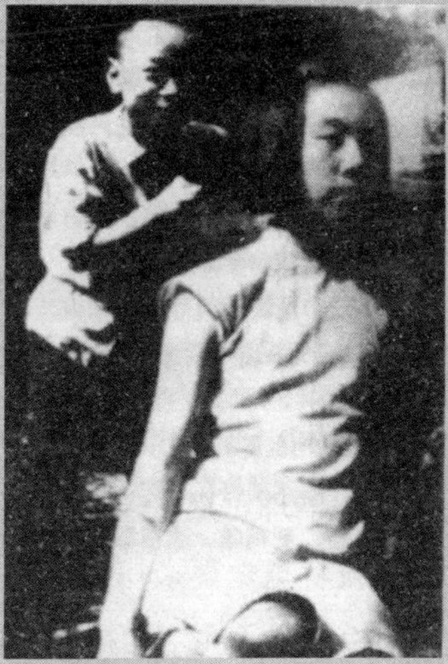

捉迷藏时代的我藏在大姐身后

开他人的球远一点，他就一下子打不着，接下来就该对他“射击”了。互相追逐，谁被射中谁输，输什么？这时就有彩头了：可以输泡球，也可以输母球儿。

玩弹球都有点小赌博性质，而这又使孩子们玩兴高涨。大冬天，一个个小手都冻裂了，血口子一条条，让北风一吹，都发紫了。尽管寒风凛冽，大家还是不管不顾地蹲在地上弹球。那时有一种棉线手套，单露出拇指和食指，就为弹球用的。有的小朋友胜利以后得了一大兜子玻璃球，哗啦哗啦响个不停，让人羡慕得不得了。我们不是羡慕他的财富，而是羡慕他的能力。我弹球玩技差劲儿，老是那输的，发挥好了也不过是中下游的水平。我也没想过要当弹球冠军，从不指望赢一堆球，但我就是喜欢弹球，玩一下午把球输差不多了就回家。记得有一次我可输惨了，输了有一大堆泡球，要买的话至少要花一角钱，那几乎是我两个星期的早点钱，还不定准有。我输给了我们家门口一个小孩儿，他逼债还逼得挺紧的。我摩拳擦掌想再跟他玩，想法给捞回来，可“债主”不跟我玩，说：“你还完了球我再跟你玩。”好些人说如今欠钱的是“爷爷”，我那会儿是“孙子”，不想赖账，可一时又还不上，干着急没辙，只能想法要早点钱，然后饿着肚子还他。有一天，债主妈妈出来说了：“哎呀，你们俩玩的什么？什么还不还钱的，以后不许这样了。”债主妈妈呲了她儿子一顿，我却羞得满脸通红，天地良心，我欠人家的球，我绝不可能去他家告状，谁告诉了债主妈妈呢？到现在还是一个谜。可那件事后，我再也不玩弹球了。从那会儿起，我对赌博反感，哪怕是再小的输赢我也不会玩。只有几次例外，那就是在国外我有次进了赌城，拉拉角子机碰碰运气，自然也从没赢过。

我们玩的球都已经身经百战，互相磕碰得坑坑洼洼，麻麻点点，但球越是破旧，我就越觉得亲切。这些球饱经沧桑，就像古战场上的古老兵器似的，自有其历史价值。我不知道心灵记忆算不算精神文物，姑且算吧，因为我在玩弹球时永远是个弱者，永远屈辱，永远输。偶尔赢一次是为了下回输得更惨，我承认我没有弹球的天赋。

每条胡同里都有游戏的天才。我记得我们那条胡同有个其貌不扬的孩子，他弹球真准，远远的，他一发力，那球就像飞毛腿导弹似地直冲过去，“当”地就撞上了！他弹球时的自信不亚于总统。

虽然玩弹球我是败军之将，但它在我心中仍留下了美好与无奈的印象。这小小的游戏使我从小就感到美丽事物的内部的丑恶，感到“人情冷暖，世态炎凉”。这两句话我小学五年级时就记住了。那是在一本大人看的书《高老头》里看到的，我以为高老爷子是武林高手，侠义道上的老剑客，却不料是法国一个老头儿。这本书讲的是他的女儿们对他老人家不愿赡养和不尽孝道的故事，书中有这么两句话“人情冷暖，世态炎凉”。后来又长学问了，知道是大作家巴尔扎克的名著，由傅雷先生翻译的，慢慢地我开始品到了这八个字儿无尽的犹如玻璃球花花绿绿的心儿那么繁复的滋味。我现在还在想：那些球现在在哪里呢？如果保留至今也该算件“收藏”了，可惜它们早已荡然无存了。

拍洋画

在我的印象里，最早的洋画是夹带在香烟盒里的画片，新中国成立前就有了。那是烟厂搞的抽奖促销的玩意儿。

我是小学一年级时开始攒上洋画的。

香烟里夹带画片，就像现在的卡通书夹带不干胶画片一样，都是出自商业考虑。我记得那时的香烟牌子五花八门：什么国防牌、大刀牌、哈德门牌、生产牌、光荣牌，什么大小粉包可以抽出美人头，什么连续多少张攒成套就有奖。除了有奖销售，还牵扯到商家大战，弥漫着热闹，高兴了孩子们。对孩子们来说，这些洋画是极大的诱惑。可惜我们家没人抽烟，但幸好我同学的爸爸抽烟，我特别希望能赶上那叔叔正巧买一盒烟，他一拆，我就要走那洋画。再不成了，就守着烟摊，见大人买烟，鼓起勇气问人家香烟盒里的画片能不能给我。

现在思忖：香烟里放洋画，孩子能不敦促家长买烟吗？

我并不喜欢高级烟里出现的那些精致画片。我觉得那些都太豪华，太脂粉气，太富贵，太规整华丽。我非常喜欢当时的一些低质香烟里的低质量画片，都是些很粗糙、很笨拙的纸片；纸像马粪纸那样发暗，摸上去也粗糙，但这种质地的纸片印上不那么大红大紫、描金闪亮的画儿，反而显得很吃墨很沧桑，有点像国画须在宣纸上画才好，往油光纸上怎么画也不成。当然这都是后来的想法，当年只是朦朦胧胧的念头。我一见到那样低质烟的画片就怦然心动，我特别特别想攒上一大摞崭新的粗糙的画片。

最早玩洋画既不拍也不赌，真正开始拍洋画时是上小学二年级以后。那时，街上有卖整张的画片了，一整张大概有五十张小洋画，有《水浒传》《三国演义》人物。我从那画片上知道了梁山好汉的绰号，明白了古代武将的装束。那时买回来一一剪下以后先收着，慢慢再玩。我记得最清楚的是《水浒传》人物一百单八将、《三国演义》人物、八仙过海，等等。买整张的画片太奢侈了，我记忆中小时候只买过一回，可能是过年压岁钱里的份儿。平时多是零买一小条，“年深日久”慢慢攒齐，这样得来的画片才分外珍惜。那几十张画片，大小、厚薄、新旧，哪儿缺了角，哪儿皱了褶，我一清二楚，如数家珍。洋画码得齐齐的，再用一根橡皮筋套住，就把它们郑重地搁在我的小抽屉里，一有时间，我就翻一翻。有时我就照着上面画画儿。我最早画画就是受洋画的影响。我记得《水浒传》里的众位英雄：及时雨宋江，短命二郎阮小五，立地太岁阮小二，活阎罗阮小七，玉麒麟卢俊义，赤发鬼刘唐，行者武松，拼命三郎石秀，扑天雕李应，入云龙公孙胜，母夜叉孙二娘，母大虫顾大嫂，一丈青扈三娘，插翅虎雷横，智多星吴用，一枝花蔡庆，豹子头林冲，没遮拦穆春，黑旋风李逵，浪里白条张顺，等等。那些画上的水泊梁山的英雄们线条骨架、精神气韵跃然纸上，呼之欲出，仿佛他们就在县镇市郊，街道胡同，与我们擦肩而过，日夕相逢……可以说，在我看小人书和字书之前，我是从洋画上知道《水浒传》英雄人物的，而且记得非常清楚。当时的洋画背面还有短诗，譬如说到鲁智深，洋画的背面就会写："鲁智深，本名鲁达，外号花和尚，赞曰：登仁者界，护梁山法；唯智深者，是真菩萨。"再譬如说到黑旋风李逵："李逵，本名李铁牛，异名黑旋风，赞曰：有李鬼之假，乃见李逵之真，吾爱其纯，吾怜其赤膊上阵！"洋画把这些人物的性格甚至一生的命运都画进去，写进去了，再看再读就再也忘不了了。

现在说来，那些洋画也不是画得很精彩，但它别有一番精神：朴素，刚劲，有特点，有个性，它在我童年的心里留下了难以磨灭的印象。以后当我再看一些书时，我脑海中浮现的形象其实都是小时候从洋画中看到的形象。洋画中还有一些是认画识字的，也很抓人。单是那黄色毛边纸，就能在心中勾起一种幻觉，仿佛一位仙风道骨的奇人与我交往，告诉我往昔的岁月和繁华的异乡，使我感到了历史的久远和沧桑。在一个阴雨连绵的下午，已上三年级的我偶然想起了小学一年级时买的洋画，我会从抽屉的角落里把它们找出来，捡起早已烂熟于胸、却被冷落闲置的洋画，那感觉一点儿也不比现在中老年人听《莫斯科郊外的晚上》《小路》时的怀旧情绪差。在我幼小的心灵里真切地体验到了苍凉、遥远和时光不再，人生苦短。我特别记得我那套《三国演义》人物英雄谱，那上面的人都画得头小身子大，个个是虎背熊腰的模样，其中有一张孙策的画，背面写着一句："早年战死沙场。"这张洋画，给我一种特别凄凉悲壮的感觉，让人一看就想起了旌旗猎猎、杀声震天的古战场。所以，这些小小的洋画引发出我怀古的心情，成为我初窥古典文化的门径。

玩拍洋画一定要在水泥地上。把洋画微卷起来，放在地上。通常玩押注，规定押多少张，每个人掏出的一样多，摞成一大摞。"碎丁壳！"谁赢谁第一个拍。手要窝成空心掌，"啪"一拍带风，把洋画掀翻过来，掀一张赢一张，都翻过来都算你的。拍洋画拍得手那个疼啊，我是吃不了那个苦。有的小孩浑不吝，他拍的好像是别人的手，又狠又猛，平地就能把洋画拍掀过来。他的小手真像铁砂掌，啪啪啪啪地在洋灰地上拍，一点儿也不嫌疼，就像武侠小说里练过铁砂掌的人物。一般用来拍的洋画不成套，多是战利品，破破烂烂的。我们班有一个同学在棉袄里缝了一溜兜，他让我伸手摸一摸，我手伸进去却摸不到底，简直无穷无尽；从棉袄外头摸，足足有半尺多厚，他该有多少张洋画啊！我好羡慕他，也好佩服他，这一大摞深不知底的洋画儿，画里画外又有多少神奇的故事呀。

“谁道人生无再少，门前流水尚能西。”今天想起洋画儿，就想起了童年湛蓝的天空，想起我住过的院落、胡同、大街，我的小伙伴们的喜怒哀乐，那透明的欢笑，那莫名的惆怅，那真事儿似的情仇怨恨，那侠肝义胆，那无话不谈，那家家有本难念的经，那家家都有的为吃愁、为穿愁、为柴米油盐酱醋茶愁的事儿。孩子们吃的差不多，穿的差不多，玩的会玩的不会玩的也差不多，年年就这么过了，一晃一切就都过去了。其实，每个孩子都是一只叽叽喳喳的麻雀，今天飞到这儿，明天飞到那儿，喧闹完了，也就飞走了。当初我如此珍爱的那些洋画，随着天长日久不也把它们淡忘了吗？是我离开了洋画儿，还是洋画儿离开了我？要是洋画真编织成一个世界，一个桃源，一个世外古战场或是一个离奇古怪的地方，我能一头撞进去，不再回来吗？儿时的东西都这么莫名其妙地拥有，莫名其妙地珍贵，又莫名其妙地消失了。“往事已成空，还如一梦中。”失去的是最宝贵的，倘若至今真能有儿时的一摞洋画在手，我想恐怕也就没时间写这篇想念的文字了。

蛐蛐和蝈蝈

一

我国古代最早的一部诗歌总集《诗经》中已提到蟋蟀，有“蟋蟀在堂，岁聿其美”的诗句。此后南宋顾文荐《负暄杂录》称：“禽虫之微，善于格斗……斗蛩亦始于天宝间，长安富人镂象牙为笼而畜之，以万金之资，付之一啄，其来远矣。”民间土谣更是说得极端：“生儿不用识文字，斗虫走马胜读书，贾家小儿年十三，富贵荣华代不如。”中国诸事讲个渊源，唐开元、天宝年间就开始斗上了的蛐蛐儿，到我小时，还方兴未艾，玩得正欢呢。

那时候无论谁家四合院里都有蛐蛐儿在阶下、墙脚、花丛、草间肆意鸣唱，好不自在。到了夜间，显得这瓦房民居，情趣盎然。荒郊野外，废宅古刹，田间阡陌，秋夜寂寂，虫声唧唧，组成一片神奇的交响。民间到处有蛐蛐儿，民间自然很多大人、孩子玩蛐蛐儿。玩蛐蛐儿，首先要从户外循声翻石，拨草，想方设法把它们逮来，养在罐子中。我养的蛐蛐儿最初就养在报废了的刷牙缸子里，底下垫上黄土，压瓷实了，再滴点儿水，让它潮湿，一个缸子里养一只，养多了它们会乱掐。想叫它们合住一处，并相安无事和平共处，就要搁点青草把它们隔离开。等我再大点时，就跟家里要钱或省下早点钱去买小瓦罐。三五分钱一个，也就一个柿子钱。新买的瓦罐有火气，买回来必须先搁在大盆里用清水泡，听大人讲，用自来水泡不如用淘米水泡，淘米水劲儿猛。泡到有一串串小气泡往上冒，泡得湿湿的，然后再搁上好土，用一种小夯——专门有卖的——砸得又硬又平，便大功告成。夏天天气燠热，就把小瓦罐放在家里洗衣服的大盆里，放上半盆凉水镇镇它们，像妈妈买个黑蹦筋西瓜用凉水镇镇一个道理。这时一只只小瓦缸身上冒着一串串细小的水气泡，心想只要小虫儿凉快了，我自己再热再冒汗心里也凉快。我们养蛐蛐儿的孩子一般都有七八个蛐蛐罐，当然包括破茶缸子、破瓶子罐，不可能都是一水齐的小瓦罐，买不起呀。

孩子们玩蛐蛐儿，纯粹玩兴致，胡乱对付个家伙能装蛐蛐儿就成，早先我还真没看到过听说过什么叫好蛐蛐罐。后来在某地博物馆看到一件宣德蛐蛐盆，盖内有篆书“仿宋贾氏珍玩醉菩痴人秘制”，底有“大明宣德年制”字样。整个蛐蛐盆澄泥陶制，质地细腻滑润，端整精工，古朴精致，盆上有二龙戏珠纹饰，龙纹繁缛精细，张牙舞爪，须清眉晰，鳞鬣毕现，栩栩欲活。如今这个蛐蛐盆只能观不能玩，成了古董，所以这只蛐蛐罐，别说装上好的虫儿了，它能装上我们好几家人家，当年的价值也能换所四合院。皇帝的饭叫御膳，叫花子吃东西叫要饭，什么事儿都不能乱比，比是比不得的。当年连我们小孩都知道蛐蛐儿名罐叫赵子玉，有人叫他蛐蛐王，他的蛐蛐罐底都有他的戳记。赵子玉的蛐蛐罐在现在的古董市场上一个也值千把块钱，清末民初的东西如今是文物了。一般小孩儿绝不可能得到赵子玉的蛐蛐罐，只是听说过没见过。

我们对门街坊张大哥，是回家养病的复员军人，这位大哥真会玩儿，带着左右院里的小孩儿玩蛐蛐儿，我们就跟着他出豁子去逮蛐蛐儿。张大哥有时是出去钓鱼捞鱼虫，顺便逮蛐蛐儿。那时豁子外的野地里，荆棘丛生，荒草片片，我们怕刺扎手，不敢用手撩荆棘枝棵子。张大哥用竹竿一挑，底下的蛐蛐儿和油葫芦就像热锅上的蚂蚁似的不但乱跑还乱蹦，三尾儿、二尾儿、老米嘴、棺材头，什么样的都有，我们“慧眼识珠”专门拣大个的全须全尾儿的正宗好蛐蛐儿逮。

逮蛐蛐儿若用手抓、捂、扣，那是太外行，太低档，太没学问了，一般孩子都有蛐蛐罩。专门逮蛐蛐儿的罩子，高低贵贱各不同，高档的是用豆条儿框铜丝编成的，小八角孔看着很讲究。我们用的罩子是用粗铅丝（豆条）做框架，再用漆包线或细铁丝绕成的。如果蛐蛐儿在洞里，就用罩子把洞口罩住，然后往里面浇水，一时找不到水就撒泡尿，反正玩蛐蛐儿是男孩专利。当此之时，我们挺紧张的，听大人讲，好蛐蛐儿一般都和毒虫住在一起，往里浇水，很可能先钻出来的是一条蜈蚣或一只蝎子，甚至听人说还可能钻出来一条毒蛇。这也说明好蛐蛐儿骁勇善战，毒虫都伤不了它。蛐蛐儿叫“孤虫儿”，是独居的，交配期才和雌的在一起。正因为蛐蛐儿独居不容他虫侵入，才会有斗蛐蛐儿这一说。两个雄蛐蛐儿在一起，天生好斗，简直是仇人相见，非得斗出个“你死我活”不可。

小时候，我见过蛐蛐儿的品种也不多，听大人讲有什么花麻项、紫麻头、水红花牙、青灰项、秃尾儿、弯尾儿、歪线额、龟背、虾背、黑将军、金翅、凤眼。凤眼其实是翅膀里长了两粒红虱子，隔着薄薄的翅子，一看朦朦胧胧两点红，非常漂亮。其实蛐蛐儿的名堂大了，它分五种颜色青黄紫红白，光青色就有虾青、黑青、血牙青、白青、金青、黑牙青麻头、钱头青背、淡墨青、正青、蟹青、砂青、麦芽青、紫青……斗蛐蛐儿时先斗紫色、黄色的，后斗青色的。逮蛐蛐儿也有讲究，比如：“白露前数日捕取三尾，择其身瘦小色黑腿爪细弱者飞雌为最佳。”那时候不懂这些，但我们自从跟着张大哥出了豁子，就能逮着大蛐蛐儿了。大蛐蛐儿和小蛐蛐儿斗架，就像20多岁的大小伙子打一个六七岁的孩子，就像国家队跟中学生校队过招儿。我们斗蛐蛐儿也是没有赌头儿的，听老人讲故事似的说大户人家斗蛐蛐儿赌输赢，有个津门大侠燕尾张三，光每秋一季的头钱，就够全家人一年的生计开销。虽然我们不赌输赢，但是远近小朋友听说我们的蛐蛐儿好，总想着要，当然不能白要，拿个小瓦罐换，破瓦罐也成，旧的也成，不值三两分钱，其实也算等价交换。我的蛐蛐儿赢了你，我把这条虫送你，但你得给我一个养蛐蛐儿的罐。没几天，我的窗台上就摆了一溜儿罐，把那些搪瓷缸子、破瓶子全淘汰了，一水儿的蛐蛐瓦罐儿。到了晚上我的蛐蛐儿在窗台瓦罐里叫得又好听又开心，一直叫到大天亮。

有一天，我们街坊的大爷见我玩得挺认真，忽然叫我到他屋里，说：“你那些小破罐没意思，我给你看样东西。”他掀开炕洞，拿出一个个蛐蛐罐，哇，赵子玉的蛐蛐罐有二三十个。大爷一个一个往外拿蛐蛐罐时，我都傻了。他从容亲切的样子中，透着神气，仿佛从我身上想到了他少年时的豪游。这么多年，我竟不知道大爷是个隐世高人。他祖上是清朝大官，光房子就有十多处。我甚至怀疑当年清朝织造府斗蛐蛐儿，棚场规条没准就是他家老老爷子定的。大爷问我：开不开眼？我笑着点头，大爷便借了一套蛐蛐罐给我。我这下可风光了，往以前不敢说，从那以后直到现在，有谁有赵子玉的罐，大的小的能有十七八个？我有，虽然我只拥有过一年，但住在罐里的蛐蛐儿不一定懂得它住上了“别墅与庄园”，再说，我那几个蛐蛐儿，也太寒酸了，都叫不上名儿来。不过这一带的养蛐蛐儿的大人也没法跟我比了，他们有钱也买不到这么好、这么多的赵子玉蛐蛐罐，因为只有宫里、王府里才有这么多这种蛐蛐罐。我在不懂事的时候曾拥有过这么一套稀罕物件——赵子玉的蛐蛐罐！不只是罐，还配有火柴盒套似的过笼，过笼是蛐蛐夜里睡觉的地儿。罐是澄浆底的，非常细密腻润，陶艺精湛，盖得严丝合缝，罐底有个赵子玉的戳子。大大小小，林林总总，有斗盆，有养息的罐，有公母在一块时的“屋”，还有吃食喝水的瓷月牙碟等，月牙碟只有半个指甲盖大，只容三五滴水，那是蛐蛐儿的“水杯”。蛐蛐儿吃鲜毛豆，不能喂熟米粒，吃米粒会胀肚子。蛐蛐儿的肚子可不能大过它的翅，如果肚子很大，翅膀很短，打架就草鸡了，准输。而且这种蛐蛐儿大腹便便，显得虚张声势，怪没劲儿的。

对蛐蛐儿的要求是又漂亮，“唱”得又好听，又能斗。美国的麦当娜是个人精，蛐蛐中也需要这样的蛐蛐精。所谓漂亮，是要全须全尾，尾巴不能缺一点，两条须子不能短一点，不亲自养蛐蛐儿的人不能体会。在我尚没逮蛐蛐儿之前，就听说越离奇古怪的地方，越有好蛐蛐儿。说铁道边儿石头里的蛐蛐儿，牙硬，因为老啃石头，可那多危险呀，我没去那儿逮过蛐蛐儿也没听说谁去过。还有人说，坟地里咬过死人骨头的蛐蛐儿特别厉害，那以后我出豁子逮蛐蛐儿，少不了去到坟地。那时野地里坟头儿多了，想躲也躲不了，可是这一片儿出的蛐蛐儿也不见得好到哪儿去。现在孩子们已不逮蛐蛐儿了，住楼房的，可能还没见过蛐蛐儿，也没听过蛐蛐儿叫呢。养蛐蛐儿的大人也不自己去逮了，听说雇人到山东几个县城四处转悠，夜里到野地里听蛐蛐儿叫，听到那种叫声老邦的，就跟农民说：“这地不要收了，给你们一万块钱，把这块地管起来。不要收庄稼，秋后我们来。”一亩地一万块钱，说起来吓人，但如果这地里有两只好蛐蛐儿，一万块钱很快就收回来了。现在斗蛐蛐有人是赌博，一条好虫好几千元，前几天有人从小报上看到一条虫卖了十几万，疯了！斗蛐蛐儿像赛马似的有人押注。孩子斗蛐蛐纯属玩儿，亲近大自然，可是一到有些大人那儿就变了味儿，就成了赌。斗蛐蛐历史悠久，北宋末年时斗盆就已出现，明代宣宗竟被称为“蛐蛐皇帝”。本来斗蛐蛐是娱乐游戏，娱情遣兴，有益身心，不想一经皇帝爱上就变利为弊，成为统治者残害人民的悲剧。蒲松龄的《促织》，说的就是这事儿。

我小时候的一大乐趣，是放学时看卖蛐蛐儿的。卖蛐蛐儿的老头在我看来是最棒的也是最快乐的人了。他一星期里两天不摆摊，也不知去哪儿逮蛐蛐儿了，等他再摆摊时，可了不得了。他的一个大斗做的篓子里有几百只蛐蛐儿，有公的，母的，带翅的，不带翅的，有一条夯（一条腿儿），很可惜的，有些非常好的蛐蛐儿断了一条腿“残疾”了。二分钱给你一个，你可以挑，拿提罩挑，然后老头给你一个纸卷筒，把蛐蛐儿攥在手中，把纸筒儿塞进手里，蛐蛐儿就钻进去了，然后把纸筒头掐上。这是逮蛐蛐儿的孩子都会的技术。回家后就把纸筒里的蛐蛐儿放到罐里。

卖蛐蛐儿的老头通常在地上铺一块帆布，他坐在小板凳上，抽着旱烟袋，他的挑子一边是大篓一边是一大堆罐儿。他在帆布上摆上一个个小油瓦罐，芝麻酱釉，用马口铁做成薄盖儿，还有一圈棱子，正好把罐口盖上。里面放着夯得平平实实的黄土，用红砖色染成深紫色，一个个蛐蛐儿搁在里面，谁买就开盖挑。晚上走时再一个个摞起来，五个一摞用绳拴住，第二天再来。他把罐子一个个摆开排放整齐，便宜的往前排放，三分的放在最后一排，有五分的，一毛的，已经是相当高档的了。如果再有一两个上好的瓦罐，五毛钱一个蛐蛐儿，就相当于现在的宝马车了。比宝马车还高档，因为当时一般人不可能看一眼五毛钱的罐子里的蛐蛐儿，更甭说给小孩儿看了。嘿，我们小孩有志气有耐心就不走，坐在那里等着有人来买那五毛钱的蛐蛐儿，我们好趁机看一眼里面是什么好蛐蛐儿。好蛐蛐儿确实不同凡响，真是个头大精神好，又黑又亮，一揭开盖，它顿时六腿立起来，须子乱探，还挑战般地叫。老头有时用蛐蛐探子去探它。蛐蛐探子是用竹签和老鼠须子制成的，竹签一头尖一头平，在平的一头挖一个窝，用蜡粘上六七根老鼠须子，再把蜡塞进竹签窝里，就成了探子。探子一探，蛐蛐儿以为是同类入侵，就会张开翅子叫着示威，进入战斗状态。

探尾巴时，它有时用腿弹，有时立马回身开牙就咬，全身震颤，叫个不停，这叫“探尾回头”。好蛐蛐儿你一探它的尾巴，它腾地就回头，如果它往前跑，就不是好蛐蛐儿。好蛐蛐儿的个头大，听说最大的有八厘重，就叫“八厘”，专门有一种戥子来称分量（一市厘 =0.001 市两）。我至今没见过八厘蛐蛐儿有多大，最近听人讲，八厘的已不算新鲜了，九厘以上都多的是。难道中国人平均身高长了，中国蛐蛐儿也长大了不成?

一般胡同里的小孩子探蛐蛐儿，是用蟋蟀草，一根茎顶着三根穗，最简单的一根穗倒毛就能用。我们没有专用的蛐蛐探子，我们就从头上揪头发，头发太软不行，就去剪猫胡子。要说的话老鼠须子是最好的，有弹性。我们逮不着老鼠就只好逮猫，猫可算倒霉了。那时的猫不值钱，家家都养猫，不当宠物养，就为了逮耗子，不像现在的人家把猫养得失去抓耗子的本能，宝贝得肉麻。

我们斗蛐蛐儿主要是玩儿，乐趣更多在逮和养。关于养蛐蛐儿有个顺口溜:“新虫调养要相当，残暑盆窝须近凉。渐到秋深畏风冷，不宜频浴恐寒伤。盆窝不应太宽阔，水食依时要审详。保护调匀虫心旺，看时切莫对阳光。”这些话没人教我们，但意思却都知道。斗蛐蛐儿是孩子之间斗着玩，邻居家孩子来了，在门口叫:“咱们掐呀!”“怎么掐?”我顿时出门，双手抱胸问。“你要赢了我，这罐给你，我要赢了你，你的罐给我。”“掐!”我们说玩就玩，我一个夏天仗着复员军人张大哥的提携，少说也赢了十多个瓦罐。

中央电视台《夕阳红》节目曾提到过一个叫刘景春的老先生，是位中学老师。“文革”中，红卫兵抄他的家，他有一对翡翠的斗蛐蛐的罐子，被红卫兵砸了一个，剩下一个，上面写着“常胜将军”。俗话说：黄金有价，翡翠无价。现在手指甲盖大小的一块翡翠值多少万块钱。老人家年纪大了，跑不动了，每年派上二三十岁的小伙子到外面给他逮蛐蛐儿，住宿吃饭路费全包。他养鱼，养蛐蛐儿，养菊花，就玩这三样，玩得在电视上都露了脸。

我还有个朋友自诩，在 1976 年，从邢台逮了个大蛐蛐儿，九点二厘，够得上蛐蛐王了。八点二厘就了不得了，就像篮球场上一个巨人中锋，真是谁也没见过这么大的蛐蛐儿，瞧着就高兴。但是我的朋友却没法拿出去和别的蛐蛐儿斗，因为没有相同重量级的蛐蛐儿能与它对得上。我那朋友给这只蛐蛐儿取名“独孤求败”，实在是无敌英雄。

二

那是许多年以前的一个遥远的冬天。北京的冬天那时很冷，难得有一个阳光明媚的正午。那一天就是难得的没有寒风、阳光充足的日子，正午的暖阳仿佛融化在空气中了，那无所不及的温暖，暖着街旁的积雪，也融化着孩子的心。在我家门口一个烤白薯摊旁边——北京人的烤白薯炉子几乎亘古不变，多少年来都是一个大铁皮桶，包括现在外地人用的也是正宗北京原装——在这炉子旁一位老爷子在冬日难得的阳光下，颤颤巍巍地解开他的黑棉袄的前襟，伸手进怀摸索着，缓缓掏出一个油亮亮的小葫芦。他专注地打开盖，里面先是有了响动，接着从葫芦里慢慢地爬出一个蝈蝈儿。我认识蝈蝈儿，秋天时外婆从门外挑着一担蝈蝈笼子的小贩那儿给我买过，那是在秸秆儿编的小笼子里，一只绿油油翠生生的蝈蝈儿。这一担蝈蝈儿齐声高唱，喧哗热闹，附近孩子听着这叫声都围上去看热闹。我养过蝈蝈儿，那是在热天，在小笼子里，我从不知道到了冬天还有蝈蝈住在一个葫芦中。这个蝈蝈早没了那翠绿的外观，黑乎乎的老态龙钟，历尽沧桑，身上也仿佛疙里疙瘩，麻麻扎扎。老掉了牙的蝈蝈儿，在冬日的阳光下有机会看看外面的世界。老头用一种慈爱的、温暖的、惺惺相惜的目光看着他心爱的宠物蝈蝈，有一种相濡以沫、心心相印、相伴相随的意味。蝈蝈在冬日的暖阳下呆呆地等了等，然后费力地张开翅膀，嘶哑地嘎嘎叫了几声。当我觉得它肯定是个活物的同时，却又觉得那嘎嘎的叫声仿佛是我自己的幻听，那只蝈蝈老得连翅膀都松垮垮的夹不紧了。但这是寒冬，一切夏秋之季活蹦乱跳、撒欢儿鸣叫的草虫都已成了梦境，而在北方万物肃杀的时节，这虫儿的生命力却顽强得叫我感动。

早年的这个记忆已深深地印在我的脑海中，多年以后，我把这个冬日的故事还原到了《正大综艺》的节目串词中。那只老蝈蝈经常让我想起大自然生生不息的魅力。如今灯火辉煌了，市声喧闹了，人烟稠密了，衣着入时了，街上车水马龙，流光溢彩了，商店琳琅满目，林林总总了，建筑富丽堂皇，蔚为大观了，但城市的喧嚣声却惹人心烦，总觉得缺少一丝生灵的情致。这种时候，吆喝卖小金鱼儿的声音，“咚！咚咚！”拨浪鼓的声音，“蛤蟆骨朵，大田螺哪！”的叫卖吆喝声，还有那儿时在街巷处处可闻的秋虫鸣声，在瓜棚藤下蝈蝈笼里蝈蝈那欢实的叫声，流萤明灭的神秘，夜来香、玉簪花在夜露中的浓香，槐花飘的清香，榆钱儿烂漫的馨香……这一切好像已经久违了，像是一个遥远的甜甜的梦。在某期《正大综艺》之前，铁路文工团的男高音歌唱家左纯对我说起过他喜欢斗蛐蛐和养蝈蝈，我说，谁小时候都玩过这些。他说，不是小时候是现在。现在？！我明白他的话以后，才知道是我少见多怪了。是我自己远离了这些虫儿们，就在这现代都市声中，好多人却依然享受着我少年时代的梦中乐曲。而且，不仅从未断过年序的绵延，且扩大成一年四季都历历在目的乐趣。

为了证实这不是梦，一个晚上我拨通了左纯家的电话，于是在听筒中，我听到了高一声，低一声，错落有致的唏唏溜溜的“油葫芦”的鸣唱，使我在冬日里感受到秋夜那田园的风情。左纯说，他有好多葫芦，也养几只蝈蝈儿。于是我突发奇想，对左纯说：“你哪天来一趟《正大综艺》，带着你可爱的葫芦。”多年的朋友了，这当然没问题，于是他就真揣着葫芦来了。那天的嘉宾是一部电视剧中的几位男女演员，我把葫芦发给了他们，然后跟杨澜开始卖关子：“听说现在的时尚，在饭馆里吃饭时有人先把那种一块砖头似的大哥大往那儿一立，这就是大款富翁的招牌。据说有了‘砖头’的主儿坐上一会儿就要对大家说出去方便一下，其实是塞给招待小姐点儿钱，让小姐不断给这大哥大打电话。一边吃饭，电话铃还紧响，显得他生意忒忙。可你知不知道，我现在搁一样东西比这大哥大身份高得多呢。”杨澜问：“什么呀？”我说：“就是这葫芦。你们谁知道这葫芦多少钱？一个大哥大一万多块，可这葫芦是牙口的，看上面包浆了油汪汪的。乾隆时宫里的葫芦，现在你拿十五万块买不下来，你别乱动啊。”这时候我打开葫芦盖，连我自己也不知道，里面竟爬出一只翠绿的蝈蝈。哟，我脑子里还想着四十多年前，冬日的暖阳中，一位可爱的老头手上那只葫芦里爬出的，乌苍苍的老蝈蝈儿，哪想到左纯这哥们竟养着这么水灵的蝈蝈儿，这也应该是宫里的玩意儿。我听到四周围是一片惊叹，几位演员、嘉宾也没见过这世面。就在那一瞬间，我感到春天又来到了冬日的演播厅。随着蝈蝈儿的声声鸣唱，我的心，大家的心正在融化……

其实，我小的时候不大敢玩蝈蝈，因为蝈蝈被称为“草中之虎”，非常厉害的。既怕又想，只要我一听到门外有蝈蝈欢欢实实的一片叫声，马上就跑出来了。一般是我缠着姥姥给买，由姥姥亲自挑来挂在自家院子里。蝈蝈很猛，稍不小心就会被它咬着，立刻就会鲜血淋漓。我不敢去喂，有时拿根黄瓜条儿好心好意喂它，没想到它气儿特大，不小心碰了它，立刻会发出愤怒的尖叫声。大脑袋上一双利齿张着，浑身凶得直打颤，弄得我又怕它又喜欢它。童年的秋天我昏昏欲睡时，不能离开蝈蝈鸣唱的伴奏，放学归来的路上经常听到蝈蝈在谁家院子此起彼伏地欢叫……我曾经梦想把蝈蝈放出来，在我们院子里的牵牛花架下或瓜棚上，让它在自然的状态下自由自在地生活。不过，有一回我真的把蝈蝈放出来了，听到它叫了一两天，第三天就没声了，原因不是猫把它吃了，就是它越墙而逃了。总之，我为它好，可是却害了它。后来，我就没这么做过，原因是我不想再买一个小笼子关着这野性十足的猛虫。我希望它在田野间，在豆棵里，在瓜地里，在菜秧上，在老倭瓜的黄花儿上欢欢实实地叫……

那些农村来的手艺人真巧，他们卖的蝈蝈笼子各式各样。有一种用高粱秆皮编的，一圈一圈的细篾，小篓子似的，还有一种是用高粱秆插的如同四四方方的房子，有的好几个小房子连着，像单元楼房，住好多家。我儿时年年热天都买个蝈蝈，唯独没在秋后养过蝈蝈，我从没揣过葫芦让它越冬。

蝈蝈一类的秋虫只有一百多天的寿命，能够让它活过冬天，可并不是件容易事，这里面的学问大了。我有一位同事叫白洁春，他是个玩虫专家，在我写这篇文章时，我约他一道喝茶，聊天。那是1999年开春，两杯乌龙，冒着幽幽的香气，他有一搭没一搭地聊了起来：“我家哪辈都有玩鸟玩虫的，我们家是旗人。我父亲玩鱼，我是不玩鱼，但花鸟虫都玩。小时候是跟着大人玩，大了在工作之余专心地玩。”

似乎人道玩虫的都得从葫芦说起，像蝈蝈一类虫子更是。本来秋虫是过不了冬的，可要真正称得上玩虫的，玩的就是冬虫——人工繁殖在冬天出生的虫。葫芦就是专门为养冬虫而特制的。“你知道葫芦怎么种吗？”我问白洁春。

白洁春一笑，认真地说：“种葫芦不能出‘九’。三九天把种子用温水先泡上二十四小时，放暖房里发芽，清明节以后栽到地里，天暖和以后就开始爬架了，开花早坐果早。等葫芦够个拳头大小，赶紧套模子，模子必须及时套，如果今晚下雨你犯懒，明儿再套模子就不行了。因为身子一泡水，葫芦长得特别快，模子就小了。想要什么样儿套什么模子，圆的、椭圆的、方的、扁圆的。葫芦在模子里长好后，摘下来放在有穿堂风的地方晾着，慢慢剔下外面一层薄皮，干透以后就可以切开，先把籽粒掏出来，然后开始做口。玩蛐蛐就做蛐蛐葫芦，玩蝈蝈就做蝈蝈葫芦。葫芦上要刻各种花鸟鱼虫，讲究的、有钱的找师傅做上象牙口、翡翠口、紫檀口、玛瑙口，于是葫芦的价钱‘上不封顶’。宫里的葫芦叫官模儿，你说多少钱一个，没价儿。”

我说：“没价儿的葫芦可别送我，我不知是养蝈蝈儿，还是供着它。”小白喝了一口茶，一笑：“放心，估计没人送您，有眼福的话也没准哪天才能看上一眼。”

我曾经见到过年头长了去的葫芦，葫芦长出一层油膜，行话叫包浆，它看上去红亮红亮的，特别润，特别深沉。当然，瓷器、玉器时间长了也都会包浆，起了化学反应有了氧化层。

白洁春连说没错，没错。这老弟一说起虫就像说他的专业一样，眼睛都亮闪闪的。他说过去玩鸣虫的，梨园行比较多。虽说自古以来，上自帝室贵胄，权臣豪富，下至墨客艺人，商贾小贩，再如垂髫稚子，无有不嗜斗秋虫的，但玩得最火的在梨园。名伶们如谭鑫培、梅兰芳、马连良、王瑶卿、余叔岩等，无不以此为乐。我真头回听说，我怎么也想象不出梅先生在后台，掏出一个葫芦来。小白接着说，玩虫是一种童趣也是雅兴，历来逮、买、养、斗、葬蟋蟀，都有法定规矩。就拿茶馆来说吧，过去茶馆都分三六九等，有穷人的茶馆，也有富人的茶馆。茶馆不但是传播信息、议论街坊四邻、说大话、聊大天、讲故事、听评书、唱大鼓的地方，也是个斗宝的地方。冬天玩主儿一进屋子，就掏出葫芦放在茶壶旁，葫芦全是白脑袋，全是象牙口，看谁档次高。你说你那上面有玳瑁，我说我的上面有玉狮子，有虬角做口，有的是玩意儿。所谓“玩意儿”，虫一叫，盖上的小笼打开了，钻出来一个小鸡，或一个鸽子，虫不叫时它又回去了，利用的是所谓声学振动原理。我多少年没听过这么神奇的故事了，就像小时候听大人讲古一样，听小白神侃。

小白说，听北京的老人们说马连良和梅兰芳都有这么一对葫芦，梅兰芳玩的是“油葫芦”（“油葫芦”是昆虫名，体形像蟋蟀，但比蟋蟀大，玩家称它鸣虫类，专听它的叫声），“油葫芦”，式稍短而下部稍阔，盖下底用三合土砸成坡形，宛如野穴。“油葫芦”里油黑色长翅者为上品，黄麻色就差了。梅兰芳还有个葫芦叫“十三动”，虫一叫，上面的小狮子摇头摆尾地动，脑袋、眼睛、耳朵、爪趾，一共有十三处动呢。把一个神奇的物件和一位大众景仰的名人一连，还真会让人信以为真。我不知小白说的这一套又是从谁那儿听来的，反正是无伤大雅的故事。

白洁春告诉我，他见过一种叫“五蝠捧寿”的葫芦，虫一叫，五个蝙蝠手拉手地动；还有“鱼跃龙门”，都算是用心到家了。其实，不久前，我在琉璃厂还见到过一只极特别的葫芦，上面有象牙微雕一百个手拉手姿态的小孩，神情各异，一动，还能发出一阵声响。这看起来奇怪，其实你要了解了葫芦也就不奇怪了。葫芦里是有胆的，胆是用磷铜做的。磷铜是响铜，虫一叫，振动了胆，即产生共鸣，声音特别悦耳。

我说20世纪五六十年代“油葫芦”的叫声比现在好听多了，现在都叫成直音儿，一点甜脆都没有，这一定跟它的生态环境有关，跟它舒适的程度、温度、湿度、空气、水质的纯净度有关。当年它喝的露水相当于现在法国“依云”纯净水，现在它喝的是污泥浊水。它的食物也少了，许多昆虫已不复存在了。另外，空气污染使虫的数量剧减，繁殖力也弱了。过去一出城，就像去了另一个世界，鸟语花香虫鸣蝶舞……我刚说到这儿，小白连说：“是了是了。

早就觉得现在的油葫芦没过去叫得好听了，敢情你也有这感觉，照你这一说原来是现在的生存环境没过去好了。难怪现在一个劲儿‘搭药’呢，‘搭药’之后也一般般。”

“搭药”也是行话，玩虫的讲究“搭药”。药儿有松香、柏油、樟丹、朱砂，起“压音”的作用。用蜡泪点在虫儿翅膀上，因为声音太高太尖了不好听，搭上药尖声就变成浑厚的乐音了，就好像人的嗓子只有尖尖的亮音没有浑厚的共鸣就不完美一样，“搭药”为的好听。一般人不懂，就玩个“本叫”，讲究的，叫不好的就给搭上药，虫就叫得好听了。“搭药”行话也叫“抹子”。

小白说他爷爷曾给珍妃娘家做虫把式，“把式”其实就是“把食的”。主人家来客了，想听虫叫，你把虫拿出来搁在茶桌上，它就得立刻叫。你要拿出来当着客人它不叫，你拿回去它叫了你自己听，那不成，没法交代。我还认识一位老太太，她老头曾是故宫博物院的，留下了两个葫芦，“文革”破四旧时藏起来没被砸。那葫芦是官模，有内八仙外八仙——就是外面鼓出八仙，葫芦里面瘪进去八仙，是宫廷造办处出的。面对如此精湛的工艺品，褒贬另说，它的确是豪门贵族的玩意儿，穷人是玩不起的。过去鲁迅也玩过金铃子，在南方老家时玩过。我没听说过的，他都知道。同仁堂当年的大掌柜乐松生，光鹿场就好几个，他们家的葫芦全是高档次的，专门雇一名雕刻工，给葫芦刻花雕物。乐家什么把式都有：花把式，鱼把式，鸟把式，虫把式……包括西太后，每天早上梳头时，李莲英就给她拿蝈蝈听叫声，弄得像是在放背景音乐。民间的这些道听途说真真假假，虚虚实实，倒是白洁春，那可称得上“虫痴”，把玩虫的乐趣搞得比人生的乐趣还大。他告诉我：“要不是家里老人催着结婚，催得都烦了，我才不结婚呢，心思全在虫上。如果白天听到哪儿有个蝈蝈叫得好，晚上不睡觉我也得把它逮回来。过去有为逮只蛐蛐儿拆楼的。我二十九岁才结婚，也是被逼得没法儿了，不然我根本不考虑。我就爱玩这个，不吃不喝不娶媳妇也得把我喜欢的东西买回家，倾家荡产也要。一结婚，我就让我老婆在我的每件衣服上缝个大兜子放葫芦，什么名牌衣服我也不穿，麻将牌我更不知道哪个挨哪个。冬天吃涮羊肉时，我掏出葫芦放桌上，让虫叫起来，满座人都愣了。我老婆开始不喜欢虫，时间长了，也被我熏陶得‘上路’了。听到它清灵灵的叫声，我老婆都说：白子，我现在才知道，真是种享受。1990年，我有个朋友份雏儿（即人工繁殖秋虫），四个虫他送给我一个，特好。后来一个刚开始玩正上瘾的朋友非要从我手上要过去玩，玩了一阵子，我发现怎么没声了呢。一问，他唉声叹气地说：哭了好几回了。死了。我朋友说喂了它一个油葫芦，那个油葫芦食物中毒死了，他又拿它喂蝈蝈，那蝈蝈也被毒死了。我一听，难受得要命，我对它印象太深了，声音自来憨，自来重，甭提多好听了。”

白洁春还说：“我养鸟，是让鸟听虫叫，让鸟学虫叫。我养虫最长的能养半年，年底买的虫养到六一儿童节，就接上野生虫了。野生虫体格健壮，但不能放在好葫芦里，不然得把葫芦咬个窟窿。夏天6月份就有蝈蝈了，但农民6月收麦，到7月才有工夫捉了拿城里卖，所以城里要到7月份才会见到蝈蝈。我能听出蝈蝈的产地。密云的蝈蝈没有易县的蝈蝈膀子有劲儿，声音大，老远我就能听见。我自己份的油葫芦，我在它的食里加钙，把墨鱼骨碾碎了搭到食里，这样膀子才有劲儿。”

“人工繁殖油葫芦，七天一脱壳（撂壳），要九壳才成虫。”我做了多年《动物世界》，头一回听说九壳成虫，不敢信，也不能驳。他说：“可以压缩时间，喂足食可以缩短两天，五天一壳。我份的虫特别大，跟蝈蝈似的。份虫后，就给我爸爸的朋友送去，为的是落一句：‘好小子，真是你爸爸的儿子。’我的活儿地道，虫子个个好，我份虫的技术是跟我父亲学的。蝈蝈的叫声分高、中、低音。有一次我在市场听见蝈蝈叫，一下子听出是个稀罕的低音。我走上前，一眼就找出来了，它的膀子（翅子）特别长，的确是个宝物。可惜它只剩一条夯（腿）了，那我也要，是蝈蝈的前腿，叫‘前抱’，它用‘前抱’吃东西，有时用四个抱爪吃。看见蜻蜓时，两条须不住地探，一找到忽地扑上去，抱住就吃。蝈蝈是吃昆虫的，一本20世纪60年代的老字典把蝈蝈写成害虫，其实不是，我一直想为蝈蝈平反，蝈蝈并不吃庄稼。”

白洁春的一席话，让我浮想联翩。的确，蝈蝈长得太漂亮了，象牙上雕的蝈蝈，用翡翠雕的蝈蝈，非常美，因为刚成虫的蝈蝈颜色就是翠绿的，透明。两只眼睛咖啡色，须子金色，翅膀上有棱，阳光下像镀了金一样。古书上讲到其头时说："大头圆结抱，脑搭浅无多。丝路根根透，光明亮不摩。"讲到其脸时说："五色诸虫脸，锄弯注地长。再如锅底黑，此物号强良。"讲到其顶时说："顶似蜻蜓样，毛丁又起斑。更兼形色正，打遍世无双。"讲到其翅时说："紫翅青金翅，木翅与油单；黑色全如墨，梅花两瓣攒；松阔偕长短，蓑衣得更难；遮身不见节，薄绉另相看。"再有讲到其腿、其项、其肉，都说得繁密严谨，研究深熟。

蝈蝈之所以被称为"草中虎"，不但有它"凶"的一面，更有它"独"的一面。蝈蝈同类之间是打不完的架，掐不完的仗。它幼时吃蚜虫，大了吃昆虫，在昆虫中是鲜有的食肉动物。所以凶蝈蝈，蝈蝈凶，说得一点没错。

白洁春逮蝈蝈自有一套办法。一般蝈蝈在人离它两三米远时就不叫了，他就用两个石头块有节奏地敲击，勾得蝈蝈又叫起来，再循着声继续找。蝈蝈身上有刺，不能用手去抓，要在棍儿上缠上棉花一挂，或用香蒿子挂住它。他玩虫儿可是煞费苦心了。

小白说，我记得儿时玩虫，发现油葫芦从土里一出来时是黑的，我们叫它"黑虫"，蛐蛐儿一出来时是白的，叫"白虫"。这是行话。古时叫蛐蛐儿为"促织"，南宋的贾似道写了《促织经》，那是古代最早的一部专门研究蛐蛐的专著。此书分论赋、论形、论色、论养、决胜、论斗、论病等章，每章又分为若干小节，从各方面加以详尽论述，虽其中不无虚说妄语，但很大一部分是来自实践的经验总结，文笔是相当传神的。我小时候总听大人说"促织鸣懒妇经"，蛐蛐儿一叫，大人就该给孩子准备棉衣了。

在玩鸣虫这个行里，白洁春是有些知名度的，他的朋友很多，因为他份的虫好。"通常要份儿百只，下班以后吃完饭，全部的时间都给了它们。油葫芦讲究筋憨皮厚。份虫时温度高了，膀就次了，叫蜡膀，皮当然也就薄了，所以，份虫时一点都不能马虎。份的虫不卖，就图个喜欢，送给人时人家翘大拇指，说你活儿地道。要是弄不好让人笑话，还不如不弄。我送人全送好的，就为一个好名声，不好的我就不送人。都说圆明园的油葫芦十三悠，但没我份的虫后音儿长，我的虫儿能叫十八九个音。我给油葫芦喂食，在自由市场买了羊蝎子，炖得汤浓浓的，拌上玉米面，喂它，天冷时还加点羊肝。蝈蝈也吃羊肝。我自小就一边写作业，一边听我父亲养的虫叫，我觉得真好听。玩鸣虫真是就听它的声音，没赌博性质，没有任何功利性，纯粹享受虫的声音之美。另外，鸣虫讲究你让它叫它就叫，这得用温度调它才行。我曾把一只蝈蝈养了九个月，破纪录，顶人活一百五十岁，我精心调理，用毛笔给它洗澡，九个月依然鸣声不绝。”

小白说，在北京，玩鸣虫的有十万八万人之多，玩斗虫的更多。很多人为了玩虫，给楼房都不住，一直住平房，独门独院，图的是养花、养鸟、养虫方便。鸟不是生来会唱歌的，它是被教会的，鸟会学昆虫的叫唱。乌克兰的乌鸦的叫声与阿尔卑斯山的乌鸦叫声就不同，它们相互之间通不了话，有“口音”，是“外语”。百灵叫得好听，能学十三套，其中就有模仿虫的叫声，八哥的声音不好听，不会学虫叫，但会学人声，什么都能学。旧社会的茶馆里，养黄鸟的不跟养画眉的一起玩，有的茶馆只有养黄鸟的，有的只有画眉，怕鸟儿学脏口。苇喳子叫得好听，茶馆里的黄鸟都会等着苇喳子来压口。我的一位老朋友有个鹩哥曾交给一个司机养，结果它学了一口小女孩声音，真是不可思议。

和小白聊了天，像听了一部长书，觉得我敢情那么无知，勾起我对儿时的回忆。现在，有时在静夜醒转，摒去白天各种琐事与烦闷，就会回忆起儿时的院落和到豁子外的情景，此时不仅眼前绿野如茵，耳畔也朦朦胧胧仿佛总能听见一片秋虫唧唧的声音，有蛐蛐儿、金钟儿、金铃子、琵琶轴儿、油葫芦、蝈蝈、吱喇子（即络纬娘）、呷嘴儿……这就是秋声，这是自然之声，是天籁，是我心中永远的歌吟。儿时的夏天，就是这些昆虫的叫声伴我入眠，进入甜甜的梦乡。到深秋一场秋雨一场寒，虫儿的叫声变得凄凉了，缓慢了，微弱了，似乎意识到它们的大限将临。我也无可奈何地心儿酸软，喧闹的夏天过去，秋天也要走了，“难忘一种清幽物，岁岁三秋声韵长”。我希望一直能听到它们美妙的叫声，但也能淡淡地意识到将有一个万物无声的冬日。在这肃杀的北方寒岁中，有心人把那一段秋光揣在怀中，而我，只能任其自然，等待着来年的绿肥红瘦，盼望着来年大自然的缕缕幽香和阵阵轻歌。

空竹

"'爆竹声里一岁除'。不，如今咱北京有规定，不许在市区放炮仗，咱们何不改为'空竹声里一岁除'呢。"这是我在1993年岁末主持《正大综艺》时说的一段开场白。那次我在演播现场还真的拿出个空竹当场抖了起来，嗡嗡的空竹声中，观众的掌声也响了起来。此刻，我的耳畔又响起嗡嗡的一强一弱脆生生的空竹声，眼前又闪现出儿时的欢乐时光。我这般年龄的人，在小时候，几乎人人都抖过空竹，特别是男孩子。

早年间，空竹是过年过节大人给孩子们的一件重礼，也是十来岁的男孩子们的一个大件儿。男孩子抖空竹当然抖单轴的，双轴的是女孩子们玩的，好学，拿绳子一绕轴，手中两根细杆儿此起彼伏，那空竹就转了起来，发出欢快的叫声。双轴的谁都能抖起来，当然，花样却也要数双轴的多。杂技舞台上，一个、两个或一群少女连翻带舞，把空竹抛上拉下，起劲儿地响，起劲儿地抖，同时能抖出许多花样来。似乎没有男杂技演员表演过这个项目。

跟杂技演员不好比了，还是说我们这些凡人吧。男孩子玩空竹的难度要比女孩子们高，因为单轴的空竹不好掌握平衡，一头轻一头沉，必须尽快让它转起来，同时身子要随空竹转，一边抖一边像练八卦掌似的迈着有节奏的步子，两手把两个杆儿一上一下，一前一后，一扔一拽地抖起来。嗡嗡的声音中发出“扔儿扔儿”的脆声，那是发自心中的欢乐，那是此起彼伏的欢笑，在院落，在胡同，在操场，只要有空就响起来。这份节日的礼物可以让我们玩上大半年。

那时候，老师从不禁止同学们把空竹带来学校玩。所以上学的路上，到处可以看到男孩子把两根短杆儿一并，用棉线绳把空竹拦腰一绑，把空竹捆得像一个锤子，然后把杆儿往肩上一扛，高高兴兴地向学校走去。

课间休息时，抓紧时间抖一会儿，这样寒假开学以后很长时间，学校课间休息时，前后左右都会响起空竹的欢唱声。男孩子们都有好胜之心，于是在抖空竹时，就千方百计地玩点花样。“滚地轴”，让空竹的那个木轴在抖得最快时，往地上一撒，空竹就像陀螺一样在地上旋转，然后，用线绳兜住它一甩再把空竹悠到空中，再缠一扣，接着抖起来，然后松开一扣，把两根杆儿使劲一绷，利用线绳的张力把空竹高高抛起。“扔儿”的一声，这只竹壳壳，向天空飞去，看谁扔得高。这时围观的人，都纷纷后退，以防失去准头掉下来砸破脑袋。空竹扔得高，那只算完成一小半动作，更重要的是还要看谁接得准。一只空竹抛向高空，然后带着啸声从天而降，于是这个男孩子把两支杆儿撑开，杆头的线绳绷得紧紧的，右手高左手低形成一道斜坡，然后胆大心细机敏地对准空竹木轴，让飞快转动着下降的空竹顺着斜线滚落，继续滚动然后把两根杆儿稍稍一并，线绳松下来，空竹稳稳地被兜住，再顺势往上一扣绳子，用力抖动手中的杆儿，于是在一片叫好与惊恐声中，空竹又稳稳地转了起来，嗡嗡之声越发响亮与欢畅。大家期待表演者再出新招。有时表演者撒了地轴之后，他还会用线绳贴近地面，勾在空竹木轴最下端的小头那里的小木沟中兜起来。于是，空竹旋转当中，飞快地平行转动，这就要求抖空竹的人加快转动步伐，迅速原地绕圈，转了几下，再把绳子套回原处，又如常抖了起来。“猴爬杆儿”，就是左右手倒替着让空竹在杆儿上转，利用惯性，空竹哧溜溜地在杆儿上滚来滚去，待到势微，转速减下来，把棍儿顺势一垂，它滑向棉绳，又如常抖将起来。也就是这么些动作了。这已经了不起了，我们这些小学三四年级学生，也就是 10 岁左右的年龄，既没师承，又不是整天以此为业，能把空竹玩成这样，绝不简单。我现在回忆起我那儿时的同学们，他们真的十分机灵、聪明，他们在游戏与玩耍当中体现出了才干。

我记得，在课间和课余抖空竹玩的过程中，我发现了一个天才少年。我们不是一个班的同学，他在哪个班级并不重要，他叫什么名字我也不知道，无须知晓。但我十分佩服他，他在操场玩空竹时，犹如天桥的把式场，站了一圈儿的人。我们在操场玩的同学，先是三三两两地走向他，然后人越聚越多，圈子越来越大。自己正抖空竹的孩子，也都停了下来，手中攥着空竹，直盯盯地看着他。

这个孩子，平平常常，个子并不高，块头也不大，貌不出众，如果走在路上，我们大约谁都不会去多看他一眼，然而当他抖起空竹来，一股神采立刻在他身上出现。只见他手中的两根杆儿一上一下，一左一右，扬得高，甩得利落，那空竹只几下就汪嗡汪嗡地欢欢实实地吼将起来，他的步子迈得那般矫健，整个身子在发力时，说不清是协调还是灵动，总之，一股力量火爆爆地喷发出来，他先做一些大家都会的动作，滚地轴、猴爬杆儿等，也没什么特殊的，忽然，他两眼放光，把空竹垂在快掩地的位置，两手突地一扬一张，只见那青光隐隐的空竹箭也似的激射蓝天，飞到我想都不敢想的高度，大家"噫"的一声，就自动地往后退，圈子越发的大了。当空竹往下坠落时，我们都替他捏把汗，扔得高不算太大本事，要是接不准那就乐子大了。虽说操场是土地但也不是沙坑，地面还是很硬的，要是万一没接着，这只空竹肯定会粉身碎骨，保不准还要溅起木屑竹批，扎着谁可不是玩儿的。但见他身子笔挺，两手高扬，把两根棍儿撑开，待到那空竹旋转着急速扑下，他步子稍移，双眼看着那木轴，说时迟那时快"揉儿"地把空竹兜在身边。"好！"轰的一声喝彩，他又潇洒地抖了起来，一连扔了十几次高。

孩子之间，尤其男孩子之间，天生对有本事的孩子由衷地佩服，实实在在地佩服，决不嫉妒，嫉妒也没用。有本事就比比看，你可以抛得比他更高，接得比他更准，抖得比他更欢实，别人对你的叫好就更响亮，就这么简单。这是玩儿，其实也是一种较量，因为大家都在玩，玩也要玩出个名堂。在抖空竹功夫上，我也知道，这个孩子也还差得远，不要说专业杂技演员那手绝活儿，就是街头巷尾大点的孩子，或是玩空竹多年的大小伙子，肯定比他更棒。

然而我佩服的就是他，就因为他不是杂技演员，年龄也不比我大，我们就在同一学校同一年级，白天要上课，晚上要复习，但他能做到的这一手，我却做不到。我既没生自己的气，也不生他的气，我希望我能做到他那样。他玩耍的某一瞬间，一定有什么细节或表情或身影，吸引了我。

没得说，我要学他，学他这一手儿。心里这么想的，手上也使了劲，但我不敢抛得太高，怕接不好摔了空竹砸了脑袋。其实就像学骑自行车谁都摔过跤，学游泳谁都呛过水一样，抖空竹谁都要摔坏几个空竹，擦破手上的皮，脑袋说不好也砸过几个包。空竹抖起来是如此欢快，但飞速旋转的玩意儿，只要碰到哪儿，蹭到哪儿，也不是好玩的，这就叫交点“学费”，付出点代价。抖空竹用单扣的绳抖，它转不快，要转快就得双扣，就是把棉绳多绕一圈到空竹轴上。但只要动作稍一迟疑，或者绳子有些发涩，哧的一下就把线绳呲断了，齐着杆儿头，拴绳子的地方断了，空竹顺势狂猛地卷上来，吓人一跳，跟着“咣”的一声就砸在地上。我已超越了这初学的地步，而我那位同学，也肯定为这一手付出过代价。从他那空竹外形上不难看出他下的功夫，因为他那空竹亮晶晶地涂着厚厚的一层水胶。

空竹的结构，不用为我的同代人描述，因为大家不但看到过，而且有不少人玩过。可是如今的孩子们就不一定知道了。其实空竹整体结构上竹子成分并不多，只有一圈，那就是一寸宽的一个竹圈，经浸泡烘烤，把它整成正圆形，凿开一个正方形大洞，再沿着四周抠开几条小缝，从里面用小竹片窝弯了粘在小缝儿的两边，有几个小缝就粘几个小竹弯儿，形成小哨。然后用三合板木材锯两个与竹圈内径一般大的圆木片嵌上去，再在木板正中央对穿两个孔，把一个呈葫芦状的木轴装上去，在所有的缝隙上涂上胶，粘牢。

抖空竹时，大的孔就会在旋转时起到风洞作用，嗡嗡低鸣，而小的哨叫响儿，发出高音尖叫着，抖起来高音低音齐唱，形成了一强一弱的乐音。

在年节之中，听到房前屋后、远近左右一阵阵的空竹声，所有的人都会有一种太平年景、祥和温馨的感觉。孩子们沉浸其中自有孩子们独特的乐趣，哪知大人们的心情。那会儿买一只空竹也不太容易，而且响儿越多的越好听，价钱也越贵。料大工多才能成为多个响的空竹，我们要能买上有五六个响儿的就大喜过望了，再大的看着好看，其实太沉抖不动。

我除了不会制造以外，对空竹什么部分都清楚，因为每个男孩子不仅仅要会玩，摔坏了，掉了轴，还得自己学会修理。这就像专业司机，不仅会开车，车抛锚了，自己须会拾掇。

空竹当然没汽车这么复杂，可是简单的修理也能体现出一个孩子的聪明才智。抖空竹，因它高速旋转，所有的空竹不论双轴、单轴，木头轴都会松动，摇晃，脱落。顺带提一下，所谓双轴空竹其实也是一个木轴，并非有两个轴，只是对称地在两端安两个竹圈和木片儿粘成的圆盒儿。一旦空竹出了小毛病，用不着找大人，更用不着找工匠，自己修就行。于是三天两头去买胶，买鳔胶和水胶。还要学会熬胶，先把鳔胶熬化了，把掉下来的轴上的细圆木楔子粘上鳔胶，塞进原来的木孔，并且在轴与空竹的圆盒状的缝隙处仔细用鳔胶堆积一个圈，干了以后就牢牢地固定住。然后还要把水胶熬得稀稀的，把空竹全身都涂上胶，要涂匀了，另外竹圈上的方孔与每一个小缝也都用胶水灌进去，涮一涮然后倒出胶水，把空竹悬起来，让胶干透。这样涂了一身胶的空竹就像有了一个透明的壳，亮闪闪的。这层胶相当于今天在木器上涂一道清漆。我小时候，只知道买来一根根的水胶，熬成胶水，把空竹里里外外刷一遍，还没听说过清漆。

我们学校那位抖空竹的高手同学，大约也是修理空竹的高手。那只空竹不知涂了几遍胶水了，亮晶晶的，扔起高来，映着日光，显得光闪闪的夺人眼目。我私下苦练了几天，见仍与他有很大差距，我就开始注意他的空竹了。尽管涂了很厚的一层胶，说明这空竹“身经百战”，不知摔过、磕碰过多少次，但这精心的护理的确令人感动。于是爱屋及乌，我看上了他那只空竹。我后来也产生过类似的推理过程，很早就体会了“夫工欲善其事，必先利其器”，对别人的钓竿、乒乓球拍都产生过爱屋及乌的情愫。

都是一个学校的同学，有什么事不能商量呢。于是有一天，我拿着我那几乎还是全新的空竹，只是掉了轴，第一次掉轴，我没粘上就找到他。我与他私下商量，请他把他当众经常“表演”用的那只空竹让给我，我把这只掉下轴的空竹送他作为交换条件。本以为他未必肯“割爱”，没承想，他爽快地答应了。于是我拿到了那只被多少同学仰望过的亮晶晶的空竹，连绳杆也换了。他接过了那个分成两部分的空竹。没有“拉钩上吊，一百年不许变”，我们都快10岁了，该上四年级了，是“大小伙子”了，自己真的觉得已经很成熟了。

我第一次拿起这只带有传奇色彩的空竹，满心欢喜地仔细抚摸，这一看，我觉得很不是滋味。他这只空竹一定使用了不止一年，那厚厚的胶下面可以清楚地观察到满身的创伤，缺了好几块“肉”，竹圈边磕得像锯齿，两片木板也都摔裂了缝，勉强用胶鳔住；再看那厚厚的不知刷了几遍的胶，也都像仿哥窑瓷器，是开片的样子，细碎裂痕遍布通体，而且显得脏兮兮的，两根抖杆，比我那六棱木的棍也差远了，我那是六棱木的，沉甸甸的，他的这副杆儿滑溜溜的，轻飘飘的，绿绿的像是实心竹棍儿。我那空竹是新的，虽说掉了轴，但哪儿都没磕碰，靠外面的圆盒外层，还牢牢地贴着一张红纸条儿，转起来红光一片，平时看着好喜欢。而他的这个空竹，连红纸影子都没了。

更要命的是，这只空竹在我手里，还不及我那只扔得高，抖起来响声也比我那只差远了。

我分明地感到，我后悔了。没有上当，因为是我找上门去非要跟人家换的，人家可从来没找过我。天地良心，千真万确，人家跟我换是因为我看上了人家这件宝贝。那时我不懂“好马配好鞍”的说法，但我相信他的空竹一定有过人之处。

君子一言驷马难追，后悔只能憋在心头，不能表现出来，不能让家长知道，也不能让老师与同学知道，甚至也不能让对方知道，一人做事一人当。

过了两天，在众人围成的圈子中，这位同学又一次出尽了风头。我看他高高抛向空中的空竹，亮晶晶地通体罩个玻璃壳般耀眼生辉，是那么漂亮，那么出众。抛上去时，那旋转，那悦耳的欢声，那么引人注意。我知道，这是我的那只空竹，如今它披上了奇异的光彩，配上他那娴熟与“高超”的功夫，真是“好马配好鞍”。他的脸上洋溢着自信的微笑。当他十分准确又很轻快优美地把抛向高空的空竹接到绳上，又一甩一收地抖起的时候，我分明看到空竹外面贴着的一条红纸，那是新空竹的象征，也是集市上年货的象征。旋转成一团红光闪闪的圆圆的图案，就像飞机的螺旋桨一般转得那么疾速，“唱”得那么兴高采烈。

我并不心疼那空竹，因为到新年来临之际，只要我想要一个新的，我还会得到的。但我悻悻然的是技不如人的那种遗憾与赶超无望的那么一种淡淡的自卑。

操场上他春风得意的样子，一直印在我心头。他无过，他从没有要以他那只破空竹跟我换这只比他的多两个响且又基本全新的空竹，是我贪心，是我觉得他技高且器好。然而最终让我认识的是，再怎么换器具，对技巧的提高并没有帮助。鲁迅先生写那精美文章时，使用的毛笔据先生自己说名为“金不换”，其实是文具店最便宜的一种，我们小时候上大字课人手一支。如果我在时空上有幸与先生邂逅，有机会跟先生开个玩笑，把先生正用的笔换一支回来，我的作文会犹如神助，会汪洋恣肆，会篇篇佳品，会举座为之震惊，会写出“童子何知，躬逢胜饯……落霞与孤鹜齐飞，秋水共长天一色”的千古美文吗？

我自知不会。当然如果真有机会换支笔，虽文思未必有进，但亲得先生教诲，略有长进亦未可知。不过器利合用，有时也会助长进步，这已被近代社会高科技的发展所证明。南斯拉夫如果有百发百中的反导弹装置，任何人想炸它，也只是妄想。

但科技的进步，人类文明的发展，首先还是靠人，靠人的智慧与能力的发展。由此来说，“人的因素第一”仍放之四海而皆准。

儿时的空竹乐趣与在抖空竹上浅悟的道理，已潜在身心，不必时时记起，但却于不知不觉中影响着我。多年不玩空竹了，也没机会见到摆摊的出售簇新的贴着一条喜气洋洋的红纸条儿的空竹，过年过节，楼前楼后也几乎听不到孩子们抖空竹的声浪。

那年不知哪根神经被触及了，我在《正大综艺》现场，突发奇想，抖起了空竹。多年不动，手艺生疏，但那点童子功却令我终身得益，在这个节目串联中使上了。论抖空竹我当年就不成，抖不过我的同学，遑论更高的高手，而今更是见笑了。但用在节目现场，活跃大家的情绪，还是绰绰有余的。这也算少时课外活动的内容终有用场的见证。

这期节目播出不久，我们栏目组收到一纸箱空竹。一家工厂说："自从你们节目中播出了有关空竹的内容，我们今年产品旺销，寄上一箱本厂产品，聊表谢意。"于是在办公室的咫尺空地，小伙子们、姑娘们抖起了空竹。我也试了一下，遗憾的是这些空竹全都是塑料制品，抖是能抖，但发出的声音已没有了取自大自然的产品的那股灵气。

当我的节目播出之际，我的那位不知姓名的同学，你看到了吗？你在哪里？

风筝

"好风凭借力，送我上青云。"柳絮飘摇，借风凌空，飘来荡去，终无根系，而风筝不然，它不仅凭风力、浮力，还凭拉力、张力，于是乎一线牵扯反而腾空。阳春三月，晴和景明，悠悠纸鸢，翱翔蓝天，手持一线，皓然白发与稚子童颜在空旷之处仰望蓝天，其情欢洽，其神专注，其意怡然，其乐融融。春日放风筝，人生一大乐事，我几十年不放了，但我毕竟体验过那快乐的滋味。每当路经广场或乡村田畴，看到放风筝的人和天上翱翔的各色风筝，心中一股稔熟的兴奋便会久久回荡。若不是自己放过风筝，糊过风筝，就算到了潍坊的风筝节，也断不能体会出那动人心魄的魅力。

现在在城市中放风筝的人仿佛比我小的时候少了，一是生活空间使然，二是孩子们有暇与有意者少了。但风筝是越来越新巧，越精致，越出奇，越骇人听闻，有的一挂龙形风筝，几十人举起助飞，活像一列火车开上青天，似与航空事业发展同步。我小时候没坐过飞机，听同学家长说，什么霸王号可坐二三十人，了不得了，多么巨大的飞行机器。如今协和、波音乘员数百，直上蓝天，还有人继续研究与展望，可乘千人的飞机似乎迟早也将问世。不论飞机乘员多少，不管风筝自重几何，道理还是那个道理，但仍旧有大部分人不明白。开飞机的和放风筝的，只管一逞自己的技巧，开得、放得比别人更出色，更麻利，更高超，可不一定成为物理机械、流体力学专家。

此可谓："善琴弈者不视谱，善相马者不按图，善治民者不泥法，庶可近也。"（魏源《古微堂内集》）正当人们在嘲笑许多通俗歌手不能识谱时，又一则消息传来：歌王帕瓦罗蒂亦不能识谱。于是人们纷纷诠释，人家只要唱得好就是一绝，音乐乐理教师精于识谱可是他未必能登台演唱，即便登台未必以歌喉受欢迎云云。总之，见仁见智，众说纷纭。听歌者未必要考歌唱者视听功力，风筝放得好的肯定少有流体力学专家与物理学家。理论从实践而来，实践靠理论指导，而研究归专家研究，实践归大众实践，分工合作乃为上策。

我们小时候放风筝，就没有先学这方面的物理知识，而是在大孩子和有童心的大人指导下，自己动手或站在一旁看着人家动手糊一个简单的风筝。顺序是：找一张又薄又韧的纸，白的，有字儿的都不打紧，按黄金分割法，弄成长四宽三。那时没学黄金分割法，可是也知道这样的比例看着顺眼。纸有了，就要找竹篾，也好办，反正吃完了糖葫芦那竹签子留下来就是很好的材料，略粗一点用刀劈开就成了。这道工序小孩子不宜操作，容易扎了手。待把竹篾劈成，交叉成斜十字，再在斜十字头横一条竹篾，想法用线把这个框架绑牢，成为"又"形，完成骨架就用糨糊把纸与竹篾架子粘在一块。我们小时候还没听说有卖小瓶胶水的，也没有透明胶条，都是自己动手，要不熬胶，要不打糨子。方法是将少许面粉，放入大汤勺中，用清水搅成浆状，在文火上烘烤即成，那时候人人必会这种技巧。用糨子把纸粘好，粘得平展展的，各个缝儿都要粘牢靠。待糨子干透之后，在上面打横的竹篾两端牵一道小线儿，目的是把这竹篾拉成适度的弧形，竖侧看成新月，整个风筝就微微呈流线型了。

再在这长方形的风筝下部两端系上（粘上）两条纸飘带，大约是这风筝长度的三倍，纸带宽约寸许，太宽太窄都不好看，也不利于放飞。等这一切完毕，风筝就做好了。然后用短绳三点固定上二下一，这简易风筝的上两点就绑在横篾最外端，下点就在十字交叉处，上两股绳要略短，下一股绳要稍长，这样三根绳在六七寸处汇总一扎（如今行家称其为角线），大功告成，然后就看手头有多少小线了。

到胡同，到空地，到广场，放风筝的在前面七八米处拽着线儿跑，后面的帮他把风筝举起。要是这小风筝糊得轻巧，就会高高飘起，越飘越高，好风凭借力，送我上青天。

孩子们都有点贪心，对自己糊的这素白纸风筝，看不上眼，太简陋，也不大好看，因其外观极像幼童穿的开裆裤后面那布帘——家长怕孩子上厕所不会穿裤子因而把裤裆开着，但又怕孩子着凉故在孩子裤子后面缝一个布帘。我们自制的风筝忒像这块布帘的形状了，于是大家把这寄托了美好心愿，又倾注了劳作的简易风筝，异口同声地叫作“屁帘”。

放“屁帘”总觉着不够档次，于是就把眼睛盯在了街市旁、摊档上挂着的五彩纷呈的、由风筝艺人精心制作与绘制的大大小小的风筝。

我至今对风筝的脸谱还没弄明白。有人说那是猴子的头像，大约象征孙悟空，能腾云驾雾，又怕它一个跟头十万八千里，跑得无影无踪，故用绳子拽着它，让它跑不出我们的手心。风筝的架构与图案色彩，我小时看摊贩卖的年年一样，十年来都没见有任何变化。根据我们的财力，只能买一只中等略小的最标准的风筝，没有什么蝴蝶、蜈蚣、沙燕，更没有美人和龙。那时对那些巧

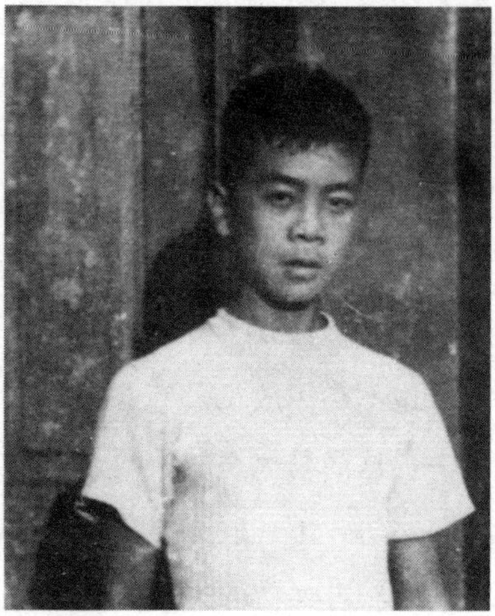

高中时的我

独往独来溜冰

在拍摄《大京九》专题片的时候，途经山东境内，看到一女孩在放风筝，不由得童心萌动，请求停车，也过过放风筝瘾

夺天工的风筝形式听倒是听过，就是没机会看。风筝买回家，还需少许的加工，就是做两个纸穗穗，用线拴在风筝的两只脚上。

捆那段固定风筝的牵绳（角线），也要点学问。那个固定绳的长短的立体三角形，以及形成的角度要几经调整才能找到最佳位置与最佳角度，否则风筝放不高。

有了这样高级的风筝，孩子们心花怒放，可以三五成群地背着风筝找空旷的地方去放了。

我当年放风筝的条件要比如今好得多，出家门没多远就有空地。小朋友们结成群，三五一伙来到广场，互相帮着把风筝放起来，有举着风筝的，有拽着绳子跑的，待绳子把风筝绷紧了，举风筝的人一撒手，放风筝的就把线框子一松，哗，线就放出去了。风筝随风高高飘扬，然后放风筝的就拽着线绳，仰头看着自己心爱的风筝越飞越高，飘飘摇摇，心儿仿佛也在升腾。这时几个小朋友就各放各的，一边儿由着性儿地展开稚气的想象，同时也左顾右盼看看别人的风筝是不是更漂亮、更神气和放飞得更高。

强中自有强中手，我们在一处小小的广场上，左右远近大约放飞着十余只风筝，各有各的“领空”，不会在空中发生纠纷。这纠纷就是纠缠，要是离得太近了，两只风筝在空中缠在一起，这就糟糕极了，最后肯定会坠落下来，弄不好会摔得粉身碎骨。尽管风筝比空竹轻多了，摔下来也不轻。所以大家都各放各的，都知道保留多大的空当，既不相碍，又可以就近一试高低。

看着风筝在空中飘啊飘，心中也就万虑俱无，看着蓝天，看着白云，看着自由自在的鸟儿翱翔般的各自的风筝，感到风儿的欢歌，感到心底的愉悦。如果周围没有小伙伴就会轻轻地哼哼起来，荒腔野调，喜不自胜。那时北京市区的空气一定是新鲜得发甜。因为我回忆当年的广场总会有一股甜甜的味道，总会有甜蜜的情调，总觉得天是那么蓝，云是那么白，阳光是那么明媚，连放在天上的风筝，我仍看得见那色彩与图案。当然这说明我的风筝没超过200米，而周围的人手中放的风筝有的几乎成了一个小小的黑点儿。我不羡慕别人，也不嫉妒别人，更没有觉得他就是高手。

我们当年没有规则，没有约定竞赛，没有胜负之分，因为我周围的小朋友再清楚不过了，放风筝高低的关键所在是你拥有多长的线绳。如今线绳多少已不是一个制约因素了，你线绳再多，不见得放得高放得好。可是我们那个年龄段，那时所处的经济环境，不是想要多少就能有多少线绳，那时几尺线绳几分钱，孩子们不可以为了自己玩就总向家长要钱。这钱是从早点钱和零用钱中积攒出来的，是想方设法、自筹自划紧缩别项开支抠出来的。就这样我们手中的那个线绳框子，也不可能缠太多的线绳。那会转动的竹子做的风筝线框子，是买的，线绳是今天买三尺明天买二尺，有钱就去买一点，一天天凑起来的。那时我没听说有任何孩子躺在地上哭着打滚非缠着大人去买线绳不可，要是那样就丢死人了，要是那么得来的线绳并因此把风筝放得再高，也不会有任何一个小朋友夸他。我周围小伙伴的家境都差不多。因此我们出手都不高，有一句调侃贫民阶层的歇后语——“武大郎放风筝，出手不高”。我们那时的个头都不高，财力不丰厚，出手自然不高了。于是我们如果看到别的小朋友线框上缠了不知多少圈儿鼓鼓的线绳，着实羡慕。我自己的线框只缠了三分之一的线绳，还由于是两截接起来的，打着扣儿，有新有旧，颜色也不一样，所以我十分盼望有一天我的线框上也缠满了线绳。

如今放风筝已不用线绳了，用的是我们当年听说的“老弦”。我去过潍坊，主办单位送给我一个风筝作为纪念品，我自己还买了一个线框，缠了许多又细又韧的尼龙丝绳。我又在商店买了好几个各式各样的风筝，可是已放在家里快十年了，却一次放飞的机会都没有。真是此一时，彼一时也。

任何事物都有新与旧的过程，空竹如此，风筝亦如此。时间久了，风筝也会千疮百孔，骨架里细竹子条有时也会折断，放飞的时候没及时腾空，而蹭在地上剐着石子，纸破骨折，落地的时候也会不小心摔在地上，还有各种各样的因素，如风向突变，大雨顿作，放得不高就极有可能摔在地上。总之“常在河边走，怎会不湿鞋”，除非你把风筝当工艺品摆起来，只要放飞就有损耗。风筝一剐地，咔喇喇的，我的心也会痛起来。有时碰上更小的孩子还会起哄，喊倒好和轰的一阵笑声。不过还好，从未因此而打起来。事实上我们小时候几乎没与陌生人交过手，要是动手也在天天一起的玩友之中，有时似是开玩笑，有时真恼了，不免未能将“君子动口不动手”奉行到底。其实，恼归恼，气归气，摩擦就摩擦，终不至变成深仇大恨。偶有不愉快，亦转瞬即逝，再说动手的事儿太少了，记不起有几回。

我们的小伙伴们几合几离，小学的伙伴上初中时，重新组合。由于时间推移，也由于兴趣投合或相悖，我小时候有许多种组合的群体，但放风筝还没有形成固定的组合，因为我并没有投入很多的时间与精力。

但是我小时候干什么事都是认真的，只要去做就总会学到一些知识和技艺。

我们的审美情趣也是基本一致的，比如我们喜欢那最常规的风筝造型和图案乃至色彩的搭配，喜欢绿中有黑略有红色和蓝色的基调。有时街上摊档摆放一种单一黑色的风筝，显得单调而冷峻。尽管中国水墨画的用色是墨色，但在宣纸上有浓有淡，有焦黑有灰白，有湿有皴，墨色也由于水分的多少有的虚有的实，变化多姿，所以有墨分五色之说。而当时那黑色图案的风筝是单一的墨色，因而单调呆板，缺少生气与灵动。我们好不容易才攒够了钱买一个风筝，没有买两只以上的可能，就算有可能买两只我也绝不会去买这种单调的黑画图的风筝。

不知谁给这样的风筝起了个雅号叫“黑锅底”，我们看到这种风筝时就会不约而同地高唱起来：“黑锅底，黑锅底，一个跟斗栽到底。”心中想着这丑陋的风筝放不起来，放起来也会一下栽到地上。谁也没招惹我们，那为什么这么诅咒它，不得而知。那时少不更事，如今才知道风筝协会的会徽就是黑锅底图案，说明行家一致认为黑锅底好。可那时我多次从风筝摊路过，从没见有人买过这样的风筝，在广场放风筝时也没见过黑颜色的风筝，因此没机会看到“黑锅底，黑锅底，一个跟斗栽到底”那种让我们幸灾乐祸的情形。倒是我们喜欢的颜色，看看十分舒服顺眼的，由我自己与小伙伴帮着参谋，十分仔细挑选和好不容易买下来的风筝，在放飞过程中，时常会栽跟头，摔下地来和剐在地上弄断了竹骨和戳穿了纸张。基于此，修修补补又成了我们自学技艺的另一项课外活动。如果竹骨断裂，我们会找一截竹篾做起单片“夹板”把它们捆牢，撕开的纸再复原，用糨子粘上风筝上捅出的洞，我们要找糊窗户的纸来补它。风筝本身就是用窗户纸糊的，隐隐地可以看出一条条的螺纹。据说许多中国画的大师们就时不时在窗户纸上画画儿。住四合院平房必备这种窗户纸，大人们按着窗户格子的形状尺寸裁好纸张，用刷子蘸上稀稀的自家打的糨糊刷在木窗格上，然后小心仔细地把窗纸贴好，这是住平房的人家生活中的必备技巧。同时由于各种各样的原因，一年中的风吹日晒雨淋，窗户纸也像风筝纸一样，会出现破裂与洞穿。但绝没有夜行侠客或夜间作案的贼人用手蘸了口水把窗纸洇湿然后用指甲抠一个月牙洞，往屋里窥探，我们老百姓家没这样的遭遇。倒是我的风筝上有用手指头捅出来的窟窿，这不是有意的，成天用手拿着它，如何避免得了用手洞穿它的情形呢。但补风筝对住平房的孩子来说是小事一桩，平日帮家长糊窗纸、补窗纸早练就了这手本事，而且家家材料都是现成的。找出窗纸，比着风筝身上洞的形状大小，裁下纸打糨子补上。这只风筝久而久之必然千疮百孔，而且浑身补丁摞补丁，才显出它久经风霜，久经沙场，经多见广，历尽沧桑。一般只要风筝纸面伤而未残，我们就从它的背后补上一块纸，从前面看，图画并不残缺，即使残缺，补上露出白纸，我们也会从水彩画的颜色中补上点色彩。这是一整套劳作，是一整套技巧，是一段文化风情，也是我们儿时的文化熏陶。

我曾主持过山东潍坊的国际风筝会，那是倪萍约我去的。到了潍坊正赶上我发烧，吃着药发着汗，晚上在露天广场主持与解说了开幕式，第二天就带着烧飞回北京。我近一二十年就发过这么一回烧，所以对那次风筝会的印象就是出了一头汗和全身无力的感觉，而风筝比赛的热闹情景根本没看到。我那次等于白去了一趟，等于到了八达岭没爬长城，去了杭州没到西湖，去了全聚德没吃烤鸭一样。

这次为了写这篇文章，我又想起了潍坊，想起了国际风筝会。我翻阅有关风筝的文字资料，记住了一些情节，摘抄几段，供同好共享。

风筝是一种艺术珍品，我们祖先发明了它，对世界科学技术发展是一个重要贡献。它启迪了飞机的制造与现代通信工具的制造。

两千多年前，春秋时代，由于战争需求，古人以鸟为形，削木制成“木鸢”。“墨子为木鸢，三年而成，飞一日而败。”后来他的学生鲁班“削竹为鹊，成而飞之，三日不下”。据说垓下之战，张良就用大风鸢载童子吹箫，“吹散项羽八千子弟兵”。

唐朝时，作为军事用途的纸鸢，转向民间以充娱乐，每年寒食节放飞。据《询刍录》记载：“亳州刺史李邺在宫中扎纸鸢嬉戏，上装竹哨，风吹竹哨，声似筝鸣。”于是人们把纸鸢称之为风筝。

风筝曾风靡神州大地，文人墨客亦争相咏之。元稹的新乐府《有鸟》就有这样四句：

有鸟有鸟群纸鸢，因风假势童子牵。
去地渐高人眼乱，世人为尔羽毛全。

元稹作了二十首风筝诗，足见风筝在诗人心目中是何等美好。

寇准咏风筝诗《纸鸢》这样写道：

碧落秋方静，腾空力尚微。
清风如可托，终共白云飞。

陆游这位忧国忧民的爱国诗人，其《观村童戏溪上》是一首恬静、闲适、有舒心之美的诗篇：

雨余溪水掠堤平，闲看村童戏晚晴。
竹马踉跄冲淖去，纸鸢跋扈挟风鸣。

范成大诗中有："石马立当道，纸鸢鸣半空。"

金世宗之子完颜允恭的《风筝》诗中有："山长水阔无寻处，声在乱云碧空中。"

徐渭竟有风鸢图二十五幅。

大文学家曹雪芹有制风筝歌诀四十多首，其中有这样的诗句：

大地回春景色妍，燕子报喜到人间。
画拟人态形神备，笔法意匠体势全。
彩蝶双双飞上下，不负春光舞蹁跹。

文化名人对风筝的情有独钟，使得风筝平添了艺术与美的魅力，但我在孩提放飞风筝之际，何尝知道谁叫元稹谁是寇准，以及《红楼梦》的作者还糊过风筝。我们是无知童子，无忧无虑地牵丝放鸢。

草长莺飞二月天，拂堤杨柳醉春烟。
儿童散学归来早，忙趁东风放纸鸢。

这首诗倒是正合了我们当年的游玩情景。见仁见智，诗人从风筝看到人生，稚子在风筝中得到欢乐。古往今来，莫不如是。

蚕宝宝

小学二三年级。

当我和同学们背着书包，在放学的路上往家走时，马路两旁的小商店里和临街的住家窗口里，大声地响着收音机中传来的戏曲、歌声和评书声，透着喜兴和欢乐。最常入耳的是新凤霞的著名评剧《刘巧儿》的唱段："巧儿我采桑叶，来养蚕……"

这耳熟能详的唱段，甜甜的，脆脆的，伴着我们一路欢快地行走。春日时分，我们一些同学的手里兴许就拿着用一页32开的白纸叠的纸篓子，捏着这折叠纸篓的两只耳朵，或轻轻地托着它，这小纸篓里就装着几条正吃桑叶的蚕。这是我们养的心爱的宝宝，是我们那一代城市里的孩子们年年都惦记的一件事情，一项今天看来仍具魅力的与大自然亲近，与劳动相近，与社会相融，与学科学相伴的课外活动。我从小就看到邻居的哥哥、姐姐们养蚕，自己上学了，长大一点了就接过班来，成了家庭养蚕的骨干。从这时起，我对蚕的出壳，蜕皮，长大，上山织茧，以及采桑叶，清理蚕屎，都要认真地负起责来。《刘巧儿》唱词中有这样的表白："巧儿我采桑叶，来养蚕，蚕做茧儿，能卖钱。"这是农村劳动人民的一种生计，就像茅盾先生在《春蚕》中描写老通宝一家艰辛劳碌为谋温饱而进行的一项劳动是一样的。然而，我们这些城市的孩子养蚕，不干生计，亦不艰辛，有忧愁，也只限于桑叶续不上时，大多数时光都是高高兴兴的。

我们从小就看自家的兄长、姐姐和邻居家养蚕，在自己独自料理以前大致了解了养蚕的过程。在我的记忆中，有这样一幅画面……一张熟悉的面庞，他从屋中柜顶上取出一张旧报纸或旧窗户纸，上面密密麻麻且疏密相间地粘着一层蚕子，大小如芝麻，圆圆的略有点扁。清明之后树上开始萌生新芽之际，养蚕人就往这张粘满了蚕子的纸上喷茶水，为的是使卵壳变软，让幼蚕能早一点萌动，早一点出壳。过不了几天，像小蚂蚁大的小蚕苗就纷纷脱壳而出。它们咬破了壳，第一次走向外部世界，同样是密密麻麻地在蠕动着小小的黑色的身躯，仍然粘在纸上的废壳却神奇地变成了透明的淡黄色。

我第一次看到这种情形，心中充满了好奇和激动。看到那搁了一冬天好像没有生命的蚕子，居然在两三天内纷纷破壳而出，像黑蚂蚁似的生命活动着身躯，在寻找着食物，我为这幼小的生命高兴。当小蚕刚出壳时，大人们说，此时，还不能喂它桑叶，要喂它们一些剩茶叶。把泡得软软的茶叶连着很多的水分，撒在这张蚕子纸上，铺匀了，小蚕苗会吮吸茶水，啃食嫩茶叶，然后当茶叶干了的时候，就用一根鸡毛把这些小蚕们扫到一个纸盒里。城里人养不了几条蚕，没必要用笸箩盛它，更不可能搭上木架一层层地把蚕笸摞起来。

把蚕宝宝放在一个纸盒里，空间就足够了。这时，大人们叫我们去摘点嫩榆树叶喂小蚕，就像孩子一出生不能马上吃米饭馒头一样，先喂流食或半流食。于是我们就四处去寻找榆树叶。那时，胡同四合院里，找有榆树的人家太容易了，要不，多跑点路回学校，校园前后大小榆树有的是。我们就从树枝梢头把那刚出芽的嫩叶摘一把，用手帕兜着，一路小跑赶回家，把这几乎透明的嫩芽撒在小蚕们的身上。过两三天“小黑蚂蚁”长大了，开始有点蚕模样了，头也大了，身上也发白了。

我们每天放学回到屋里先看它们。同时，麻烦也来了，这时要去找桑叶来喂它们了。

忧愁自这时伴我们很长时间，别看那时候北京院子里树不少，但很少有人家种桑树。这时候，我心里总在想要是我们住的院子里有棵桑树该多好呀。除了上学，我们主要的心思就是给蚕宝宝找桑叶。幸亏，我们每个孩子只养几条蚕，十几条、二三十条就算不少了。一来家中不可能有多大的空间，二来上哪儿去给它们找桑叶去。记得我上小学时，有的菜铺还经常卖桑叶，可见那时城里孩子养蚕之盛。但我几乎不记得买过桑叶了，要是老向家里要钱买桑叶，家里大人准不让你养了，送人得了，自己找不着桑叶养什么蚕呢?

于是，有时半夜醒了还发愁，明儿上哪儿去采桑叶呀。

“巧儿我采桑叶，来养蚕，蚕做茧儿，能卖钱。”在大街小巷回荡这婉转的评剧唱段时，我们好羡慕刘巧儿能有桑叶采，只要勤快就采它一大筐，回来把蚕宝宝喂得胖乎乎的，又大又精神。她多美呀，声音那么甜润，听大人说她人也长得美。其实那年月根本看不见新凤霞，上哪儿去看呀，电视还没在中国出现呢。但刘巧儿接下来唱的词儿，我们就不关心了。她说："悔不该，让爹退了亲，错过了好姻缘。"她不为桑叶发愁，却为自己的婚姻发愁，我们只为桑叶发愁，离为婚姻发愁还早着呢，这就叫"家家有本难念的经"。我们要是在她那村里找到又大又厚实又鲜灵的桑叶，乐还乐不过来哪，发什么愁哇。

桑叶太难采了，有的同学院里有一棵小桑树，刚出叶就被薅光了。可怜的小树，委屈你了，我们这也是没法子，家里宝宝要吃桑叶。看着纸盒里的蚕越长越大，可爱极了。可是它们也能吃极了，饭量越来越大，有时桑叶没了，它们昂着头，我的眼泪就出来了。我于是约上小伙伴，豁出去了，哪儿有桑树就奔哪儿去。

记得我住的胡同东口，有一个把角儿的大院子，院门很大，但紧锁着，围墙很高，外面刷成深灰色。每天都聚了十来个男孩，叠罗汉似的，从墙外，上了人家墙头，里面大院子靠墙的地方，长着一棵大桑树。看人家院子的气派，不知住的什么人，反正他们家不会养蚕，孩子们又不可能被人家请进去堂而皇之地采桑叶，只能公开地"偷"，洗劫桑叶。头几天翻上墙头的孩子还用手往下捋，过了几天靠墙边的桑叶已经没什么了，远处的用手够不着，不知哪个孩子从家里拿了根竹竿，在竹竿上拴了一个绳套，大家是"有物的出物，没物的出力"。身子灵的上墙头，有劲儿的当底托儿，扛着上边儿的孩子，摘完了桑叶，大家伙儿分。我那天在旁边看了一会儿，那些孩子不是我们一拨的，我没法加入，只能另找地方。我找了很多地方实在没办法，跟同学先要了几片桑叶，对付过今儿，明天再说吧。

没想到那天晚上一位叔叔来串门，给我带了一大堆桑叶，这不仅是雪中送炭，也是锦上添花。这么多桑叶一时是用不完的，我高兴得千恩万谢，为我的蚕宝宝谢叔叔了。然后我在姐姐的帮助下，把桑叶一片片地摘下来，用清水漂洗，又一张一张地把桑叶水甩干，摞在一起，厚厚的一大叠，用湿毛巾裹起来。那会儿离使上电冰箱的日子还有三十年，这是我们能想到的唯一的保鲜办法。

我把那鲜绿的桑叶撒在蚕宝宝身上，蚕宝宝立刻就欢快地吃了起来，它们顺着叶片的边缘，头一上一下唰唰地吃着。我心花怒放，夜里从梦中醒来，还趴在桌上的纸盒边听那沙沙的蚕吃桑叶的声音。听着这美妙的自然之曲，心里说不出的踏实。这以后的几天，我可以不为桑叶发愁了。我可以放了学就回家先给蚕们换一批新桑叶，然后一边听它们吃桑叶的沙沙声，一边儿心平气和地看书做作业。守着我的蚕宝宝，看不够地看着在墨绿色的叶片上，那一条条自然生发出晶莹温润光泽的蚕宝宝。它们的背上从头到尾有一条暗蓝的血管在一收一张，那是它们的脉搏。看到我的蚕已蜕了四次皮，我知道它们该上山了。

尽管如此，离大功告成还有几天，我早晚还要为桑叶奔波。同时，我这土法保鲜的桑叶已发出了一股霉味，尽管每天我都用清水再漂洗一遍，还是看着这些桑叶无可奈何地发乌变黄，不能再喂蚕了。于是我又踏上艰难的不屈不挠的寻找桑叶之路。养蚕的过程就是找桑叶的过程，这一段时间眼睛特别注意的就是绿色的树冠。有时路过一家人家，看到一丛绿叶探出墙头，赶紧走过去看，一看不是桑叶，只好遗憾地再找。我甚至想北京各院子里的桑叶肯定都让我们这一批养蚕人揪光了。不过不管再怎么苦，怎么累，怎么发愁，怎么想办法，总算把蚕养大了，养到它们就要吐丝了。

要吐丝的蚕，不再吃桑叶了，它周身发亮，向纸盒的一角爬去。如果你不管它，它就先在纸盒角落左一粘右一拉，勾出一个丝的框架，然后就在这悬索似的丝网的中心继续把丝吐出来，把自己裹进去。先是薄薄的、淡淡的一个茧子的轮廓，可以看得见蚕宝宝正在里面辛勤劳作。这是一个朦胧的身影，它可以把我的眼光久久地痴痴地吸引住。随着它吐的丝越来越多，茧子越来越厚，就这样它和我告别了。我只见一个白花花的椭圆形的丝茧挂在纸盒的一角，却再也看不到伴随我多日的蚕宝宝了。它可知道我为它所付出的辛劳，这条蚕宝宝把自己裹得严严实实，消失了身影。从黑蚂蚁那么点，长到那么大，吃了我辛辛苦苦为它采了一个月左右的桑叶，现在它与我告别了，就在我的眼前，我眼睁睁看着它消失了。

当第一条蚕结茧时，别的蚕还在吃桑叶。孩子们养的蚕，不像蚕农们整齐划一地养起，几乎在同一个时间小蚕出壳，几乎在同一个时间蜕皮，几乎在同一个时间宝宝上山作茧。我们城里孩子的蚕不是一批来的，而是来自“五湖四海”，因为我们不可能养上一整张蚕子，那要几百上千条，那可喂不起。

我们可以到孵蚕卵的同学家要上几条蚕，先养起来，等蚕蜕了两次皮左右，我们拿的那个用白纸折叠的蚕篓就派上了用场。从自家养的蚕中挑上最好的，铺上新鲜桑叶，就把它们放进蚕篓，拿到学校班上，于是一个类似博览会的蚕的展示就开始了。课间休息时，大家把蚕篓子放到桌上，打开来，互相参观品评。有的同学那蚕喂得真漂亮，又白又亮又壮，有的就差得多了，有的蚕快上山了，有的还早呢。这么一比，就分出优劣和高低了，这一比才晓得“天外有天，人外有人”，强中更有强中手。当然这一切既不评分也不发奖，只在自己心中有个分晓就成了。这时候要是开口可以向同学要一条大点壮点的蚕宝宝。还有的蚕，眉眼之处有个黑黑的印子，拿起来翻过来一看肚子下的一排脚，如果是黄色的，我们就很高兴，因为这种蚕吐的丝是黄颜色的。要是蚕农会不高兴，因为黄色的茧子成了杂色，影响缫丝质量，而我们这些业余“养蚕户”太喜欢黄色茧子了。同学们都好说话，既然把蚕拿来让大家看，就是为了彼此交流。于是经过这一展览，一交换，拿回家里就参差不齐了，有大有小，有强有弱，有吐白丝的，有将来吐黄丝的，各色蚕等相处一匣。虽违背了整体美、协调美的统一的农时原则，但我们是业余爱好者，蚕的织茧并不是我们的唯一目标，更谈不上与衣食住行的生计有丝毫关系。我们注重的是养蚕的全过程，以及通过亲自动手与密切观察所得到的丰富知识，这些知识超过了课本和老师讲解的内容。奇怪的是，我们上学时，在同一时间段，我们学了不少课本知识，同时也学到了那么多、那么有趣、多种类、多学科、有利于身心健康发展的课外知识。这正是我们像海绵吸水一样的阶段，我那时在课堂、课外学习的知识和游戏的规则以及人际关系等，对我的一生都大有裨益。

就拿养蚕来说，当宝宝要上山织茧了，我们还有独到的做法，就是让蚕吐一个薄薄的丝绵片。具体做法：用纸盖住一个茶杯的杯口，再把纸边向下紧紧地压实，用线或皮筋箍住，成为一个圆圆的平面。当蚕从桑叶堆中爬向盒子的一角时，就把它拿起来轻轻放到这铺在杯子口的纸上，它就在这片纸上展开了纺织绝艺。由于它是在一个平面上，没法作茧自缚，于是这条勤劳的蚕就会沿这杯口状的纸片，抬头低头，边吐边走，不屈不挠，不歇不停，一鼓作气地吐呀吐，白天吐，晚上也吐。蚕宝宝的身体在缩小，在变短。由于它整个身体暴露在外，逐渐变成蛹形，然后当最后一口丝吐尽之后，就躺在了丝面之上。这个蛹被拿走放在一个盒子里，它仍可蜕化为蚕蛾上的一层亮闪闪的丝绵。接下来还可以再摆上一条吐丝的蚕，让它继续在这个方寸之地辛苦铺丝，然后还可以再让一条蚕接力织作，一条条，一片片，一层软软的茸茸的亮闪闪的细腻的丝绵就织成了。在这个过程中要注意的是，当蚕宝宝丝将吐尽之时，按规律它会拉一粒湿湿的屎粒，一定要及时清除，否则这片丝就被弄脏了。蚕在吐丝，在作茧，这一切都是在我们密切注视和全心关切之中进行的。我们养蚕已到了尾声，丰收谈不上，七八个茧子，一两片薄薄的丝绵，这就是一个多月辛勤奔波的最终成果，是这一年养蚕的收获。

茧子雪白的占大部分，一两枚鲜黄的茧子更是可爱。白白的绵绵的蚕丝洁净光滑，要是有几条吐黄丝的蚕通力协作，织成一片金光闪闪的黄丝绵更是可爱得令人心醉。

我们把这一片丝绵从杯口上揭下来，那么洁净，那么爽滑，那么纤巧。我们要把它们再一次带到班上去，和同学共享丰收的喜悦。这一春，我们除了上学之外，大部分时间是侍候我们养的蚕，而蚕宝宝不负我们为它们操心劳累的一番情谊，把最后一缕丝吐了出来，献给了从蚂蚁般那么小就抚养它们的小主人。有的同学拿出一大块丝，怕要几十条蚕通力协作才能织成呢！织丝的过程还要注意到将僵卧的蚕蛹及时拿开，否则会被别的蚕吐丝时织在丝片中。

对于我们来说，蚕丝的最大用处就是拿来垫在墨盒中。我们没有那么多蚕丝把一个小小的墨盒铺满，而是在铜墨盒下面铺普通的棉花，在棉花上垫上这个丝绵垫子。墨汁浸上来后，黑油油的闪亮，毛笔舐上去，是那么滑润，那么顺畅，把笔锋舔得尖尖的，把字写得横平竖直，间架结构得体，字形也越来越好看了。每一笔每一画都包含我们春季的辛劳，这辛劳的成果与学习联结在一起何其快乐。我当时年龄小，并不能悟出应该向“春蚕到死丝方尽”那般地对待生命、生活、学习的每一个阶段与每一段时光。我觉得那洁白或鲜黄的丝片放在墨盒中真是明珠暗投，黑黑的墨汁把这洁白的丝绵玷污了，但物应有所用，总得找一个好的位置派一个好的用场。尽管丝绵染上了墨渍，使得皂白混合，可是想想还是这样的安排为最好。文房用品自古以来就是上品，丝绵助力我们笔墨功夫上进可谓恰得其所。这一片丝绵慢慢用可以用上一年，明年我们自会垫上一层新丝绵，用更辛勤更有经验更有成效的劳动成果，将一片更厚的丝绵铺在墨盒中。一年之后，笔墨应该有所进步。在我们学习的进步中，也有这春蚕的不可埋没的功劳。“春蚕到死丝方尽，蜡炬成灰泪始干”，不独用情如此，用功学习，辛劳教学，为民族、为国家效力都应如此。所以养过蚕的人都能深深理会“春蚕到死丝方尽”的意义。

春蚕其实并未死去，对于养蚕人来说这个道理尽人皆知。

暮春将过，蚕蛾从蛹中脱颖而出，这种转化过程，我们也有亲身的观察。从盛着茧的盒子中，包括那无茧的裸蛹之中忽然有了一朵洁白的花儿似的蚕蛾，好哇，又活了，这才是昆虫成虫的形态。六条小爪爪，两根触须是羽毛般的精细，两对短短的翅膀，一双黑黑的眼睛，在洁白的身体上透着灵秀。一只只的蚕蛾相继钻出了蛹壳，我们把它们一只只地拿到平铺的一张报纸或窗户纸上，于是它们开始嗡嗡地掀动着短翅。一双双的蚕蛾交尾之后，胖胖的雌蛾把一粒粒芝麻大小的圆圆的卵粒粘在纸上，一片片一圈圈，疏疏密密，斑斑点点。当蛾子们完成了这最后的使命，才僵化、死去，但是千百个小小的卵在报纸上、窗户纸上站住了脚跟。开始这蚕子是浅色的，然后变成深黄，变成浅黑，然后这张蚕纸就被大人们收了起来，放在通风处，放在不要被蚂蚁、飞鸟吃掉的地方。于是盛夏走了，金秋来了，严冬到了，在凛冽的寒风吹打着门窗时，这张蚕纸在屋中的柜顶上安然无恙。

春天又来了。当万物复苏，绿草萌发，春芽含苞之际，大人们把这张蚕纸从柜顶上取下，经年的报纸已然发黄，黑黑的蚕子像一粒粒圆鼓鼓的黑芝麻。

大人们含一口茶水，噗噗地喷湿了蚕纸。

黑蚁似的蚕蚁们出来了……

又一个轮回。

“好蚕不吃五月桑”，在端午节吃粽子之际，蚕桑季节已经结束。

当我们收下茧子、丝绵之际，大人们开始泡糯米，买红枣、买苇叶和马莲准备包粽子了。

那被我们揪得七零八落的小桑树，老桑树，如释重负，趁着天气晴和，趁着春雨绵绵，趁着大好时光的来临又发出了一树的新芽。这时候我们再见到它，心就不那么麻痒痒了。但是养蚕人见到桑叶总会下意识地多看上几眼，多想上一想，希望明年我需要时，桑叶多多。桑树给我的蚕宝宝提供了一次次的吃食。

桑树在夏季又给我们自己提供了一次果实，桑葚长大了。从青青的时候，我们就摘来吃了，酸酸的，硬硬的，然后变软了，变甜了，有白的，有紫的。有的是我们去摘的，有的是从小摊上买的。

吃着桑葚，想着桑叶，惦记着明年的蚕宝宝。

赤包、“姑娘儿”、茉莉花

离开了平房四合院，赤包、“姑娘儿”、茉莉花这三样东西，也都离我远去了。很久很久都看不见赤包了。电视连续剧《四世同堂》中，李婉芬扮演的大赤包给人们留下了一个恶妇人的深刻印象。大赤包是她的绰号，但大赤包安在她的头上的确把我们那一代孩子心中的一个美好的印象给歪曲了。

赤包我一直以为是“尺包”，请教了弥松颐先生，才纠正了谬误。包括“姑娘儿”，我一直以为是“姑蔫儿”。

赤包其实是一种非常好看、也十分令人喜爱的植物果实。就算是大的赤包也大不过一个鸡蛋。

直到今天，我只是见过赤包却没见过它怎样生长。也许它是蔓生植物，要搭着竹子或苇秆架子像扁豆那么爬上秧去，于是开花结果就长出了赤包；也许它像一般的瓜一样在地上爬秧开花结果。我一直没机会见到它的生长状况，但我看到过许许多多的赤包。

我上小学时，每到暮秋时候，小铺子里、摆摊的都卖赤包，卖“姑娘儿”。这两样果实都具有极好的观赏性，是专供孩子们，不分男孩女孩，拿在手中把玩的。

赤包的形状就像一个迷你香瓜，小巧玲珑，身上有一层浅浅的茸毛，有一股不怎么好闻的特殊味道，不能吃，但是它的确十分好看。它们的形状都差不多，但色泽可以用丰富多彩来形容。我不知道一株秧子上的赤包色泽是否一致或差不多，反正摆在摊上卖的赤包的色彩没有两个是一样的。有一色绿的，但各有深浅，捉摸不定；有红的，红艳艳的，深红到浅红都有；有红的上面带绿色斑点的，有黄的，有红绿黄混在一起的，有黄加绿的，有绿底白斑的，有的火红，有的娇黄，而且色泽在一个赤包上又会转换成多种层次，简直像是钧瓷的窑变，神出鬼没。“钧无双”是说天下没有两只钧釉一样的器皿。我小时候也没看到过两个色泽一样或相近的赤包，于是这就增加了赤包的神奇感，有了一种捉摸不定的神韵和令人见了不忍释手的魅力。其实世界上不可能有两个一模一样的物器。人的手印不一样，两片树叶不一样，即使是双胞胎也能区分他（她）们，断不至于闹出莎士比亚的喜剧《第十二夜》那样的巧事，姐俩一模一样，因此阴差阳错，笑话百出。但很多事物，很多物品是大同小异的。就用瓜类果实相比吧，一堆黄瓜一色深绿，虽有大小老嫩之分，但基本上是一种色调；花皮西瓜堆了一地，个头、分量各不相同，花纹也绝不可能一样，但堆了满地的西瓜，乍一看去，我们应该承认基本一样。而赤包的确卓尔不群，它的每一个色彩都那么特殊，绝不会一堆儿一样。即使一小堆，你也会觉得它们五色杂陈，只只可爱，而且色泽艳丽得令人心动，觉得"此物本应天上有，人间难得看几回"。

我至今仍怀念那摊上的赤包所带给我的美感享受，以及它的多姿多彩令我心动的情景。四十年没见到赤包了，我一想起赤包，就想到儿时的情怀。也许有一天会有人给我拿来几个赤包，但却让我大失所望。别人还会说，你记得小时候看到的赤包美丽，是那会儿你太小，没见过什么世面，看什么都新奇，吃什么都香，玩什么都乐，如今你眼界高了，看东西多了，再给你多好看的赤包，你也不会觉得它好玩了。"珍珠翡翠白玉汤"就是这么个意思。那单口相声，说的是朱元璋当年挨饿时，吃了乞丐的馊稀饭觉得是珍馐美味，而日后当了皇上再见到这样的稀饭时感觉可想而知。但我儿时情怀不独是我一己偏见，我们小伙伴都爱赤包。我从不怀疑自己童年时的直观感觉和我所体会到的朴素的价值观念。

我们儿时的确没有如今孩子们的幸运，而今孩子们领略着更大范围的风情，可以看到大人们所能看到的一切事物及体会到各种情感。如电视机开着，孩子们从屏幕上看到的是千变万化、光怪陆离的大千世界，如今的孩子能看到马拉多纳、罗纳尔多，能看到帕瓦罗蒂，能看到施瓦辛格，能看到金色大厅，能看到克林顿什么样。我们那个时候能看到的事物太少了，大部分是听说的，听别人的描述，然后我们想象，也许想象的空间更大，更自由，更离奇，更瑰丽，更神秘。"看景不如听景"，所以当时的外部世界在我们心中是个更复杂、更幽深、更不可测的谜团，再加上我们那年月的物质生活如何能与今天的孩子们，尤其是都市里的孩子们相比呢？我觉得如今都市孩子们的玩法和我们当年的玩法完全不同了。我们的童年没有电子游戏机，买个空竹还要等过年时才有机会，只能因陋就简，因地制宜，向周围的环境，自然环境和生活环境要玩具，要玩意儿。而且由于所能得到的玩具和玩意儿太稀少，太单调，这就促使胡同里同年龄的孩子们形成小团体，大家凑在一块儿玩。在团结友爱中，在相依相靠中，在和谐共存中，在商讨的气氛中，形成了一个同龄人的小小的松散的社团。有时也颇似沙龙，没有炫耀、彼此推心置腹的沙龙。

但是把玩赤包是很个性化的行为，用不着集体行动。赤包上市的季节在秋天，也就是暑假后。一二年级的小朋友，差不多都可能在手里握着一个赤包，很少听说谁家院子里种赤包，大多是从摊贩那里买来的。我已不记得多少钱一个了，最多也不过一顿小学生的早餐钱，在摆着一小堆的十几个赤包中，挑一个自己喜欢的，一个季节，有可能买上三四回，红的，绿的，花的，杏黄的，随意挑选。买回来的时候，这赤包是硬硬的，我向大孩子学，把它放在米缸里，埋在米中，这样就熟了，熟了就软了，软了就可以慢慢揉着，观赏着把玩。玩一会儿捏一会儿，然后把它揣进口袋，该上课上课，该写作业就写作业，有空了再拿出来把玩揉捏。从一个生生的硬果子揉成了软“柿子”，再揉两天就感觉到它一肚子籽儿，越来越瘪，最后揉得水分全干了，变成了两层厚皮，于是就扔掉了，再去买一个，再放在米缸里，耐心地等它变软了。这个过程足有十多天，从没听说我周围的同学谁一次买几个，一个接一个地把玩的。那是有钱人的玩法，我周围的人都不这么挥霍。

后来，我就不再玩了，我周围的孩子也不再玩了，这赤包莫名其妙地就没有了。怎么就没了呢？不知道还有没有这种植物。我真的很想各色各样的买几个放在小竹篮中，摆在屋里桌子上当成观赏物，比鲜花更经久，更有情趣。可是上哪儿去找呢？

多亏了老舍先生在《四世同堂》中给我们留下了一个人物形象——大赤包，使这个品类的植物名称归于不朽。赤包名称虽极俗可是其貌却不俗，它精巧、鲜艳、可人疼，和书中人物形象相去甚远。呜呼，没有这人物，赤包无存，有了这人物，赤包无颜。

但愿有一天，我能再看到那色彩斑斓、无对无双的玲珑赏果赤包。我将要尽情着意地挑选，把它堂皇地摆在我的房间之内。我无须把它放入米缸，我也无心再在手中把玩。在想象中，它的色彩更瑰丽、更神奇，它会于无声中，把我童年的欢乐还原于我心中，让我心中无尽地玩味着烂漫的童年时光。

和赤包几乎同时出现在摊头，在孩子们手中更多见，更便宜的一种可吃可玩可赏的植物果子是“姑娘儿”。这是在草本植株上结出的果实。它外面包着一层韧性极好的软壳（皮）儿，草黄枯色，摘下这果子撕开外皮，一粒红彤彤的圆粒果实，有点像熟了的小番茄展现在眼前，细皮嫩肉，酸甜可口。可是我小时候，在北京街头卖“姑娘儿”的，都不是以吃食贩出，而是和赤包为伍，拿在女孩子手中把玩的，当然男孩子们也拿来玩。它红艳艳，滴溜圆，而且大如龙眼，拿在手中煞是惹人喜爱。很多物件能博得绝大部分人的喜爱，绝非无缘无故。这种让孩子们爱不释手的果实，来自天然，无论色泽、物形，都让孩子们喜爱，想它定非凡物，这名字是谁起的却无人知晓。孩子们也把一粒“姑娘儿”给揉软了，但一般不可能揉捏成赤包那样，因为赤包皮厚又有韧性。而“姑娘儿”就大不一样了，很娇嫩，不小心就会挤碎弄一手汁和籽儿。它是酸的，我们一般是在这个“不幸”的时刻于心疼之际品尝一下它的酸味，并不觉得口感如何好，大约揉熟了也就失去了原有鲜美的味道。它并不好吃，如果超过苹果、鸭梨、水蜜桃，超过葡萄、荔枝、大红枣，那至今它一定会种群昌盛，四季畅销。是呀，若论外形，没得比，可是中看不中吃，致使它只在20世纪50年代小孩子们手中走俏一时，给孩子们的童年带来了一丝慰藉。而后便逐渐淡出，像一个时期的流行曲，没有超越时空成为世代流传的金曲。“朝为拂云花，暮为委地樵。”尽管它并没攀龙附凤，而是投身于孩子们的掌心之中。可怜，孩子是最没长性的，任何一个时代的孩子都有其自己的流行玩意儿和流行玩法。我那一代人小时候玩的东西，后来自己不玩了，再后来，我们的孩子也不再玩儿了。于是它就成了历史陈迹，连史书都上不了。

“姑娘儿”虽说与赤包几乎同时出现在孩子们手中，但“姑娘儿”在身份上不如赤包。从色泽来说，尽管它鲜红可爱，但太单一，一筐都一样，没有赤包那么千变万化，不可捉摸。它没有个性，没有特色，在审美方面，它处于下风。它又比赤包娇嫩，容易受损，虽然比赤包强一点能吃，但好吃的东西并不一定好玩，谁见有人把玩天津包子呢？

所以“姑娘儿”在正当龄的时光，也没有赤包那么吸引人。

可惜的是赤包除了形象好，又太不实用了。不能直接入口，不好闻，也不能吃，于是它们都在某一天退出了人们的欣赏天地。

赤包不但在北京绝迹，好像在其他地方也没听见过。但愿我这是错误论断，我希望有朋友告诉我在哪儿能找到它。

但“姑娘儿”却有大量种植，我六年前到东北出差，街上就有卖的，是当作食品卖的。我很好奇，也很欣喜，就托人买了一些拿回住处。从外壳上比我小时候见到的要小得多，撕开一看，呀，是淡绿发白的小颗粒。尽管这确是“姑娘儿”无疑，但外形色泽比我小时候玩的那种差远了，吃起来也没什么味道。真是不买它想它，买了它后悔好几年。如果当年北京卖的“姑娘儿”是这么个样子，怎么可能满大街的孩子宝贝似的拿着它欣赏把玩呢。当年西红柿有的是，五分钱可以买一筐，但也没人拿个西红柿在手里当宝贝似的攥着。我至今想不通那会儿怎么会时兴玩“姑娘儿”的。

我记得我种过“姑娘儿”，没什么收成。但我小时候在四合院那小小的一片土洼里种过最多的就是茉莉。不是点缀在花茶里的洁白的那种“好一朵茉莉花”的茉莉，而是旺旺盛盛的非常好养、十分耐活、使劲儿地开起花来的草茉莉，它伴随了我整个儿的少年时代。“有心栽花花不开，无心插柳柳成荫。”我在两张桌子大的土地上每年照例点上几粒茉莉花种子。我小时候居住的四合院百分之九十的院落是青砖遍地，连砖缝都不长草。院子当中是邻居大爷家的一口大荷花缸，早先养着子午莲，开过美丽的小朵莲花。大缸旁还有他们家一盆石榴树，每年花开火红，结果却不多，但挂在枝头的石榴果一个个红艳艳的。其他花木也就没什么了。

可想而知，我那书桌大的一块地将是何等宝贵。我种的茉莉花却绿荫覆盖，花朵如星，香气四溢，从夏到秋永远那么茁实，那么蓬勃，那么旺盛。没人稀罕它，但它却以充盈的生命力伴着我，伴着我们一个院子的孩子们长大。

我在那个院子里的时候是一个不起眼的、毫无特色也没有什么潜质的小学生，什么什么都一般般，功课不算不好，也不算很好，其他方面亦无天分表现出来，玩的花样也一般。弹玻璃球常常输给小伙伴，没记得赢过，弄得心里郁郁的，有点折锐气；抖空竹没别人棒；在学校还踢过小足球，我左右脚还都行，可在家门口，我们胡同组织了一个足球队，常与邻巷小朋友找地方打比赛。我大多数时间是替补，然而心里也服，因为别人确实比我出色……

我很喜欢我们院子里的这一片草茉莉，没人待见它，也没人注意它。它不高贵，不稀有，没名气，极普通；它默默地生，悄悄地长，与谁都不争一日之短长。但它却那么挺挺的，浓浓的，欣欣向荣，没上肥，没耕耘，亦不必除草。在溶溶月色之中，尤其是万籁俱寂的月明之夜，这眼前的草茉莉叶片密密匝匝，乌森森的，亮油油的。千百朵呈小喇叭状的盛开的花儿，在静夜当中一律呈乳白色，犹如一把碎玉被谁撒在这乌绒般的叶堆之上，满天星斗，与我身边的茉莉花相映成趣。眼前的繁星点点的花儿与四合院一方天上的星空仿佛在默默无声地交谈，星星眨着眼顽皮地在与我们的花儿开着玩笑，而茉莉花不仅在清风吹拂下，微微摇着笑脸，同时散发出一股股的浓浓的甜香。草茉莉的芳香缺少的是茉莉花的那一种清苦，所以我不能代草茉莉争功，的确它们不是一种高雅的香型。草茉莉那热烈的香气更通俗，更像我平淡的四合院生活中应有的气息。

每到黄昏茉莉花才开放，我眼前的草茉莉开放的是单瓣的呈喇叭状的小花，三五成簇，错落绽香。在一丛花中，也会有各不相同的杂色，有的洁白，有的粉红，有的白生生的花朵上洒上点点的粉色或勾出一缕粉红、紫红，红白相间也楚楚动人。它不羞涩，不含媚态，大大方方地争相开放；它不把美储存着，不是犹抱琵琶半遮面，而是热情奔放，洋洋洒洒，泼泼辣辣，浓浓烈烈，呼地全部奔涌般地怒放，让你无论在当时、事后都会觉得痛快，酣畅。它花形虽小，却不失大方慷慨豪爽，呼啦啦盛开的这点数不清数不尽的小白喇叭、小红喇叭、小花喇叭，仿佛在黄昏之后使足了劲，东摇西摆给大家吹起了欢乐的曲子。如果你嫌它还不热闹，不够来劲，不够刺激，可以助阵，可以参与。我们采下一朵，在花朵下端用指甲把它掐齐了，真成了一只小喇叭，嘀嘀的能吹响，孩子越多，就越热闹。伴着花香，伴着大人们悠闲的谈笑，此起彼伏，既高亢又柔和，既绵长又错落，声声欢快，声声悦耳。这小喇叭也可以口含两只一齐鸣唱，“吹得清香满院飘，吹得星月上柳梢。吹得老少齐欢畅，吹得芭蕉扇儿摇”。芭蕉扇儿摇呀摇，四合院里开始乘凉了。老人躺在藤椅上，儿孙坐在板凳上，老人们彼此聊几句，孩子们乖乖儿地坐在大人身旁，不时用芭蕉扇儿驱赶着蚊虫，静静地坐着，听大人讲古述今。看着头上的星星，看着倏忽而过的流星，看着星星点点的茉莉花，什么也没想，心境空明。像承受甘露的玉盏，像任清风透隙的珠帘，让大自然神奇的絮絮的音波在耳畔浅吟低唱，让星空云汉的缥缈光华充溢眼前。什么都不愁，什么都不求，无期无盼，无欲无求，痴痴地一任自己幼小的生命在北京一条胡同的四合院里，静静地生，默默地长。

日后，当我在困顿中，在拼搏中，在欢欣和烦乱中，有那么多的追求，有那么多的期待，有那么多的苦闷，有那么多的哀叹，无可奈何之际，我就会时不时地回想在茉莉花旁，我少时那无忧无虑的香喷喷的好时光。

如今我没有了栽种茉莉花的那一片园地，也没有了栽几丛茉莉花儿的闲情，因此，也没了那一番静谧的享受。但是我曾有过的儿时的香甜的情趣，尽数冲兑在我无尽无休的工作和奔波劳碌之中。我有时会啜饮香茗，回想那恬淡时光。一杯茉莉花茶的清淡与幽香，让齿颊生津的感觉伴我进入绵长的思绪。

让茉莉花儿在我记忆中盛开吧。

叠三角、跳房子及小吃

因地制宜，因陋就简，想方设法，妙趣天成，亲近自然，废物利用，群相仿效，乐此不疲。这是如今我在空调房间里，倚靠柔软的沙发，看着消闲的电视剧，神思遨游，搜索往日的记忆，定格在少儿时期的回忆。回味那往昔，觉得与如今的日子有偌大的反差，奇怪在那物质窘迫、家计拮据的境况中，在四周没有任何一座高楼大厦的泥土铺就的胡同里，怎么会腾起一阵阵发自心底，毫无顾忌，没有忧思，没有后顾之虞的欢笑？怎么会在这准贫民区的街巷中，有那么投入，那么专注，那么动心，那么神奇的游戏与技艺？怎么会有令人馋涎欲滴，大快朵颐的吃食？而今这些逝去的不成体统的玩具在哪里？那些曾勾人口水的小吃又在何方？真的把它们复原在面前，我是否依然会心动和胃口大开？

寻找儿时的乐趣与儿时的感怀，就离不开儿时曾慰我心灵的一个个物件。那在小巷深处不知从何处而来的卖吃食的吆喝声和隐隐而来、传音遥远的铜板叮当声响，当时不经意的生活细节，如今像一首记不全词句、哼不全旋律的歌谣，找不到音调，唱不出整段，却绵长如泉，悠远如风，将余韵深埋在四十余岁的时光之中。

我们在胡同的泥土地上，捡一块瓦碴，弯下腰画一个圆圈，抡圆了小胳膊也就能把泥地画一个五十厘米的圈。

我们几个小朋友通力协作，弯腰在地上左一道右一道横平竖直，画成六七厘米的长方形的格子。

在他人院落的砖石庭院和哪家门口一方水泥地上，我们从口袋里掏出一小截方条的细细的石笔在地上画着白圈儿、白格子。

在圆圈里，我们各自放上几只三角，然后站在三四米开外的一条横线上，手持一片精心打制的圆圆的石片，把它旋转得平平地抛出去，打向圈内一叠一堆三角儿，看谁打得准，打得多，打得好。这是一个公平的比赛，要使在空中飞行的石片儿，在飞向圈子的时候，平平地着地，同时滑过圈子才有可能把铺在地上的花花绿绿的三角带出去几张。谁也没有可能一扫而光，技艺再精良、运气再好也没法把那么大一个圈内薄薄地铺在地上的三角都打出去。所以这一个圈里的三角，够我们用石片儿打上一阵的，被打出的三角就捡走揣进自己的腰包，算是奖赏。这三角一点儿都不值钱，但它凝结着孩子们多日的劳动，在孩子眼里就是巨大的财富。马克思讲过：价值就是每件物品生产过程的劳动时间。

叠三角，就要花时间、找机会收集废烟盒。我小时候，家里没人抽烟，只能遇到有人抽烟时向人家要空烟盒，而抽烟的人是不会把掏空了烟卷的空烟盒揣在身旁的，总是掏出最后一支烟，一捏一揉随手把空纸烟盒扔掉。可见搜集空纸烟盒要动脑筋，要想办法，要花工夫。

那时候，没有硬纸烟盒，也很少有人抽铁盒香烟。烟盒纸不过是一层纸糊成的，把它拆开，是一张长方形花纸片，一折一折再对折，把多出的一个角儿的纸边塞进折缝中就成了一个挺漂亮的三角。有各种牌子的烟盒，有各种图案，各种色彩。一个两个三角看不出有什么意思，如果收集到几十个、上百个，把它们一个左一个右地插成一串，那就又好看又好玩，看上去挺是回事儿的。这些废烟盒分文不值，但一旦形成了阵势，形成气候，也就是今天常说的形成了规模，就有了气派，有了美感，有了潜在的价值。当年没地方买，所以是非卖品，可是它曾是商品的一个重要的部分，是包装，是招牌，也是二十支烟卷的外壳。它在我们孩子心中是有价值的。我们放在圈里的烟盒三角是我们心爱的宝贝，所以玩起来才津津有味，专注认真，一丝不苟，不知不觉日之夕矣。也可能一大堆三角剩不了几个了，也可能增加了不少，花花绿绿，甚是新奇。

叠三角，是那个时期常玩的内容，用石片打三角，却是偶尔为之，因此积攒的三角竟越来越多。它们究竟从哪儿来的，记不清了。从道理上讲我应该是从抽烟的大人手中要来的，断不是从一个人那儿要来的，因为花色品种如此杂繁，林林总总蔚为大观。它们后来到哪儿去了，没人知道，没有任何人记得。总之，它们就那么没有了。恍如春风化雨，冰雪消融。当年可不是一个人两个人玩，几乎所有我同年龄段的男孩子都玩，可没有一个人留下一个当年那么来之不易曾使我们由衷喜爱的三角。当然，如今很少有人再去叠了，也没有三五成群的小孩玩抛石片儿了，但那欢乐曾伴随我，那情趣依然藏在我心中。

回忆起这段时光，我没有为香烟做宣传的意思。我非常赞赏香港香烟盒上的一行文字："香港政府忠告市民，吸烟有害健康。"既然今天连孩子们也不玩烟盒了，有可能在公众意识进一步提高后，香烟也许会在某一天消失。我不会为香烟的消失唱挽歌，也不会津津乐道地提起抽烟的情趣，“饭后一袋烟，赛过活神仙”或如朱自清先生专为抽烟写下的那篇精致的散文。我不会，因为我们如今的时代已该充分意识到抽烟的危害了。尽管我怀念少时玩烟盒的那段时光，但如果大家都不吸烟了，没烟盒可叠三角了，孩子们是不会抱怨少了玩趣的。因为，那个时代的孩子没有电子游戏机，却有着一脑子的玩儿的主意，个个心灵手巧，想象力丰富，创造力强，怎么也能琢磨出更好玩儿的，不用花钱且乐此不疲的玩法。

再说说跳房子。

跳房子是用化石笔在地上画的那大格子、小格子，是为玩儿精心设计的。那几乎是二十年以前每一代孩童的游戏必修课，是无师自通、不考自精的游戏。

第一步先扔布包。用六块烟盒大小、正方形的布头，对缝缝好，缝到最后一条缝时，将毛边朝里，翻过来，里面装上沙子或杂粮，把口子缝好了，就是个布包儿。没布包儿，从地上捡块瓦片，扁鹅卵石也能成。总之，只要地球存在，人类繁衍，就难不住孩子们玩儿的手段。

把布包、石片扔出去，占有一个格子，双脚跳，单脚跳，横着跳，竖着跳，左跳右跳，前跳后跳，斜跳，正跳，后勾腿跳，前盘单腿跳。跳时别踩着线，别踏着不让踩的空间，总有跳得好的，跳得巧的，跳得妙的，脱颖而出而成为胜利者。然后大家再重来，今儿天黑了，明儿接着来。长大了，成了大哥哥大姐姐，不再玩儿了，弟弟妹妹接着来。一年又一年，孩子们总在玩儿，格子的大小，游戏的规则一点儿都没变，一代一代就这么玩了下去。只是现在在北京没看到还有孩子玩了，在中国也很少看到孩子玩了。全国人口多了，家庭人口少了，独生子女缺的是兄弟姐妹互相感染、互相传授的游戏规则。我小时候玩累了，该吃点儿、喝点儿了，就回家掰块冷馒头啃啃。那时候，吃什么并不重要，玩儿是第一。当然这是业余与课余时间的排列顺序，在上课时，谁也不会说跳房子第一，抛石片儿第一或弹球第一。在胡同里跳房子、抛石片儿第一的，永远比不上课堂第一的光荣。因此，我们玩得开心，也收得住心，能玩，也能不玩。我思忖之所以没有出过跳房子冠军，因为这游戏太不入流了。但正因为它不入流，才是每个孩子都能参与的。

说起童年的玩，忍不住想起童年的那些吃食。那时孩子们第一是玩，第几才轮着吃呢？吃什么呢？每家有每家的粗茶淡饭，孩子绝不挑食，大人做什么就吃什么，轮不上孩子向家里点菜。

现在回想起当年的小吃，以我们那时的经济实力能吃得起的小吃，依然诱人与回味无穷。可是我那时精神享受第一，有那份钱也情愿忍住馋，因为我还要攒钱买洋画，买玻璃球，买我能买得起的玩意儿，要花钱的地儿多了，哪能轮到买小吃呢。所以现在回想起儿时看过或尝过的小吃，也只不过吃过一两回或看别人吃过。不是有那么一段小笑话嘛。说两个孩子斗嘴，甲问乙："你吃过天津包子吗？"乙答："我没吃过，你呢？"甲："我，我，我没吃过，我哥……"乙："哦，你哥吃过？"甲："我哥，我哥看见人家吃过。"这个小段子若用天津方言讲起来，别提多可乐了。我是天津人，可由于从小没在天津住，我的侄儿、侄女们一口天津话，我学也学不像。我曾问过专家，为什么出了天津到东西南北，四邻之地，没一处像天津话这么具有特色的呢？后来我才弄明白，天津话是一种语言"孤岛"现象，其实是安徽话与北方话结合的产物。清朝都城在北京，而调安徽的兵驻守天津，久而久之，天津这地方的语言就南北融合了。所以天津卫的话，别有一番韵味。天津也有不少小吃，至今流传的有大麻花、蹦豆儿、嘎巴菜、天津煎饼果子等，当然天津包子也称一绝。

不过，我小时候，吃到、看到、听到的都是北京小吃，好多南方朋友问我，北京哪有什么小吃呀，我觉得他们太没"文化"。北京小吃实在不少，可如今又确实找不到几家了。

我能数出几样儿呢？我不是这方面的研究人员，又比不上当年讲究吃、研究吃的人。"吃、喝、玩、乐"我小时不这么排顺序，玩儿放第一位。吃固然重要，民以食为天，那指的是吃饱了就成。小吃是锦上添花而已。

豆汁儿，我看人家喝过，自己却没尝过。

豆腐脑和老豆腐，最早我也并不太喜欢，可是后来听说营养丰富就觉得口感也不错了。吃豆腐脑还是我上初中时的一段情结。那时每天一早，同学校又同胡同的三两个孩子，背上书包，出胡同走大街奔学校了。夏天是迎着朝阳走在路上，如果是三九寒天，我们出胡同时，天上的星星还在眨着眼睛，胡同中木头电线杆上的昏黄的路灯还没有熄灭。寒风刮面，手拢袖中，迈着快步，顶着寒气，书包里有个用干净手帕包裹着的冷馒头，那就是我们的早餐。

离我们学校不远处，有一家小店，我们几个同学就来到这里，拣一条长板凳，几个人挤着坐在一起。面前有张木板桌子，没有油渍挺干净，不一会儿就有人给我们一人端上一碗冒着热气儿的豆腐脑。不用吆喝，不用点菜，这个小铺子一早上只卖一样东西，别的还没有。这家铺子里豆腐脑的味道，我至今还记得，初中三年我几乎在这儿吃了两年早餐。一大碗豆腐脑，端上来后，我们就从书包中把那又冷又硬的馒头掏出来。有时馒头已冻得有了冰碴儿，咬一口冷馒头，就一口热乎乎烫烫的豆腐脑。

那一层浓浓的亮亮的卤，浇在白玉般的嫩豆腐上，卤里有一点鸡蛋漂着，一小片片，薄薄的，爽滑的。同时还会有点肉末，些许蘑菇丁，香喷喷的，再加上一点香菜末，舀点蒜泥。并且桌上有一小盆辣酱，我们北京人管它叫青椒糊（糊读去声），尽管那辣椒分明是红红的。舀一点豆腐掺上一点卤，放到口中，同时嚼着干得噎人的冷馒头，吃得喷香。天天如此，天天吃这样的早餐，我吃了三个学年六个学期，加起来有两年时光，但从没觉得吃腻了。

再往前想，上小学时，我们学校门前经常有三副担子，一副担子是卖老豆腐的，一副担子是卖炸丸子、油豆腐的，还有一副担子是卖馄饨的。老豆腐与豆腐脑，虽然都是豆腐，然而口味与调料却大有区别。豆腐脑是嫩嫩的豆腐上覆盖了一层浓浓的勾了芡的颜色很深的卤，而老豆腐其实不老，是在碗里盛了大半碗嫩豆腐，浇上酱油、青椒糊、韭菜花、蒜汁泥等调料，就这么舀着吃。一种豆腐两种风味，两样口感，春兰秋菊，各有特色。这两样小吃，我至今都喜欢。如今要有机会吃到，在品尝嫩豆腐以及各种调料的时候，心中也在不断泛起儿时最烂漫的滋味。

吃什么小吃似乎也随着年龄与就读年级的不同而有所变化。炸丸子和炸豆腐的担子，我在中学时就不怎么光顾了，尽管那是我上小学时最爱吃的小吃。那小丸子是用豆面和盐和在一起，放在油里炸成的，外形并不规则，是那种典型的用手抓一把和好的湿面，挤出一粒粒的丸子，因而它的外形有棱有角。豆面丸子很小，炸得焦焦脆脆的，放在热汤里煮一煮就发开了，软软的，面面的。一碗里盛上十余枚豆面丸子，再盛上几片炸豆腐，这炸好的豆腐呈三角形，煮的时间长了很入味，汤是清汤，用花椒水煮的，够咸。清汤寡水所以二分钱一碗，掰一点馒头泡在这咸汤里，舀上点辣椒油，撒上几星香菜末，吃着吃着就上了瘾。一直到现在我还想再吃上这样的炸小丸子、炸豆腐，但可能是这小吃实在太寒酸，没什么人再会去经营这本小利微的吃食。但我却十分怀念它，怀念围绕它漫开的小时候的种种时光。吃完了热乎乎的丸子汤，心口热乎乎的，嘴巴辣辣的，就该进学堂了，接下来的就是琅琅的读书声，老师的教书声和课间十分钟休息的喧哗声。每当我想起那炸小豆面丸子和那一大锅黑乎乎的翻滚着的咸汤，想起那口沿残缺的粗碗，想起使的那把儿都掉了一半的绿搪瓷勺子，那卖炸丸子的老人家笑容满面的表情和他身上那油渍麻花的围裙，想起有时锅里煮开的丸子数量不够，他就抓几个没煮的炸丸子塞在我们的小手心里。我于是嚼着这铁蚕豆似的干丸子，高高兴兴地走进学堂。假设如今仍是这么一副挑子摆在街头，还卖这些吃的，我会去尝尝吗？或许我会犹豫吧。可是我却心心念念怀想着四十年前我们学校门口那位和善的老头儿和那一大锅黑乎乎的汤啊！

我从小学到初中，都不曾在学校门口摆着的馄饨摊上买馄饨吃，绝不是一次都买不起，而是对于我来说，玩是第一，吃是第二。馄饨太贵了，吃一回馄饨相当于吃四五碗丸子汤和两三碗老豆腐，省点钱买什么玩具不好。因此尽管那馄饨香气诱人，我却一点儿都不馋，从来没想去吃过。倒是我工作以后有了工资，有了足够的零花钱，才吃上了馄饨，这才想起那廉价的摆在小学门口的馄饨无论如何也该尝尝，留个念想啊。

在《正大综艺》的主持过程中，我有时情不自禁地讲起北京小吃。几位编导说，听我讲那些小吃，也馋了起来。唯独杨澜对我说："行了，您老讲什么驴打滚、艾窝窝、饹馇盒，有什么好吃的。"我说："杨澜，你如果吃过一次管保记一辈子，可惜你没这福气。"我其实心里很清楚，她以及她这一代年轻人绝不会为吃不上这些小吃而遗憾。可是当我想起那些小吃，就像翻开了一页历史画卷和闻到一股熟悉的香气。这画卷仍鲜活，不是陈年旧事，这味道仍诱人，仍令我发馋。这是一首洋溢着勃勃生机的乐曲，是一块散发着醉人香气的甜甜的糖糕。

我也会想到街上随处可见的卖切糕的，在推车的案板上用湿布蒙着的一大块黄米面的年糕，里面有香香的红豆儿，浮头还粘着一层大红枣子。你花五分钱，卖年糕的人会用一把切菜刀样的亮亮的家伙，蘸上一点清水，从这一大块糕上切一块下来。切糕，就在这一切之下命的名。然后他会用一片木纸，就是极薄的木头片儿裹成一卷儿的木头纸，托住这一片糕，再蘸上一层白糖递给你。你先不用吃，光看看就觉得那么美好。

在卖切糕的一旁有时就是卖炸饹馇盒的了，把豆面饹馇切成两寸多长、一指多宽的长方形的条儿，放到油里炸得焦亮亮的，外焦里嫩，给你一点木纸托着，用一把小铜勺子，舀一点儿蒜泥、酱油插进那层脆壳里，让酱油调料送进饹馇肉里。你咬一口，焦焦的，脆脆的，香香的，烫烫的，再加上豆面特殊的味道和蒜蓉酱油汁的调料香，一口咬下来，仿佛舌头都融化了。迄今我都为没吃过这一口的人感到遗憾。其实，我一共也没吃过几次，但我毕竟尝过。何况每次经过那摊位，都会借光闻一鼻子香味，这就足够了。

当年街上还有那清真食品炸素三角儿，里面的馅儿是凉粉丁丁加上香菜末，可能还有五香粉，刚出油锅时看着都大饱眼福，要是冷了以后，吃起来也别有一番滋味在嘴头。还有推车子卖扒糕和凉粉的。扒糕实际是一坨子荞麦面团子，用薄薄的刀片把扒糕切成一条一条的盛在碗中，放上酱油、醋、芥末、辣椒等调料。最关键的调料是腌胡萝卜丝，无论凉粉还是扒糕缺了这味调料就不是京味小吃了。我在四川自贡吃过那辣得人满脸出汗的凉粉，但和北京的凉粉相比就是少了那咸胡萝卜丝，差一点儿，口味就相去甚远。这两样小吃，我小时候曾想过，等以后我有条件了，夏天烈日炎炎的，隔两三天就买一碗来吃。现在条件有了，可是卖扒糕和凉粉的却都不见了。这小吃还真不仅仅是用嘴吃，更是用眼看，用全身心去感觉，去回味，去想象，那一切在想象中都已经留下永久的怀念。

想到糖油饼了。

小时候，我家门口有一个炸油饼摊子。有时候，外婆牵着我的手到这摊前，会给我买个炸糖饼。北方的糖饼就是在普通白面炸的油饼上加一层糖。在擀面时，一个白面团加上一个黄黄的小的红糖面团，两个小面团儿摞在一块擀成饼形，划上两个口子往油锅里一下，吱吱的油响着，一会儿香喷喷的糖油饼就炸好了，黄黄的油饼上还挂了一层红褐色的糖渣渣。小孩爱吃甜食，于是我就悄悄跟外婆讲，请她向卖油饼的说一下，多加糖面。外婆每回都说了，可是那炸油饼儿的人并没加多少糖面。于是我小小年纪暗下决心，他年我若有了钱，一定让这个炸油饼儿的只给我炸一块糖面饼。黄巢有一首诗："飒飒西风满院栽，蕊寒香冷蝶难来，他年我若为青帝，报与桃花一处开。"估计黄巢成就最大的时候也实现不了他的抱负。他那个时候，根本不可能懂得和会利用温室效应，四季看花。我也长大了，工作了，现在别说买一个糖油饼，买一筐也不成问题，可我那个心愿也一直没能实现。原因很简单，时过境迁，我如今业已了无当年的愿望。光炸一层糖面皮儿，且莫说能否成形，那糖渣子又有什么好吃。于是这个愿望被我自己否决了，也是被岁月否决了，不想试了。

我童年的许多愿望，后来并没都实现。有的可能还是实现不了，有的是自己觉得没什么意味了也就自行放弃了。唉，什么缘分都有个尽头。

勾老条

“无边落木萧萧下，不尽长江滚滚来。”这是杜甫《登高》中的名句。

秋天来了。“其色惨淡，烟霏云敛；其容清明，天高日晶；其气凛冽，砭人肌骨；其意萧条，山川寂寥。……草拂之而色变，木遭之而叶脱。”——欧阳修《秋声赋》。人过中年，感逝水不回，忧前路未卜。当秋寒萧瑟之际，泛悲愁于胸怀，此文人墨客固所难免也。

但是，我少年之时并没有这种惆怅的感受。因为无论春、夏、秋、冬，除了与我的小伙伴济济一堂听老师讲课之外，剩下的属于我、属于我们的时光，永远是开心多于伤感，欢乐充溢胸间。儿时的我，一年四季都有乐趣，管他冬夏与春秋。

秋天有什么不好，秋天来了，冬天还远吗？雪莱呀，你怎知冬天对我们来说那乐趣是何等充盈。我们可以打冰出溜；可以堆雪人，打雪仗；可以吃冰核，吃冰板，吃冻柿子，还有花生，炒栗子；可以缩在暖烘烘的煤火炉旁，几个小伙伴东拉西扯；可以抖空竹……对啦，要是没冬天，哪来的春节。春节是迎春的节日，但准备春节是在冬日之中。“二十三糖瓜粘，二十四扫房子，二十五吃白薯，二十六炖炖肉，二十七烧只鸡，二十八把面发，二十九蒸馒头，三十晚上熬一宿，大年初一扭一扭。”这儿时的歌谣，透出的是孩子们准备过年的欢悦。大人们忙乎其实年是给孩子过的，小时候到了冬天就盼过年，人人如此。

秋天过了冬天就来了。秋天可玩的东西太多，斗蛐蛐儿、喂蝈蝈，看满大街的瓜、果、梨、枣，看一树的红叶和金黄色的树叶。然后等秋末冬初满地的树叶哗哗作响时，我们的玩意儿来了：勾老条。老条是相对于嫩叶来说的，树叶嫩绿多汁之时，我们是不玩儿的。非要等到秋后，等那肥大的杨树叶子变黄了，等到秋风把它们一片片地吹落，等到大街旁院子里的地面上堆满了，在还没有扫尽的时候。我们背着书包在放学的路上，趁夕阳斜照，趁天尚未冷，就兴高采烈地扑上去，可以在厚厚的叶子堆上打个滚而无须顾及把衣服弄脏。然后，蹲下来，坐下来或索性趴下来，在厚厚的叶子堆上嗅到依然尚存的杨树特有的清香。然后，小手儿扒着，眼睛盯着，搜集那肥大的叶片上的，扁扁、宽宽、丰硕的叶柄，把它摘下来，攥在手里，一根两根……上百根，把它们捋顺了，装进左口袋，再去搜寻再去查找，再去攥上一把，再把它们放进右口袋。学生装口袋儿多，衣服、裤子、书包哪儿都可以装，就怕没有那么多好看的、丰厚的、结实的老条。对了，我们就把这杨树的叶柄叫老条。有的人叫它老根儿。我把它们收集起来，储存起来，耐心地等这些叶柄风干了，收缩了，由鲜亮、浅黄变成褐色，一部分变黑，变得坚韧了。对啦，就等这会儿了。于是几位小朋友就凑到一起，成双成对，或叫作捉对儿厮杀。两只小手把这老条两端用拇指与食指捏得紧紧的，两个人将两根老条勾在一起，使劲往后拽，看谁把谁的老条勾断。勾断一根，再掏一根，反正都没花钱是白捡来的，但胜负还是有的。就看谁的“武器”厉害。

在勾老条的过程中，没什么技巧可言，也用不着裁判，用不着立什么规矩，两个人都会很自觉地把手指捏住的地方与对勾的地方留成一样的长短。至于你以老条的什么部位去应战，悉听尊便。

因此，我一直认为勾老条在当场较量上没什么技巧，也不会有什么猫腻。“功夫在诗外”，作文章、作诗如此，勾老条也如此。关键是自己要搜集到结实的、韧性好的老条，要“慧眼识珠”，要“知人善任”，要“求贤若渴”，要有备无患，要在一群孩子都围在同一个叶堆旁的时候，眼疾手快，找到一流的叶柄。这杨树叶的叶柄连在枝上的一端是圆滚滚的，连接叶片的部分就成了扁平的形状，略黄还隐隐有斑点，你寻找什么样的叶柄，碰到当时根本无法测算出牢固度的叶柄，似乎全在偶然，但这偶然却很重要。我们小小年纪，又没有大人指导，老师也绝不教这一课程，全凭自己的心领神会，心灵手巧，以及不怕辛苦。

孩子们的游戏与课外花样儿翻新的活动，无须人教，都是无师自通。孩子之间就彼此是老师，一点即明，一学就会，一点儿都不累。别看课程里没有，又不留作业，也不考试，但这些游戏的细则，其中的诀窍，我们自觉地很快地就掌握了。我们儿时就这么玩过来了。同期间课堂上教了什么字，教了几道算术题，真的对不起老师、家长和自己，真不好意思，忘了，或根本就没记住。可是这游戏，不用教，不用考，不用复习，时隔四十年还历历在目。

我们利用放学以后，天色还没黑下来的一段时间，勤奋地搜集，灵巧地采摘，仔细地保存。秋末冬初，天色易晚。大自然是独具慧心的，它知道孩子们要玩儿，它也支持孩子们课余时间尽情地玩儿，并慷慨赐予孩子们各种来自自然的玩具。但大自然也懂得不能放纵孩子们玩野了，以致忘了回家，忘了作业，忘了吃饭。它不用规劝，不用疾言厉色，只是早早地把夜幕垂下，让孩子们顿觉寒意，同时也失去了仔细挑选良材的可能。树影下，落叶堆已失去了白日阳光照射的余热。于是孩子们就把最后一把老条揣进口袋，高高兴兴蹦蹦跳跳，结伴儿各回各的胡同，各进各的家门，各吃各的晚饭，各做各的作业，然后各做各的好梦。

收集老条告一段落，明天还会有落叶，明天还有机会再上别处去找老条，把口袋揣得鼓鼓的。这是大自然送给我的玩具，不用家长花钱。

把老条晾干了，晾得圆的那一头变成了干条，变成深褐色；扁的这一头，也要它缩水，让它抽抽儿，再用手揉揉它，使它柔韧，使它筋道，使它犹如铁条儿一般。我不知别的孩子有什么高招，我自己也没什么诀窍，我家两个姐姐不玩这个，女孩子都不玩这个。所以，我是独自经营，自己琢磨。我忽然想，咦，我可以找一截铜丝，趁老条没枯萎之时，趁它还嫩着，还很丰厚之时，想法儿把这铜丝塞进去，来个绵里藏针，形成“钢筋铁骨”。铁丝肯定不成，它不柔软，还容易露馅。可家里一时找不到合适的铜丝，只能转日再去别处找找。这是我的“军事机密”，绝不能对别人讲，切切。我很高兴我的聪明。我想，赶明儿，我去和小伙伴勾老条，先不能拿这个秘密武器，否则人家要起疑。我先拿几根一般的，差一点儿的没关系，先让他们勾断我几根儿，然后……我装作不服气，我也可以再摸几根再让他们勾，给他来个真真假假，虚虚实实，最后一算总数我是赢多输少，成为勾老条第一名。然后，我南北转战，所向披靡……于是我香香地、沉沉地入睡了。第二天，我揣了一兜子老条上学。那时候老师并不干涉学生带小玩意上学，何况这些叶子把儿，算什么玩具呢？课间，我一边儿琢磨上哪儿弄铜丝去，一边儿应战和我的同学玩儿。我想着今天无论如何要装备好我的“武库”，明天你们瞧吧。想着想着我的老条被对方同学勾断了快一半儿了，咦，邪门儿。“哦！我不玩了，你讹交，你玩阴谋，快来瞧呀，快来看。”原来在勾老条过程中，对方老条经几次用力勾拉，皮肉受损，里面露出了一截亮晶晶的金属丝。“山高月小，水落石出”“若要人不知，除非己莫为”，我真的有点急了，急的是我这天字第一号“军事机密”尚未实施，人家已经做成了“秘密武器”来对付我了。我整个儿是陷在自己的计划在攻击自己的境地。我终于悟出：很多事情，好多花招，我可能还没想到，人家已在使用了。要是我早两天想出那花招，大喊大叫的就是对方，而不是我了。其实这个方法也是馊招，终究会让别人发现，我想过的如意计划终于没有做成，也没有再做。这也不是什么新发明，钢筋水泥早就发明了。人家是科学普及造福人类，我的“发明”即使成功，也不过玩了个小小伎俩，未上正途。

我想我那位同学也真不容易，他是怎么把一根细铜丝塞进老条里去的呢？是不是拿锥子穿个洞，像纳鞋一样？其实有些发明创意并不难，实施起来才真不容易。不用多举别的例子，有机会到专利局去看看注册的专利就知道，大部分专利都束之高阁并不一定有机会应用。后来，我又听过一个类似的发明传说。据说慈禧老佛爷每顿饭要上一百个菜，面前的几个菜是她爱吃的。而清朝的时候，科技不发达，时令鲜菜不敢摆上来，因为老佛爷要是喜欢了这一口儿，待过了季节没这个菜了，再点这道菜却做不出来，那就瞎了。所以豆腐、豆芽摆在面前，这个一年四季都有的菜，不怕断了顿。可是人家大师傅那是御厨、高手，听说给那豆芽菜里塞了肉。这可不是闹着玩的，怎么塞进去呀？把绿豆芽两头一掐，叫掐菜，能吃上炒掐菜就费了大劲儿啦，再给掐菜里塞进肉，实难想象。塞一两根未尝做不到，可炒一盘子少说几百根，谁有那么大本事呀？我不敢说这传说是假的，我反正没尝过这道菜，连看也没看到过。我自己也不准备试验，至今我四十年前想的给老条穿进一根细铜丝的招儿都没弄成，何况掐菜塞肉呢。

勾老条的时代已经过去了，如今不是没有老条，而是没有孩子去捡树叶，去做这种和大自然亲近的游戏了。老一代的杨树砍倒了又种，杨树在北京真是多得不得了。这是速生树种，作为应急的绿化，有不少优势，几年工夫一株杨树苗就可以长成参天大树。漂亮的树冠，肥硕油绿的树叶子，迎风哗哗作响，雨中亦闪闪发亮，秋后树叶飘零，随风满地落叶乱走，却没有孩子弯腰拾它。院中阶下铺满落叶实在别有一番情趣，“落红满地闲不扫，留待舞人归。”但是大街上落叶狼藉，就有碍观瞻，每年秋后给清洁工人增加了不小的工作量。这杨树还有两个缺点，一是每逢开春，暖风吹拂，本来就干燥扬尘的北京，杨花飞舞，落得人满脸满身，增加了空中悬浮物，对北京空气质量极有影响。四年前我做《人与自然》城市绿化专题时，有关人员曾说过，今后几年北京将引进一大批雄性杨树，这个行动叫作“百万雄杨进北京”，目的是逐渐减少雌性杨树在北京的数量。当雌杨减少时，春季杨花与花粉自会减少。杨树速生易朽，这是杨树的第二个缺陷。当杨树长到二三十年之时，树身粗壮但树心已空，在雨骤风狂之际它极易被摧枯拉朽，有时会突然间推金山倒玉柱，轰然倒塌，压坏建筑，阻碍交通，亦有危险。杨树是不能少的，但也不能为了图它绿化快而对它情有独钟，弄得到处都是杨树。不过我不知俄罗斯一些大城市的街头、郊外以及原野上那美丽的白桦树是否有什么缺陷。俄罗斯的民歌、诗篇、绘画、舞蹈都离不开白桦树，白桦已成为俄罗斯文化的重要元素。小白桦歌舞团在俄罗斯已是历史最悠久的艺术团体之一，在俄罗斯优美抒情略带忧伤的乐曲伴奏下，少女们编成柔美的舞阵，亭亭玉立，随着乐曲的弹拨旋律，舞姿曼妙，优雅迷人。这代代相传的乐曲、舞蹈以及神情安详、甜美的姿容，征服过世界各地多少男男女女的心。我在莫斯科郊外，就被这优美的白桦树林震撼过。

那是夏末秋初，天晴气爽，蔚蓝的天空，几朵白云飘浮。白桦树在秋日的阳光下，如一队队美丽婀娜的少女，仔细向近处洁白的树干上望去，似有一只只眼睛在静静地望着远方。美目凝望，若有所思，一片片一丛丛，遍野的白在逍遥。莫斯科郊外人烟稀少，风声和树叶的哗哗作响，让人觉得这是一阵轻歌，是一片低吟，是一首无言的诗，是一首旋律飘忽的乐曲。犹如那弹拨的如珠的琴声，在人们心中唤起一种美感和一阵感伤，使我想起过去，想起不可追回的时光。使我既想起普希金的诗，又想起列宾的画，还想起贝里耶夫执导的根据陀思妥耶夫斯基著作改编的故事影片。想到那浓艳的色彩和那炫目的灯光，想起一个个男女主人公以及他们飘忽不定的命运。这里就是他们的根，是他们生于斯长于斯的故乡。

当我在小学里勾老条时，正是前苏联的文学、歌曲和戏剧作品涌入我们的生活空间的时代。我是哼着《在乌克兰》这首乐曲收集杨树叶，制作我的玩具的。因而在四十年后，当我站在莫斯科郊外看着漫无边际的白桦树时，往事又一幕幕地浮现在眼前……

画糖人

我小时候贪玩，却不贪吃，有零钱决不乱买吃的，留着看本小人书，买两颗玻璃球，买一叠洋画……但有时，躲不过一种诱惑，画糖人的。

这副挑子就立在我们胡同里，像关公扼守的华容道，甚至比华容道还华容道。因为在《三国演义》里，诸葛亮料定曹操生性多疑，在走大路和走小路之间盘算几遍，最后会选择小路逃生。曹操被军师算定，就碰上了关羽。我回家也可以有两种走法，一是按常理穿大街走小巷，从胡同西口最近的路线回家；二就是按北京话讲“吃饱了撑的”，绕一大圈，从胡同东口往家走，也能到家，顶多多走半个小时罢了。“条条大路通罗马”，从东从西通我家。幸好，放学时，肚子饿了，绝没“吃饱了撑的”情况，一回都没有。于是，我和这副卖糖人的挑子碰个正着。有时，我从他旁边径直回家，有时，我会站住，掏出一分钱递给他。于是，就有了这样的经历，这样的故事，这样的亲切回忆。

“学生，转吧。”那小贩的面容我毫无印象了，没工夫看他，一双眼睛盯着挑子上那灵巧多变的摆设。这副担子一头是一个小火炉，上面放一个盖子压住火，另一头就复杂多了，充满了神秘。这边仿佛是个五斗柜似的，有个小木箱样的挑头，有小抽屉，神秘地关着。一拉开我知道里面装着一板一板的生糖，像透明胶一样的糖板，呈淡淡的浅米色。在桌面上有一块油亮亮的薄石板，似乎是花岗岩的面，光可鉴人。小小的方石板，却呈现出人间万象。我绝对不夸张，这方小石板上演绎着吃的、看的和人生百味，包括自己的失落与惊喜。麻雀虽小，五脏俱全，小小的糖挑子所体现的希望和机遇与我日后的体验竟别无二致。得失一瞬，我当时虽无大的波澜与峰谷浪尖的落差，却也充满五花八门的诱惑。

这不是卖糖的买卖，而是小小博彩的生意。这石板四周是一圈扇形格子，拼在一起形成一个大圆圈。每个格子内画着鸡、狗、鸟、兽、龙与人形，我那时还分辨不出艺术的高雅低劣，如今可以断定那绝非艺术作品，不过是坊间匠人的手笔。我其实并不关注哪幅画儿好，却只盯着哪一格能换算成几粒糖仔。比如，你花一分钱，按说能买一个糖仔。当然，这盘子上画的糖仔要小得多，而那龙形图案代表了二十余粒糖仔的量。得失就在眼前，就在瞬间，就悬在石板上那个能旋转的小杆儿的头上垂下的铜链子的梢头。

交了一分钱，就可以用手指转这根杆，这杆的中心有一个立轴，记不得是何种物质构成。但这根杆在手推过之后滴溜溜转起来煞是灵活，甩着那根铜链子像白蛇吐芯，闪烁迷离，转转转转……停……停！最后那小转杆儿横在一个格子上方，是龙！杆头就在龙的上方停摆！可是，那杆头儿上的铜链却懒懒地搭在一个糖仔之上，得，只能有一粒糖，到此为止。这其实是个轮盘赌，不过我决不留恋，因为我口袋里也许只此一分钱，今天到此为止，再见。

于是我口中含着一粒没什么香味的糖仔，回到家中。进了门，先大声叫一声姥姥，算是打了招呼，请了安。然后放下书包，洗了手，上了饭桌，嘴里那粒糖早已荡然无存。

第二天放学，兴许这副挑子不在那里了，这是流动商贩走街串巷，不能“咬定青山不放松”在这儿生根。不知又是哪家孩子给这小贩生了财，但转念一想，他也实在可怜，几个孩子就算把那几分钱自给了他，他又怎生糊口，怎生养家，怎生发达。我们其实不必为古人担忧，一人有一人的活法儿。“老天爷饿不死瞎家雀”，只要肯干，一般来讲，人就饿不着谁，就怕懒懒散散，等着天上掉馅饼，那就没什么出路了。大凡画糖人的都有两手绝活儿。这不，没过几天，他又来到我们胡同口了。

“给，一分钱。”我隔几天玩一把，倒也还能玩得起，轮盘又转了起来，这一回我转到了一只大公鸡，相当于六个糖仔。“学生，要画还是要糖？”“要画儿。”这小贩拿起一把铜勺掰一大块生糖放勺里，把炉子打开，把铜勺放到火眼上。一会儿，糖就冒泡了，熔化了，成了焦黄的糖稀。于是小贩先用一团油棉丝擦了擦石板，然后把这有一个细嘴的铜勺一倾，糖稀成一细流流了出来。只见这小贩，手紧比画着，轻重缓疾，龙飞凤舞，居然用这焦黄的糖稀在小石板上画了一幅速写。像剪纸一样或像双勾白描一样，一只大公鸡连嘴、冠子、大尾巴都画成了。一分多钟一个糖的线条构成的鸡，便画成功了。他再从小抽屉里拿出一支小竹棒蘸了一点糖稀往大公鸡身上一按，停一小会儿，往起一拿，一只大公鸡就立在了棒头。“给。”于是我手持大公鸡加快了回家的步伐。太好玩了，这回可舍不得立刻吃了，这是一个艺术品，是我眼睁睁看着创作出来的艺术品。因此，它更有活力，更激起我想象，以及更勾起我有朝一日再去转一把、兴许再画个别的动物的贪欲。

日出日落，胡同中一片安宁。我日出背上小书包一路蹦跳，和着房脊、院内树梢上鸟儿的鸣叫，往学校去；放学回来，踢踢小石块，跳一次石头礅。我们胡同口沿墙放了两座大石礅，我每天试着跳上跳下，再跳上再跳下。我先是四个动作跨越两个石礅，后来胆子大了，三个动作就可以从这个石礅上飞越到对面石礅，这小小动作我跳了半年。

这一天放学回来，我远远看到那画糖人的，高高兴兴给了他一分钱。正要转的当儿，后面来了个大孩子，“我先转”。那孩子掏一分钱递过去，“噌”把那横杆转得撒了欢，从上头看成了一团影子，简直像武侠小人书里面的剑侠舞起剑来，护住身形，一团银光闪烁，水泼不进似的。他先转我并不介意，何况还能看个热闹。第一次他转了一粒糖。噢，我明白了，敢情不管你转快转慢，那结果是并不为你的意志所控制。这转杆儿不比套圈儿，套圈多少有些技术。我玩过套圈儿，什么也套不上，因为第一次扔，又贪那远处摆的玩意儿大，结果什么也套不上。待练个半年，那要填进多少钱呀。也没人让你白练，比不得跳石头礅，要高兴了，跳一下午也没人管。我从没看到过有人把最大的兔儿爷套走。玩套圈时都在中秋前后，那时街上就有人摆出一些泥塑彩绘，站立的人身兔头塑像，叫兔儿爷。一分钱给你两三个小细竹圈儿，站在线后，愿意冲哪个抛去都由你高兴，但十抛九空，玩得兴起，再买圈儿再套。我见人套走过兔儿爷，不论先花了多少钱，反正套上一个，总算有个满足，高高兴兴拿回家去，逢人就说：“这是我套来的。”其实他花在买圈儿上的钱，不知能买几个小兔儿爷了。套的是高兴，是快乐，是得意，在于游戏之间得了彩头，并不讲究物有所值的。后来，咱们市面上再也没见到有这玩意儿。我前几年出国，在人家街头却还有类似的游戏。

生活单纯，身心总是愉悦。那大孩子有零钱，竟然花了四分钱转走了十几粒糖仔，也就是买了四分钱的糖，估计与小贩顶多扯平了。他走了，他玩了四次。我一个月也顶多能转上四次，花上四分钱，买一个愉快和一刹那的心惊肉跳。一看要转到好玩之处，心里的高兴，犹如蹑手蹑脚向一棵树干上的一只蝉扑去，那会儿心里什么也不想，但愿能抓到它，心怦怦跳。抓过几次就明白了，世上没那么多好事，“要风得风要雨得雨”，要是一切都“心想事成”“手到擒来”，这人生还有什么意思。所以我以后抓蝉、抓蝴蝶、抓蚂蚱，都抱着权且一试的心态。有时还真抓住了，不过随手一放，因为没多大意思了。倒是每每盛夏之季，当蚊子把我从梦中叮醒时，我一定点亮灯火，仔细搜寻，必欲抓住拍死而后快，但那也不是每次都能抓到的。

话说大孩子走后，我就试试了。这次还行，转上了五粒糖仔。本来也不过画个大倭瓜，算了，要糖仔吧，因为他就算给我做了艺术品，还是要放进嘴里。有时由于糖丝很脆，边吃边掉渣，浪费许多。于是，小贩就把糖熬开，又飞快地为我在石板上画了五个糖点儿。每一粒都凝结成一粒小圆棋子一般，上面略呈拱圆，下面是平底儿。他的手法真是快捷，每一粒大小均等，且在挥洒当中，有细糖丝拉着，这与我后来看到的书法家挥毫时一点一点都具风姿一样。我拿着五粒糖仔，就慢慢享用，好不愉快。

时光荏苒，一晃一个学期都要过去了。我在画糖人儿的摊担上花了有一角多钱，却从没转到过最大的那条龙，也没指望我有这么好的运气。

但最后终于让我看到了画龙，算是开了一回眼。那是一位大人领一个小弟弟，让小孩转杆儿，真巧，那小孩竟然转出一条龙。我站在一旁呆呆地看，既不眼馋也不嘴馋，因为那糖无论是熬过有点煳味，还是生的嚼起来粘牙，实在并不好吃，但是很好玩。因为我对画糖人的小贩那一手绝活实在好奇，那一勺糖在他手下竟能变成细细的糖丝绕来缠去，三下五除二，在小石板上画成一个个动物与人物造型。我后来亲眼看过多少位国画大师挥毫作画，那才叫艺术。我早年就知道这画糖人的那两下子称不上艺术，可是他提着一把勺子在石板上让糖流成各种画儿，那左挥右洒的架势，也有一种气度与韵味。

这一回，我看他熔了一大勺糖，在石板上一抡一挥，一顿一挫，一勾一挑，那如龙口粉丝般的焦黄明亮的糖丝，还在阳光下若隐若现地拉着更细的细丝，像连笔字每一笔过渡到下一笔有时会拉出墨线一般，顶多两分多钟，一条龙就画成了。而且这条糖丝组成的龙显得特别大，我看他画过各种造型，都不太大，而这条小石板上的龙真的算是“巨龙”了。这位胡同里的“艺术家”，他似乎头一次这样认真而兴奋地作起画来，因为几个月来，我是头一次见到他画龙，他也没机会老画龙。毕竟，要是每天他都有机会画龙，那他的生意就惨啦。正因为他也是偶尔才有可能这么挥洒一番，所以今天他并不心疼，而我也已经得到了满足。我就是想看看最高的彩头会是什么样子，这用轮盘上最高限量的糖熔化以后组成的图案有多么壮阔。一条糖龙画成了，他从抽屉里拿出两支小竹棒，粘在糖龙上，双手拿起小心地递给那孩子。我看不出那小弟弟的高兴与激动，因为他是第一次来，第一次就得到的东西。轻而易举地得到的任何东西，人们都不会珍视。当然，那么一个糖龙也确实没有令人激动的理由。只有我知道，它是多么难得，因为我来过那么多天，转过那杆儿多少次，可是从来没有这个机会。当然，我其实从来也没有产生过不达目的誓不罢休的想法，没发过誓愿“不破楼兰终不还”。不论谁得到这个机会，让我看到了从得彩到绘画，到那小弟弟毫无表情地、无所谓地拿走它，使我终于领悟到，是你的就是你的，不是你的强求也没用。要有多少次的投入才会有这么一个偶然，我至今也不知道转出龙来的概率是多少。我也算满足了，这一天我画了句号。我不会再去转这根杆儿了，我绝不会忍受在这个小孩子一上手就得了头筹以后我再一个糖仔一条小鱼的乱抹了。不，绝不。我也许再转上一年也未必得个头彩，那还玩什么呢？于是我再也没光顾这副挑子的生意。后来，不知从什么时间起，他也不再来了。他从何处来，又到何处去，我一概不得而知。

如今，我也没再看过与听到过哪儿有画糖人的。

我常常想起那副挑子，一是当我妻子探亲回来，带来苏州采芝斋的粽子糖。粽子形的透明的糖，里面镶着一粒粒松仁，含在口中，甜甜的，一股桂花香味，还有松仁的清香，真是“形如粽子样，色如琥珀光，口齿清香泌，凭君来品尝”。这粽子糖的色泽像极了那石板上画出的糖色。每当拿起一粒粽子糖就会想到小时候胡同里画糖人的。还有就是看到画家挥毫作画的场面，也会想到画糖人的，不是说我见到的大师们和画糖人的处在同一水平，只不过使我不由得想起童年的时光。

说到画糖人的，就不能不提及吹糖人的。

在我的记忆中，他们是相伴出现在街头，又相携消逝在我的视野范围内。如今还有没有画糖人与吹糖人的，我是不清楚了。也许他们的后裔还出没在边陲小镇或某个闹市的一隅，也许他们仍沉醉在带有艺术情趣的小买卖里。这是靠手艺吃饭的营生，这是辛劳勤苦而本小利微的商业雏形。我只想回味他们的存在给予我的乐趣，也只是把他们在街头为蝇头小利而劳作的场面，留作一个时代的标记。如今，街道繁华，市声喧嚣，一家经营外国冰激凌的橱窗内有着三十二种各色各味的冰激凌，肯德基、麦当劳，更是把中国孩子牢牢地吸引住。别说吹糖人的斗不过他们，就是中国餐饮业的有识与有志之士绞尽脑汁与他们斗法，也尚未见到成效。于是在车水马龙、五光十色的大都市中，早没了画糖人、吹糖人的形迹，也不再可能出现他们的摊位。

这吹糖人的好像没什么摊位，大约也该有一副挑担，否则那糖稀怎么熬出来呢？我只是看到过他们，但从未照顾过他们的营生，因为那制作过程使我望而却步，敬而远之。只见他拿一根吹管，有可能是一节苇秆，在一端旋转着蘸一点糖稀，于是就像我们用小竹管吹肥皂泡似的把这糖稀吹成泡泡，一边吹，一边用两只手捏、抻、拉、扭、按、掐，于是当着买主的面，一个小动物的造型就完成了。我没有在吹糖人的旁边站过多少回，只见过他几次都是将糖稀吹成一只鸡，和画糖人的不一样。他吹出的糖人是三维艺术，立体而中空，成为一个硬硬、脆脆、薄薄的、黄黄的糖壳壳儿。但并非是吹一个卖一个，有时他吹了几个各式各样的作品插在稻草捆扎的幌子上。那原料是与画糖人的稍有不同，画糖人用的糖是蔗糖，而吹糖人用的是芽糖，类似于麦芽糖或关东糖。我小时候吃的“糖瓜儿”就是关东糖，做得好时又酥又脆，弄得不好时又韧又黏，吃起来都粘牙。诸君想想，经这位汉子这么吹捏出来的糖人，有几个人还愿意放在嘴中享用。所以我小小年龄能用脏兮兮的破了边儿的碗，站在街上吃丸子汤，却绝不愿买个糖人尝尝。但我觉得大人怀中抱着的幼童，头戴瓜皮帽手持小糖人，别吃，就那么拿着，看着，玩着，抱着，走着，给都市的风情——用现代青年的时髦用语叫“增添了一道亮丽的风景”。

“土豆儿填不满砂锅底，光秃儿抵不住羊毫笔。”赵朴初老的讽刺文字，一套散曲，虽然是有特定背景的特定的文词，但郭沫若曾有过明断“诗无定解”，所以形容旧时代的旧玩意儿的命运套用“画糖鸡比不上电子机，吹糖人抵不过巧克力”也还贴切。于是在少儿都趋之若鹜地被大人领着去挤麦当劳的大门口时，咱们过去的小吃、小玩意儿还有谁去问津与在意呢？

如今，还有画糖人、吹糖人的吗？别了数十年了，我当年57岁，如果当年他们比我大个20多岁，现今已是耄耋之年。这手艺如果没人继承，大约也就灰飞烟灭，连记忆都将不复存在了。呜呼！

蓝天鸽梦

一

多年前的一个下午。

放学了，和同学约好，先去他家领回我的鸽子。本想在他家再寄养一些天，等我缓过神来，再把它领回它自己的窝，但我的同学不会侍弄它，我决定立刻领回。到了同学的院子里，我一眼就看到了它，在院子一隅正啄着地上的什么吃食。它一动不动地任我两手把它抓起来。我对鸽子说："我接你回家。"它还是那么瘦弱，那么柔顺，一双乌亮的眼睛也在看着我，红红的脚爪，全身乌黑的羽毛，只有两只翅膀最外面的五根飞羽是洁白的。它的白色飞羽对称，齐整，当你握着它的身子时，就拢起来贴在腹尾处。它还那么轻，我不知这位同学这一阵子给它喂的什么。"我走了。"我谢过了我的同学，小心地用手攥着我的这只可怜、可爱的"小黑子"。它叫黑玉翅，长得像它这样的鸽子都叫这个名字。

我一路往家走，一路在想，先把它接回家，它肯定乖乖地听话。然后，当时机成熟了，我再跟外婆好好商量，老人家说不定改变了主意，开恩给我点钱。我再去买几只鸽子，也给我这只黑玉翅配上对儿，叫它们相亲相爱，相伴相随，叫它们早晚各一次结群飞上高高的天空，让它们愿意飞多高就飞多高，愿意飞多久就飞多久。我一定把它们训练成既恋家，又能飞，又听话，不再烦人，不仅不烦人，而且人见人爱，善解人意，干干净净，漂漂亮亮的一群鸽子。我不贪多，只养三对儿。不像隔街老乐家养那么一大群，一轰上天，飞起来一大片，几十只。到底多少只，数不清，我从没数清过。

我只要几只就成了，我不会跟任何人争强好胜，我愿它们自由自在，不逼它们飞呀飞。将来它们不往高处飞，不往远处飞也没关系，只要它们不离我而去。我坐在窗前做功课，或坐在门口当院的小板凳上看课外书时，它们在我周围咕咕啄食，飞上飞下就行了。这是多么美好的时光呵，我的心暖暖的，好像被我自己的这幅闲适乐园图感动得如痴如醉了。

我也会做一个与世无争的乖孩子，除了上课就和我的鸽子们形影不离，地老天荒。我那年 11 岁了，已经是懂事的学生了。我斜挎着书包，用一只手捧着此刻唯一的它走回家。按说，我应该用一方手帕按通常的规矩，按着养鸽人都应该会的方法拦腰一兜，把它裹起来，露出胸和尾，提着它。那时，我们带着一两只鸽子走远道，都这么办。用不着提个大鸽笼，那是带得多才用得上的，再说，我们小孩子哪会有那么大一个鸽笼呀。

走进了我的水磨胡同，噢，如今已没有这条胡同了，拆了，盖楼了……一进胡同口，我就把它放了，我不知是出于什么想法。或许，给它一次选择的机会，要么跟我回家，回到那伤心惊恐之处，先孤零零地生活一段，然后，咱们再打主意。以后怎么办，我还拿不准。也许能圆了我一边儿走一边儿指望的鸽梦，也许，它将在寂寞之中，陪我一段时光。我再给它找一个好的归宿，不能再让它住在我同学那样的小院子里，成天和几只鸡在地上啄烂菜叶，瞧把它都饿成一把骨头了。

黑玉翅本来就是观赏鸽中体形小的一种，而这只小鸽子是我把它喂大的，才刚刚长成，尤其娇小，拿在手中，好像没什么分量。在我放开它的时候，天上正巧飞着两群鸽阵，十几只一群，几十只一群，盘旋上下，鸽哨嗡嗡，忽大忽小，显得既威风，又壮观。那两群鸽子是谁家的我都清楚，都是养鸽大户。

有雄健壮实能飞能带队的大楼鸽，有点子，有乌头，有铁翅，有紫环，有两头乌，也有黑玉翅。但天上那群鸽子，喂养得壮壮实实，羽毛发亮，浑身是劲，能远飞，能高飞，能久飞，听那挂着葫芦，带着二筒、三联的鸽哨，有的低沉浑厚，有的尖脆明亮，高低错落混成一片。那气势，那派头，鸽子们自己都风光，甭说主人了。调理鸽阵的主人，一定用一根长竹竿，使劲举着转悠着。那竿梢一定绑着一块红绸子，用来轰起鸽子，指挥它们在自己院子上的领空飞翔。我那时觉得天顶上的这片蓝天已经很大了，够它们，足够它们可劲儿地飞，可劲儿撒着欢儿地往高空蹿。

当此之际，我再看我手中这只可怜的骨瘦如柴的小黑玉翅，看着它那身只黑不亮的羽毛，再看看它那乌豆般的柔顺眼睛，心中觉得一阵酸楚。小时候的情愫，切莫小瞧，这种情感与成人的情感并无二致，而且小时候的感情更敏感，更真挚。我看着这只一直受着委屈的小家伙，心中好生过意不去。我知道，我真的对不起它，它今后跟着我，起码有一阵子过不上好日子。那，你就飞吧，飞向蓝天吧。愿意的话，也可以飞回我同学家里，或者，如果有力的话，你就飞入天上任哪一家的鸽群，加入它们的行列，如果那家主人肯收容你的话，就上他那儿去吧。我把手一撒，向上一扬，这只小鸽子，飞了起来。尽管它很弱，但飞起来很好看，翼展舒缓，体态娇美，很轻很灵。它在我头上盘旋了一下，不往别处飞，也不去天上鸽群入伙，更不向胡同两旁的瓦房降落。它轻轻地扇动几下翅膀，然后敛起双翼轻飘飘地落在我的肩头。哦，你没明白我的意思，我这也是放生，放你一条好的生路，别再跟着我了，我那四合院里，大约除了我，没有一个人喜欢你……

我又把它抛起，由于真还有点舍不得，头一回没抛太高。这一回，我可是攥牢了它，可劲儿往空中扔。我这抛鸽子的方法，也非一朝一夕练成，跟小伙伴们练了有大半年了，像扔起一团黑雾。在空中它展开翅膀，轻盈地，优美地，飘飘地，没有声息地，划了一个美丽的弧线又落在我的肩上。我感动了，它愿跟我回家，它不愿加入别人的行列。

我步子轻快，行走匆匆，又一次抛起它，这次就不是轰它了。我们好像在闹着玩，就像球队赢了球，几个人一高兴把教练或立功球员抛起来一样，绝没有轰他走的意思，也不会摔坏他。我的小鸽子就更不可能摔坏了，它飞起来，我往前小跑，它追上我又落在我肩头。我这样一路和它嬉戏，到了家门口，到了院子里。它忽地飞了起来，离开了我的肩膀，轻飘飘地飞向它的窝，飞向它已离开了一段时间的，它自己的家……

二

这是我最喜欢的一只鸽子，从它还不太会自己啄食起我就养着它，喂它。把它小嘴掰开往里填过高粱米，这是离开双亲吃不上鸽乳的小鸽子要活下去的唯一应该接受的方法。再小一点，人可以嚼一块儿馒头，嚼成糊状，让还长着一身刺毛毛锥儿，肉团似的小鸽雏把喙伸进人们的嘴里吃食，这叫“喷食”，有的很名贵的小鸽子就这么“喷”大的。我的黑玉翅已不用喷食了。我每天帮它进食，一直到它能自己啄食为止。其实，它还没飞上过高高的蓝天，我就把它带回了家。

原先，它是在别人家养着的，是我斜对门铁球的家。他姓姜，小名儿叫铁球。我没小名，他叫我大忠，都这么叫我，就像如今叫李金羽大羽一样。我们附近的几个小朋友，还有经常一块玩的同学，有一天突发奇想，就决定了一件当时对我们来说是很大的事：合伙养鸽子。就这么定了地点，铁球家。他家院子比我家小多了，但选择他家自有缘由：铁球父母对孩子，对孩子的同学、朋友一向好极了，谁去他家都欢迎。

我们几个小朋友，放学就去他家玩。人家吃饭了，问你吃不吃，不是虚情假意。你要想吃就上桌子，抄筷子，用不着客气，反正粗茶淡饭家家一样。“不不，伯母，我马上回家。”人家也不再让了。中午困了，在他们家外屋的一张大床上，我们挤挤就可以眯一觉。要不就在冬日阳光透过玻璃照在床上时，我们半斜半卧，懒懒散散地，说着有一搭没一搭的闲话。我们几个小伙伴，都不在同一学校，又不是近邻，但成天在一块玩儿，一块出豁子，一块弹球，一块拍洋画，一块看小人书，一块走着很远的路，去游泳池游泳，一块踢小足球。此刻，我们决定一块养鸽子，养一群鸽子，让左右的养鸽子的人家看看，从此，这里有我们的一片天地。铁球家长心眼好，他们街坊也好脾气，再说，铁球他们家是这小院的房东。房东儿子和同学要养鸽子，房客街坊们哪能出面干预。

我们家不成，我姥姥不太喜欢孩子们上我家疯。我还有两个姐姐，这样的人家男孩子是不常来的。何况，我们是租人家房子，在我们院子里养一群鸽子，总要征求街坊四邻的意见，别找麻烦了。所以，地点只能选在铁球家。

“人心齐，泰山移”，就我们几个小男孩，在三天之内，几乎是白手起家，搭了一座鸽棚。它后身贴西院墙，左右两面用砖起了半堵墙，上面用木板条拼了两面隔扇，前门脸就自己用旧木板做了一个木头门框，又找来了几片铁丝网拼在一起，做成一扇铁网门，顶上用板条、破油毡钉了个不漏雨水的盖子，一座鸽子窝棚就竣工了。有钱的出钱，买点钉子、合页什么的，没钱的出力，上各自院落去搜寻木板、木板条、铁丝网，钻胡同犄角旮旯去捡砖头，还有的张罗借锯，借斧子，找改锥，再就是请了胡同里的街坊大哥哥，帮着指挥，关键部位给帮把手。这鸽棚有两米高，靠墙用板条子，旧木头箱子钉成一格一格的鸽子窝。这小棚子，能容三个我们这么大的小孩子站在里面。工程竣工了，七八个小朋友高高兴兴，在铁球他们家喝了一顿玉米面糊糊，吃着剩馒头，就着淋上香油的自家腌的芥菜疙瘩丝，美美的，香香的。大伙儿又说又笑，一边庆祝这三四天的课余成果，一面商量着，怎么把鸽子请进来。

我们搭完了鸽子窝，就定下一个目标，大家分头去“筹备资金”。鸽子，尤其是观赏鸽，没有野生的。蛐蛐儿可以上郊外逮，鱼儿可以去河边钓，连蜻蜓、知了，我们也有能力捉到，唯独天天从我们头上飞过的一群鸽子，我们决不可以捉。鸽子认家，它不落在我们房顶上，你无法捉。再说，那是有主儿的鸽子，我们敢逮吗？逮也无从下手，我们只有一招，攒钱去买。这笔钱可不是小数目，买一个一般的蛐蛐儿二分钱，可是买一只鸽子至少要二十倍的价钱，最差的鸽子也得好几角钱一对儿。除了偶尔每天有五分钱的早点钱，我们几个人身无分文，各人回家开口向家长要钱，基本上没可能。各家家长都不可能支持自己的孩子与别人合伙养鸽子，还上不上学啦！“财政困难”，我们那时算体验到了。幸好春节快来了，大伙儿都指望，春节年下，把压岁钱凑起来，将是好大一笔数目。果然，七八个孩子过完春节，凑了差不多五元钱。那会儿五元钱够一个人一个月的伙食费了。我大姐就在那前后参加工作，她请她们全科人吃了一顿饭，才花了一元七角八分。回来，我姥姥埋怨了大半年，花那么多钱吃一顿饭。

我们五元钱，先花三元多去买鸽子，留下一元多，做以后的开销。高粱、杂豆、饲料不能少，还要置办好多配套用品。就这么定了，于是选了个双日子，我们七八个人去了护国寺。20 世纪 50 年代崇文门花市和护国寺隔几天就有一个鸽子市，北京养鸽子、卖鸽子、买鸽子的人都会在集上交易或交换鸽子，再就是“寻找”飞丢了的鸽子。我们一大早齐集铁球家，一路快步走，从北京火车站口走到东单，再走到西单，再往北走到护国寺。干吗不坐车？谁舍得花那份钱。我们走了大约两个多小时，上午 10 点多钟到了，赶上集市正热闹。我第一次去这个地方，眼直发晕，人挤人，人挨人，有提着笼子的，有提着手帕包的，有的用手攥着一只鸽子，有地上放着一箩筐的，有卖杂粮的，有卖葫芦鸽哨的。我当时的眼界，看那阵势就叫人山人海，人家都是大人，我们挤进人堆就“消失”了。于是我们商定认准一个标记，要在人群中挤散了，千万千万在 11 点钟，都站这儿来。那一天，我是又兴奋，又紧张。十来岁的孩子挤在这么一处，商贩，掮客，三教九流，横着膀子的，说着粗话的，讨价还价的，大声叫骂的，高声大笑的，哎呀，别提我的心慌成什么样了。不过，我们七八个人是一个小群体，是一个很能干的小群体，我们并没被挤散。我们买了三对鸽子，往回走时还剩了一点钱，于是我们全部挤上了公共汽车，很快回到了家。

顾不上吃饭，大家很兴奋，很激动，先侍候这三对儿鸽子。我们按刚学来的方法，穿上针线，先把这六位“客人”的翅膀缝上。把一只鸽子抓起来，拉开一边翅膀，把鸽子飞羽的八九根大条，从靠近羽毛根部、已成为空管状的羽根用针穿过去，一根根地并起来，像穿糖葫芦一样用线把这几根羽毛捆起来，然后再缝另一边，再把其他鸽子一样办理。都缝好了翅膀，就把它们放到地上，让它们在地上跑来跑去，熟悉这个院子。这是它们今后的家园，是它们将会依恋的地方。这儿有八位小朋友热情的目光盯在它们每一只的身上，都充满了爱，充满了欢乐，充满了希望，希望它们满意这里。这里虽说条件并不理想，院子不大，房子不高，而且这个小院里还长着一棵大枣树，浓荫覆盖了半个院子，这必然会影响将来这些鸽子的上下飞翔。

眼下，这几位“客人”还不能飞，是我们不让它飞；否则，它们一会儿都不会在我们这儿停留，无论我们多么喜欢它们。我们默默许诺将来，不，从现在开始，一定善待它们。为了实现这一点，此刻不能不委屈它们，把它们的翅膀收拢起来。我们抓了一把红高粱，往地上一撒，哈，它们立刻急急地啄了起来，头一点一点地吃得那么香。哦，我们也看得饿了。从铁球家饭桌上一人抓了一块馒头，站在院子里一边儿看着鸽子们吃高粱米，一边津津有味地就着风儿啃着冷馒头，好香。鸽子吃得很香，我们也吃得很香，看动物吃东西，永远是人类的一大乐事。我们能亲自喂它们，而且看到它们吃得很香，更是其乐无穷。我们谁都不舍得离开这个小院子，不舍得离开这一小群已经属于我们的鸽子。这是两对点子，黑点子，雪白的身子，头顶上一点黑色，尾巴也是黑的，而且四只鸽子全部是凤头，头顶上耸出一撮毛，齐整而蓬松，像是吹风机把头发往上吹得撩起来一样，还有一对是黑玉翅。点子的眼睛是金黄色的，这就叫金眼儿，而黑玉翅的眼睛乌溜溜的，这叫豆眼儿。从现在起，我们天天要和它们在一起了。那天，大家临回家时，都千叮咛万嘱咐，晚上一定把它们一对对地安放在三个格子中，要垫上些干草，要锁好门，千万别让黄鼠狼或猫们钻了空子。真有心为它们轮流值夜，但我们都是学生，第二天还要上课，该收收心了。于是硬起了心来，说了再见。

从这一天起，我多了一份牵挂，多了一份心事。放了学匆匆回来，有时背着书包先到铁球家看看我们的鸽子。这些天开始让鸽子蹲房了，就是把这三对鸽子中的三只公鸽子抛到房顶上，由于它们的翅膀还被捆着，飞不走，何况它们的“妻子”还在下面。在这个小院中溜达，我们相信这三只在房子上的鸽子不会打算逃走，它们如何抛得下伴侣，硬得起心肠呢？

又过了几天，我们只留下一只雌鸽在院中的地上，让五只鸽子上去蹲房，让它们熟悉新家的环境，以便将来飞起来，能找到回家的路，能认识自己的家在哪里。鸽子们在春日的阳光照拂下，在它们新家的房顶上，开始咕咕咕地叫了起来。雄鸽开始向雌鸽献殷勤，在“妻子”面前转着圈子咕噜噜地叫着。它们已逐渐熟悉这个新家了，在房顶上不那么怯生生的了，时不时地抖抖身子，啄啄翅膀，理理羽毛，它们站立时显得有精神了。

有时它们会站到屋脊上，向四周好奇地张望，别人家的鸽群在天上飞，掠过我们的狭小上空，我看到那只蹲在屋顶的鸽子也跃跃欲试。到了黄昏时分该唤它们飞下来了，就在院中撒一把高粱米，那几只鸽子，尤其是院中这只雌鸽的“先生”会第一个跳下房来。尽管翅膀还被线捆着，它不可能展翅飞上蓝天，但扑扇着翅膀，从房上跳到院中地上还是绰绰有余的。缝这翅膀很有学问，鸽子们在院中想往房上飞那可不成，可是从房子上往下降落得毫无困难才成，关键是要把飞羽捆得松紧适度。

大约过了快一个月了，我们就试着给其中的一只鸽子松了绑，它可以自在飞翔了。但它“妻子”飞不起来，它自己可以从这间房飞到那间房，从房上飞到地上，高兴了拍拍翅膀，又飞上了房顶。我们初战告捷，这些鸽子看来都能留住，连它们的心也留住了。实际上，观赏鸽的飞翔能力、认家能力比信鸽要差得多，“错把他乡当故乡”“乐不思蜀”之事比比皆是，否则我们任怎么也难以留住它们。

那年的春天过得很快，“红了樱桃，绿了芭蕉”，院子里的枣树已是翠绿满棚，一院子的翠生生，枣花也星星般地绽开了嫩黄，一阵软软的春风拂过，阵阵扑鼻的枣花香。不知鸽子们闻到这甜香没有，但它们大多数都可以舒展双翼自由飞翔了。养过鸽子的人才知道鸟儿们能飞的魅力。别看它们在你脚旁钻来窜去，像一群小鸡一样灵巧地啄食，但只要它高兴，扇着一对翅膀就飞上了房，只要它乐意，它可以从南房顶上飞到对面的北房。跟它们在一起，天天在一起，真想随它飞上房去。我没有飞上蓝天的野心，也没有做过在蓝天上翱翔的梦，但我真想能像它们那样从房上飞到地上，再从地上飞到房上。我不贪心，这就足够了，然而这却是与登天一样的难。人们梦想飞翔大约有几千年了，从有文化的记载以来，大多数人都羡慕鸟的飞翔。东方的敦煌石窟有飞天壁画，西方的神话有拿着弓箭长着一对翅膀的丘比特，这些形象，寄托着人类世代的梦想。

我在和鸽子打交道的过程中，在喂它们时，在抚摸它们时，在傍晚之前把它们叫回窝里时，我只要见到它们就会想到飞。看到它们自由自在地飞，我就很兴奋。鸽子们毕竟不是退化了飞行能力的鸡，它们在人的养育下，仍不断发展着飞行能力。人们喂养它们，在那个年代主要是为了放飞。那年月，还没有专门的肉鸽场，但肯定有肉鸽，有供人们吃的鸽子。鸡鸭鱼鸽肉，人们一般不提鸽子，也只为鸽子少，很宝贵，只有当它们受伤致残了，才有可能进入肉鸽市场。我那时从没想过要尝一尝鸽子肉是什么滋味，就像今天也没有想过要吃天鹅肉一样，因为我喜欢它们，我爱它们。但我吃过鸽子蛋，就是自打养这几只鸽子以后，我们才有机会尝到了鸽子蛋。一对鸽子一星期下两个蛋，小巧的蛋，不可能都孵化，所以可以拿集上卖，换回饲料，也有机会尝一尝。原来鸽子蛋与鸡蛋不太一样，不仅大小不同，主要是煮熟以后剥了皮儿，鸽蛋清发蓝发青，半透明能看见圆圆的蛋黄，而鸡蛋煮熟了蛋清是白的。

同为家养，鸽与鸡还是区别很大，最大的区别还不是能不能飞翔，以及蛋清熟了不一样颜色，而是它们产蛋的不同。一群母鸡到了成熟时期都能下蛋，没有公鸡母鸡也产卵，但鸽子如不成对成双，雌鸽是决不产卵的。鸽子只有成了家，才会每周产两枚卵。如果主人不把鸽子蛋拿走，它们“夫妻”就会开始轮流孵卵，直到一对小家伙出世，然后再给幼雏哺食，到抚养“成人”，羽翼丰满之后，一对小鸽子就分窝独立了，一般情况下，天生的一对儿，小时是“兄妹”，成年是“夫妻”。我不知道这么近亲繁殖，鸽子们为何并不痴呆。鸽子们“一夫一妻”长相厮守，终生不渝。在房顶上休闲时，也会有不知趣的“第三者”脖子吹得鼓鼓的，在母鸽旁咕噜噜，咕噜噜，大献殷勤，但母鸽守身如玉，决不会暗度陈仓，更不会另结珠胎，除非有那么一天它“老公”飞丢了……

三

我们的六只鸽子，喂熟了，养壮了，该让它们飞翔了。一个清晨，我们齐集在这个小院子里，把五只鸽子轰上了天。观赏鸽也很懒，有吃有喝有窝，就不想飞上蓝天，我们只好驱赶它们了。

养鸽人都必备一支大竹竿，底端粗可盈握，在竹竿梢头系上一块红绸条。我们找了一根红布条，像是握住一支红缨枪，举起竹竿就向房上的鸽子们挥去。扑棱棱它们一起惊飞，但这是头一次飞翔，又没有老资格的鸽子带飞，于是便成了棒打鸳鸯两分离，各奔前程。有的飞上了院墙，有的从南房飞向北房，有的朝东飞，有的朝南飞，不独“孔雀东南飞”。我们的鸽子在这突如其来的袭击下，也是“大难到来各自飞”。没有行家，没有老师，也没看过书本，就几个孩子，为调教这只“队伍”，我们没少着急，没少费心。但是毕竟使这群鸽子排成阵势在我们小院上的领空飞翔了，倒比如今调教一支足球队要容易得多。这几只来自不同地方的鸽子，在它们的老家一定飞过多次，它们会飞，也知道怎么飞。于是在我们一而再再而三的努力下，五只鸽子结成了小分队居然像模像样地在天上飞呀飞，绕着这个小院飞呀飞，以院子里它们的窝为圆心，在蓝天上画着圆圈，忽高忽低地飞。我们的眼睛跟着它们转，看哪只打头儿，看它们自己一会儿前，一会儿后，错落有致地飞呀飞。

听说，梅兰芳先生小时候有点近视，后来家里养了一群鸽子，他每天往天上看，往远处看，近视就矫正了，眼睛也有神了，在舞台上的扮相就更有魅力。后来，我在看《舞台生涯四十年》这本书时，印证了这一点。梅先生自己讲的，确有其事，白纸黑字。那时候，我们不仅在天上看到飞个不停的鸽群，从很多宣传画上也看到过鸽子的形象。有毕加索的《和平鸽》，有蒋兆和的《我们热爱和平》的国画，两位小孩子，甜美可爱，每人手中握了一只鸽子，还有一幅大作《和平颂》，是齐白石大师和当时健在的一些名人，如何香凝、陈半丁等多位合作的丈二匹，花团锦簇，鸽子神俊，有我们熟悉的点子、紫乌头、紫环、铁翅……那是抗美援朝的年月，人们从内心深处期盼和平，期盼安定，期盼一个祥和的环境。而鸽子就象征着和平，象征着安宁。我们不懂得鸽子如何衔着橄榄枝，昭示诺亚方舟上的人们，前途光明。我们爱鸽子，是全方位的，是因为它们跟我们日久生情。当我们的鸽子在天上飞的当口，我们不仅眼盯着它们，心也跟着它们。我们还注视着蓝天上可能出现的险情，一是千万别在我们这还不太熟悉地形地物的五只鸽子正飞的时候，遇上它们的天敌——隼。自从养了鸽子之后，我就经常注意到北京城区的上空总不断有鹰隼出现。我们不养鸽子时看到它们，无动于衷，养了鸽子就时刻担心，千万别让隼和鹞子把我们的鸽子伤了，或惊跑了，吓散了。我们几个人都会在欣赏我们五只结群的鸽子越飞越高的同时也警惕有没有隼的出现。隼是猛禽，个子不比鸽子大多少，但矫健，凶猛，它会扑向鸽群抓住一只鸽子，然后就会羽散四方，血溅蓝天。我们就惨啦，损失大了，物质上以及心灵上的损失将伴随终生。幸好，我们的鸽群没遭到过隼的袭击，我们远远看到T字形的黑色的隼出现就会高呼："注意，'丫虎子'来了。"于是我们就赶紧指挥鸽群降落回家。

把挥舞的长竹竿放下，鸽群自然会降低高度，然后，把留在窝里的雌鸽拿出来，握住它的身子，让它的两只翅膀扑棱棱地舞动，一上一下地晃动。那天上的五只鸽子中的一只，看到它的"太太"在院子里向它招呼，它就会迅速带头降落，于是"小分队"安然返回。只要它们落回了房顶就没危险了，隼是不会从人家院子里抓猎物的。我们有时看到鸽子飞远了，必须有一位孩子爬上房去，站在屋顶上召唤它们回家。凡是养鸽人家屋脊上都会摆放两三块琉璃瓦，黄的、绿的，这是帮助在蓝天上的鸽子们认家的醒目标识。"丫虎子"好对付，不好对付的是遇上了大户人家的鸽群。人家鸽群一飞，兵强马壮，威风八面，那葫芦声、鸽哨声响成一片，鸽子们飞得又高又快。我们既羡慕又担心，生怕我们这不成气候的小分队让人家裹挟了，飞进人家大部队的阵中，一大群上下飞翔的鸽子一包围它们，它们只能乖乖地跟别人走。有时，我们千方百计地都爬上房去，打手势，想办法，急得直喊：回来，回来！也还是不容易使它们归队。还好，很长一段时间之中，我们没有丢失鸽子。倒是有一天，有一只陌生的“朋友”，不知怎么回事，跟着我们的鸽子落在了这个小院子的屋顶上。我们眼睛都亮了，高兴得心头乱跳，不敢欢呼，却又紧张又开心，立刻投入“战斗”，准备把它“俘虏”。

先把自家的鸽子招呼下来，撒几粒高粱米，呼啦啦我们的鸽子都飞落下来，啄起来了。但那只不速之客，却惊魂不定，不飞下来。它不是不饿，张着嘴，喘着气，狐疑地东张西望，一时又拿不定主意往哪儿飞。它迷路了，它不知怎么办了。我们却“高招”迭现，先把这院中的鸽子轰回房上陪着“客人”，如今这几只昔日的“客人”已俨然成了“主人”。哪儿有不顾客人自己就飞下来猛吃的道理，回去回去都回去。鸽子们都上了房把“客人”一只小紫点子围在中央，先让“客人”定定神。当时我们小伙伴心里那个急呀，不知道怎么向它通报信息。我们想告诉它，我们欢迎你，我们喜欢你，我们爱你，我们一定善待你，你也会喜欢这里的。可是，这心中美好的意思，无法表示，说不清，道不明。它听不懂，它在想着自己的心事，它有自己的家，有它的伴侣，有喜欢它的主人，有吃，有喝，有窝，它想赶紧回家。但它一定是累了，饿了，没劲儿了，迷路了，找不到归程。它此刻无可奈何，虽然落在我们的“领地”，但绝不轻易“归顺”。我们一计不成再施一计，请出了海网，不是捞鱼虫用的，也不是那个年代小男孩手中都可能有过的蜻蜓网，那长长的纱布网，有圆形的，有椭圆形的，网眼细密，有一个长长的竹了的把手。海网没有把柄，只是一个大竹圈用粗线绳结成大网眼的网。我们头一次把这件“武器”派上用场。一个孩子自告奋勇，潜入对面屋檐下，可不能惊动“客人”。我们千方百计，百般利诱，把这几只鸽子引到屋面的最边缘，屋檐前。然后，我们用嘘声，用小幅度的手势指挥对面的孩子站住，让他一手提住网圈爬上窗台站到屋檐下，站在那只鸽子下面，只有一瓦之隔。那只鸽子正惊魂不定，忽地一张网已从屋檐下面翻扣上来，“好！”轰的一声，院子里的孩子齐声喝彩，把所有的惊奇、惊喜、紧张、着急、七上八下折磨了我们半天的感情一下子迸发出来。“啊！”情况不妙！只见那只鸽子从网边儿钻了出去，疾跑两步，一耸身，啪啪拍着翅膀逃跑了。“哎呀！”原来，使这海网是一门技术，手腕使劲往身后扣，角度不够，和瓦面形成了一个夹角，那网圈没扣在屋面上。我们站在下面以为扣着了，可是网圈上部开了一个大口子。既然网开一面，人家此时不走尚待何时，于是那只紫点子“幸免于难”，飞跑了。我们是一惊一乍，心都蹦出嗓子眼儿了，结果竹篮打水一场空，白高兴一场，就好像看到自己喜欢的球队，带球到对方门前，拔脚怒射，却打在门柱上一样。权当玩了一次惊心动魄的捉迷藏游戏，我们的念想没有实现，没有招徕“客人”，扩大队伍，不过日后倒省了许多愧疚的回忆。

我小的时候，听大人讲，很多养鸽子的人，就因为彼此的鸽子飞到别人家，让别人扣住了，而产生了许多纠纷。如果你心爱的鸽子被人家抓住了，不知道下落也便罢了，一旦知道下落，总会上门去讨。遇上讲理的还罢了，如若碰上一个浑不讲理的主儿，偏不还你，我又没上你家偷，我不是时迁，再说时迁偷鸡也没偷鸽子呀，接下来麻烦就来了。怎么个麻烦没听说过，但我亲眼看到过一件想起来就挺恶心的事。

自从去过护国寺鸽子市之后，又去过花市、鸽子市。我虽然不想再买鸽子了，但总想着开开眼，多看看，多听听，多学学，多长点见识。一次逢护国寺集市，我们几个小同学，又赶到那里，手里拎着两只用手帕裹着的鸽子，既不想卖，也不想换。我们只是觉得这样才有点味道，才有资格看看别人手里提的鸽子品种，长相，羽毛的颜色，眼睛的色彩，并且互相讨教点儿养鸽子、相鸽子的门道。这时，人群中有一个小男孩，挤来挤去，急得不得了。那男孩比我们还小两三岁，也就是9岁左右。他说他从家里拿了一只鸽子，攥在手上，也是想上这儿来看看热闹，但一不小心，鸽子飞了，没飞高，没飞远，飞到了人家的房脊上。他用手一指，我们看到附近一排平房，那只鸽子就呆呆地立在屋脊上，小男孩干着急没办法。我们也是爱莫能助，怎么办呢？拿石头往上砍，不一定轰得走，弄不好把人家院里玻璃砸了，那就闯祸了，上人家房。从院子外往上爬，第一没这份能耐，第二真要有崂山道士那一手儿，也不能大白天穿人家墙。

大家都陪着着急，将心比心，要是那蹲在房上的鸽子是我们的，我不知会怎么难过呢。

这时院子里出来个大人，五大三粗的，我们眼看这孩子走上前去，求人家在院里用根竿子什么的，把这鸽子轰起来，说不定它就飞回家了。那汉子往屋顶上瞄了一眼，冷笑了一声："是你的吗？在这等着吧。"说完，他晃着膀子就转身进院了。

我们几个小孩眼巴巴地往房上看，希望那位大老爷们儿发发善心把那鸽子轰起来，让它回家。就在这时，我看那鸽子一跳老高，接着骨碌碌地摔下了房，掉在地上。紧接着"哇"的一声，那男孩扑了上去，只见那可怜的鸽子已被打中了头部，嘴张着惨不忍睹，刚才还是一只活物，现在已惨死街头。这是那个该死的男人，用弩弓弹子打的。他竟然在青天白日，当着这么多人做出这种伤天害理的事来，他仗着谁的势力，这么霸道强梁。我们惊呆了，吓傻了，气糊涂了。我恨我自己太小，既没能力声讨那厮，又不能像鲁智深拳打镇关西那样教训他一顿。我比那孩子还生气，还委屈，还没辙。

这一弹子打在了我心上，我不该在那么小的时候就看见这么令人气愤与悲惨的一幕，看到一个这么毫无人性的东西。这一天给我心上留下了一抹永不消逝的阴影。每当想到这一幕，我都会恶心。怪不得西方影院有"儿童不宜"的标志，血淋淋的场面儿童不宜看。人生注定不总是能看到美好的事物，那恶的丑的事情，也总在人间捣乱。"新松恨不高千尺，恶竹应须斩万竿。"

我们养鸽子，别提多么疼爱它们了，从鸽子们身上得到了少年时代与可亲可爱的弱小生灵平等相处的乐趣。那一天，我们化悲愤为行动，大家决定买一对大楼鸽。瓦灰色的，带着霜似的羽毛，长长的嘴，挨头顶处一团白花花的肉褶，我们叫它大鼻子开花。它是信鸽，是西洋种，又叫"西洋楼"，把它们买回去充实我们队伍飞翔的实力。这对鸽子，身躯硕大，壮实有力，但肯定能吃，可又肯定能飞。这一对大鸽子不是名贵品种，三四角钱就买下了，这么便宜就引进了"外援"，叫它们担任小小鸽群的领军吧。

在鸽市上我们会挑正当年的壮实的鸽子，它的年龄在眼圈上就能看出。如果眼圈平滑滑的，那就说明这鸽子还年轻，如果眼圈麻麻扎扎长了许多小肉芽，白花花的一圈像人眼边的鱼尾纹，说明它老了；捧起鸽子用一只手的拇指与食指左右捏住这鸽子的脖子，往旁边一扭，如果鸽子眼睁着看你，这是公的，如果一扭脖子它就闭上双眼，这是雌鸽。鸽子和鸡、孔雀等大多数鸟类不同，雌的灰溜溜不起眼，而雄的花花俏俏惹人注目。鸽子雌雄外表差异很小，一样的羽色，差不多的个头，两鸽在屋上站立，比翼双飞，真看不出谁是雌谁是雄。“两兔傍地走，安能辨我是雌雄”，两鸽比翼飞也不能分出雌与雄，而我们却能识别。很小的时候，我们就有了关于鸽子和养鸽的很多知识，不用上课，不用记笔记，不用复习，不用考试。我们在课余时间，玩着玩着，不知不觉已经学了不少自然生物知识。

四

把这对又大又壮又能吃又有力气的“西洋楼”买回来，缝翅、蹲房、试飞都圆满了，它就成了这小分队的生力军。楼鸽的祖先其实就是岩鸽，这种素食飞鸟的天敌十分凶恶，它们就栖息在山的危崖上，岩洞中，躲避天上地上的天敌。久而久之它们向人类城市靠近，住在高高的城楼上，在楼檐下建巢，很少会受到干扰与迫害，总会有几十只、上百只鸽子在繁华的城市中找一个栖身之所，古建筑成了它们居住城镇的首选之地。“小隐隐于野，中隐隐于市，大隐隐于朝。”鸽子们大隐隐于皇宫更是上上选，而不仅是野鸽栖息楼宇，要是有“幸”一旦变成宫里、王府里鸽把式手中的宠物，那就安享太平，其乐融融。从没听说过宫里、王府里的鸽子有让人拐跑了的故事。

“旧时王谢堂前燕，飞入寻常百姓家。”我们养的几只鸽子就是最平民化、最底层的老百姓的“开心果”。

我们那片居住区有两户人家是我们可望而不可即的。一户是牛角湾老乐家，一户是本胡同大张家。

老乐家是不是同仁堂掌柜的，我没考证过。但我曾有机会进过人家的院子，又大又整齐又干净的大宅子，都气派与豪华到什么程度，我当时还太小，不懂。但我一眼就看上了那规规整整地建在院中的鸽子棚，咕噜噜的热闹，足见“人丁兴旺”“锦衣玉食”。是不是有把式侍候，不清楚，但老早以前肯定有高手调理。乐家的几十只或近百只鸽子十分独特，脖毛挺起，看上去是有谁把那群鸽子的胸部羽毛用发胶梳拢翻出花儿来似的。飞起来就更是与众不同，在空中翻着跟斗，做特技表演似的，这叫跟斗鸽，我们没养过，也没机会过过手仔细看过。

只要我们不上学时，上午或下午，一听葫芦声和鸽哨声在空中汪汪嗡嗡作响，就立刻会说：“瞧，老乐家的。”有时就站在当院仰头观望，他们家和我们这儿隔一条街，直线距离500米左右。在这直线距离之中有一棵百年古槐，夏天绿荫浓浓，槐花片片。每当鸽群在朝霞之中，绕过这株大古槐时，都会看到很多鸽子一边飞，一边忽地向下一个俯冲，又翻了上来，有时一大群鸽子，一齐上下翻滚，以蓝天绿树做背景，真是精彩绝伦。我们从心里服人家，不生气不嫉妒，也不羡慕，因为差距太大，没资格羡慕，于是也就不可能嫉妒。恩格斯讲的嫉妒之心是“男女同辈之间产生的嫉妒之心”，我们几个小孩怎么可能跟同仁堂掌柜的比呢？不过，跟斗鸽样子怪怪的，我们还不想喂养这样的品种。

但大张家，就太让我们羡慕了。

他的家世，我们无从知晓。老乐家里是同仁堂的一脉，水磨胡同西口住着名医李甫仁，东口据说住着吴作人。李甫仁、吴作人可能没养鸽子，如果养着几十只鸽子，我们不可能不知道。不养鸽子，有何令我们可羡慕的呢？大张何许人也，简直深不可测，我没有机会进他们家那院子，好像他那院子里有一栋小楼。那个年月，在胡同中有座小楼，不可想象这里面都会蕴藏着多少神秘的故事。

我们十来岁的男孩有时在胡同里家门口玩，忽然离我们五十米处，大门开了。“嘿，大张，大张出来了。”一位英气十足的男子，高大魁梧，身穿一件黄绿色夹克，那会儿我们管这种衣服叫美国皮猴。王铁成就跟我说过：“我上中学时穿过一件美国皮猴。”了不得，我们只有瞧着的份儿。更了不得的是大张从门里推出一辆乌绿漆、瓦圈闪闪发光、带加快轴的、大链套的凤头车。哎哟，当年谁要是骑一辆凤头车，在大伙心里，在骑车族的心目中，将会引起多大的冲击波。这么说吧，如今坐上凯迪拉克、奔驰600，我都涌不起当年心中被大张那辆绿凤头所掀起的波澜。这是一辆宝车，玲珑剔透，造型优雅，看着就舒服，是十分精致的工艺品。我那时从不指望拥有一辆这种车，就像此刻我不想拥有一架直升机一样。

1990年，我到了伦敦，到了卖自行车的地方，我想去找找有没有大张当年骑的那种凤头车，结果大失所望。凤头牌的车倒是有，已成了变形金刚，奇形怪状。我乘兴而去，败兴而归，那辆标准型的绿凤头车变成了一种回忆，一个物质匮乏而孩子们却安之若素的时代标志。其实，我早没有买那么辆自行车的想头了。自从我1990年把一辆自行车丢了以后，再没骑过自行车。我妈妈六十多岁时还骑过车，画家周怀民先生70多岁还骑自行车。前一个月，我碰到原来与我一个部门的老科长苏宾，他还骑车，满脸红光。我问他："您今年……""八十！"他骄傲地说。"啊，人活着就是胜利。"刘海粟老先生年届一百岁时讲的这句话，意味深长。

话说大张跨上凤头车一溜烟消失在胡同口，人家连头都没回，眼睛也不看我们。我们半天没说话，不知每位同学作何感想。他不知道，我们这几个孩子中，日后也出了一位小有名气的主持人，当年他不知道，我自己也不知道。我在业务上问心无愧地追求完美，但在玩的方面，在对物质生活的态度上，我永远追不上别人。我可能天生就是这样，玩不过别人，生活不过别人，我也永无超人一等的愿望。可是我还是惦念那辆凤头车与他所养的一群鸽子。

大张养的鸽子少而精，以一当十，以一当百。

当年观赏鸽中最有名、最难得、最珍贵的品种叫铜翅乌。先说说铁翅乌吧，一只白色身子的鸽子，尾巴是黑的，胸部以上到头顶是黑的，不能有杂毛，拔了不算，骗人的小贩做手脚就是把杂色毛拔掉。两头黑叫两头乌，难得的是两边翅膀的飞羽也是纯黑的，不能只有两三根黑，至少有六七根黑飞羽，而且不能在黑羽中夹白羽毛，一根都不成，最好还要对称，双七、双八。这样的鸽子别说一对儿，一只你上哪找去！因此，我们听说过，也看到过成色差一些的，但漂漂亮亮的，别说我们没看过，连好多大人也只是听说过。而大张就有几对，不是铁翅乌而是铜翅乌！尽管在人类历史上，铁器的发明具有划时代意义，超越了青铜时代，但艺术珍品，乃至国宝，如后母戊鼎、毛公鼎这稀世珍宝却都是铜铸的。以铜冠名当然比铁高贵得多了。铜翅乌深色部位的颜色是深古铜色、咖啡色、深褐色的混合色，在阳光下也有虹彩。这样几对鸽子，长在他家，属于他，他太牛了，牛大发了。

我天天听说但从未见过的东西为数很多，有的并不想见到，譬如氢弹，譬如毒品，但我至今仍希望近距离地见到一对纯正的铜翅乌。六七年前，有一个观赏鸽协会的人找我，让我当名誉会长或顾问什么的，我婉言谢绝了。“我是做野生动物保护的，宠物我不涉及，以免观众对我产生误会。”我忘了问一句，你有铜翅乌吗？要是有，我一定会去欣赏一下，圆我多年来的梦——蓝天鸽梦。

我们还继续珍爱我们这几只平凡的鸽子。

我们把两只楼鸽的四根尾羽在两边靠尾部与靠尾梢部用针线缝成一个隔断，因为尾羽根部长成后也是空管。凡使过羽毛漂的钓鱼者都知道，这是角化空管，不会伤着鸽子，然后把买来的葫芦和鸽哨——二筒、三联等底下有个骨质的扁片——插进这缝好的尾羽中，从下端穿个环，这样“大西洋楼”就背上一只亮闪闪的葫芦。它飞起来翅膀啪啪响，这称为“叫膀儿”。然后飞上天空，兜着风，葫芦嘴那道缝就贯进气去，于是嗡嗡嗡嗡，我们的鸽群有了伴奏的乐队。别看我们就这么几只鸽子，可是飞上天，那气势也好像有一大群。慢慢地，我们的队伍扩大了，有买的新鸽子，有大鸽子孵出的小鸽子，鸽的队伍开始兴旺了。

五

我们尽管在课余把不少时间花在了鸽子身上，但学业绝没敢耽误。当鸽子被我们集体调教得很有点起色时，就没有必要花更多的时间在它们身上了。放了学做功课，然后再玩，到了期中与期末考试，我们几个鸽友集中一块复习，虽不在同一个学校，却刚好在一个年级，是鸽子把我们连在一起。我们全都是乖孩子，没打过架，没骂过人，没有拖欠过作业，而且，我们在大考之前，一块儿复习功课。尤其令我怀念的是，在冬日的严寒中，几个小朋友披星戴月地半夜三更就起了床，在胡同里还没有人的寒风中，集合到铁球家，最晚到的也是凌晨4点。我们一块挤在只有一个煤火炉的屋子里，坐在床边儿，坐在桌旁，坐在小凳子上，悄无声息地读书，复习，一起在这个团结和温暖的集体中，准备着就要开始的考试。这一年我们都是初中一年级了，大家一声不吭地各自看书，时间一分一秒地就那么过去了。在东方露白之际，铁球家里的人才陆续起床。他妈妈，一位和气的阿姨，给我们张罗早餐。我们一齐谢绝，因为我们的书包中各自带着干粮。然后，我们离开这个小院，各上各的学校，第二天早晨还是披星戴月集中到一块儿复习功课。

我记得那静静的深夜，在昏暗的路灯下，自己步子轻轻，影子摇摇。那冬天黎明前的黑暗中，天是那样的幽蓝，那样的深不可测，我少年的心充满了对这个世界的敬畏感。如今乘着飞机到处走了，地球变得这么小，反而令我觉得没意思了。再没有当年的那种神秘感了。当年，一切都显得那么神秘，一切又都那么熟悉和美好，我正一天天长大。

第一年的初中生活过去了，除了胡同的孩子，我又结识了初中的一批同学。生活是那么丰富，日子是那么顺心，同学是那么亲密。这一年，我虽然有那么多彩的课外生活，学了那么多在课本上没有的“课业”，但我在学校的功课仍然很好，还获得了这个年级唯一的优良学生奖章。

我们都长大了，长高了，有了自己新的集体，新的生活，新的朋友。于是，我们又不约而同、自然而然地想到这种鸽友生活也该有个终了了。没有不和，没有口角，没有隔阂，更没争吵，大家像当年商量合伙一样，现在又很友好、很懂事地商量散伙。

这时，我们鸽棚里的鸽子已有了二十多只，大伙坚决不同意卖了它们分掉现金。当初到底谁入股多谁入股少根本也没计较，于是决定分散领养。有的小朋友放弃权利，一只鸽子也不要。最后我分到了三只鸽子：两只点子，一只开头提到的那只黑玉翅。这两只点子，不知为什么并不是一对儿，但是一公一母，我拿了回去。那只小黑玉翅是在我精心照料下长起来的，我舍不得它，就把它领走了。

在我回家养鸽之际，我外婆挺疼我，居然在街上请了个木匠，用旧板条在我家窗台下，为鸽子搭了个鸡窝似的鸽窝。我把这三只鸽子放到这窝里，盼望在未来的日子里，它们会适应这个新家。我已想好，不再放飞它们，就让它们在这个安静的院子中，自己愿飞就飞，愿停就停，想上房想下地悉听尊便，让我的院子中也呈现齐白石大师等人画的那幅《和平颂》的景象。我不会用更多的时间与精力去让我的鸽子们竞飞，只希望它们在我生活的狭小空间里与我相伴。但这个小小的、可以说是最最小的养鸽子的愿望破灭了。这就是一幕鸽子们的悲剧和我的怨情。

当我把三只鸽子放到新做成的小木屋里的时候，没料到，那一对“新人”竟会在窝中卿卿我我，嘀嘀咕咕，一连两个夜晚都这样烦人。我是一觉睡到大天亮，可是，我们西屋的邻居大爷大妈，二老年高体弱，被这对不懂事的鸽子惊扰了睡眠。可想而知人家宁静的生活被打乱了，会何等忧烦。二老终于向我外婆提出了这个问题。我外婆是从旧社会过来的家庭妇女，一向奉公守法，谨小慎微，也从不会与邻居计较琐事，何况我的鸽子这么吵闹，是我不好。于是在我上学时，我外婆一人竟在无人帮助的情况下，把鸽子住的小木屋从西头搬到东头。我家住南屋，这一移动其实意义不大，鸽子的咕咕声在静夜中，只要在这个院子内，谁都会听见。

令我感动的是外婆疼我，竟然在这种情况下，没对我的鸽子采取“驱逐出境”的措施。而是以挪窝来表示对街坊的歉意，还自己动手搬了那么沉重的大木头箱似的鸽子窝。

同时，我无法，也来不及向街坊大爷解释的是，事实上，第三天晚上，鸽子已在新家安顿下来，已经不会在夜里咕咕叫嚷。然而，一切都没法更改了。那小木头窝已被拆了个稀里哗啦，勉强成型。我能埋怨我外婆吗？我自己连手都没动，老太太一人做这么大一个“工程”，已经很不易了。

于是在这个局面下，第四天早晨，惨剧已然发生。我一早起来，看到鸽子窝门已被撬开，一地的羽毛和一摊血迹。完了，完了，我的鸽子被该死的猫们杀害了，不止一只猫。这两天，白天黑夜都有几只猫在我们院子转悠，在房上转悠，还敢下到院子里转悠，都冲我鸽子来的，这帮坏东西。不是谁养的谁不疼，猫不是我的，但鸽子是我的，猫把我鸽子杀害了，我难道不该恨这几只猫吗？

令我惊异的是，我的小黑玉翅缩在窝里一动不动，猫儿竟然没把这最弱小的鸽子杀了，真是奇迹。我对于这劫后余生、幸免于难的小家伙，说不出的怜惜疼爱。我不能让它孤零零地在这个充满血腥味的小木屋里担惊受怕。

于是，我把它带出了这凶险之地，送到我的同学家寄存。

我怨谁呢？是谁之过，是大爷之过吗？我心里明白，是我吵了人家的觉，人家也是忍无可忍。可是在他老人家提出这个意见时，我的鸽子已经乖乖地不再吵了。怪我外婆不会木匠活，把那个小木屋拆了又装弄得千疮百孔，松松垮垮，风雨飘摇？不能怪，那是我姥姥，就仅说这一条，我就不能怪她老人家。

只能怪那几只野猫，到处乱窜。你们家饿你几个月了，你们就到别人家偷吃偷喝，竟敢下如此毒手。

别提它了，此刻我把小黑子又领回来了。

我的孤苦无助、天生弱质、死里逃生的黑子，轻盈得像一只黑蝴蝶，飘飘的，在空中荡起；舒展修长的双翼，摇曳生姿，划了一道优美的弧线，悄无声息地落在那个小木屋前。它居然认识这个家，认识这个让它险些吓死的家。

先安顿下来吧。

它很听话，从不乱飞。我没有捆过它的翅膀，已对它不加管束，愿飞就飞，愿落就落。有时我抓一把高粱米，它会就着我的手吃得很美。

有时我上街，带上它，它站在我肩上，像架个鹰一样。只是它从不乱飞，也许它是太弱了，没有那凌云的志向；也许是与我相熟，毕竟这只鸽子是我一手喂大的。但我不认为鸽子会认人，它怎么能跟狗比呢，连猫也比不上。它之所以紧跟着我，只有一个解释，它柔弱得根本不想自己去飞。这是一只没有发育健全的鸽子，但它真是很美，飞起来也很美。

前年我从电视中看俄罗斯马戏团的一个节目《空中飞人》，一位妙龄少女，披着白纱在空中悠来荡去，做着既惊险又优雅充满诗情画意的动作，轻柔曼妙的乐曲，像水波一样衬托着她的空中之舞。令我感动的是一对白鸽上下翻飞，紧跟着她飞翔。那双白鸽轻盈、飘逸，如梦如幻地在空中少女的长纱旁，翩翩起舞，一圈又一圈，我不知她是如何训练出的这一对小精灵。

我又想起四十多年前，我的那只黑精灵，要是成对成双，我走到哪儿，它们也像这对白鸽跟着那位俄罗斯女郎一样跟我到哪儿，那该多好。不过我当年也没有做过这样的梦。

我没有训练与调教这只鸽子，不会，也没想到在玩的领域，我没有一样超人一等的办法。抖空竹不成，放风筝不成，拍洋画不成，弹玻璃球不成，养蛐蛐儿不成，踢毽子不成，养小金鱼儿不成，养鸽子也不成。我这时的所谓养鸽子和没养鸽子的人只差“一只”这么一个微乎其微的差距。

但这个差距最后也消失了。

一天早晨，鸽子窝的门大开，没有血，没有羽毛，也没有了鸽子。活不见鸽，死不见血。但，我悲愤，我恨那些该死的猫。我心疼这只可怜的、乖乖的小黑鸽。它没力量挣扎，只要大门洞开，任何一只猫都可以轻而易举地把它叼走。

那只猫还在我们院子上蹿下跳，什么都没了，我已一无所有，难道你连我也想叼走不成。我让你坏，让你作恶，让你杀害我的小鸽子，让你欺侮弱小，让你逞凶狂，让你厚颜无耻，让你再吃，吃，吃，我打死你！我悄悄地向正伏着一只猫的院东南角小天井的门墙方向掩进。我怀着复仇的怒火，抄起了一只长竹把笤帚，不声不响，学猫一样掩进。我走到这只猫所伏的墙头底下，悄悄地举起扫把，“我打死你！”呼的一声把笤帚向墙头扑去，“咻”的一声，一团毛茸茸的东西，摔在我的脸上，四爪乱刨，随后是一阵尖锐的疼痛，然后掉到地上，一溜烟飞也似的跑了。我捂住脸回屋一照镜子，还好没抓到我的眼睛，只是在脸上抓破了几个血道。

我用血只换来了对这只野猫的一次惊吓，它毫发未伤，只是受了惊吓。猫从远祖继承了野性，决不至于惊吓中风，卧病不起，第二天我脸上的血道子还未凝痂，它又恬不知耻、不以为然地，溜溜达达出现在我们院墙上。它对我看了看，不屑一顾地跳到另一堵墙上大摇大摆地走了。

我伤心地拆那小鸽子窝的时候，暗暗盼望，盼望我长大成人，自食其力，自力更生，有了条件有朝一日我一定会再搭一个大鸽棚。我要养至少十对漂亮的鸽子，我要让它们舒舒服服，干干净净，漂漂亮亮，神气十足，每天都戴着悦耳的鸽哨，飞向蓝天，在碧空如洗的春光中，一任它们尽情恣意地飞翔。这是我至今还没有实现的蓝天鸽梦。

心灵的憩园

不知理义，生于不学。

——《吕氏春秋集释》卷四

书籍——这是这一代对另一代在精神上的遗训，这是行将就木的老人对刚刚开始独立生活的年轻人的忠告，这是行将下岗的人对前来接替他的人的命令。人类的全部生活，会在书籍上有条不紊地留下印记……书籍，是和人类一起成长起来的。一切震撼智慧世界的学说，一切打动心灵的热情都在书籍里结晶成形。

——俄罗斯作家赫尔岑

一

能让我经常感到振奋的事，莫过于一本好书在握。而让我常常懊悔的事，就是春去秋来没能读几本好书。每当我发言时，准备串场词时，或写文章运用引文时，却把原著中我以为背熟的名言、警句和大段的妙论忘却了许多。说是忘了吧，又记得一点儿，记得的这一点又不足以引用。有时记过笔记，但一时又找不出来，不引用觉得缺憾，引用又不能备述，其时，我每每感到沮丧。这大约就是鲁迅先生说的："当我沉默的时候，我觉得充实；我将开口，同时感到空虚。"于是我往往以五柳先生的话去解嘲："好读书不求甚解。"但一想又不对，求甚解也未必记牢。

譬如，我上了六年小学，很久以前就把小学语文课文忘了个一干二净，可是却记住了老师教我的字，学会了造句、填空、作文。不过及至成年才背几句"人之初，性本善""天地玄黄，宇宙洪荒""赵、钱、孙、李，周、吴、郑、王""白日依山尽，黄河入海流""床前明月光，疑是地上霜""道可道非常道，名可名非常名……玄之又玄，众妙之门""文王拘而演周易，仲尼厄而著春秋"。要是小时候我就念过这些个，就无须长大以后费那么多工夫了。人生记忆的最佳时期，小学六年，趁那心无旁骛时，在认字时背些个诗词古文，省得长大了再填鸭似的补课。我和几位同龄人一道回忆原来的课文，似乎一年级第一课是："来来来，来上学，去去去，去游戏""人口手尺布"。怪不得至今我全忘了，不忘了它，记一脑子这个，天津人讲话："有嘛用。"

课文虽如烟云飘散，但组成不值得我终生背诵的课文内容的那些字我却记住了。用老师教我认识的字，倒是读了不少的课外书。虽然，当年我读的课外书，并不是老师布置的作业，没有检查，也不考试打分，我却至今还差不多能记住书名，记住内容情节，记住故事梗概，记得书中主人公的姓名和他们悲欢离合、失败成功的命运。这些课外书一部分是在小人书铺花钱租来的，一大部分是在新华书店里看的。1999 年是新华书店成立 50 周年，由于我与新华书店的渊源不浅，也应新华书店的同志所约，写了一篇文章登在 1999 年 5 月 4 日的《北京晚报》上，题目是《我的精神家园》。原文如下：

我小时候爱玩儿，也爱看书。上小学时，放学回家路过书铺，用从早点中省下的一分钱，租一本小人书，在书铺的凳子上一坐，有滋有味地看起来，一边看画儿，一边默默地认着字儿。

上中学后，我发现了一个地方，一分钱也不用花，还能由着性子挑书看，而且离我家和我们学校又不远，这就是王府井新华书店。书全是新的，放在架子上，谁都可以随便挑，随便看。我就挑我能看懂的书，如《洋葱头历险记》《绿野仙踪》《高加索的故事》《宝石花》等。然后靠墙边儿找个空处，往地上一坐，痛痛快快地看起来。那时，一本书也就能猜着认个六七成的字儿，加上想象，神游仙境，将就着可以把故事看个大概齐。

后来，随着年龄的增长，我认字儿多了，就开始读《钢铁是怎样炼成的》《卓娅和舒拉的故事》《日日夜夜》《牛虻》《新儿女英雄传》《吕梁英雄传》等。一天看不完，第二天再来，有时看得忘了时间，人家关门了，“请”我走。我这才觉着肚子饿了，天也黑了，路灯也亮了，才恋恋不舍地离开。一路上还想着书中的故事。有时班上的语文课留点时间，让同学们互相讲故事，我就把看过的书中的故事讲给同学们。同学们听得入了迷，我就讲得越发起劲儿，这给我后来的播音、主持节目也打了个基础。

再以后，上了高中，学校有图书馆能借书，附近还有个更大的首都图书馆，既可以借书，也可以在图书馆阅览。我参加电视台最后一次面试的那一天，就是被同学从首都图书馆阅览室叫走的。尽管我不再去新华书店蹭书看了，但还是常去新华书店，有了一点零钱，就买一本我喜欢的书。

当年，我坐在书店冰冷的地面上，手捧图书，浮想联翩，但做梦也没想到有朝一日，我自己也写一本书，放在新华书店的书架上，让别人翻阅……1995年底，我终于写出了一本书，真的放到了新华书店的书架上。我感慨万千，原来也只不过想，自己快退休了，写本书对多年的工作做个总结，与同事们、朋友们互相探讨一下工作心得及交流一些人生经验。没承想，各地新华书店一卖就卖了一百万册，这真是始料未及的事。

新华书店是我少儿时的一个精神家园，一个梦幻乐园。新华书店至今仍为我提供丰富的精神食粮和文化营养。新华书店还帮我圆了一个梦，使我的书也传到了千百个读者手中，并且这几年几乎每天都能得到各地朋友热情的鼓励与批评。

最后，我想用句老点的话表达我的心意：向工作在全国各地新华书店的同志们致敬！

二

提起小人书铺，我的许多同龄人一定都非常熟悉。我小时候，住在北京火车站附近的水磨胡同，这一片北京老平房如今已被高大的建筑物所代替。我家在拆迁前搬走，所以不晓得当街坊四邻离开这片他们住了几十年的老地方时，彼此互道珍重的情形。自打盖起这片大楼以来，我从没进出过这一带。然而每当我乘车过往这里时，都会产生一种很复杂的心情，“物是人非”固然令人惆怅，而“人在物非”也依然令我怅惘。

楼高了，灯亮了，街宽了，但原来的风味完全变了。北京站正门直对的马路，原来是一个窄胡同，叫闹市口，顾名思义，这一带热闹极了。窄窄的路两旁小商店一家挨一家，小饭馆、小摊小贩占满了所有能容他们叫卖的地方。这闹市口是南北走向，我家所住的水磨胡同是进闹市口左手第一条胡同，东西走向。这条胡同的最东头，走出去就到了原来的城墙根儿了。北京古观象台就坐落在这里。我们这条胡同在我小时候也算小有名气，因为靠东头住着吴作人，大画家，美院院长；靠西头住着李甫仁，有名的中医。中间就是我住那儿，不过那时的我才上小学，没人料到，连我自己也没想到，日后我也出了名，后来知道我名字的可能比知道他们二位的要多。但论起真才实学，西边的这位是医术高明、声名远播、能给高干开方子的中医权威，东边那位是我出了这胡同以后才认识的吴先生，如今已然谢世，他是国画大师。我会什么？

水磨胡同西口正对着的是洋溢胡同，出洋溢胡同西口就到了东单，水磨胡同南面平行的胡同叫裱褙胡同。东裱褙、西裱褙，这是一条铺了柏油的街。徐悲鸿故居与我家几乎背靠背。我小时候独自去那里看那些如今陈列在徐悲鸿纪念馆中堪称国宝级的作品,《愚公移山》《奔马》等，当时就觉得那些作品气势逼人。

我小时候和小伙伴们拍洋画、看小人书、斗蛐蛐儿、放鸽子、弹玻璃球、捉迷藏……大部分美好的光阴就是在这一带度过的。

四合院的风情，胡同情结就在我心中纠结着。“你从哪里来，我的朋友？”我就是从胡同里走出来的。孙猴子是从石头缝里蹦出来的，我们北京的小孩子，很多是从北京的胡同里走出来的。拆了，如今都拆了。闹市口是早没了，自打火车站一建就拆掉了。后来，我曾住过的这一片平房也都拆了，建成了十分气派的高楼，培养和积攒了新的生活方式和新的都市风情。而我的童年和儿时的梦境，我的根，我所有过的烂漫年华的烂漫情怀，在哪里呢？如今，当我过往这里时，看着昔日的住宅区里矗起的大楼，感到高兴也感到莫名的失落，因为我童年、少年的时光似乎就被压在这一片大楼下了。闹市口还鲜活地在我眼前浮现，那热闹的市声，那出入商店的人们，那小饭馆里飘出的菜香和伙计的吆喝声，灶上师傅用炒勺敲击发出的叮当声还在我耳畔回响。在那地摊上用新鲜的荷叶托着的一对对青色的大对虾，说出来你也许不信，人民币一角五分钱一对儿。炸油饼的，烙烧饼的，摊鸡蛋的，卖冰糖葫芦、瓜子、花生的，这是每个孩子都能吃到自己爱吃的零食的地方。还有卖蛐蛐儿的，卖蜻蜓的，卖风筝的，卖空竹的，还有一家小人书铺，也许是两家。

到了中午，到了下午，到了放学时光，孩子们三三两两经过这里，背着书包的是小学生，胳膊夹着书包的是中学生，中学生谈着“高级”的话题，大步流星昂首阔步地走过去。有一回我看到几位比我高出一个头的中学生，指着一个小铺子的牌匾笑，“哈，写错啦，哈。”我觉得他们真有学问。我这个小学生没学问，就往卖蛐蛐儿的摊前一蹲，等到卖主有生意了，来了买主儿，我就开了眼，看看多好的蛐蛐儿，是多少价。我买不起，对我来讲买蛐蛐儿是太奢侈的事儿了。我看一会儿，就捏着口袋里买早点时省下来的一两分钱一头钻进了小人书铺，嘿，那种心情难以言述。满世界都是小人书，满屋子和我一样的男孩子都坐在小木凳子上静静地看小人书。我就是在这个不太明亮的书铺里度过了我童年时的一些时光。

三

小人书是我童年、少年的生活教科书，是我精神生活中的享受，但可惜毕竟不是天天都会有一两分的零花钱。记得我小学三年级时过“六一”儿童节，班上的同学和胡同里的孩子各有各的去处，有的学校还组织学生去公园游园和进行别的集体活动。我就向妈妈要了五分钱，这简直是——拿今天的话来形容就是一笔巨款，一年难得有几次口袋里有这么一笔我可以随意支配的款项。当然，买大件（不是如今的大件）如木头刀、风筝，家长会给钱，但那必须专款专用，实报实销，买蝈蝈儿决不能弄个蛐蛐儿回来。

话说我小学三年级这次“六一”儿童节，考证年代，那是1951年的夏天。我揣着五分钱，一早儿就欢蹦乱跳地跑出胡同，进了闹市口一家小人书铺。这一天，书铺里孩子倒不多，大约都到别的地方玩儿去了。我和掌柜的一商量，今天是“六一”儿童节，您要对我们儿童多照顾，我给您五分钱，今天您得多饶上点儿。老爷子挺痛快，满脸堆欢：“好说，好说，学生，你拿七本儿看吧。”啊，这就叫节日，一次能挑七本小人书看，一年就这么一回。

我挑了七本书，坐在一处靠亮儿的地方，轻轻地、慢慢地翻开第一本书的第一篇。我要好好地享受这快活时光了……待到我合上最后一本书的最后一页，不知是什么时候了。头发昏，眼发花，肚子也饿了，回到家饭早就凉了。已是下午一点多了。不过那年头家长不大管孩子的活动，我就这样度过了自己的节日，1951年的儿童节。

小人书是我儿时的梦境，我如今还记得当时看过的武侠小人书的不少书名：《七剑十三侠》《蜀山剑侠传》《七剑下天山》《巴山剑客》《蛮荒侠隐》《青城十四侠》《醉侠》《呆侠》《七侠五义》《北侠草上飞》《南侠燕子飞》《大侠满天飞》……最初，我进小人书铺看到的大部分就是这些书。但我爱看，爱得入迷，我从小培养起爱看武侠小说的兴趣，这是启蒙阶段。书中那行侠仗义，劫富济贫，济困扶危，快意恩仇，路见不平拔刀相助，蹿房跃脊，轻功提纵，巧摆乱石桩、梅花桩、青竹桩，金刀换掌，八步赶蝉，金鸡独立，一鹤冲天，落地无声，踏雪无痕，英雄少年，美髯剑客，佩剑女侠，古怪道人，大和尚、胖和尚、花和尚，“刀枪剑戟，斧钺钩叉，鞭锏锤抓，镗棍棒槊，拐子流星”，十八般兵器，加上外门兵刃，眼花缭乱，数不胜数。至于书中人物，鱼鳞紫金刀胜英，三支金镖甩头一子黄三泰，他儿子黄天霸和窦尔敦不和，白眉毛老西儿徐良，小侠艾虎，巴山剑客卢奇……

最早我看小人书真是蒙着认字儿，那时还不会查字典，有些字就瞎念，不料我班上一个同学也是瞎念字儿，而我们所见略同，都把一个“淫”字念成“摇”字。大凡小人书里好人坏人都泾渭分明，侠客们行侠仗义，为民除害，而坏人们则无恶不作，欺压善良。有一类坏人就是白菊花这样的采花贼，白天到处溜达，看到谁家有貌美女子，晚上就窜到人家房外，隔着窗子用吹管儿把闷香吹进去，把人家闷倒，就跳进屋去干坏事。这种江湖上下九流的贼人是侠客一定杀之后快的坏蛋。我和我那位小学同学，不约而同把个“淫贼”认定是念“摇贼”，尽管字儿念错了，意思还是明白的。我们在学校课间休息，追逐玩闹，我装剑客追他，他当然也装侠客追我，一边追一边跳上台阶，蹦进屋门，像是夜行人在一片房屋上施展夜行术，飘来荡去，嘴里不闲着地高呼：“大胆‘摇贼’，哪里跑，看刀！”小孩子口无遮拦，如果换个词儿“臭流氓你往哪儿跑”我们是说不出口的。满院子跑来跑去一口一个“摇贼”。这时前面跑的孩子一头撞上了一位老师，老师就问，你们喊什么贼呀！什么意思？大家都是同学不要贼呀贼的叫。于是我们彼此吐吐舌头，跑了。我相信那位老师至今也不明白，我们说的“摇贼”是什么意思，如果他老人家还记得当年那两个孩子的话。

往事如烟，少说四十多年了，如今的孩子不可能再看到那时的武侠小人书了。我真想找两本小人书，留个纪念，可是遍寻无着，不知哪里还会有那些小人书。看武侠小人书，同学之间也会有小小分歧，我喜欢梅华画的小人书，我的同学喜欢沈曼云的画法。我觉得梅华画的人物很写实，画的刀剑线条也很舒服，那造型让我觉着有股美感，人物无论老少美丑，都画得中规中矩，线条端庄沉稳。而沈先生的画法，线条有些夸张。这是我最早形成的对画儿的审美标准，至今我在提笔作画时，在小时候受的影响，仍有迹可寻。

这个世界说大也大，说小也小，我当年看过梅华画的小人书后，以为那时梅华已是一位老先生，可没想到四十多年后，我找到他，他不过才七十二岁。

四

1999年5月1日，这个国际劳动节，我是在上海度过的。本台戏曲音乐部的江则理早在两个多月前就到我家来邀我参加“上海国际越剧舞台艺术展播”开幕式的主持工作。他对我说：“活儿不累，我的意思是叫你去上海连工作带休息，总闷在家中也不是个事儿。”我1998年夏踝伤以来，快一年了基本上没离北京，只在这年岁末照惯例去了趟奥地利，转播维也纳新年音乐会。江则理叫我去上海，算是一年多以来第二次出远门。他为了增强我去上海的动力，还告诉我，他要陪我一块儿去趟周庄，那是江南唯一保留明清建筑格局的水乡。常去南方出差的人要是没去过周庄，没吃过周庄烧的肘子，才叫遗憾。陈逸飞的那张油画《桥》，邮票上都印了，就是在周庄画的……

其实，他不动员我，我也是要去的，因为我正在写一篇散文《情人墙遐思》，还有许多细节，我需要去上海了解一下。我打算到夜色中的外滩再漫步一次，以往去过多次，但要落墨于纸了才觉得对外滩的印象还只是一个朦朦胧胧的轮廓。我要再去看看，看看大上海，看看上海的几位朋友。

于是在4月30日下午，我就飞到上海。外滩去了，周庄去了，几位朋友也聚了一下。我和袁鸣主持了开幕式，和袁雪芬老、余秋雨先生以及上海台几位同志一块吃饭时，我又想起了有关小人书作者的事。排练时我问一位上海台文艺部的同志：“有位画家名叫颜梅华，听说住在上海，侬阿宁（认）得？”对方忙说：“阿拉宁得咯（我认识）。”“太好了，侬帮我问问看，哪能（怎么）找到伊（他）。”“没有问题，阿拉帮侬联系。”

这确实是意外的收获，这次在上海电视台演播现场旁的一分钟交谈，是形成本篇文章的缘起。由于当时时间有限，没能见到颜先生，回到北京想再联系，别说颜先生家居何处，电话号码我不知道，连上海台的那位同仁也记不清了。好多重要事务的细节由于我没培养起记录下来的习惯，日后的损失可谓不小哇。“多个朋友多条路”，把“朋友”忘了，这条路也就没了。好在我记忆虽差，朋友却还真不少。回到北京我又打听颜先生，正好5月中在炎黄艺术馆有个聚会，郑闻慧女士打电话告诉我，让我参加。这次聚会上，炎黄艺术馆拿出几十幅黄胄先生未完成或从未与观众见过面的画卷，真让我大开眼界，获益匪浅。先生对创作既勤奋又认真，每一幅作品都有好几稿创作构思的图卷，勾线、设色的每一步都跃然眼前。这次集会，黄胄先生的门生史国良在场，这位老兄如今身披袈裟，成了90年代的出家人，但绘画仍是他本行。我问他：“国良（我从未呼过他法号），你知道颜梅华先生吗？”“知道呀，他在上海，我帮你找他电话。”

一个晚上，史国良给我打来电话，告诉了我颜先生上海家中的电话号码。我打了几次，但没有人接。就在我怀疑这个号码真实性的时候，有一次接通了，对方是操着上海口音的老先生。一定是颜先生。“颜先生，我是中央电视台的赵忠祥。”“哦，你好。”“颜先生，我本该早认识您，今天才跟您通上话。我最近在写本书，其中有对儿时的回忆。我小时候最爱看小人书，我那会儿看的武侠小人书，有位作者署名梅华，冒昧地问一句，是您吗？”“是我。”哇塞！四十多年了，儿时的鲜活记忆中的问号，一直打了四十多年的问号，今天终于有了答案。颜先生，您真伟大，您慰藉了我的童年，也让我的文化背景中多了一个篇章。

梅华先生说：“那是五十多年前的事了。我画小人书时，才20岁左右，那是为了生活。我那时也读了不少武侠小说，如还珠楼主写的书，很喜欢，所以就画了不少。唉，那是为了生活，有不少毒素。”我在电话里立刻接口：“颜先生，您这么一说，我倒觉得有点失落了。用今天的一种观点来看，武侠小说是成年人的童话，小人书对于我儿时来说就是童话。我虽然小，但我也从不会真的相信侠客们能有那么大的本事。我也没抛弃学业和小朋友外出到深山老林去拜师学艺。总之，您的作品给我当时带来了快乐，也使我日后很喜爱武侠小说。”颜先生说：“我这个人自小家教很严，父辈都是做学问的，我读了不少书。我是画人物画的，不读书、不读史怎么去创作。”他停了一下又说，“我也很喜欢你们的《动物世界》，我也要画一些动物。人物画，特别是古典人物，要有马来相匹配。”最后，老先生说了一句话我特别感兴趣：“你认识荣宝斋的米景扬吧？”“岂止认识，我和米经理是好朋友。”“那你通过他可以了解我，他对我早年的事比我自己还清楚。”

于是，我在电话中又和米景扬聊开了。

“我小时候最爱看小人书，特别是武侠小人书。”米先生一开口就和我产生了共鸣，只奇怪这么多年我们就从没谈过小时候的事。米景扬长我几岁，所以他对新中国成立前后的小人书情况比我清楚。“那时候，应该是1947—1950年，全国的小人书都是在上海出版印刷的。当时有几位作者，如：赵宏本、颜梅华、陈光义、钱笑呆……我最喜欢的是赵宏本、颜梅华。赵宏本也健在，他当时画的《七侠五义》非常好；颜梅华最后画的几本小人书，《铁师骑》《铁师镖》《夜闯青狼谷》等，达到了那时期的一个高度。我那时觉得他画的人物很真实，尤其是刀、枪画得很好。”“这点，我的看法与你一样。”“后来，我到上海出差，打听颜梅华，真找到他了。”“哦。”“我看了他创作的国画，画得真好，不但人物，他的山水、花鸟都画得好。我就跟他商量，今后他的作品荣宝斋包销。颜先生很高兴，我和他就算有缘。这位老先生好得不得了，他对我们的协议遵守得很严谨。他对所有私下打算买他画的人都说，你们要买画去荣宝斋买。他前一个时期画的扬州八家、风尘三侠、三国人物画十分传神。颜先生用了四年时间画了一个人物长卷《一百〇八将》，现被日本人收藏。”

我和米景扬一样，也是因先前看过颜先生的小人书，对他产生了兴趣，而后又找到了他。米先生与颜先生结成了友好的伙伴关系，而我则只要证实一件事，即当年的梅华就是颜梅华。

想找到颜先生，其实是一种怀旧情结使然，想解开那个儿时在心中打下的结。提到小时候，就不能不想到看小人书的情景，而提到小人书，就会想起梅华这个名字。这个名字是一个符号，是遥远的神秘的谜。有一天，有一件事，勾起了我的怀旧心情。那是几年前，我看到一本拍卖公司的画册，其中有一幅人物画，画中人是顶盔贯甲、罩袍束带的赳赳武将，跨在一匹骏马之上，此画作者署名颜梅华，我立刻意识到这位颜梅华就是昔日我看过的武侠小人书署名的作者梅华。尽管星移斗转，颜先生如今的作品已具大家风范，不是原来那墨线勾出的小人书中的武侠形象。由于我过去太喜欢他的人物画，我曾认真临摹过。所以我发现，如今的作品中有与原来小人书笔墨的亲缘关系。这里面的缘故很难与外人言说，自己动手画过画的人就都会对别人的绘画看出点门道。我当时曾问过，这位颜先生可还安好，有人告诉我，这是上海的一位画家，经常会有佳作问世。我虽然默默认为颜先生应是当年小人书的作者梅华，但也不敢断定。我一直想探询一下，让我有个实证，有个几十年悬念的圆满答案。

就在我给米景扬打电话之前，我也向范曾打听过颜先生的艺术活动。范曾很郑重地对我讲："大凡名家，十之有九忌讳别人说他早期曾画过连环画。其实画连环画有什么不好，鲁迅先生讲过连环画创作中可以出大家。我在希斯廷教堂看过米开朗基罗的壁画，那就是宗教题材的连环画。"是的，他提到希斯廷教堂，使我想起米开朗基罗仰面朝天夜以继日创作的故事。据说为了完成穹顶的辉煌画像，他的脚都在皮鞋中沤烂了。欧洲中世纪统治人们思想的教会，却培养与造就了文艺复兴的奇才，达·芬奇、拉斐尔、米开朗基罗，欧洲文艺复兴三杰。他们的共同特性就是叛逆，敢于把神坛、圣像的绘画创作赋予人性。

有了这个过程，我才拨通了颜先生的电话。

颜梅华先生画武侠小人书，我曾爱看武侠小人书，是他醉心的读者，两个处于天南地北的人，一个创作，一个欣赏，但却有着一种牵连，也有着共性。我们不仅未曾走火入魔，而且以后事业有成。颜先生如今是一位中国人物画艺术家，我是中央电视台主持人。当年就是当年，日后就是日后，当年并没有中毒，倒是有了抵抗力和辨别力。

颜先生说，新中国成立后，他停止了画武侠，开始画了不少革命题材的作品如《卓娅和舒拉的故事》，等等。我告诉他，我也是从那以后开始看新的题材，新的人物，新的小人书，受到了全新的熏陶。欣逢盛世正当成长懂事的关键时刻，一批有意义有理想有品位的艺术精品出现了。我赶上了，幸何如之。在1951年以后也就是我看小人书度过的“六一”儿童节之后，各家小人书铺书架上的武侠小人书逐渐销声匿迹，有的是因破旧而淘汰，有的被新内容的新小人书所取代。旧式的武侠小人书寿终正寝，而这段历史因年深日久也就几乎无迹可寻。因为我问过颜先生，当年的作品或是画稿或是成品书，您手头有没有留下一些。颜先生说：“没有，一点儿都没有。”尽管可以理解，但我实在有点惋惜。虽说这些小人书的内容有一定的糟粕，大部分的绘画也算不得艺术创作，但作为一段文化历史的见证，灰飞烟灭，无迹可寻，着实可惜。“连环画可以出大家。”连环画也可以使名家受益。据说许多电影导演从连环画中受到启发，激发了创作的灵感。电影讲究蒙太奇艺术，蒙太奇法语的意思就是组合、组接，是一幅幅动感的画面组接，电影就是逼真的人物、景物构成的动起来的“连环画”。

小孩子识字不多，看连环画可以懂得故事内容，大人也爱看小人书，见仁见智，从中都有所收获。据原来新闻电影制片厂一位老记者讲，他看见毛主席有时也看小人书，贺龙同志爱看小人书，也是很多人知道的。因此，不独“连环画可以出大家”，大名家也看连环画，连领袖都爱看连环画。

当书店里不再有武侠小人书时，也是我认字儿较多、希望看点字儿书的时候，我去小人书铺的次数明显减少了。1951年以后，前苏联卫国战争题材的小人书，中国抗日战争、解放战争时期的小人书，多了起来，童话题材的以及中国古典名著的小人书也兴旺起来。

我是先看《西游记》《水浒传》《三国演义》《红楼梦》《镜花缘》《聊斋志异》等题材的小人书，然后读了原著。这其实有极大的好处。我脑海中先有了孙悟空、猪八戒、唐僧、牛魔王的绘画形象，而且不止出自一位作者之手，所以有了多个侧面、多种角度、多种风格所集中体现的大同小异的人物具象。然后在小学五、六年级试着翻看原著时，虽然有太多不认识的字儿，但好像容易入门，觉得字里行间就闪现着孙大圣、猪八戒等形象，至少读起原著来眼前就不断有着具体的画面，如火焰山、高老庄、人参果、蟠桃会、白龙马、水帘洞……读其他原著时，每出现一位人物，在书中是白纸黑字儿，可是在我眼前却是鲜活的画面。有人物，有山水，有亭台楼阁，有大场景的两军厮杀，有小规模的话锋相辩，有鸿门宴，有舌战群儒，有草船借箭，有七星坛，有虎牢关，有长坂坡，有猛张飞，有黑李逵，有武松打虎，有浔阳楼宋江题诗，有林冲夜奔，有十字坡黑店，有一丈青，有母大虫，有浪里白条，有鼓上蚤，有柳湘莲，有尤三姐，有袭人，有贾宝玉、林黛玉、薛宝钗、史湘云，有晴雯，有凤姐，有怡红院，有潇湘馆，有刘姥姥进大观园，有“寒塘渡鹤影，冷月葬花魂”，有“情切切良宵花解语，意绵绵静日玉生香”……

我借助小人书给我的活生生的画面，去核对，去印证，去探索，去发现，去充实，再去想象，终于使我明白了任何小人书人物、景物的造型、造像，都不及我头脑中的想象更光怪陆离，更千姿百态，更无穷无尽，更津津有味。同时，我在小人书铺、新华书店和图书馆的读书与在学校课堂上的学习并行不悖，课外书籍充实着我的精神世界，使我无比向往它们所展现的万千景象，并使我终身受益。

我离开学生时代前的最后一幕发生在国子监首都图书馆。1959年冬天的一个下午，我正坐在静静的阅览室中，津津有味地阅读一本小说。这时，有一位同班同学急匆匆找到了我，他说：“电视台来人啦，叫你快去！”我站了起来，像往常一样还了书，走出门，哪知这是我最后一次在这里看书，以后再没机会旧地重游。我从静悄悄与世无争的精神憩园里，走上了充满喧嚣、充满欢笑、充满烦恼、充满挑战、充满机遇的一个新天地。拎着我的一只旧皮箱，迈着胆怯的步伐，脑子里装着高中以前课堂上学的那点儿可怜的知识，当然，也在心中装着从武侠小人书、连环画、童话故事、神话传说、中国古典小说、现代小说和俄国、法国、英国等外国小说中获得的种种教益，跨进了一个刚满18岁的青年不该这么早进来的——20世纪电子媒体中注定要发展为最神奇、最浪漫、最时髦、最宏伟的中国中央电视台（当时叫北京电视台。当时，乃至很长时间，它并不起眼）。

路是新的，生活的格局也从此完全改变，但有一点始终不变，那就是我一直在读书，一直深深地爱着书。

中篇
荧屏内外：半世峥嵘路，满园璀璨花
ZHONG PIAN

初到电视台：回眸恍若一梦中
第一次出镜：央视第二个播音员的处女秀
一字之师华罗庚：教我学习运筹学
干校和插队：那也是我生命中的一段时光
忆西南：相聚是缘，缘尽于此，情却永存
央视 20 年：昨夜星辰昨夜风
我与《动物世界》的缘：赞美大自然的生灵
从播音员到主持人的转轨：柳暗花明又一村
义气与职称：解铃“不”须系铃人
道是无情却有情：我与《正大综艺》
蓝天雄鹰
《岁月》情怀上：《岁月随想》出版往事
《岁月》情怀下：《岁月情缘》出版往事
带伤主持《我们万众一心》大型赈灾义演晚会
汶川地震后随央视心连心艺术团奔赴灾区慰问
北京奥运随想录：环球盛赞开幕式，百年奥运梦成真

初到电视台：回眸恍若一梦中

当我提笔撰写中国电视50周年纪念文章之时[①]，北京天安门广场正隆重举行“迎奥运圣火暨火炬接力启动仪式”。

是电视让我亲临现场般地领略到欢腾的情境和深深感受了这激动人心的时刻。

今天（2008年4月1日）距2008年北京奥运会开幕还有130天，距中国电视暨中央电视台正式开播50周年还有150天。

如果在50年前，有人宣称，2008年奥运会将在北京举行，您如果不能亲临现场观看，将可以通过覆盖全球的电视转播目睹这一体育盛典的开幕式和各国健儿在中国各赛场的竞技时的精彩瞬间。

“这是梦话！”50年前甚至我们做梦也梦不到今日的现实。

但，这就是众所周知的事实。为了这一天，我们梦想了100年，奋斗了50年。

我们称今日的盛世，是我们的百年梦想。

---

① 本文写于2008年4月1日。

适想当年

在中国电视创建40周年、45周年之际，都有不少记者问我："和今天的巨大发展对照，当年的电视是否很（简陋、落后、土）？"括号中的词汇是我概括罗列的，不论他们的问话如何委婉，意思大抵如此这般。

我也不止一次，此刻再大声地强调回答："不！"正好相反，今天的电视再辉煌、再强势、再令人赏心悦目，这只是不断发展和进步的体现。而当年，中国电视的出现那是石破天惊，那是奇迹发生，那是之后永远不可能比拟的今古奇观。

"海客谈瀛洲，烟涛微茫信难求。"

"半壁见海日，空中闻天鸡。"

"洞天石扉，訇然中开。"

一千三百年前的"诗仙"李白，在《梦游天姥吟留别》中，以天马行空般的诗句抒发的浪漫奇思，也不足与电视横空出世相提并论。更何况李白的诗句是梦境，而中国电视的出现是如梦般的现实。

20世纪人类在科技领域取得了长足的进步，生活在大千世界、茫茫人世中的平民百姓，能用上电话和在家中听上广播，已经夫复何求了。可是到了20世纪30年代，广播中说话的，唱歌的，演戏的人儿，活脱脱地出现在人们眼前，这是童话中才有的经历。

闻所未闻，见所未见的光怪陆离的景观环境、风土人情、飞禽走兽、百态人生和心仪已久的心中偶像、领袖、将军、诗人、哲人、科学家、文体明星，竟会活生生地在你的家中，在你的眼前出现。据说第一次在影院放映的影片中，出现了人的局部特写镜头时，把在场观众吓得惊呼四散。幸亏20世纪的人们有了科学理念和科技进步的预期，电视的出现才没把人吓着，反而使人更期盼，而且口味要求更多更高，且众口难调了。

1936年，电视在英国开播。直到1957年，在北京举办的日本工业展览会上，国人吃惊地看到了电视机和电视画面，不少人转到电视机后面看看有什么魔法与暗道机关。毛主席也参观了展览并指示："我们要赶在亚洲前列有电视。”1958 年，中国电视就出现了。不论现今乃至未来电视发展得多么精密，多么清晰，多么灿烂，多么普及，那也只是锦上添花，让人有本该如此、不过如此的感受，却再不可能出现那梦幻般的欣喜称奇了。

京剧《玉堂春》有三堂会审一折，王金龙审自己落难时的红颜知己苏三，两位陪审与王大人有几句抢白对话。他们说：“将今比古比不得！”王大人说：“比得。”关键是从哪个角度看，人类在进步，世界在发展，我们的电视事业一定会日新月异。我们更伟大的任务不是让人啧啧称奇，而是通过看电视能在一定程度上，促成我们的人民我们的社会，更文明、更团结、更和谐、更充盈幸福感。

当年的价值是今日发展的回照，今日的发展是无愧于当年的进步。电视的突飞猛进，引发人们探寻它起步的状况，如果是小杂货铺买卖再好，也永远不值得大众庆贺它的开张纪念日。

再说当初

古罗马哲人西塞罗这样说过：“不知道自己出生前的事情，我们就永远停滞于孩童阶段，假使没有历史记载，我们的生活不能与祖先的生活融而为一，人生有何价值可言。”

1958 年，北京的电视屏幕上曾播出了一部电视剧《一口菜饼子》，这是在演播室现场直播的只有一个小时左右的中国的第一部电视剧。我也没看过这次播出，因为我那时还没到台里工作，而不在台里工作就不能看到电视，那时电视还没进入寻常百姓家。但我看过剧照，我知道那是胡旭与梅村导演的作品，剧照中的主角之一是孙佩云扮演的。

1973 年，正值“文革”，一天我们的一位领导召集会议，宣布由他领导，争取尽快创作并播出中国第一部电视剧。不知历史的人热情洋溢，知情人一头雾水不明白他要干什么？我则和当年亲自值机播出《一口菜饼子》的同事，交换了一下眼神，我们只能苦笑。那个年月我们不便多言。不过也没见他搞出什么电视剧。此类事情其实以后也不是不再出现了。不知道自己从事的工作的历史，也不想知道别人的成绩，不仅会闹笑话也肯定不能大有作为。

再说当初吧。

1958年9月2日晚7点，只有北京地区才能看到的电视屏幕上，出现了一位端庄、美丽的女播音员，她亲切地向观众问候，并预告了那天的节目。我们今天仅能看到她出镜时背景有确切日期的一幅黑白照片，她就是中国电视的第一位播音员沈力。她十分幸运地与中国电视史的发端永远连为一体，她是不可被遗忘的一个时代的符号。

据沈力对我讲，那张照片不是当天的记录，而是不久之后补拍的，那时还不可能电脑合成，但补拍的照片补上的是真实的事情，记载的是当时的状况。尽管当年沈力在荧屏上的图像与声音，只可能在北京城内有限地区的几十台黑白电视机前被寥寥无几的人看到。那几乎是一个默默无闻的瞬间，那是寂寞的辉煌，但历史已把这一瞬间牢牢锁定，使这一时刻随着日后的宏伟发展辉映得越发重要与神圣。万丈高楼平地起，树高百尺不忘根。

1958年9月2日，那个夜晚，在中国荧屏上出现的光与亮是一把圣火。“星星之火，可以燎原”不仅仅体现在中国革命的大局上，也体现在组成全局的各个领域中，一代又一代的后来人必定会把这个神圣时刻当作永远的荣耀。

这次开播意义非比寻常，首先轰动了中央领导层，除毛主席外，大部分第一代党政军领导人都先后来电视台视察，既给早期电视工作者带来关怀、鼓舞、问候，也指示工作，解决问题。周恩来总理多次来到台里，当他听梅益局长说电视台还缺播音员，就指示彭真市长，在北京应届高中毕业生中选拔。主管台里人事工作的郑薇曾告知我，是她和李宜等老同志写的报告，周总理亲自批示，在北京一百多所中学里挑选播音员，我就是在这次被选中来台里的，那是近五十年前的事了。中央领导频频来台里，也说明，他们对这一代表高科技的领域也怀有巨大兴趣，这是当年最领先、最前沿、最时尚、最神奇的新兴的宣传阵地。没有比它再高级的领域了。1958年电视虽刚萌生，但注定它是高科技的象征，无与伦比。

因为科学技术进步到这一前所未有的阶段，因为中国人民在中国共产党

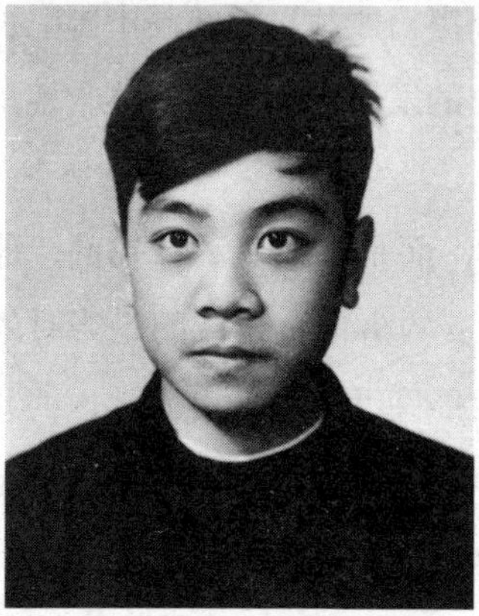
1960年2月在周恩来总理批示下，中央电视台在全北京高中应届毕业生中选拔播音员，我成为唯一当选人，也成为中国第一位电视男播音员

在电视台门前

参加工作之后

的领导下，取得了超越前人的生产建设成就和物质成果。

因为有了财力、人力和能力，才在电视发明的二十年后，中国也有了电视，记住1958年吧。又过了几年，中国拥有了原子弹。尽管那时的生活比不上今天，但那时的神圣、神奇与荣耀和自豪感经常冲击着我们那代人的心。

话说，毛主席没来过电视台，但他一定十分爱看电视，因为在1964年，毛主席写了几幅题字挑了一幅派人送到广播局，是五个神采飞扬的大字“北京电视台”。

又因为毛主席在湖南小住时，喜欢看京剧，电视台专门为他录制一些传统剧目，当然引进了更先进的设备，促成中国彩色电视的诞生。而央视现今的大楼至今仍叫彩电中心。这是一个昵称。

据说，毛主席为央视题写台名前，还有一位大才子兼书法家郭沫若，郭老。在电视台东门口，踱步端详，然后郭老对传达室老张说：“我给你们题个台名吧。”老大爷告诉我这件事时，我问他报告领导了吗？他说：“他要写会送来的。”后来，毛主席派人送来了台名题字，一直用到1978年，因为后来我们改了台名叫中央电视台。

往事点滴在心头

写本文时我迟疑再三，因为若干年来多次“话说从头”，就那些事，说了若干遍，再写就重复了，没新意了。可是作为一名老兵，往事是我亲历的，一件件史实我愿意，也有义务再写下去，哪怕重复。

先说我上电视的开头吧。

一个离这个圈子“千里之外，芥豆之微”的一名永远不可能，也不曾指望有什么特殊经历的普通中学生，做梦也没想到会来电视台。如今，不少孩子向往做电视人，做记者，做导演，做主持人，我那时却是“非不为也，乃不能也”。因为这一代孩子是看着电视长大的。我那时，是仅在大学俄语课本里读过电视这个词。我在中学时喜欢外语课，就找来大学俄语课本翻着，看看。书中还有插图，但我那时从没看过真的电视。

是机遇落在我身上，周总理批示在1960届毕业的中学生里挑电视播音员，我恰在其中，使我有了与电视一世结缘的机会。这前前后后我就不再赘述了。

总之，我从一所普通中学的旧瓦房，睡大通铺的环境中，一下子进入了广播大楼，这是当年北京最富丽堂皇的大厦之一。

如今再怪异的大楼也不会令人瞠目结舌了，但当年以人民大会堂为标志的北京十大建筑，令北京人、中国人引以为荣到如今。我一个中学生到了电视台，并立刻被委以至今都难以思议的重任，直播新闻和各类节目，就在1960年我18岁这一年被派去直播国庆庆典。这一系列工作，今天回忆起来也如梦如幻，但我一件件经历了、做过了，并且奇迹般地完成，没出差错，不然，不会被派去转播国庆游行实况。要是那时工作上出个大差错，或有大闪失，我不可能干到今天，干上48[①]年。

那段我开始工作的时光，可以和童话小说《爱丽丝漫游奇境记》相比。云里、雾里、故事里。那一时期所有的新闻大小事件，领导都放手让一个18岁的孩子参与直播。

我19岁那一年，一天台领导孟启予叫我到她办公室。她说："你去车队找王师傅，他在等你，送你去新影录个片子。"我问："什么片子？"她说："到那儿你就知道了。"

中央台那时不能做光学声片，所以只能靠新影做。我台第一条光学声片，即有声片《新兴力量运动会》是我和刘杏圃、宋玉珊录了两天两夜才做成的。话说那天，我到了新影录音棚，才知道是录周总理回答英国记者格林的一个片子。我为英语提问补上中文旁白，这是中国领导人向世界宣告国内外政策的长篇讲话，《人民日报》、新华社同时发了全文。片子播出之后，一位老同事私下对我说："那个外国记者的配音，你播得太正了。"我明白，他希望我把那个外国记者当成反派人物。我没有表态，我理解那个时代很多人对长期敌视与封锁

① 即1960–2008年。

我们的西方，没有好感，但我是根据周总理的风范与态度来完成我这部分的问话语气。我在那前后的很多工作中，是以自己的审时度势来完成播音工作，不可能都有人在一旁具体指导。

除了新闻，我那时什么节目都上。我在《电视台的客人》栏目中访谈胡朋，她是在电影《槐树庄》中有出色表演的艺术家。然而电视与电影还是不尽相同，在电影中她塑造的形象十分贴切，表演挥洒自如，而在电视节目中，不知为什么局促不安，十分紧张，汗也出来了。我才上节目没多久，自顾不暇，也好不了多少，一点招儿都没有。那是直播时代，中央电视台每一句话，每一个镜头都是直播，不可能修补。节目播出后不久，周总理打来电话，说我们把一位老艺术家弄得如此紧张不太好。当时，我比胡朋还要紧张。以后一系列的访谈，请时传祥、王进喜、陈永贵，外交战线的模范王唯真，心脏病专家黄宛，大数学家华罗庚等著名人物与观众见面，我都手握问题纸条，想着我那几句词，千万别错。至于他（她）们都讲了什么，无从顾及，可能也根本听不明白。如今回想起来，我都自责，台里怎么会用我这样的不谙事理的年轻人干这么重要的事。当年要有王志、白岩松这样的人才，怎么也轮不上我。

我是拿节目练出来的，幸好那时的观众又少又不挑剔，他们一直容忍我一天天、一年年地成长起来。

后来，我总算有进步了。我有幸在中国电视创办早期，播出过所有形式的节目，从体育解说，到给少儿讲故事。从文艺节目串联，到采访各界名人，那时人手少，所以责无旁贷什么都上。时代给了我压力，也给了我机遇。

我也有特长，就是直播稿件不出错。我给当时与我们友好的使节念同步翻译稿历次都在直播中准确无误，长短恰好。一次，前苏联驻华大使契尔沃年科到台里做电视讲话，我当“翻译”，把稿子翻成中文，我来给他播伴音，招呼几句俄语绝无问题。我中学时是俄语课代表，曾代表学校做俄语发言，契大使称赞我俄语很好。直到1999年，我随“为中国喝彩”演出团到莫斯科，在克里姆林宫大剧院舞台上，由孔祥东钢琴伴奏，我用俄语朗诵莱蒙托夫的诗《帆》博得喝彩，圆了我青年时的梦。

据我所知，许多大画家都不愿意自己早年的作品流传于世，甚至有个别人不愿承认那是自己的手笔。我十分理解这种心态，幸亏我早年的播出都是直播过耳过目不留，也不大听到有人提起。我们央视早期，十余年内，节目覆盖范围，基本出不了北京城。直到1962年全国仅有黑白电视机八千台，父老乡亲、平民百姓买上9英寸黑白电视机时代是在20世纪70年代。

我随着电视发展成长，随着电视机的普及而逐渐成熟。回首以往，我怀着深深感恩的心态，感谢时代给我的机遇，感谢央视呵护我的成长。

经过“十年动乱”，到了20世纪70年代后期，我已渐入中年而且经过一番锤炼，对各种形式的节目，逐渐得心应手，日臻成熟，以久经磨炼的心态和游刃有余的功力，即任何形式的急稿直播都未出过差错，迎来了中国电视的大发展。随着中国电视的普及，众多观众认识了我，继而接受了我。我永远怀着感激不尽和诚惶诚恐的心境兢兢业业一步一步走向前。

忘不了的誓言

“盛世办灯会”，1986年春节期间，我采访四川自贡灯会，感受到这盛世的含义。

盛世不但办灯会，盛世的电视也开始欣欣向荣。1936年，英国开播电视，那时，中国正面临内忧外患，民不聊生，别说看电视，只怕连听都没听到过这件事。

当年欧洲被“二战”战火摧残，英国虽然从未沦陷，但战争使电视停播。直到1945年二战胜利结束之后，英国电视才恢复播出。据说，停播时是女声独唱，4年后那位女士再展歌喉，用同一首歌接上了4年的时空断档。

我们国家，在具备了一定物质条件时才创办电视，但遇上两件事。一是三年困难时期，电视无从发展，但坚持播好是当年我们那一代电视工作者的誓言，那奋力拼搏精神使我回想起来仍然激动不已；二是“文革”中，我们也停播了一段时间，如果不停播，电视播什么节目？还有什么节目让播？

1972年，尼克松访华时，美国人在同一时间通过卫星直播，看到他们总统的一举一动。而我那时在河南干校喂猪种地，方圆百里没有电视，说方圆百里那是含蓄。

1976年“文革”结束。1979年1月，中美建交之际，邓小平率中国政府代表团访美，我作为随行记者，同样站在华盛顿街头，同样通过卫星转播，同样让中国人民同时看到邓小平同志的访美行程。

这难道不是梦吗？万幸的是我在有为之年赶上了这盛世的降临。

第一次出镜：央视第二个播音员的处女秀

我是央视第二个播音员，第一位是众人皆知的沈力大姐。

网坛名宿贝克尔十多年前说过这样一句话：“除了第一之外，从第二名到第一百名都一样。”他所谓都一样，我理解为都是失败者云。当然，他特指体坛竞技项目而言，我们和他所在的领域文武有别，“武无第二，而文无第一”。何况我们又不同场竞技，所以我这个第二和现今乃至将来的若干人等，不能称失败者，却都是后来者。

后来者可以居上，但位居开台元老之尊的沈力大姐却无人可超越，毫无疑问她已进入中国电视史的开篇一章。这一章中，没有我们这一行中谁的名字都无关宏旨，但不能没有沈力的芳名。历史告诉我们，没有发端的辉煌，就没有后来的灿烂，如今央视宏大的气势和夺目的荣光，使任何人都会对50年前那中国电视开播的星星之火刮目相看。

读者诸君一定不耐烦了：说说你第一次出镜的事吧。容我敬告诸位，三言两语把故事的底露了，就不成文章了。马三立先生要是一上台就把包袱抖了，那立马就得鞠躬下台，所以请您听我细说端详。

要说头一回出镜还得先从那天到台里说起。1960年2月12日，我刚满18岁，就以一名高中尚未读满的小小学子身份，心怀大志且又诚惶诚恐地报了到，成为央视第七十八位正式员工和继沈力之后的第二位播音员。在走进广播大楼之前，我没看过电视。报到的那一天，央视开播已一年零五个月。央视50年庆典之际，我仍然差一年零五个月来纪念自己从业50年。这是我和沈大姐来台先后永远无法靠近的历史瞬间，所以我是第二，第二个央视播音员。

那时央视被称为广播局的电视部，蜗居在广播大楼东翼四层楼上，拥有十多间办公室和一间一百平方米左右的演播厅。

一栋三层地上和一层地下的新楼，在广播大楼以南偏东的后院拔地而起，即将竣工。那就是我们1960年的新台址。

中央电视台的老员工在这个台址内勤勉奉献，台前幕后演绎出了多姿多彩的“戏剧”，度过了25年激情四溢的宝贵时光。

此前我受命从2月16日到4月18日在中央人民广播电台实习。其间，在齐越、费寄平、夏青等前辈的教导下，直播过几次头头尾尾的小稿件。当我正跃跃欲试地期待播像样一些的节目，却接到回台的调令，并于4月22日，接受了一个神圣使命。

1960年4月22日，对我个人而言是一次挥之不去的记忆坐标点。

那一天，新台启用，沈力大姐在新台演播室播报稿件，我被指派在四楼老台演播间做“备份”。万一新台发生技术和电路上的故障，就切回老台图像，我就顶上去。

灯光照着我，镜头对着我，我也有一份与沈力大姐一模一样的稿件。当时台里立下规矩，除新闻外，再长的稿件，也要背下来脱稿上镜。1999年，我在莫斯科克里姆林宫大剧院与俄罗斯一位资深女主持人同台主持《为中国喝彩》时，发现并了解到，人家不管什么晚会一律拿个夹子上台照本宣科。我想要是从1960年起我也照他们那样播出，得少受多少累呀。但我无怨无悔，我为我们对工作的认真、投入深感欣慰。

话说1960年4月22日那天晚上，虽然站在镜头前，但我丝毫不慌，没事人一样，和其他值班人员彼此心照不宣——根本不会用上我们。晚7点整，开始曲奏响，标志放出，随后沈力大姐出现在屏幕上，那年她应该是25岁，她的屏幕形象端庄大气并充盈着亲和力。

我看得很专注，“可是忽然间”，读过契诃夫小说《小公务员之死》的读者，一定记得小说中时常会出现的“可是忽然间”。而1960年4月22日晚上晚7点出现的“可是忽然间”，并不是小说情节而是真事，只见荧屏上一阵雪片纷飞，黑白道乱滚，沈力的图像消失了。哎呀，我吃了一惊，继而又吃一惊，咦，谁这么讨厌挡在画面上，还侧着头不知干什么呢。大约不到两秒我终于如梦初醒，发现并确认那个人不是别人，而正是我本人。从出生到18岁，我从没看见过自己侧面是什么样，那年月好容易照回相，没人会花钱照侧面的。

我立刻转向镜头，做播出状，并学沈力大姐的样子开口：“各位观众……”但忽然间摄像机上的红灯熄灭了。沈大姐在荧屏上又出现了，正笑容可掬地播讲，一切又归于平静与正常，仿佛什么也没发生过。可我上了电视这事儿，却真真切切地发生了。把我的图像就这么快地切上荧屏，来得突然去得迅速，就露了那么一小会儿，还是侧脸。这就是我的第一次出镜。

事隔多年，从那以后出过多少次镜记不清了。对于常态性的工作，缺少记录，其实是个不小的损失，包括许多重要的经历，也如云烟般地淡忘了。唯独1960年4月22日那次的出镜几乎每一个细节都铭刻在心，历历如昨。那一年，那一天我记住三件大事：第一，新台启用；第二，从稿件中我记住那天是列宁诞辰日；第三，或许只有我记得，我在不经意间上了电视。

1960年全国大约有黑白电子管电视机八千台，估计北京地区那天那个时间可能看到那天节目的观众不会超过一万人，而看到那个瞬间的观众最多两三千人。至于把那个闪失当回事，记住有个出了三四秒钟侧影的人，四十多年来没遇到过一位。但，我终生不会忘记那个惊慌的抑或美妙的瞬间。从那之后，我已牢牢记住，只要在开启机器的镜头前，就要时刻保持演播状态。一旦误播出去，即使错不在己，而你不在状态，或有失态的情况，如今会有几千万观众看在眼里，平时千日的美好可能就会被这一瞬间的出乖所破坏。每念及此，几乎发背沾衣。

一字之师华罗庚：教我学习运筹学

1961年秋末冬初，地点原北京电视台（中央电视台前身）大演播厅。

我当时19岁，刚参加工作一年。在《电视台的客人》这个采访节目中，我与享誉世界的数学家华罗庚一起交谈。对于我来说，刚出中学校门，就能和我的同辈人“闻名丧胆”，佩服得五体投地的大师坐在一块，这可是几辈子修来的福。我当然连称华罗庚为老师都不配，因为人家的学生起码也差不多是个副教授。我在中学时，数学成绩并不好，所以，我与他坐在一起，说不出是什么滋味。

离播出还有二十多分钟，我已和华老坐在一起促膝交谈了。那是原来最大的演播室，我们所坐的位置是一进演播厅北门，靠北侧的景区，一张茶几，两个沙发，基本是坐北向南，两台座式摄像机对着我们，一个大炮筒似的话筒悬在我们头上。我那时听说有个“运筹学”的名词，但到底是怎么回事，我真是一点都不明白，只知道“运筹帷幄之中，决胜千里之外”这句成话。于是，我恭敬地请教华罗庚先生。

华老，头发已然花白，戴着一副眼镜，穿一身灰色中山装，和蔼可亲。

他开始对我这样一个无名小辈谈深奥的道理了。我想，也可能他谈的内容我一句都听不懂，如果再加上一连串的外文概念，那我就算听过一回“天书”，日后也好向我的同学们吹吹牛，听不懂也是一种资本。华老说：“我给你打个比方，一辆装满货物的卡车，从东单出发，向西进发，到了西单，把货物卸下来。这辆卡车空着车厢往回开，到了东单装上货又往西单送货。这样从东单到西单它是拉货了。”对此，我没有什么不明白的。我还插了一句话，说那是有用功。华老问我：“空车从西单往东单开的这段路程，不是有点可惜吗？假如我们事先安排好工作，让这辆卡车从西单回来也装运物资，或者干点有用的事，这就充分运用了来回两段路程，而且并没有耽误原来的运输计划，这就叫运筹学。”我从来没有听过数学老师这么讲故事似的教我数学概念，我听了一遍，记了一生。

我那时是个极不称职的播音员，非正式谈话，我全部记下了。可是在正式采访中，华老谈了什么，我当时几乎没听见。因为我手中拿了一页编辑写好的采访提纲，趁我的采访对象讲话时，我反复背诵下一个提问的内容，因为那时台里要求播音员要准确无误地照着写好的问题发问。我问的问题很短，但是我比主讲人还紧张。有时抬头似乎与对方交流，装成在听人家讲话的样子，其实，心里还在默念着台词，同时也随时提心吊胆地怕人家已经讲完了这段话，我还没来得及准备提问，出现冷场。因为那时候，中国还没有录像机，任何一种节目都是直播。我在直播中，往往比我的“客人”还紧张。幸喜我在这次采访之前，听明白了一个道理，遗憾的是，华老长篇的讲话，我一个字也没记住。

演播完毕，华老站了起来，亲切地拉了一下我的手说：“我必须立刻离开，周总理在大会堂等我。”我送走了他。当时，没想什么，我就准备下面要开始的节目去了。

华老给我举的这个例子，我想忘也不可能了。我之所以牢记终生，是因为这个例子在我脑中已幻化出各式各样东西南北奔跑的空载、满载的卡车。我老在想，如何不使自己一生中的部分时光单纯空载，在完成一件事的过程中浪费了可能完成其他事情的时间，错过在完成既定任务过程中可能顺便完成的其他工作，学会一心二用，一心多用。当然，我绝不是“一心以为鸿鹄将至”，而错过了专心致志学习和工作的机会。

我不知道，我这一生已按照华老教我的运筹学方法获得了多少好处，我会在运动时背着台词；会在背台词时练练身体；会在和任何采访对象谈既定的节目内容时，顺便从他们那里请教我正在一直思考的一些问题；会在开会时，抽空出去工作；会在工作间隙中安排一个三分钟的电话采访，会在这三分钟采访中，再筹划一次将来的合作；然后再恰如其分，适时地在会议结束前回到座位上，犹如有的人出去方便一下似的。我也学会了再有多么重的工作压在身上，都不慌不忙，一件一件穿插完成，明白了“车到山前必有路”这个道理。我觉得，凡事都不能只在这一个阶段，这一个时间，产生排他性的思维定式。每小时、每一天、每一周、每一月、每一年，都不能一事在手，其他的事情全不理会。

现在，我再采访什么人，再直播什么节目，我都可以在完成台词的间隙中，考虑下一个节目的实施方案。除了运筹学之外，我也有一个原则，这就是该专心致志的，决不可心有旁骛。这就是俄国戏剧大师斯坦尼斯拉夫斯基体系中，一节最基本的功夫，使注意力集中。因此，我也在纷繁复杂的过程中，学会了老僧人入定般的凝重。在走上镜头前的一瞬，一心一意只想着第一句该说什么，决不再想第二句。因为第一、第二句话一块想，再考虑第五句话还有一个地方不熟，那这第一句话就可能出错。正如华老讲的运筹学的道理，来回都装货是运筹学，可是不能为了回程装货的安排，把第一次出发时要装的货给忘了，或装少了。运筹学的前提是保证完成各个环节的任务，如果不能做到这一点，那就伤其十指不如断其一指，一门心思做好一件事。

人的一生是短暂的，越到晚年越会珍惜时光，越会为自己在年轻时大把大把挥洒了时间而悔恨不已。但是一生之中，如果追求的目标太多，也会一事无成。多办成事固然好，但不能贪多嚼不烂。运筹学并不对一事无成者负责，只是教给我们更多更好地量化管理和给指挥者下决心的一个依据。我们不是指挥员，一生都在受别人指挥。但我们的头脑可以支配与指挥我们自己。一生的光阴，一生的学习，一生的劳作，一辈子的生活，功名利禄，妻儿老小，哪一样能放下呢？

运筹学的朴素原理早在我们民间谚语中有所体现，如“磨刀不误砍柴工”“搂草打兔子”“顺手牵羊”等。这第三句不应该理解为专为小偷准备的。“运筹帷幄之中，决胜千里之外”，古代军事家早已在实践了。

后来，我又请教了数学老师，得知运筹学产生于第二次世界大战期间。一个兵营的食堂门前，放着两盆水，一盆是混有洗涤剂的水，专供刷碗用；另一盆是清水，则专为刷完碗后涮碗用。每天战士为了洗碗要排大队，这在战时是很不利的现象。为此，军营请来了专家。这位专家经过观察估测，提出放三个刷碗盆，一个涮碗盆不变。从增置刷碗盆开始，排队现象消失。从此，世上就产生了运筹学，这么个小道理，还要请专家估算。这说明，生活中的许多道理，凡人有时的确解决不了。如果解决不当，会造成浪费，也许我会出个主意，增加到各 10 个盆，那就用不了，就是浪费。

任何实用的科学原理，本身就融在生活之中，不学运筹学的山野村夫，如我之辈，也不是不能找出点巧劲来，“省时省力多出功”。然而，学了科学道理，并依照道理有意识、有目的地去安排行动，就会更好，会事半功倍。

我这一生有幸接触了那么多的人。不论是直接与间接给我指点迷津，使我受到教诲，鼓舞斗志、唤起信心、抚平气愤、勾起情趣、燃起希望、引发向往、心满意足、知足常乐、奋起直追、不甘平庸、彬彬有礼、有理有节……都让我受益无穷。我感谢 CCTV 给我这样好的机会，感谢在电视屏幕内外这一生存空间所能结识、见识、结交、接触的形形色色的人。

其中，华老是我的一字之师，一句话之师，一个道理之师。华老已离开了我们，但我永远都不会忘掉从他身上受益终身的恩德。华老可能并不会知道，当年那个 19 岁的男孩子，会把他的一席话，用来指导一生。

干校和插队：那也是我生命中的一段时光

在我的一生中，如果不提曾在干校中的一年半时光，那不但会在生命过程中失去了一段记忆，留下了一段空白，而且会使干校以后的许多经历和人生的思考都失去一步重要的阶梯。在我1988年撰写《昨夜星辰昨夜风》时，本想在这篇回忆录式的文字中写上一笔干校的生活经历。可是，总觉得不好提笔。当时，也有一个顾虑，就是对这段大家都经过的历史怎么认识。在那以前，我记得曾有一位德高望重的前辈作家，写了一篇文章，文中有他回忆干校时的收获。这篇文章我好像看过，又好像没有看过，但清楚地记得一篇评议的文字，指责这位老人，昧着良心去歌颂一种苦难。也许我仅看过这篇文字连带引文吧。我是一个怕事的人，唯恐也会招来非议，于是我在自己的文章中，就少说为佳，一笔带过。

谈笑之中说干校

在随摄制组外出的路上，尤其在乘长途汽车途中，书不能读，文不能写，只有说说笑笑，度过一段旅程。

“秀才谈书，屠户谈猪。”我既读过书，也喂过猪，和我的同伴们有着差不多的人生经历，于是有几次，在途中谈起了干校生活。

在干校时，我主要是干农活，凡是去过干校的人没有不干点农田活儿的。这次话题是看到窗外田野间劳作的农民引发的，因为我们都曾这样劳作过，所以能体味此刻在赤日炎炎下于农田里做活是多么的辛苦。当年，我们在干校时，若都只是体力上的辛苦，那还罢了，还有的一层是心中时常涌动的委屈。而那时又偏偏有那么多知识分子特有的灵感，简直无从想象，这灵感出于何种心态。

当车窗外掠过田野中的一孔废弃的砖窑时，我忽然记起刚去干校的一句口号。我说，当时我们干校有一句很流行的口号，跟这砖窑有关，叫“高温高速炼红心”。怎么讲？是这样的，刚到干校首先搞基建，盖宿舍、盖厂房，自己烧砖，自己施工。谁说知识分子不行，盖的房子是整整齐齐，漂漂亮亮。当时施工任务紧，很多人都拼着命干。当一窑砖刚刚烧好，还没凉透，就钻进窑洞往外掏那还烫手的砖，接着又冒着窑内的高温往里码坯子，于是有人把这种干法总结成“高温高速炼红心”。人可以炼，心怎么炼法，就不得而知了。大家笑了，在笑声中有人说，知识分子的点子就是多，发明点口号，自己整自己。是的，当时并没有谁逼你这么干，自己乐意，还逼得别人也这么做，那年月人的思想有点失常。我想，这不过是为了表现能吃苦，自觉锻炼争取脱离苦海，早回城里，但也不应排除，有的人是真心拼命干，拿今天的话说是为了体现价值。但这也正如鲁迅所说的“连吃西瓜都不主张平平常常吃下去”，一定要别出心裁，有点花样。人家农民几辈子下田，汗珠掉下去摔八瓣儿，但从来没听过这么多漂亮的口号。

那会儿口号多了，“50 米不抬头，100 米不直腰”，这是割豆子时的口号。一长垄豆子，凭镰刀割，人低着头，猫着腰，50 米不能抬头，100 米不直腰歇口气儿，这简直不是干活，是玩命。同样，这并不是别人强加给我们的做法，这就是那些并不情愿到这儿干农活的人，提出的自己整自己的口号。提这口号的人，没见有一个人真的留在农村，他们最后一个个比谁都先回了城。但留下的人却被这不成文的条条框框所累，都非得那么干。

什么事只要提个头，总会有人不甘寂寞，争先恐后地提出一些更可爱的口号跟上。比如：“架子车精神，啃干馍精神，一盏灯精神。”当时，干校有汽车，有拖拉机，提出这些口号的人，他要较劲，要自己拉着架子车，当运输主力。几十里的路程，连男带女，都要这么拉着满满一车东西，吃力地走着，这叫“架子车精神”；如果外出，那就带着干粮、水壶、咸菜，有饭馆也不能进，这叫“啃干馍精神”；到了晚上，熄灯号响了，宿舍一片漆黑，这时，每个人床头都点上一盏小煤油灯，用空墨水瓶，捻个棉花捻儿，灌上煤油，亮起一点光，大家就着这点亮，读“毛著”，这就叫“一盏灯精神”。那阵儿，谁提出一个离奇的口号，都会有一种意想不到的效果，大家一哄而上。奇怪的是这种口号的发明者，却名不见经传，好像空穴来风找不到出处。现如今这位老兄自己在灯光通明的夜晚在干什么，不得而知了。

有一天晚上，我邻床的一位广播学院的老师，读书至深夜。我悄悄拉人一下示意，请把他正看着的一本包着皮儿的书递给我。出于信任，他递过来，我翻开一看是《诗的合璧》。我特别兴奋，当时上哪儿找这种书。于是我借来看了好多天，也想趁劳其筋骨时，增添点我喜欢的文化营养。有时候也派得上用场，譬如出黑板报时，可以写上一首打油诗。

打油诗

在干校时，劳动之余的一项文化活动就是写些干校诗歌。干校诗歌的特点就是口号歌，只要押韵就成，越火热，越装进点大话越好。恐怕前面提及的几个口号，也属于这种文化。

知识分子也是人，是人就能干最基本的体力活儿。而体力活，看上去累，乍一干受不了，可是越干越能干，而且不离开这个环境就越干越爱干。

我那时年轻力壮，还不到30岁，小时候爱运动，这时正是能吃苦出力的岁数。

到干校一段时间，我能扛180斤的麻包上跳板，一顿饭能吃五六个馒头。夏天，只穿一条短裤，肩上搭一条毛巾，头戴一顶草帽干什么像什么。

我觉得最舒服的时光就是当汗水一滴滴流淌，浑身发酸的时节。休息的哨子一响，我往草地上一躺，小风儿一吹，那个轻松与舒服劲儿别提了。

我有时真的想，在干校还不错，什么都不用操心了，也不用担心了，都到了这一步了，还怕什么。只要不想烦心的事儿，过得一样快活、自在。我不怕连长脸色，你不服咱们练练看，土里水里跟你比比。插秧、收麦、打场、扛麻包、锄地，哪一样都行。我也不怕别人给我穿什么小鞋了，已到了最基层，难不成还往下放，挖坑埋了。于是我真的不管他东西南北风，吃得饱，睡得好，不想烦心事儿。

干校周围的老乡，给我们编了个顺口溜。我至今仍怀疑这一定是干校里的人自己编的，拿老乡说事儿。其实也没什么有伤大雅的地方，顺口溜曰："穿得破，吃得好，一人一块大手表。"这就是干校学员的画像，这顺口溜和我们的打油诗一个样，顺口就来。

在干校第一年收麦子，夜里还到田里装麦草。我几乎都忘了有这么一段生活，幸好，我当时写了一首诗，发表在干校墙报上。当时干校要求每人都写，这是承载那个时代的生活与思维的打油诗。题目为《收麦草》，原文照录，以示我当时的真实抑或虚假的心境：

龙口夺粮日，干校人倍忙。
宁洒千滴汗，不丢一粒粮。
夜战七百六，战士斗志昂。
铁牛奔跑急，哨子嘀嘀响。
桑杈举麦草，五洲风雷装。
穿梭快如电，欢声笑语朗。
凉风拂双鬓，露浓湿衣裳。
天幕星眨眼，河汗照大荒。
清晨回营房，笑脸映朝阳。
霞染金黄浪，千里新麦香。

在浓浓夜色中，星天云滚，四野岑寂，几十个学员，散在760亩麦田中，叉草装车，挥汗如雨，此呼彼应，声震洪荒。我那时，曾想过，多少年后，绝无此良机，无此体验，无此幸会。人生就是这样，如果诉苦，那就可以说这是非人干的活和非人的待遇；如果把这事当成一件生趣盎然的事，确实是趣味无穷。我感到在田野里，人们彼此隔得那么远，而与天籁、与大地、与地里的庄稼却又离得那么近，感到神秘而兴奋，感到心胸开阔，感到在尘世间的你争我夺是那么的乏味。我愿贴近四野，独享那清风，那草香，那月的皎洁，星的诡谲，独自感受那只有我能感应到的田野的律动与心潮的震颤。

干校安个家

一个时代有一个时代的氛围，一个过程有一个过程的归宿。我去干校是不得已的事，可是在干校如何生活，如何使自己能适应这段异乎寻常的生活，并从中找到乐趣，则是另一回事。我想大家那时都一样，都在苦干苦熬中寻找宽慰自己的门道。我那时去干校与后期轮换制是不同的，早先去干校的很多人，似乎已注定扎根农村。

还好，我去干校时正值年富力强，因此，别人怎么想的我不知道。我觉得这很像是一座体育学校，吃饱了就练，出汗了往干校边的河里一钻，其乐自己知道。我那时年轻，我的妻子也年轻，恰好，我们先后一起到了干校。

我们刚到干校时，夫妻是分开的。不知道是谁出的这个馊主意，只有星期天我们才得空相聚。

后来，干校终于给了我们一个家属宿舍。

一间 10 平方米的小土房，只有两副床板，我们把两份行李凑在一块，就在干校安了家。当时，我们俩真的没有任何抱怨，觉得这样也行，一天到晚照样眉开眼笑。人就是奇怪，到了什么境况只要还有一口气，只要身体还健康，怎么也得活着。活着就得过日子，唉声叹气、愁眉苦脸是一辈子，高高兴兴、乐乐呵呵也是一辈子。

我们白天上班，各归连队下大田干农活。记得那还是个春寒料峭的时节，一天我们去营房的路上，我妻子说，反正他们一会儿也要到这儿来，自己就卷起裤管下了水田，上身还穿着棉衣。那时候，我们全不怵任何累活。

我们的家，除了一把暖壶外别的什么都没有。白天干完活从连队回来，手拎一壶开水，我们一起走回这间土房。

夏日夜晚，屋里太热，我们就拎个小马扎儿，坐在离住处不远的水塘旁，一人摇把芭蕉扇，不时拍打蚊子。我们的老副部长徐崇华同志，是我的邻居，晚上也往水塘边一坐。月光下，大家看着天上的云彩映在水中，看着萤火虫在野地里一明一灭，听着远处村落里偶尔传来的狗叫，乘凉闲坐，天南海北地闲聊。一阵凉风过后，泡桐树的叶片摇摇晃晃，投在脸上的影子斑斑点点。夜深了，大家回去休息。后来，回到北京，每次见到徐崇华同志就感到十分的亲切，真像一场梦一样。

我和妻子从营房回来，如果是一个满月的夜晚，我们会欣赏到现在人很难领略的美景。在一条林荫土道两旁，一望无际，那明亮的月光，给这一方方水田，涂上晕柔的银色，美得令人惊异。稻子散出阵阵清香，那一片蛙声远近相应相叠，真觉得寂静与喧腾，天光与水光，融成一片神话般的情景。这是我以后再也没有体会到的感觉。我知道，那片片水田如今还在，月色中仍是清辉无限，树荫应是更浓，蛙声依旧，只是有谁会在深夜中天天行走呢？我们就那样走了几个月，从一方方波光粼粼、可映星空的田野，到插上秧苗，到长成翠绿，到变得金黄，每天都过往于此时到生生灭灭的自然循环。

麦收之后，干校轮换学员，我的妻子先回去了。我们又把放在一起的铺盖分成两份，妻子给我留下了一些回城再也用不着的用品。两个人先回去一个，总强如两口子固守于此，因为，她先回城即是我日后回去的希望。当我们拆开两副床板，发现床下的土地上竟长出了几个蘑菇，这算不算好事多磨呢？没有难舍难分，一切依旧是自自然然。

她先回北京，我继续留在干校。

从家属区搬回营区，我独自一人住在河塘边的小屋，当了饲养员。

干校喂猪

我回到连队，没几天就被分配去喂猪。我已经学会了干大田里的所有的活计，可是从来没喂过猪。分配我去喂猪，我要在班上表个态。我们班是五连八班，这个番号我记得清清楚楚。是因为我们班有一位广东籍的女学员，她经常代表班上发言，她称呼五连八班是典型的广东味，五连八班经她之口就成了“五梁八邦”，我们就跟着这么称呼自己是“五梁八邦”战士。在班会上，我表了个态：

“感谢连队领导把这样一项极其艰巨和极为光荣的任务交给我干。在公社里，什么样的人才能当饲养员呢？同志们，只有苦大仇深的贫下中农，仅青松岭里的万山大叔那样的老贫农才能当。喂猪是我们连的机要工作，我再一次感谢领导对我的信任，同时也决心以养好猪、喂好猪的实际行动，报答领导的关怀！”

我发完言，大家都面无表情，只有两位女同志低着头偷偷笑。是的，这是讽刺。我离开播音岗位，下到干校，干完大田农活，又让我去喂猪，这本身就是讽刺。

不过，喂猪归属炊事班，我感到很亲切，因为从班长到每位成员都是老朋友，我们无话不谈。

我一个人喂了50头猪，从粉碎麦秸，制作发酵饲料，到给猪看病打针，我都会了。猪其实是很聪明的动物，其性贪吃。冬天，我一早就去挑水，营房黑洞洞的。我打破井水的冰壳，挑回来水，烧上柴草，煮上饲料，等我挑着热腾腾的饲料往猪圈走时，别人才刚刚起床。

我那时有使不完的劲，一根扁担挑四只稠乎乎的饲料桶，手中还提一只桶。走到猪圈旁，把五个桶放在五栏猪圈前。一窝一窝的大猪、小猪，都紧紧挤在一堆互相取暖，睡得正甜。但只要我面对着栅栏，把饲料往槽子里一倒，哗地一响，那些猪轰地一下，像是听到发令枪一样蹿起身来，冲到槽边，立刻呼噜呼噜大口吞着吃，真是好玩极了。我每天这个时候都会从心里笑出声来。来吧，伙计们，开饭喽。

每头猪从小到大，从瘦到肥，我一清二楚；每头猪的特点、脾气，我也掌握了。我手中有时拿一根荆条，一看到有的大猪霸槽，我就给它一鞭子，有饭大家吃，你为什么独占；有时我偏把这头不讲理的猪轰到一边，先让别的猪吃，一会儿它见我不注意，便又一头扎过去腾腾地吞了起来。猪虽然贪吃，却也挑食，如果槽子里放的饲料太多，吃不完，它就拱来拱去，干脆不吃了。所以第一次倒半槽食，然后用大勺子再一点一点给它们添。天凉有时饲料发酵得不透，没那股浓浓的酸酶的酒香气，猪不爱吃，我就预备一点精料如麦麸等掺进去，哄它们吃完。猪吃得越多，饲养员越开心。

等猪们吃饱了第一顿，我就洗洗手，换上干净衣服，去伙房吃早点了，连队战士们这时早已经吃完饭下田干活儿了。饲养员这一上午就图个清静，不过拉两车粉碎的麦草，回来装上缸，放上麦子，蒙好塑料薄膜，让它发酵。我抽空就看书，记点笔记。一位老同志来干校时，是全家“一锅端”。他带来一套《鲁迅全集》，我一本本借来看，前后读过两遍。这位伟大的文学家、思想家，在他所处的时代，遇到过种种人情世故。当看到一件件不平之事，他知道无懈可击的论战方法，以老到和锋利的文字，指东向西，淋漓尽致地把阴暗的事物和一批小人嘴脸揭穿。那时，我觉得鲁迅先生的杂文，放之任何时代都将所向披靡。读这些杂文，使我内心也由软弱而坚强了一点。喂猪的几个月，我正好尽情阅读。在我的小天地里，在那间堆满饲料的土房子里，我的心充实了很多。我那间小破屋，离营房很远。冬天没法生火，屋子还四面透风。我想我之所以能很健康、很乐观地挺过来，一是我那会儿年轻力壮，另一个原因就是看了《鲁迅全集》后，我胸中似乎也在凝聚一股正气。我知道，我还要回到我的岗位去工作，今后的岁月还会遇到坎坷和不平，虽不可赤膊上阵，但绝不再忍辱求全。我决心，今后对任何事情都要敢讲道理。普天之下，任什么事儿都搬不过一个理字。这一段喂猪的时光，孤独而不苦闷，寂寞却不伤感。后来，连队里看我一人实在忙不过来，又派过几个人来帮我。白天大家一块劳动，晚上他们回到热烘烘的营房，而我一个人独守孤灯。但我却出奇的胆大，小时候怕黑夜，怕孤独，怕人少，而这会儿我一个人在远离大伙的塘边，听着西北风的呼啸。有时，看到黄鼠狼从窗外溜进我屋，用绿莹莹的小眼睛瞪着我看，我也冲它笑。我那时真的是无所畏惧，踏踏实实进入梦乡。

我们炊事班长姓毕，是师院中文系毕业生，来到干校当了伙头军。我几乎一点也看不出他胸中有什么文才了，倒是他的一手绝活儿，我至今不忘。连队几十个人的伙食被他摆弄得有滋有味，没人不夸五连伙食好，主食、副食、炒菜、烹调，他好像是久经训练的大师傅，尤其是杀猪，整理猪下水更是麻利。

我是喂猪的，喂肥了猪是给连队改善伙食用的。当然，杀猪时，我不忍心看。君子远庖厨，平时我也不怎么去伙房。有一天，老毕不知为了什么跟连里的领导吵了起来，气鼓鼓地坐在那儿。我一看表快9点半了，还没动静，中午还开不开饭呀。我到老毕那儿劝他，他脾气不好，别人不敢劝，我却不怕他。我说："老毕，连里得罪了你，大伙没得罪你，大家一会儿回来，饭都吃不上，你还有什么理呀？"他半天没说话，过了一会儿，他冲我说，"走！抓一头猪，今儿改善生活。"抓猪我不能不管，于是两位炊事员拿着一根杠子、一副绳子跟我去了猪圈。几头一百多斤的猪，一见人要来抓，也不是善茬儿，它也要拼一下。所以，抓猪也得有两下子。两名炊事员不含糊，跳进猪圈，猪一下子急了，乱冲乱撞。我喊了一声，"闪开！我来也！"腾地一下跳了进去。可是，等我脚一沾地，一回头，两位小伙子已经怎么跳进来的，又怎么跳回去了，只剩我一个人面对五头愤怒的猪。我回头骂了一句，他们隔着土墙用绳子套住了一头猪，我与他们一块儿往回拉绳子把猪按住。这时他们才又跳进猪圈，一块绑，一块抬。猪圈里的所有猪都大声呼喝，吵成一片。把猪抬走后，过了大约两个小时，收工号响了。连队排列成行，回到营房。一闻香气四溢，熘肉片已经熟了。两个小时，老毕一人连宰猪、扒皮、开膛，收拾下水，分类收放。一头猪要吃三天，头天是吃肉，第二天吃排骨，第三天是猪头和下水。老毕，我算服了。

夜半渔歌

我们干校在河南周口地区的淮阳，干校旁边有一条河，叫清水河。我敢担保，那时候，河南这一带绝无工业污染。到了夏天，清水河靠干校这一段，真是一个水上乐园。干了一天活儿，傍晚在清清的河水里，痛痛快快地游一趟，其乐也融融。于是我们的清水河成了干校的一条宝河。

清水河里，鱼儿不少，可是没几个人会捞。偶尔捕来几条鱼，也不够全连吃的，有时就几个班轮流改善。

到了冬天，河水中间还没冰封，但人们已不再去岸边追逐了，河岸冷清而荒凉。

一天，吃完晚饭，老毕到我的小屋找我，让我晚上跟他一块去下河捉鱼。

啊！冬天捉鱼，但我心想就算去玩一回吧，就跟他拿了20条粘网，划了一条小木船，行出了五六里。

这一天，寒风刺骨，月上中天，照得水面一闪一闪。夏天的水波荡漾给人一种亲切感，而此刻四下一抹黑，一滚一滚的水波令人胆寒。小船漂荡，溅上船头的水很快结了一层冰壳。老毕让我划桨，他上了船头。我的天，这要掉下去，黑灯瞎火，水寒刺骨，又穿着那么厚的衣服，这可是要命的事儿呀。要是夏天，别说这么一条河，就是再大的水面也难不倒我。我曾当过民兵水上训练的救护，我在水里游上几个小时跟玩一样。可这是冬天，这是深夜，这会儿风大浪急，老毕指挥我划方向，船呈“之”字形荡开。他拦河下网，20面网横在河心，每张网约隔20米。然后，他又坐回船舱里，跟我一人一桨地划，一边划一边用桨使劲拍水，又用木桨敲打船帮，好在深夜里没人看我们出洋相。这么划了几个来回，闹了半夜。老毕说：“该起网了。”我划船，他起网，找到网头浮漂，提起来，一点一点儿拉，一点一点儿收。蓦地，哗啦一响，一条大鱼缠在网上，月光下它闪闪发亮，哈，真有哇！我真不相信这时候能抓到鱼，可是真抓到了，这条网上就粘着两条两斤以上的鲤鱼。我们把鱼放到船舱，划向下一张网。一起网又是一条，可热闹了。我也上了船头，蹲在冰壳上，忘了掉进水里的危险，帮老毕拉网。只要一拉网，从手中的分量上就觉出有鱼没鱼，鱼大鱼小。好像有人给我们轰来一群鱼似的，有的网上竟挂了三四条，真是越拉网精神越大。我拉起网，看看冰冷的水珠滴进河里，在月色下银光点点，水声清脆，这时河面上起了一层雾，远处的河水看不到头。我只觉得网兜住了一个大家伙，拉起来一抖一抖地十分费劲，拉近一看，是一条十多斤的大草鱼。我还从来没见过这么大的淡水鱼，把网已弄破了几个洞。我们俩用力把这条鱼拉上船头，拼命压住，推进船舱，这鱼还用力扑腾。我简直觉得这不是抓鱼而是在做梦，哪有那么好的事儿，可又千真万确。第二天，全干校轰动，都跑到我们伙房看鱼。七八十斤鱼，全连一顿吃不完。我也成了有功之臣，而且我们深夜出船带有很浓的传奇色彩。

一传十，十传百，每天都有人上猪圈这儿来问我怎么捉到那么多鱼。我说这没什么窍门，胆大心细就是了。

我继续喂我的猪，老毕继续炒他的莱。春暖花开之时，老毕，还有一位天天聊天的笑呵呵的老刘，都调回城去了。想起在炊事班，我们相处了一段时光，大家算是有缘分，此刻又只剩下我一个人了。妻子回城了，朋友也回城了，一年一度的春风吹绿了淮阳大地，我的小屋里，也不再寒冷，可是我的心却逐渐冷了。“春色恼人眠不得”，大有李陵当年，“身之穷困，独坐愁苦……举目言笑，谁与为欢”之感。我成了一名老兵，又来了一批新兵。这时干校生活已比过去轻松多了，没有了“高温高速炼红心”的那份拼搏，当年能征惯战的汉子们一批批地走了。

他们是打着红旗，排着整齐的队列，含着热泪离开这里的。当年，他们在这里含辛茹苦，奋斗拼搏；他们也曾心怀不满，发过牢骚，口出怨言，一边劳动，一边盼着能重回家园，重操旧业，脱离这片苦海。可是当他们真的返回，告别这片洒下过他们汗水的土地，告别这片由他们亲手营建的宿舍，告别这块也许暗暗滴过泪水的土地时，是兴奋、是激动、是留恋、是难舍，总之，这时，他们百感交集。新来的人，觉得这简直不可思议，哭什么，哭给谁看，不愿意走就留下。这种感情，过去、现在、未来都很难说清，谁也说不清。

在干校有干校的苦恼，回城有回城的困惑。那时人们回城之后，缺少的是热烘烘、乐融融的气氛。所以至今，去过干校的人，特别是在干校多年的人，有时会这么说，当年，我们多单纯，也曾多么的充实。这不是假话，也不是随意说说，这是一种无法说清的一段情结。

毋忘我

在一个温暖的集体里经受怎样的苦辣酸甜，都是能够对付的。然而，一个个人无论有怎样的坚强内心，在孤独中往往很难适应种种冲击。

我发现我一个人在干校的一个角落里，默默干活，落落寡欢。和原来相熟的战友、朋友相处日久，乍一分手，我很难适应又一个新的集体。我有点看不惯他们，看不惯他们什么农活都不会，或者说看不惯他们吃的不是我们那时的苦。这是不是有点心理变态，是不是希望人人都受累，都受罪，都跟着我们一样也受点委屈？

干校的管理，也不像我们初来时的森严了。什么“架子车精神”，什么“啃干馍精神”，什么“一盏灯精神”，这些都没人再提了。我讨厌当年提这些折磨自己的口号的人，但也讨厌把这些口号的精神意义全都抛弃的人，是进亦忧，退亦忧，到底如何才好呢？一个人适应了一种格局，而尽管这格局不合理，可是一旦适应了，再把这个格局抛弃了，就会有一种莫名的失落感。这正像上高原的人，一开始缺氧受不了，可是一旦适应了，再下到平地，他又有点受不了。

干校纪律严，当初我也曾尝到不近情理的对待。譬如：我插秧的水田旁，有一个扬水站。在一个水泥池中，我们下去冲泥腿时，总有一大堆小泥鳅钻来钻去。一天，我们连两位同志病了，干校那时又没有营养品，我就从宿舍拿了个脸盆，趁夜色低垂一人走了好几里，下到池子里捞了一盆泥鳅。回来悄悄请两位女同志收拾干净，我又找了一个大砂锅，可能是药锅，一人溜进锅炉房，在火上烧起了泥鳅。看锅炉的一位老同志还笑着问我，锅里是什么？我说是药，一会儿香气四溢，他还问这中药味怎么这么好闻？老头儿还跟我开了个玩笑。

我交给一位女同志悄悄端去，给两位病号吃。我自己连锅盖都没打开，里面什么样至今也不知道。

谁知晚上全连会上，连长、指导员声色俱厉，大批资产阶级享乐主义和不遵守劳动纪律。我一听，糟了，准有人给报告了。这事儿层层有人知道，要保密其实不可能，要想知道谁告的密那也不可能，知道了又能怎么样人家。我低着头，硬着头皮听着，心想我反正没吃，能怎么样。最后人家讲完一通道理，点了我的名，我在全连几十位战友面前成了一个偷嘴吃的馋鬼。也许散会后，他们弄清了真相，既没再批评，也没向我道歉，这事就这么算完了。我知道，这世界上不讲理的事儿多了，我不理你就算了。就这样，我简直对那几个人失去了任何信任。

如今来了一批新学员，带各种好吃的，公开吃也没人再过问了。我想起过去，未免气难下咽。

再说，我一人在一个小屋里，几乎与世隔绝，怎么没有人想起我该轮换了呢？是不是把我这个人忘了？！

干校领导不管各单位轮换事宜，我找他们说不着，说了也没用，于是我得自己采取点行动。

我写信叫妻子拍一份电报：母病速归。唉，拿自己母亲说这事儿，肯定是有悖孝道。可是这也是不得已而为之，母亲并不知道。干校以示关心，还向台里当时的领导汇报了，台里还派了两个人去我们家“探望”。正好我妈出去买菜，他们问街坊，赵忠祥他妈病得怎么样，街坊莫名其妙，你们说什么话呀，人家好好的。得，西洋镜揭穿。不过这时已靠近“文革”后期，干校领导换了一批人，他们明知我这是借口回城，也就睁一眼闭一眼，准了我一个月的假。

“撞破铁笼脱虎豹，顿开金锁走蛟龙。”我默诵着《三国演义》中刘备从曹操处出走的两句评书，一路回到北京城。

回到家中，我先是猛歇几天，睡几天觉，然后开始猛吃猛喝。我在干校攒了点钱，这时物价便宜，一块钱能吃顿涮羊肉，不过那是在大家围坐的共用锅里涮肉。休整了几天，我又觉得回城也无聊。爱人白天上班，我看望老母亲，陪了几天，就一人上街闲逛，心里也烦。到干校一年了，台里有什么变化没有，我根本不知道，于是我决定找领导去谈一谈。

我已没有了大楼出入证，上班时我进不去，只好趁领导们在家时去拜访。我想我与他没什么个人恩怨，人家是受教育多年的老同志，不会不见我。

我利用中午时分，敲响了他家大门。他一见是我，愣了一下，因为他派人去我家打探过虚实，没想到是干校准我回来。我登门拜望礼数周全，也无可指责，于是他非常热情地请我落座。我于是按照过去大家都惯于说的套话，把自己如何认真改造和认真学习马列、毛著的情况，向他做了个详细汇报，差不多谈了一个小时。最后，我站起身说，实在不好意思影响您吃午饭，今天就不多打扰了。

第二天，大约还是这个时辰，我再次敲响了领导家的门，继续汇报。第三天，他有点不悦的颜色，我一如既往毕恭毕敬地说，本不该此时造访，但上班时，我不方便进大楼，晚上就更不合适了，只好此时来访。他明确表示，你没什么大的错误，就是想多给你创造一点锻炼的机会。我说："领导好意我感激不尽，我希望多有锻炼机会。这样吧，该轮换我了，我就回来。下一期，我现在就算在您这儿报名了。"第四天中午，我又以手指关节轻轻地叩击他家的大门。我是拖着无奈的步子，怀着矛盾的心情，走到这里的，我的手半天才抬起来。这样的午间造访，不但令对方十分的厌烦，也实在有伤我的自尊心。但还是得来，我一生很少为自己的事去麻烦别人，很少开口求人。"上山擒虎易，开口求人难。"有时，还没开口心已怯了，人家能答应吗？所以我极端佩服基辛格的外交谈判技巧，想达到既定目标，提出一个天文数字，这差不多就是市场上的"漫天要价，就地还钱"。我实在缺乏这样一种勇气，也没多少机会尝试。那种"我的是我的，你的也是我的"的厚颜无耻之举，我见得多了。可是该向人家稍微借鉴一点的时候，却怎么也做不来。这次，我觉得我并非专为自己轮换回城而来造访，我认为自己是在讨回一个公道。人善遭人欺，这次我有点豁出去了。

一进他家大门，我已看出他满脸的不高兴。说老实话吧，谁看谁都不顺眼。我只是要一句话，"该不该叫我回来"。你说不该回来，那就给句干脆话，我也好问一个为什么；你说该回来，那我就要一个承诺，什么时候回来。

这次，好像有点成效，他给了个活口儿。"你的问题，我们研究一下，这样吧，有什么事，你可以去找 ×××。"××× 是台里什么领导我已不清楚了，因为我喂了一年猪，只熟悉我那几头猪，对别的事就不太清楚了。"也好。"我表示，这几天承蒙领导对我汇报的听取，也表示，既然你们还要商量，那我就等等。他说好，有了决定会告诉你的。我心想，这叫得令而回。反正我在北京，在家里等了，我也不再找什么人了，是你叫我等的。我给干校发了信，说是领导让我等信儿，因此，我不可能近期返校。于是，我就该怎么过日子，就怎么过吧，你们最好就此把我遗忘。不过，人家可以忘了你，你自己可绝对不能忘了自己，尤其不能迷失自己的本性。知识分子最怕别人忘了自己，大抵上是恐无用武之地。而在我们的现实生活中，有一些人觉得给你分配点工作或让你能发挥一技之长，是让你占了大便宜。那个年月，似乎就是这样。那是一个不给你解释，不和你讲道理的年月，诚所谓“礼不下庶人”也。

我很年轻，我很开朗，我有那么多的书可读，我有那么多的空闲可以让我悠闲散淡。我可能又被人忘记了，但我不抱怨，因为这时我被遗忘在自己家中，已不是猪圈旁。

看书是我这个时候的重要日程，幸喜手头有不少藏书，同时，干校的战友们很多是广院的老师，我可以向他们借一点书。有了点阅历，读一些过去看过的书，那就与学生时代读书大不一样了，看待周围的事物也就大不一样了。

“白鹤向天舞，心事已消融。”这是我已忘却了的自己写的一首诗中的最后两句，那是去动物园时的触景生情之作。

那时，我还没对“动物世界”有任何研究。动物园，好像是专为家长带小朋友游玩而设立的项目。我去动物园看看，也只是怀着“将谓偷闲学少年”的一种解脱心境。不过，我那天去动物园却真的有点感触。我转来转去，转到了水禽湖畔，一群绿头鸭，与一对对的鸳鸯，在小小的湖面上浮游。蓦地，一声洪亮的鸣叫，声震九霄，那是一对丹顶鹤。只见它们张翅奔走，继而在奔走中翩翩起舞，神情极度的潇洒，伸颈展翼，跳动旋转，双颈缠接，婀娜而不失刚健，舒展而造型优雅，那般的超凡脱俗，我心中忽有所悟。这对鹤被关闭在这湖水之畔，是一对半失去自由的生灵，然而它们直视一切，旁若无人，该怎么起舞就尽情跳，该怎么高兴就大声地叫，这是我第一次看到这种场景。我忽然觉得自己既已成为读书人，就一定自奉以读书为乐事的习惯，我要努力去完整地保持我的尊严与我的习惯。我似乎觉得应该保持鹤的高雅、脱俗，不为世俗潮流所左右。我并非呼唤别人毋忘我，而是又找回了自己做一个老老实实知识分子的心态，自己不要忘自己。

这段回城时间，是我多年来最闲散、几乎无所事事的日子，很轻松，也很无聊。由于一年来，我由脑力劳动转为体力劳动，从不适应到基本习惯，所以，当四肢与肌肉甚至神经系统都仰仗劳作而得到调整，连胃口都因极度的劳累消耗而需要大量碳水化合物的填充时，一旦又中断了这新的节奏，反而浑身不自在，慵倦、乏力。在田头喘息休息时，我曾希望今后如果回城，要是老这么休息该多美妙。其实不然，那短暂的间歇产生的飘然之感，没有在闲散中扩大，在家中也找不到那凉风一吹全身通泰之感。

记得有一篇国外体育医学的报道，某位科学家经研究发现，肌肉在持续的运动中会分泌出一种酸性物质，这种物质本身就有上瘾的效应。所以，一旦运动员终止了大运动量的训练，会很不舒服。我中学时曾在业余体校训练过，后来因学业紧张退出，一段时间身体很糟糕，像得了一场大病似的，连心脏处都有压迫感，可又查不出任何毛病。

这回突然从大田劳动中解脱出来，却又感到吃不香、睡不甜，难以振作精神，何况这次心中觉得憋闷，还有精神方面的因素。我已深深爱上了自己从事的播音工作，可是怎么才能再次投身于这项工作，我也不知道。这体力节奏的突变加之心情的不畅，使我时时闷闷不乐。

我何尝不懂得要学会放宽心，要达观地面对种种不公正的对待。可我做不到，即使我个人能做到，我又将如何向自己的母亲、妻子、亲朋好友解释在我周围所发生的一切呢？今天，已是事后了，回想过去，那真是用别人的错误来折磨自己。别说把我下放干校变相的惩罚是错误地对待了无辜，即使我有错误或缺点，难道就应该这样捉弄人吗？幸好，历史已还回了公正。可是还不回我当时受到摧残的心情，那为什么要那样傻地自己跟自己过不去呢？何必不豁达大度，轻松地等到云开雾散呢？这其实是站着说话不腰疼，自己也没必要责备自己。

不过，我那时唯一能解脱自己的办法就是看书或闲逛。为了使自己多少有一点解脱，我就托人借到《李太白集》和苏轼的一些文集。我对苏轼佩服得五体投地，这不仅是因他能诗能文能书能画，才高八斗，更因他的豁达，他可以说生就一副不会生气的心肠。无论遭遇何等出人意料的对待，反正他不生气。不是装成不生气，而是真的不生气。而李白虽说在自己的诗文中，一再强调自己："我本楚狂人，凤歌笑孔丘。""人生在世不称意，明朝散发弄扁舟。"可是，由于他入世思想可谓根深蒂固，因此，他并没有真正在心灵上豁达超脱。他所采取的人生态度，未免带有强烈的愤世嫉俗的色彩。因此，外界对他造成的伤害，他是很敏感而且很不容易承受的。只有苏轼，大概中国也就这么一位伟大的文学家，有这么一种伟大的气概。苏轼几乎从不在诗文中流露出一丝的怨愤，从来不诉苦，这是千古无匹的大丈夫气概。

谁都愿向苏轼学，可是谁都学不来，学不像。他性格中的乐观源自他的基因，就像有人没有痛感一样。

当然，我虽不及苏学士之万一，但能在消沉与无奈之中略得苏轼文中气韵的感应，也聊解一二苦恼。

一天，台里来人通知我，干校叫我回去。并说，经台里研究，你的意见得到重视，这期轮换回台，可是你应该去干校做完鉴定，有个善始善终。

我其实没指望他们会对我的意见有所触动，但我明白，这个世上，总还应当有申明理由的机会。自己不去申明观点，基本上不会有人吃饱了没事，给一个不相干的人去做于己并无好处的事。

又一个麦收时节，我独自乘火车返回了中原大地。听到河南的乡音，看到那一片片扬花吐穗的麦田，我孤独的内心掀起了一阵波澜，毕竟这是我生活过的地方。

插队张庄

当年[①]，干部下放五七干校，知青上山下乡，那是一个无人能抗拒的潮流。下放干校，尽管环境发生了极大的变化，但基本上还生活在机关集体生活的圈子里。而知青就不一样了。他们不仅离开了自小生长的城市，离开了父母，离开了家，也离开了他们一向生存的群体，突然来到一个不仅环境迥异之地，人际关系也大不一样的农村。

---

① 五七干校，1968 年开始在全国兴办，1979 年停止。

1972 年，河南干校田间，几位校友在水田齐力拉杠

当民兵打靶

他们的精神所面临的巨变，要比干校生活的群体所面临的变化大得多。故此，直到今天，知青题材的小说、戏剧可谓层出不穷。谁见过有过大影响的干校题材作品呢？不过，我所在的干校早已有了到附近村里插队体验生活的规定，只是我过去从没有享受过这种待遇。这不是调侃，真的只有被认为是毫无问题的学员才会被派去插队。

我还是过去的我，过去为什么没这个机遇，怎么今天就有了这个机会。是忧是喜，是福是祸，是委屈还是获得公正的对待，鬼才说得清。

我几乎以为自己上了当，因为说好了回干校马上做鉴定，卷铺盖回城。可是又传来消息，这一批轮换延迟，要再过几个月才能回城。

这就叫命中注定，很多事都由于解释不清，我们只能含糊不清地认为这就是命。我高高兴兴去插队了，因为我很想学苏轼的性格。愁眉苦脸一辈子，不如嘻嘻哈哈一辈子，做人要做快乐人，做鬼也不做倒霉鬼。我还记得京剧大师张君秋先生对我说过："宁生个穷命，别生个苦相。"

我到了距离干校十里之遥的张庄插队。这个庄的建制是个生产队，在附近很有点名气，粮食年年丰收，社员生活较这一带的邻乡邻村强了许多。我住在一间空屋子里，除了我的行李，只有一条木凳。河南农村尤其是黄泛区，历史上就是个穷地方。我到过许多乡亲家，两间土屋，除了土炕就是土锅台，门外堆几捆柴草就算不错了。家里砌个土台子就算是桌子，有的人家两根木杠子中间编几道稀疏的麻绳就算是床了。先前如何划的成分，我无从知晓，但依我看他们都是贫农，可那时候贫农是一个无上光荣的称呼。

我在村里插队近一个月，白天和社员一块劳动，实行的是过去"四清"时叫作"三同"的办法，即与当地乡亲同吃、同住、同劳动。我发现村里人的干活强度远没干校里那么重。快麦收了也正是插秧时节，一早水冰凉。我脱了鞋子，挽起裤管，第一个跳进水田。队长叫孙长夫，是个领头干活的好人。他竟然当着大伙表扬我说："你们看人家赵同志，人家是生活在城里大楼里的人，人家这么干为什么，地里打的粮食没他一份，咱们应该学学他。"弄得我实在不好意思。其实在干校成天泡在冷水里，蚂蟥一叮就是几条，一边拍打一边插秧，谁不是这么干呀？

我最佩服的要算河南农村的妇女们，她们一早起来先做饭，然后跟男人一块下大田干活；中午回来还得做饭，喂猪，然后再下田；晚饭后，还要在灯下缝缝补补，纳鞋底，做衣裳，直到深夜。而那些男人是一点都不帮做家务的，晚上聚几个人往门口一蹲就聊天，抽烟。我不是女权主义者，但我真的觉得这样太不公平。可是人家几百年就是这么心安理得过下来的，人家认为这很正常，外人怎么多管闲事，再说管了又有什么用呢？

张庄有个退伍军人，我经常跟他一块干活，我喜欢他爱说笑的天性。可是我发现村里人都不太搭理他，莫非他有什么过错？我也不好当面问他。后来，听村里人一说，我才恍然大悟。原来有一回他收工后帮媳妇做点活儿，也就是蹲在地上，往灶里添几把柴草。这一下，全村人都看不起他了，连那些任劳任怨的妇女也认为他不是男子汉。这千百年的习惯势力真是可怕，也确实可笑。我只能同情他。我当然也很尊重他，一边干活儿，一边和他有说有笑，反正我不是这个村的人。

其实，村里的女人们，尤其年轻的姑娘们尽管劳累辛苦，而天性却是乐观的。张庄生活好一些，表现在姑娘们的穿着上，那就是她们特别爱美，也有爱美的条件。许多女孩子出工时，都穿得很整齐。她们在天凉时，穿几件上衣，里三层、外三层一定要一件比一件短，这样里面有几件新衣服，都在上衣下摆处显示出来。红的、绿的、花的，让你觉得她过得很富裕，家里有钱给她买新衣。

我离开张庄算起来有二十多年了，想必如今日子更好了，不知张庄的姑娘如今怎样穿戴，也不知那位帮媳妇烧柴的汉子，如今是否有了好的境遇。

当年，张庄人吃得好，这方圆数里，无人不知，无人不晓。我插队时，一天三顿饭都在不同的老乡家里吃，差不多吃了近 30 家的派饭。我们给人家粮票和钱。河南人，尤其农民，爱吃馒头，当地人叫馍，只有张庄的人，才能天天吃上馍。别的村儿我没去过，但“四清”时，我们台里一批同事去了河南，回来都说生活特别苦，连粗粮都不能保证，半年吃红薯和红薯蔓儿。中国农村，生活得好不好，全看能不能吃饱。张庄人那时候就不但能吃饱，而且细粮很多。我在农民家吃饭，基本上是中午吃馍，能有一个炒青菜；晚上也有的时候吃馍就咸菜。老乡把豆子压成饼，发了酵，黑乎乎的，然后切成细条，当菜。我至今都没问明白这叫什么菜，但很好吃。我不记得吃过肉，也许有过，也许从没有。由于我在这之前参加过“四清”，比起那时吃派饭的情况来看，张庄的饭食已是好得不得了了。

张庄虽说种稻子，我还插过秧，可村里人不习惯吃米饭。一天，我在一位社员家吃中饭，主人蒸了一锅大米饭，每人一碗白花花、香喷喷的大米饭。正吃着，桌上有一位40岁左右的汉子，提出意见，他端着饭碗说：“以后我再来，别给我米饭吃，米粒在嘴里到处跑，我咬不着。”原来，他是这家人的亲戚。

在社员家吃饭，有时候主人家谁是谁的什么人我也没弄清楚。不过我养成了一张厚脸皮，到了一户陌生人家，一屁股坐下，端起碗就吃，完了一抹嘴就走。唉，我们的老乡太善良了。不信，这时候，有谁上我们家，推门就上饭桌抄起筷子，我可受不了，不知读者诸君，谁受得了。而我们的老乡过去就是这样亲如家人地接待上边儿来的“同志”。

河南黄泛区这一带的人，不仅对我们交了粮票、钱票的吃派饭的人热情，就是对待讨饭的，也是十分慷慨大方。有次，在一个社员家正吃着饭，门口来了一位“要饭”的，这家人立刻给了他好几个馍，而且满脸热诚。后来我了解到，这一带历史上就灾害频繁，几乎村村、户户都有过背井离乡、沿路乞讨的生活。他们有过痛苦的过去，因而有着深刻的同情心。因此，这一带的人并不歧视讨饭人。他们知道，今天你帮了他，也说不定哪天人家就兴许帮助你。

在村里插队的干校学员，插完队总还能买点土特产，一是河南小磨香油，二是老乡家织机上织的白土布。买来先存放在干校，回城时再带回家。那时，城里买油也是凭票供应的，香油就更稀罕了。

离开张庄二十余年，我不知如今张庄会是什么样子。但我仍记得那片水田，记得那片麦浪；记得深夜归宿，引起此伏彼起的犬吠；记得乡亲们日出而作，日落而息的平淡生活；记得那飘荡在原野里姑娘们的笑声；记得我回到干校在板报上又登了一首打油诗。

在干校期间，能公之于众的诗歌，注定充满了一种热情。那是“文革”时期的一种时代印记，因此那热情不仅是外部的氛围，也有本身的感受。我是喜爱唐人诗意的，然而古代文人大多数表述的感时伤怀的情绪，不但被时代，也被我个人认定为禁区。结果就只能以口号似的语言，形成与其说是诗，不如说是顺口溜的文字。

记插队

春风绿中原，插队四十天。
干校重要课，人生添新篇。
张庄待我亲，情谊暖胸间。
想起六五年，“四清”昌平县。
流村搞社教，工作无经验。
生活在山野，身心受磨炼。
别来八年整，至今梦萦牵。
昔出流村麦正黄，今到张庄禾苗鲜。
同吃同住同劳动，犹如久别回故园。
耳闻目睹身边事，家家经历不一般。
田头歇息树荫下，乡亲对我说从前。
一九三八年间事，日寇打到黄河边。
蒋军炸开花园口，想借洪水阻敌顽。
此计无成害百姓，黄水咆哮冲良田。
啼寒号饥逃荒路，饿殍遍野倍凄惨。
大水退后回家转，全村人亡十之三。
政治队长孙长夫，当年全家去逃难。
走时共八口，归来家已散。

祖父祖母亲生娘，至今尸骨抛异乡。
黄河滔滔向东流，泪流何日方始休。
风雷激荡拨乌云，中州大地得安生。
受苦受难庄稼汉，如今吃上安稳饭。
过去黄水泛滥区，今朝千里稻麦香。
丰衣足食盖新房，牛羊成群柳成行。
晴日暖风话家常，心潮翻滚似海洋。
不知过去苦年月，怎晓今朝艳阳天。
幸福年月夺高产，期盼永久幸福年。

必有我师

在干校最大的收获，是我恰好与北京广播学院的许多教师编在一个连队，我在他们身上获益匪浅。

俗话说："秀才谈书，屠户谈猪。"我在当年喂了十个月的猪，懂了许多关于猪的知识。我学会了给猪做发酵饲料，学会了简单的为猪治病，学会了给猪打针；知道如果给猪治疗肺炎等感染性疾病，一次青霉素的剂量，大约是成人用药量的五至十倍；知道长嘴白猪是从丹麦引进的兰德累斯种，短而翘嘴的黑花猪，则是澳大利亚的约克夏；我还知道如何喂小猪崽，如何喂架子猪，如何为猪育肥，这些都是我过去从未接触的知识。

但是我在下田干活和喂猪期间，牢记自己原来是播音员，今后，我还会回到我原来的岗位上去。对这点，我几乎坚信不疑。我从没有半点看不起农民，但我相信，党培养我多年，并不是要我只做一个喂猪的专业户。

于是，我从未忘记看书、学习，并且默默地练习我的业务技能。难能可贵的是，我周围是一个掌握了各种门类高深学识的群体。广院的许多老师和我同连同班，朝夕相处。尽管在干校的风吹日晒中，他们的外貌已然和一位真正的农民相差无几；尽管我们会对农田的活儿或喂猪、捞鱼交换点心得，但毕竟他们的学识绝不会因为在农村劳动而消失殆尽。我很容易地可以向古汉语老师请教我还不十分熟悉的语法修辞；向教戏剧理论的老师讨教斯氏体系、伯莱希特体系或梅氏体系；和专修现代文学的老师探讨鲁迅、郭沫若、郁达夫、巴金、老舍、曹禺；如果有古文或古典诗词我只记得片言只语，那么我会请对中国古典文学研究甚深的老师，帮我凑齐忘掉的句子；对中国历史的断代、编年，对西方文学尚缺入门的领域，我在这一年多的干校生活中，能问的问、能记的记、能背的背。什么叫“与君一席话，胜读十年书”，我是有了深切体会。不过，许多老师不太愿意谈这些领域的学识，并非不愿帮我，而是他们怀着深深的惶恐心理，“却道天凉好个秋”。因此，我那时的讨教，大多在闲聊中，偶发的请教，绝对不敢，也不可能摆出一副上课的架势。

我是十分的后悔，没有更好地利用我这段宝贵光阴，多积攒对我终身受益无穷的学识。至今我后悔的不是在干校的劳动收获不够，而是在干校让那么好的学习文化的机会大量流失。

学习知识是一个人活到老学到老的过程，知识的积累需要在适当的时间获得。这就如种庄稼上底肥，如果少时基础欠缺，以后追肥再多，总缺乏一种深厚的力度。我见过许多以写作为主业的人，他能写成许多长篇作品，但一读就知道他缺乏青少年时期的功底；甚至由于错过类似描红临帖的阶段，总有大厦虽高、基础不牢之感；甚至我觉得他们基本写作行文的主、谓、宾，定、补、状的文法都不扎实。

我除了广泛涉猎与不耻下问之外，更重要的还有一个如何读书，如何整理归纳自己已经学得的点滴学问，如何吸收成为自己的营养，成为自己机体的一部分的法门。这就有一个治学的方式、方法问题。而在干校期间我最大的收获，莫过于看到、悟到一些专家学者的治学精神。

收工以后，我们电视台的一些战友，长于侃大山（那时还没出现这个词汇），擅于说笑；而我常常会发现广院的几位老师，坐在自己床前，在记点文字，或专心地读那时不违禁的文化读物。他们即使在写一般的发言稿，也会沉思默想，极其认真。这使我感悟到，做学问的人毕竟是做学问的人，他们有自己早已习惯的治学态度与看不明白的治学方法。我不吹牛，我敢说，我起码不会比教现代文学的老师看的中、外现代文学作品少，但是我和他们接触之后才发现，比起获得的真正的学识，我却差得太多。

读书也像吃饭一样，你肠胃不好，不懂得细嚼慢咽，结果你不吸收，可是人家吸收了。不吸收，则如酒肉穿肠过；吸收，就会使营养变成机体的一部分。我过去读书，有时是出于天生爱好和兴趣，有时是赶潮流，听人家议论某篇作品好，于是自己也翻阅一遍，以免在大庭广众下交谈起来一问三不知。但我甚至在去干校之前还不明白，即使是看闲书，有人能看出门道，有的人却白耽误工夫，聊胜不看而已。在干校这段时间，我积累或恢复的学识并不算多，可是终于懂得，今后读书要注意方法。有了规矩方圆，有了自己的办法，再读书，就会看得更深，记得更牢。而且能用在自己的实践中，或指导人生，或融入自己从事的专业中。

从干校回来以后，我深深感到自己该回回炉了。一来，补上我没有上过大学的遗憾；二来，对学生时代在课堂上那种感觉，总也忘不了，我没有享受够学生时代的刻苦与浪漫情怀。

于是，我在有了机会后，绝不放弃学习机会。后来，我在紧张的播音工作中，重新拾起高中数理化，硬是在40岁之后，冒着被人取笑的尴尬，和一些比我年轻10岁、20岁的年轻人坐在中学教室，接受成人高考。也居然以不低的学分，先进师院中文函授，后转入北京广播学院新闻编采一期。我在工作日益加重的情况下，硬是坚持了三年，风雨无阻地定时听课，按期考试。教我课的老师，许多是我干校时说说笑笑的战友，有些老师比我年轻得多。我这回上学时，已不是18岁的高中生，是已享有一定声望的播音员，而且也已被评为次高级职称。在广播学院出出进进，有点难堪，也有点伤感，这是我二十多年前就应该有的举措，可是过去哪有机会。这种读书的决心，源于干校的生活，我会永远感谢在干校的这一收获。

我去干校实在是不情愿的，可是在不情愿中，有了我求之不得的机遇。命运对我是薄是厚，我对以往是怨恨还是欣慰，岂能一言以蔽之。

我可能天生不适于学习理科，也不能说我是文科的料，只能说我的接受能力早年是倾斜的。恩格斯是一位伟大的思想家、一位伟大的哲学家，但他对数学所爱极深，他曾以解数学题作为休息的方式。人家是文理双修，我缺少理科生的缜密的逻辑思维修养，特别是数理思维，我欠缺得太多。

在干校期间，有那么多位理工科及无线电专业的老师，我很少向他们请教，好像我和他们在学识上完全没有办法沟通一样。不过，有意或无意，我听他们讲一些基本理论，或脱口而出的生活用语，也不能说没有收益。比如：一位工程师对我讲："你知不知道，'磁动生电，电动生磁'这个道理？"我上高中时学过物理，我怎会连这个基本道理还要他提醒呢？我至今不明白，我在高中费过多少脑筋、占用过多少时间学的几何、代数、物理、化学，现在都在哪里。怪不得我准备成人高考时，借了一套高中理科的课本，打开一看就傻了，几乎是必须重新学起。我那时总在梦中梦见我还有那么多难题根本无从解起，所幸，找回了一点儿，但今天又忘到九霄云外去了。

我与一位技术员出身的战友蹲在井台洗衣服时，他忽然说："你用肥皂也好，用洗衣粉也罢，搓过之后，过多少遍清水都不可能绝对干净，因为这不是化学反应。说通俗点吧，这叫作稀释法，这是对脏东西的稀释。"咦，我忽然觉得，这简直是文学的形容。但学文的人还很少有人对生活中的常识这么表述。后来我听到过这样的见解：一位在英国考出教育证书的人说，理科教师，总是以最通俗的表述方法，把深奥的科学概念简明地传授给学生；而文科教师正相反，总会把一个简单的概念描绘得复杂而离奇。

在我喂猪时，由于一个人忙不过来，连里就派了一位老同志帮我，他把铺盖也搬到我那小破屋里。这使我有了个伴儿，我管他叫罗工。罗工天生一副好脾气，总是笑容可掬。自从他与我"联袂"喂猪之后，就一天一个新花样，差不多天天都对那几缸发酵饲料进行研究。他一会儿用温度计插进缸去测量一下，一会儿和我商量，换个用料的配比。我简直觉得好笑，这又是一位"连西瓜也不主张平平常常吃下去"的人。于是我开始有意无意地冷嘲几句，不过那方式是温和的。我一味地鼓励他好好试验，表示要向他学习。他却真的很高兴。于是我又开始惭愧了，昧着良心，不该这么戏弄人。有一天，我对他说：

“您多休息会儿吧，咱们又不一辈子养猪，您难道还想来个世界性的创造发明吗？这小破屋四面漏风，您有再高的招儿，架不住咱这寒窑太冷，能这么对付别把猪饿死就成了。”罗工一如既往地鼓捣那几缸饲料，直到他先我回城为止。临分手时，他还传授我一本记录与心得，他绝对是大大的好人，从不计较我说过什么话，对我一向客客气气。我才体会到在干校这个地方，还有这么个不改文雅的文明环境，尽管是在猪圈旁。

想当年越王勾践，十年生聚，十年忍辱，卧薪尝胆之时，曾有人目睹他的小环境，叹道：“他日必成。”因为在那样一个破茅庐中，君臣之礼未尝有半点偏废，仍然依法度礼仪，仿佛在料理朝政与治理国家。

我们这间小破土棚子似的房子，如果也叫房子的话，俨然如一间高级办公楼的办公室。我们也以礼相待。平时我粗口吆喝猪们，但在罗工那样一位老工程技术人员面前，我怎敢有半句粗话。

别人问我，罗工和你相处如何？我说：“我们很合得来，不过没有共同语言。”一位原来和罗工一起的战友，给我讲了一个有关他的故事。他说，罗工这个人做起学问，几乎家门都忘了。他住在三楼，一天下班，他只顾想着设计方案，到了二层掏钥匙开门，锁怎么也捅不开。罗工正在奇怪，门开了，原来人家听见外面有人撬锁出来查看，一看笑了，原来是三楼住的罗工。就说，老罗，您开错门了。罗工也笑了，说：“噢，您原来是住在我楼下，对不起。”

第二天，罗工又走错了门，又去开那家的门，那位老兄又出来了。没料想罗工先说了话：“噢，您还住这儿呀，对不起。”我听了笑得肚子发酸。

有一天晚上，罗工忽然打破沉默说：“你能不能设想一下，将来电视会发展到什么样？”我说：“罗工，您还提什么电视呀，我快忘了电视什么样啦！”罗工说：“你想想，有什么关系，越大胆越好。”我说：“我可不是儒勒·凡尔纳，不过，我说了，你别不高兴。”“没关系，你大胆说。”我说：“以后还要什么电视机，你想看什么、吃什么、干什么，一按电钮，都出现在你面前。”

罗工不但没怪我嘲弄他，反而笑眯眯地点头说：“想得好，这个我却没想到。”

罗工和我一块儿喂猪，住同一个土房子，可是我竟然从没向他请教过任何技术方面的知识。

如今，罗工已退休了，电视日新月异，但离我在干校猪圈旁说出来的设想，还差十万八千里。我期待着有朝一日，梦想成真。不知罗工是否还记得那一年那个冬天的寒冷夜晚，我在猪圈旁说的那个设想。

在二十多年后的今天，我回味这段岁月，无怨无悔，心平气和，因为那是已经过去的日子。无论是对或错，并不干我的事，因为我在那个时代只能那么过，过得还有滋有味，大部分时光是十分快乐的。尤其当年留在我心中的诉说不清的感受，很多用来指导了我后来的生活与工作，有些回忆也已化成了我在电视节目中的串联用语。

我至今也不把干校的生活当成苦难。尽管那时，当月上中天，独步田野、河边、场院，曾感到心际的阵阵苍凉。但那是大自然给我的震撼，以及对人世无常的感叹。

今天想来，我真的很感谢让我去干校的人员，包括那些希望我永远留在那儿的人。劳动并没构成对我的惩罚，而是给我身心一次锻炼，使我体味到生命中难得的情调。

在干校期间是我一生中很愉快的时光。随着岁月的消逝，曾有过的消极或埋怨心理，已烟消云散，剩下的竟是越来越多的美好回忆。

我有幸结识了那么多的战友、老师，从他们身上得到的教诲，给了我多么大的帮助。

在干校，通过繁重的劳动，使我身体适时得到调整。那是我记事以来最健康的时候，并使自己奠定了经得住摔打和吃苦耐劳的基础。在以后的加班加点、走南闯北中，高山大川，饥渴劳碌和连续工作，我都能轻而易举地对付。至于那些奇怪的口号“高温高速炼红心”“架子车精神”“啃干馍精神”“一盏灯精神”，已被我扬弃了带有自嘲、虚夸的倾向，而指导我在人生中做好一切吃苦的准备，并真的能吃得了苦。享福不用学，吃苦却必须要有前事之师。“曾经沧海难为水。”有什么工作，会比那时候还累呢？

人没有一辈子顺利的，也没有一辈子倒霉的。然而你不可以不去为可能会出现的困难、坎坷，甚至无妄之灾做好应变的心理准备，使之猝然来之而不惊，无故加之而不怒。

任何一种生活经历，包括不情愿的，觉得苦与累的经历，都是一个人的宝贵财富。生活方式的剧变，会使心灵脆弱的人惊慌失措，而心理坚定的人，却处乱不惊。心理素质是必须训练与锻炼的人生课程。有时我却真的在想“假如”二字，假如我从那时起至今仍在种地，仍在喂猪，又会怎样？我不知道，可是必须知道，在中国的大地上，几辈子种地，几辈子喂猪的仍然是大多数。他们比起我，更能吃苦耐劳，更能心安理得，更能适应生活，更有顽强的生存能力。然而，他们大多数人并不比我智商低，并不比我接受能力差，并不比我缺少追求幸福的向往，只是他们与我生活在不同的环境里。

我只要想到这些，就会时时使勃勃的野心得到抑制，使我更现实，更踏实，更能心平气和。后来，我虽然回到原先的工作岗位，又遇到很长时间的失意或不公正，但这一切，已不足以对我构成伤害，反而更使我奋发要强。“文章憎命达。”做人、作文、主持、播音，都会从郁结之中得到一种力量。所以，我不管别人如何看待过去的顺境与逆境，我只觉得我自己没有荒废那一段时光。没有那一段时光，也不会有今天的我，干校生活毕竟是我生命中的一段时光。

忆西南：相聚是缘，缘尽于此，情却永存

岁月如流，我们无法记住每年每月、每时每刻发生过的事情与经历过的情景。许多往事如逝光、如烟尘，在记忆中，留不下、挽不住。唯其能长久徘

徊于心际的人、情、景、物，或许是过去、现在以至将来与我们有着不解之缘的一切的一切吧。

那是诗，那是画，那是一个梦。

在整理旧书时，一页信笺飘落地上，弯腰拾起，随手打开，哦，那是我的一首旧作，写于 1978 年的重庆。一行行蝇头小楷是当时同行的伙伴马靖华为我抄下的。

幽梦

一掉轻烟过，万层浪漪翻。
水是无情客，花飞落栏杆。
人生难称意，得意倾尽欢。
圣贤皆寂寞，文采哀可看。
多舛出大作，危难臣心丹。
曲高和者寡，志远形影单。
云深疑无路，风暖见高山。
旷邈千秋顶，何人肯登攀。
幽梦清怨起，张胆酒微酣。
等闲春光过，流霞日阑斑。
歧路男儿泪，三叠唱阳关。
随处有诗境，柔柳月一弯。

当时，在闲谈中，我胡乱写在一张纸片上，马靖华又挥毫抄在一页信纸上。从头到尾，不知云胡，却也勾出了乍暖还寒的心境。

这是“文革”终于过去后，我第一次与摄制组出远门。这次出差，一行人十分融洽，在云、贵、川三省拍摄长江源头和上游的风光。挑头人是编导兼摄影马靖华，承蒙他邀我在其中的一些场景中出镜，使我终偿夙愿，得以在长江上航行。

从少年时代起，我就梦想着，有朝一日，能在养育了三亿人口，生产出40%的粮食，孕育出诗人、学者、英雄豪杰、革命者、领袖人物的母亲河上，饱览壮阔的波涛，奇秀的山峰，广袤的田野，感受先人的遗韵，领略诗情画意，壮我胸怀。但我一直没有机会如愿。尽管乘南下、北上的列车，经长江大桥，在必须于此时封闭的车窗中，一睹那烟波浩渺的江水，聊慰思慕之饥渴，但犹如惊鸿一瞥，转瞬即过，更引发可望而不可即的急切向往。

我自从18岁开始播音以来，由于当时人手少，一直在播音室坐台读稿，很难有外出的机会。这种经年的闭塞，使我难耐寂寞。周围的环境与我的处境极不协调。别的同事，一年到头四处奔波，也许苦不堪言，但我却羡慕不已。眼前屏幕上，四海风云，而我却坐井观天；看到朋友们走南闯北，回来眉飞色舞地海阔天空，我却出了家门进校门，出了校门进机关，太不甘心了。

后来，发生了“十年动乱”，电视事业基本停滞。年轻的电视事业就像一棵青春勃发的小树，正在窜芽，却遇干旱，无法伸枝展叶，眼见得要枯萎凋零，每位早期的电视人，空怀一身技艺却施展不开拳脚。在这段中国历史上的特殊时期，大家只能暗自蓄积着能量。

“十年动乱”结束，终于盼来了能一试身手的时日。恰逢马靖华邀我西南同行。我在出发前，并没有跃跃欲试的欣喜心情，愿望的实现，也要看时机的适时与否。当强烈的愿望在最恰当的时候实现时，会使一个人心满意足，意气风发。而愿望久久不能实现，盼得没了滋味，这时才姗姗来迟，使人不知是喜还是怨。

旅途中，我们几位同行伙伴，边工作，边交谈，志趣相投。忆往昔，思来者，有谈不尽的话题和述不完的心怀。我们都有“十年动乱”误我年华的怨憾，有不追回逝去的时光、还我白白浪费的青春不罢休的急煎煎的心态。我发现无论我们走到哪里，都会碰上能产生共鸣、倾诉心曲的同龄人。这次旅途之中所遇到的人和事，所引发的感悟，基本上理顺了自己的心情。这首诗就是忆往昔、思来者，欲说还休，欲罢不能的心理写照。

马靖华是这次系列片《长江》的主创者，我是已苦干20年，尚未被广大观众认知的播音员。那时，全国电视播出尚未联网，我唯一期盼的是不要再耽误年华，让我有个用武之地。我也实在耽误不起了。

在出发前的一个多月，我们家养了盆水仙花，我曾写过四句诗，寄我情怀：

淡妆何须碧玉盆，
素馨清雅笑无痕，
怅怨花期君未在，
至使离恨赋洛神。

这次长江之行，不仅是得以在母亲河上漂游，而主要是有了一个不断出现的时机。那就是我已接二连三地得到同事们的邀请，参与外景出镜，终于不单纯困于播音室的咫尺空间了。

如果“文革”再搞几年，我就完了。那时候，我怨也罢，恨也罢，就一切成空了，再有机会也不属于我了。人生最不堪忍受的戏弄，就是“年轻时有牙没豆儿，年老时有豆儿没牙”。《唐诗三百首》的最后一首诗云：“劝君莫惜金缕衣，劝君惜取少年时！花开堪折直须折，莫待无花空折枝。”要知，人自己误了自己，那就认了吧。可要是耽误了你的，是你无力改变的命运，这就太残酷，太不公平了。

这次外出，是我从播音向专题节目主持的尝试性过渡。我们在出发前观摩了美国电视片《一号公路》，那是由主持人串场的电视专题片。可是，我自认那个阶段，自己还不具备与国际高水平的对手竞争的条件。一是我从没有实践机会；二是当时我们的胶片有限，录像设备尚未能投入外景使用，以16毫米摄影机，一百尺胶片，加上同步录音机的操作我怎能有发挥余地呢？这次外出，仅使我体验了生活，思考了将来的发展，默默为自己做了计划与安排。而马靖华不同，一部好的专题片的产生，并不取决于观众的多少。伊文思的《早春》与《塞纳河》两个经典杰作产生时，中国还没有电视。中国人并不知道他，但伊文思仍然是大师。可是绝没有没有观众观看的播音或主持高手，我们的工作不能没有观众。

我和马靖华年龄相仿，按说走上岗位，我还早他几年。但这次长江之行，我差不多是个实习者，而他却已完成了几部优秀作品。

这次结伴之行，仍对我有着非同一般的启示。我算正在抽芽，马靖华却已经开花结果。他的作品播出了，我也料到我的成功就在后面。其中《三峡的传说》还有一个副产品，即轰动一时的主题歌《乡恋》，马靖华作词，张丕基作曲，李谷一演唱。而被认为是通俗歌曲早期代表作的《乡恋》，一经演唱，立刻引起轩然大波，出现了激烈争论。这场争论是围绕通俗唱法与严肃音乐孰是孰非展开的，这场争论促进了通俗歌曲的大发展。

这些往事，历史不久，却因时代的飞速向前，而成为陈年旧账了。

对往事的这种情怀，不知为着什么缘由，让我想起两位名人，一文一武，陈毅元帅与邓拓，想起了他们二位的各一首诗作的前两句。

陈老总是这样写的："二十年来是与非，一生系得几安危。"

邓拓是这样写的："笔走龙蛇二十年，分明非梦亦非烟。"

无论文臣武将、学者元帅，在历史的沧桑岁月中，不免发出感叹，或慷慨悲歌，或悱恻缠绵，或豪放或婉约，都会使我们这些等闲之辈，兴起"念天地之悠悠""涉沧海之一粟"的慨叹。"只恐双溪舴艋舟，载不动许多愁。"

长江，过去给过我多少向往。而当我有机会，似中年人的淡漠心理，走近前去，乘船从武汉出发，经宜昌，进巴陵峡、巫峡，过西陵峡，直抵重庆，五天行程，给了我至今仍受用无穷的启示。

在长江上逆水行舟，仿佛在追寻我们伟大民族发展的源头，追溯她光辉灿烂又多灾多难的历史，了解她曲折的发展，仰望风雨沧桑的两岸青山。我被长江的伟力，不屈不挠的伟力所震撼了。

一泓清水，汇聚成溪，千川合拢，万水奔涌，终成不可阻挡的巨流。破门后，东进平川，浩浩荡荡，奔腾入海。

就在我出发前，报纸载着这样一条信息。根据科学考察，“长江全长应是6300公里，比原来认知的5700公里，长出了600公里”。怎么会有这么大的误差，怎么几百年来会使长江在全世界大河中屈居第四。

现在密西西比河终于让了位次。

尼罗河、亚马逊河、长江，长江无言地奔流。

在我上船的第一个傍晚，站在甲板上，遥望赤壁，浮想联翩。我是尊奉古训，好读书，不求甚解。我十分厌烦那种细枝末节的争论。此刻，我面前就是争议的一个焦点——赤壁。这里是不是吴蜀联合火攻曹军的赤壁？还拉进来一位苏东坡。多少年，多少人对苏轼进行了指摘，哈，苏学士，您搞错了，您那首《念奴娇》怎么把赤壁说成在这儿了。不是在这儿，是在那边儿，可是苏东坡并没有说过赤壁一定在这里。他词中明明写着：“故垒西边，人道是三国周郎赤壁。”你们不认字吗？“人道是”这三个字明明白白放在那里，“人道是”就是“人家那么说的”。苏轼又不是地理学家，他是借景抒情，借题发挥，一吐为快罢了。为大事者不拘小节，赤壁在哪儿，不是他所关心的，他想说的情怀，已成千古绝唱。

“大江东去，浪淘尽，千古风流人物……”

拍摄风光片，不是科学考察，许多客体的情节、根底有时不能穷尽于节目之中。要给观众留下的不是答案，而是启迪，创作者与受众都需要继续想象和感觉。

长江之水，浩浩荡荡，向着东方，向着大海，万古长流。眼前的赤壁与这壮阔的江流相比，是那样小巧，算得上是一座纪念碑。它记录着我们民族在历史上的自相残杀。在我心中，想象着两千年前那腾天的烈焰，凶狂的火舌。弥漫的浓烟，金铰齐鸣，杀声震耳，刀光剑影，鬼哭狼嚎，寒气森森，骇人心魄。我们曾批判尼采狂热地爱好战场的厮杀，喜爱血写的字句。但你可曾知道，我们不也津津乐道于火烧战船、大败曹军的惨状吗？火烧战船，火烧新野，火烧博望坡，火烧藤甲兵，火烧连营。烧的是森林植被，死的是我们的祖先。“可怜无定河边骨，俱是春闺梦里人。”

江水荡漾，波光粼粼，渐渐地，古战场远离了我们。我远远地望见夕阳抹在岸旁林立的石壁上，石岩脱落处，草色颓弱中，显现出鲜红的土色，是大火的余烬，还是热血的殷涔，强烈地呈现出一种令人耸然的斑斓色彩。

不知不觉中，暮色笼罩了江面，那远离我们的山势越发朦胧，淡漠，渐渐消逝。

夜幕降临，浪花撞击着岸边，江心红绿的灯标，逐渐明亮，闪闪地在波浪中眨着眼，点染着夜色江涛，安慰着船上的旅人。

当我无言地回到船舱，在统舱中，映入眼帘的是一幅动人的温馨情景。一位老人身旁依偎着一个小男孩在甜甜地熟睡。可爱、可怜的孩子，在摇曳的甲板上，在凉凉的江风里，睡得这么香，这么安宁。立时，我想起我的方儿，此刻也正在入梦。睡吧……

孩子们在安然休息，可我们都必须努力奋发，不能不给我们的下一代留下一片光明。

他们这一代人再也不要经历战火、刀兵，再也不要反目成仇，经历那摧残人心灵的变态的斗争。长江，掀起滔天巨浪，冲走那一切丑恶的鬼蜮吧！

这一夜，我久久不能入睡，感到波的涌动，船的震颤。在摇曳中，朦朦胧胧，暂时抛弃了一切思虑与烦恼，好像躺在慈母怀中，好像在一只大摇篮中。

啊，如果我再年轻 20 年，或一觉醒来，迎到一片灿烂光明……

我呼唤着，长江，你冲去我心头早生的淡漠，扬起我青年时代曾有的激情吧。入夜，我感到微微震荡与摇曳的甲板，像是儿时的我可能从未领略过的摇篮，让我沉沉入睡，并驱走那压在心头的梦魇。但愿醒来时是万道霞光，但愿“十年动乱”是一个永不再降临的噩梦。但是醒来的我，仍旧是现实中的我，仍旧怀有一种难以言述的压抑感，仍旧不由自主地偶尔于无人处发出深沉的叹息。我觉得我宝贵的、难再重新走过的、应该有所作为的时光，像长江的逝波永远无法追寻，也永远不会回还。

水波无情人有情，五天航行，船员待我们亲如家人。他们想尽一切办法，改善我们的生活，因为他们知道，我们不是游客而是要干许多工作的人。他们待我们，简直是掏出了一颗心。

船穿出了三峡。

终点站重庆就在前方，分手在即，我们彼此都依依不舍地话别，又相约在重庆一定好好地盘桓上几天。在我们住的舱位里，大家有说有笑地吃着告别午饭。

忽然，我身子一震，耳边听到一阵阵嘎嘎作响的噪声。我们电视台几位同事正相互以疑问的眼神对望，而在这一刹那，船员们脸色顿时白了。几个小伙子嗖地蹿出舱门，一位女报务员小陈，低低地惊语："触礁了！"

激流险滩，三峡都已穿过，想不到那年天旱水浅，刘船长刚换班休息，船却撞上了暗礁，地点就在距重庆极近的郭家坨。

我们头一次经历这种事，不知深浅。只见船员们已身穿救生衣，穿梭来往。我们到了甲板上，看到一片柴油已从船底汇到江面，并扩散成一大片，随浪漂浮。每一位船员都青着脸，但没有恐惧。我至今也回想不出有任何恐惧与慌乱的迹象，只觉得这些与我们已相熟的船员，那时每人的神情像严阵以待的、大敌当前的勇士，每个人都是一尊雕像。

一艘顺江而下的客轮在与我们擦肩而过时，三层舱里的旅客都拥到面向我们的一侧在惊奇地观看。这时，我又听到"回舱位！"然后，对面船上的船员一窝蜂地出动连推带拉把旅客轰进各个舱门，接着叭叭一阵锁门声把舱门紧紧锁住。这时，我们当中的一位同事说："你看，在大乱之中，就得这么干脆，否则人群涌向一边，船就要翻了。"

然而，这条轮船并没开走，而是靠了过来。两边船员互抛绳索，再搭跳板，把我们这条船上的乘客全部接过去。

我们无论如何也不能就这么一走了之。再说，这几天，我们和船员已感情笃深，哪能各人顾各人。尽管帮不上什么忙，但俗话说："百年修得同船渡。"这也是一段缘分。这时大副走了过来说："刘船长命令咱们都撤！"一条小船把我们和几位船员接了下去。当这条小船驶离这出事的轮船向着重庆开去时，只见刘船长与女报务员小陈站在船台上向我们挥手。刘船长严肃的脸上挤出了一丝微笑，江风吹着他的头发，更显出他的沉稳和凛然，报务员小陈一边挥手一边擦着泪水。

这一幕深深地印在我的脑海中，一位船员激动地在我耳边低语："在任何时候，船长与报务员都必须坚守在自己的岗位上。别看这时还没事，这条轮船底舱已经被撞破了一个大口子，正在进水，虽然靠岸了，但说翻就翻！"

我们怀着无法言述的心情，驶离了他们。船上悬挂的呼救信号旗，呼啦啦地飘着，船长与小陈的身影越来越小……

大约一年后，我们在拍摄工作中，曾在川江轮船上无意中遇见了刘船长，他说是去看望一位师兄。他见了我们的面，握住我们的手，头不住地摇着，似有千言万语不知从何而说。我们绝口不提往事。

以后每逢我坐船时，就会不由得想起川江的那一幕，想起那些可爱的船员，尽管我们天各一方。

人生相聚是缘分，分别也因着缘分。再相见是缘分，不再相遇也是缘分。缘尽于此，情却永存。

在我与杨澜主持的节目中，有一次涉及一个关于船长职守的问题。如果一条船遇到险情，只有一条救生艇，船长能否先离船去寻求外援。大家七嘴八舌地讨论，各执一端，相持不下。这时，我的脑海中，浮现了两个场景，一是80年前的冰海沉船——泰坦尼克号的惨案。我看过根据这次海难拍摄的故事影片《冰海沉船》，我记得最让我动心的是设计师的戏。当这艘触到冰山的客轮正在下沉，女人、孩子首先被送上救生艇时，这艘船的设计师，却正在船舱中沉默独坐。这时一位船员冲进来，请他上甲板，准备逃生。这位设计师却平静地说："请你转告我的家人，我没有贻笑大方。"既没有悲壮的举动，也没有感人的言语。而身外的一切惊呼惨叫、手忙脚乱、勇敢与怯懦、献身与自私、镇定与心慌、大度与猥琐、高贵与卑贱，在死亡面前——照见了原形、本质和道德修养。这位设计出这艘前无古人的豪华游轮的设计师和所有船员、乘客一样，作为首批乘客曾享受过那起航时的新鲜、愉悦和旅程的舒适。如果大家安全抵达目的地，每个人的一生都有了一个永远值得记忆的话题。不幸的是，这个“如果”被巨大的浮冰粉碎了。幸免于难的人，不幸遇难的人，本人与他们的亲人，都有了更复杂、更深层的回忆。而这位设计师却决心与他的伟大作品同归于尽，因为这是他的成果，也是他的生命。他不回救生艇，而舍己为人，我想即使大家都上了救生艇，他也不愿独生。为什么，我不知道。

另一幅鲜明的形象，就是那次川江的历险，如果在那时出现了惨重结局，那或许也不可能有今天的回忆了。幸运的是，船触礁而未沉。船上的乘客与船员都撤离了，而最后留在船上的两个人，一老一少，船长与报务员。他们当时没有把握认为这条船没有沉没的危险，但职责所在，他们是准备与这条船同生共死的。我记得，当年在船上与船员聊天，几位船员忽然站起，走向船舷，默默伫立。后来，一位女孩告诉我，这里是一艘客轮的遇难之处。涛声拍着船体，拍着两壁悬崖。女孩子的眼泪在闪动，她后来又告诉我，那遇难船上的船员是他们的好弟兄。

于是，我在节目的串场中，讲述了这一情节，讲述了我看到的一位普普通通的船长，在危急时的镇定自若。那时，他完全没想到他自己。他对我们道别的最后一句话是：“对不起，没把你们送到。”

我不知道刘船长和小陈看到这个节目没有，他们的亲友、同事一定有人看到，一定有人会转告他们。那是我深深的怀念，也是我深情的祝福。

人生犹如行船，说不定还会碰上暗礁。但且莫说我有无办法躲过，即使躲不过，我也会以刘船长，以文弱的小姑娘小陈为榜样，面带微笑，从容镇定。

既然，过去的激流、险滩已渡过了，那“十年动乱”，留在心头上的阴影，一切的不平、怨仇，在通过三峡时，一部分已被江风江水涤荡，一部分也为船员、船长的言行所化解。自然，他们也有他们的各自烦恼，人生的航船注定不仅是载着欢乐、幸福，也同时会带着烦恼与不幸在前进。

在四川，我们天天奔波劳累，晚上聚于灯下，有时闲语，有时共同读书、写作。

进了天府之国，首先感到的是人际的温暖。我想，那时正值“十年动乱”后的拨乱反正之际，每个人在本单位都有一本难念的经，而接触到不知根不知底的外乡人，又可以无拘无束地交谈，自然创造了一见如故的亲密的气氛。

唯一一次，双方都有点责任的小小不快，也在很短时间内解决了。

那时，中央电视台记者外出采访，第一个规矩是，持本台采访介绍信，投奔所到地区省、市、县委宣传部汇报情况，请对方协助安排食宿，一切费用自理，回来按标准额补助和报销。外出时间长一点儿，从嘴里省下几个钱，买点土特产带回，分赠亲友。这次，一位剧组同志前去联系工作，宣传部一位同志接待。据说，双方这样开始了谈话，或许有演义色彩。

记：这次派我们外出来宣传贵省大好形势。

宣：欢迎，欢迎。

记：食宿倒不麻烦您这儿安排了，我们自己解决了。

宣：那好，那好，还需要什么，尽管说。

记：我们需要一辆车。

宣：车！什么车？

记：汽车，小汽车。

宣：同志呀，你要知道我们的领导上下班都骑自行车，你们这些记者就是事儿多，要什么小汽车。还有 ×× 报社的记者，住在招待所嫌乱，要我们给他换住处。你是来工作的，还是来享受的？！

记：你们领导上下班骑自行车，我挺感动，我们老台长在延安出入几十里山路骑的是毛驴。可是四川这么大，要我们骑毛驴怎么工作。再者，我们人并不要挤进汽车，可是我们这套设备几十万元，要有个闪失，我们怎么交待。至于您说的 ×× 报社记者，我们不知是哪位。人家写东西，希望有个清静点儿的地方，这还是报道贵省的需要，我看也不过分。这样吧，我的要求您给转达一下，我回去听您回信儿。

一会儿，汽车已到了招待所门口。至于其中对话情节是否就是那样，我不在场不得而知。可是那会儿，我们外出，好像人家宣传部就该帮忙似的。不过，要不请他们帮忙，找谁呢？那会儿，又没赞助，没二类广告，没红包儿，没出租车，没……那会儿有那会儿的难处，如今有如今的苦衷。时代在发展，总不会发展到无是无非，没有矛盾的地步，那社会也别进步了。

在四川，我们采访都江堰一带，几个县、几个局、几个部门。所到之处，热情感人，尽管那会儿物质条件不足挂齿，但那会儿的人情却比今天要浓，好人都让我们遇到了。

工作十分艰苦，也十分愉快，人其实只要心气好，累不死，何况我们还年轻。汽车沿着盘山路向都江堰进发时，我看到山区美景，一方方翠绿的麦苗，一方方鲜黄的菜花，错落散布，加上漫山红的桃花、梨花，把山区装点得多姿多彩，鲜活生动。这大自然或半人工的自然色彩，任什么调色盘都调不出这种色泽，浓而不艳，艳而不俗。欣赏这山区野景与农田风光，是久居城市，尤其是“十年动乱”后，第一次有机会来到西南山区的我，无法形容的愉悦。

我们到了都江堰，拜谒了二王庙，即李冰父子神像所在地。世界上又有谁能创建这旱涝保收的水利工程，使这一带居民享受了近两千年的风调雨顺，丰衣足食？我看到宝瓶口滚滚奔流的碧水，看到一望无际的秧苗，说实话，这秧苗比我们河南干校时长得好。原来当地朋友为我详细讲解了，都江堰水利工程的科学道理现在我已记不清了。但是，我绝对相信，李冰父子的功德、能力、智慧与才干，泽被苍生，泽被后世，泽被万代，历史会越来越推崇他们的功绩。人与自然的和谐共存，这也是今后人们越来越关注的主题。

在成都有两个必去的胜地——杜甫草堂和武侯祠。幸好，我顺着旧书夹诗笺的线索，又找到了几片旧纸，勾画得歪歪扭扭的所谓诗句，糟的是文理不通，好在能省去许多笔墨。

读者诸君，各位亲朋，幸勿见笑。

草堂感怀

诗圣本穷儒，垂暮结草庐。
文章忧患成，常念黎民苦。
蓬门难得开，旦夕迎白鹭。
苍茫万重山，老病谁人顾。
今春花又开，书看结清雾。
轻抚松竹梅，依依怀老杜。

至于武侯祠，我无法描摹它的森森气象，也无法超越前人对诸葛丞相的歌颂与评述。只要在山村中见到蜀人，就知道诸葛亮在民间的影响。这一点，金庸先生在《笑傲江湖》一书的开篇处提过。那就是国人至今头缠白巾，据说是当年为诸葛亮戴孝，怀念至今，不肯摘去。他位极人臣，功略惊天，征战一生是真。罗贯中只叙述与创造了一位鬼神莫测、神机妙算的军师，缺少的是叙述孔明对蜀中的治理和一定时期有过的富民政策。否则，老百姓怎么会为他戴孝至今。如果只是在外地征战，胜也好，败也好，关蜀中百姓何事。“蜀人头缠白布巾，武侯至今诚如神。”为人民做好事的，人民永远记住他。如果只是忠心扶保刘备父子，连年远征，断不能得到直至今天还有口皆碑的赞誉。

我们还到了宝光寺，另有一番小文记述。这里只谈令我感触的写在大殿抱柱上的对联。

世外人法无定法，然后由非法法也。
天下事了犹未了，何妨以不了了之。

我被震撼的是，“何妨”二字。“文革”当中，什么时候听过这样温和婉转、聪慧含蓄的规劝、开导、商榷之音呢？那铺天盖地的勒令、必须、一定、非得、低下你的狗头、不改造也得改造、只许老老实实……听熟了，听够了，听烦了，听厌了。而这“何妨以不了了之”，却似在远古的洪荒中发出的规劝。

含着笑，含着泪，那是世代的微笑，也是世代的热泪。后来，我暂住奉节白帝城，在碑林中徜徉，感悟到许多至今还未曾理清的哲理。

每天上下一趟，帮着拎点摄影器材，浑身汗透。曾乘着小船，穿着救生衣，在川江激流中，四处漂荡。我的内心，已忘了过去的一切辛酸，想把这巴山蜀水、风情胜境填满胸怀，更想盛下蜀中文化的遗存。这次外景拍摄，使我惊喜交加，我早年读过的史、书、诗、文，一一在这里得到了复习、补充、印证。

在文化遗存面前，在史迹历历陈列的长江两岸，我流连忘返，心驰神迷。

这期间，我写了四五首诗，旧体诗的难度对于我太大了。我知道我只能做一个播音员和主持人，而不可能成为诗人，天分与悟性、才气与努力都差得太远。因此，这次长江之行，坚定了我的两个想法，基本不再苦着自己去学我学不成的东西，今后努一把力，一定要在主持人这个行当中出人头地。

在白帝城住宿，房前正好面对夔门。当时。峡谷对岸有个石灰厂，不知现在还在不在了。每天，隔一会儿放一炮，崩石头，烧石灰。弄得我白日里，心惊胆战，因为那一炸，山鸣谷应，震颤人心。不知一次放几炮，也不知哪一响是最后一炮，悬着心等着放完，太受刺激，人都受不了，何况动物？所以，猴子早跑了。“朝辞白帝彩云间，千里江陵一日还。两岸猿声啼不住，轻舟已过万重山。”李白那时有猿猴在，听说，老人们过三峡时，还看到过猴子，可是现在没有了。幸好当年我尚未做《动物世界》与《人与自然》，否则，我一定跟这个石灰厂理论一番。

到了夜里，万籁俱寂，满天星斗，月色光华，而峡影森森，涛声拍岸，感到一阵阵胆寒。

白帝城上没有居民，当时只有一座文化馆，我们住在西侧殿里。夜深人静，在窗边人就可以感到星天云滚，树影斑斑。想到一千多年前，刘备兵败，退于此处，病卧床榻，临终托孤，文武重臣，双目泪垂，诸葛孔明，临危受命。他们可曾在静夜中，感到涛声的凄凉，心境的悲哀。那巡回的卫士，听到这涛声、风声，会以怎样的情怀去思乡，那赳赳武将，久经沙场，他们胆气豪壮，但兵败如颓，奈何天数。总之，在涛声中，在夜色中，在群峰的阴影中，在愁云惨雾中，刘备兵败病危，心情沉重的蜀臣武将，都会感到气数已尽的悲凉。

“淘尽英雄是浪声”，往事已过去了近两千年，两千年对于整个人类发展史来说，简直就在昨天。

夜宿白帝城，古文化的氛围与古战场的肃杀之风，直让我这个读过点书，又偏爱遐想，加之敏感多思的人，何能安寐。

晨曦初露，鸟声鸣啭，白帝城的夜结束了。我披衣出门，独步碑林。入川以来，我仿佛又回到了充满浓郁民族文化的长廊。我是吸吮着中华文化的营养成长起来的，中华民族的文化是我生命的根，灵魂的根。尽管这是我第一次来到这里，可仍有那似曾相识的感觉。譬如，在白帝城西碑林，我第一次看到镌刻在一块厂碑上的朱柏庐先生的治家格言：“黎明即起，洒扫庭除……一粥一饭，当思来处不易；半丝半缕，恒念物力维艰。宜未雨而绸缪，勿临渴而掘井。……施惠无念，受恩莫忘。凡事当留余地，得意不宜再往。”字字读来，深感以碑石的楷书刻字，作为这一家训之载体，更显得端庄凝重，大气凛然。

从这一刻起，我忽然觉得，今后，只要我自己能驾驭解说与串联词写作，我一定要努力使我感受到的以及我能传达的传统文化融入电视这一现代文化媒介载体，赋予电视节目神韵和灵魂。因为，几乎在几千年的文化源流中，事事处处、方方面面、点点滴滴，都有优秀的思想家、政治家、文学家、艺术家做出过可贵的探寻、思考、试论、考证、总括与面向未来的开拓。

我感到难过的是，“十年动乱”，在破“四旧”中，我个人也从内心排斥、贬低、轻视与抛弃我本来就接受甚少、知之不多的中华民族传统文化。

这正如我们只承认武汉或南京以下，才是长江的新浪潮一样，而自武汉以前的上游及源头都是应该批判的，都是阻碍我们前进的，都是我们的包袱，都是我们应视为的禁区。难道这不可怜且可笑吗？但最荒唐的，不可想象的，觉得最不可能出现的事情，竟然堂而皇之地出现了，而且被狂热地认定了，包括我自己在内。

“文革”十年，使一代人，出现了文化断层。当然，文化并非只是文学形式，也包括政治的、经济的、宗教的、地域的、民俗的、生活习惯及追求新潮的综合的人文表现形式。然而，毫无疑义，文学是这一切内容的记录与刻画，承载与传播的形式与手段。

马克思说，巴尔扎克的《人间喜剧》，里面所反映的资本主义现象比我从大英博物馆所能得到的总和还多。列宁说，托尔斯泰是俄国革命的一面镜子。毛泽东说，《红楼梦》是中国封建社会的一部百科全书，至少要读五遍。这就是文学的特性与功能。

我们开始知道的中国历史，难道不是从故事、从小说、从戏剧上，先奠定了感性基础吗？

我深恶痛绝的是，认识了几个字的一批所谓时髦的中国人，隔着玻璃窗，看了外国一眼，就开始大捧洋人，大骂祖宗，简直好像是祖宗坑了他。要彻底投向洋人怀抱，就必须赌咒发誓地和自己的传统文化决裂。因此，不论这种表现的包装多么动听，多么振振有词，多么令人眼花缭乱，多么标榜是为了救国，是为了振兴中华。否！我可以清楚地判定，凡是不热爱自己祖宗，凡是与中华民族传统文化无缘的中国人，凡是拿着人家购剩下的面包大骂炸酱面太难吃的人，都是中华民族的不肖子孙。在中国，不喜欢中国传统文化的人，是根本没有文化的人，尽管会写几个字，但他还是没文化的人。

鲁迅老人家在“五四”中推广新白话文运动时，曾说：“我要以最黑暗的语言，来诅咒那些反对白话文的人……”我想借先生的话，来表明同样的意思，“诅咒那些摧毁中国优秀传统文化的人……”

但是反对也好，担忧也罢，中华文化就像长江一样，“青山遮不住，毕竟东流去！”

在历史上，南北分裂，五胡乱华，天灾人祸，兵火战乱，异族入侵，外侮践踏，焚书坑儒，我们的灿烂文化还是以耀眼的光芒傲然而立，眼前的一些现象更不值得担忧。

这大约就是我那天几乎一夜未眠，而清晨独步碑林时的感怀。这次长江之行给我种下了日后要勃发的情愫，在我以后的节目中，时时不敢或忘。

这次长江之行，其中还有一程，在云南，在滇西高原，在丽江，在玉龙雪山下。由于西南三省路途不便，要从四川先折返北京，再飞昆明。长江之行暂告一段落，返京的数日里，我预料的自己真正的大忙季节来临了。这是“十年动乱”结束后，各位电视人在蓄积了十年的力量之后的千舟竞渡。于是，我的任务接踵而至。从四川去云南回京中转，短短几日，我又应邀飞广州、赴大庆、三下江南，再赶往昆明。

5 月 15 日我飞抵昆明，住翠湖宾馆，次日未能成行。16 日冒雨在山中驱车赶路，中午到楚雄，晚至下关，住宿一夜。第二日，冒雨继续行程，黄昏时分到达目的地丽江。

雨中看不清景色，但见峰回路转，云遮雾罩，不觉旅途的劳苦，亦不担心塌方坠石。却只觉这行程的风雨，犹如以往的人生，奔波千里恐一事无成，壮志难抒，顿生直至中年事业无成的虚枉之感。看那漫山林木，夹杂着丛丛杜鹃，耳畔汽车马达嘶鸣，脑海中浮荡着许许多多过去与未来的、经过理想化的场景，时忧时喜。正像车窗外的山雨，忽起忽落，阴暗难定。

很久没再去昆明了，更很久没机会再去丽江一带。当时的山路很不平，加之雨水浸淫，盘山公路，左边是危崖万分，而右壁的山石，间有泥层或泥石混杂处，会在雨中忽地扑落。一路上只见数不清的坍塌泥石，溅落堆积，也见到前面路旁山石忽地砸下的骇人情景。事已至此，前后都险，只有一往无前无可选择。是进亦忧，退亦忧，莫如横下心来，听天由命吧。砸上也并不容易，汽车疾行，真要有人从数十米处故意推石下坡，也要看对方是否有百步穿杨之功。何况，何时落石是不关人事的天数，我们一车人都是无事小民，即使有对鬼神未敬之处，亦不至于在冥冥中遭此一难。我现在想起来倒是惴惴不安，当时好像没人被吓得六神无主，或声泪俱下，或祷天祈地。都没有，一路上仍有人不断说笑。更令人回味的是竟然没有一个人回来台里邀功，以舍生忘死，赶路拍摄作为吹嘘资本。

我从来没有那么高的热情来鼓吹拍摄过程的艰辛，吃苦不是目的。如果能舒舒服服地完成任务并取得最佳成果，那倒是值得仿效的。没完成任务，便没有成果，只吹嘘自己的舍生赴死，或苦不堪言，此等行径乃沽名钓誉，一个高明的领导绝不会树立这样的榜样。当然，要做出点像样的成绩，不吃苦基本上是无望的。可是吃苦容易，出成果难。只宣传如何吃苦，却没有任何成果可言，这就形同鼓励众人都去夸夸其谈。当日，车到丽江第一招待所，马靖华等人已迎到门前，虽仅隔几日，但倍感亲切，他们有人披着棉衣。“四季元寒暑，一雨便成冬。”此丽江气候之写照也。

在灯下，大家小聚。主人拿来当地县志，我们随意翻阅。

我国现有纳西人口共24万①,丽江地区聚居16万。纳西人信奉东正教,使用象形文字。纳西妇女健美勤劳，她们的着装很有特色，往往在身后披一袭用羊皮做成的披肩，上黑下白，白色部分呈半月形，黑白交界处，缀七颗星星，寓意为披星戴月，表达了她们吃苦耐劳的品格。

纳西人能歌善舞。本民族的历史，就在世世代代的歌声中传诵。同时，也用歌舞表现他们的劳动生活和优美的神话故事。纳西男女青年往往通过对歌形式，互诉衷情。每逢节目，纳西人一定会欢聚一堂，载歌载舞，通宵达旦。然而，纳西人亦不是火辣辣的表现感情，舞蹈优美，动作舒展，节奏柔缓。

这次拍摄《金沙江》，要选用一组纳西歌舞。我们请丽江县文工队表演。纳西人据说是彝族分支。这次请当地专业舞蹈演员表演整理挖掘的古老舞蹈形式，伴唱运用了类似川剧高腔，加上声带的人为的颤抖，显得有点怪。所谓挖掘传统，有时在似画符。反正大家都没看过，有人敢于以自己的想象，说这就是老祖宗的传统，也绝不会有人出来说这是不对的。于是以讹传讹，这其实是假传统。

在挖掘传统时，应不用假说才好。不过，纳西人演纳西歌舞，外人也并不知其深意，都认可也就算成功了。只是舞姿仍是平稳和缓，整个舞蹈阵形，

---

① 2000年全国人口普查时，纳西族人口30余万。

文雅仍不失动人之处。

拍摄的根据仍是在县志中看到的。纳西人每年六月九日要过三天火把节，家家户户门前点上一堆熊熊火焰，人人手中有举一束松明火把，载歌载舞，热闹非凡。县志载，原来是玉皇要害死生活幸福的纳西人，派一员天将要去杀光纳西人。而这位天将于心不忍，于是自杀。玉皇一怒又派天兵用火来烧光村寨，当纳西人知道这一情况，家家户户门前点起火来。天上一看以为，这一片火光已把纳西人灭绝，便此就罢，而这火把节却从此流传下来。

传说往往带有极为荒谬的色彩。

当夜色降临，几十把松明火把忽然点亮，在音乐声中，演员们穿着鲜艳的民族服装，在火把、灯光、星光、月光辉映下，轻歌曼舞，远近乡亲赶来，围观这一热闹的场面。

这一阵灯笼、火把，真的把天上乌云驱散了。第二天，尽管偶有小雨，但外景拍摄是没问题了。

我们准备拍摄的最难、也是最危险的外景景点，就是金沙江上的虎跳峡。

当我们乘车下午抵达龙盘水运站时，工地的领导先让我们吃饭，可是要是等到饭吃完，赶至拍摄现场，太阳就会下山。于是，我们感谢盛情，饿着肚子赶到了江边，坐上一条铁壳船向虎跳峡驶去。此处水面还算开阔，但船工要求我们穿上救生衣，顿时增添了不安的气氛。

船停在一面陡坡旁，离船上岸，走上了一川碎石的干沟。眼前山崖几乎直上直下，才登上一半就人人汗流浃背，气喘吁吁，斗大的石头在脚下摇摇晃晃，一步踩空，后果难以想象，这时已到了海拔3000多米。在攀登中，我们缺氧的感觉，增加了不适。向上看峰插入云，往下看激流汹涌，惊心动魄。举步维艰，何以形容。

终于千难万难上了峰顶，山风扑来，浑身倒是舒服了，但心脏怦怦奔撞，使人感到疲乏无力。我们看表已是6点了，顾不上歇气，架机器的架机器，开录音机的开录音机，拿反光板的在调着板的位置。我在机位处，牢牢站在崖边，面前是摄影机，而背后即是万丈深渊，激流恶浪。虎跳峡，有人说它的两岸，一头虎可以跃过。金沙江水在这紧扼的石崖之中奔突，有人说这奔腾咆哮的峡中激流，那声势就是猛虎发威，骇人心魄。于是，虎跳峡之名由此而来。我的目光向上望去，对面山峰，如刀削一般，峰顶云雾缭绕，像神仙府地。由粗犷的巨石构成的山崖，在远处看来，却清雅秀巧，云雾瞬息万变，忽浓忽淡，时上时下，时有时无，虚无缥缈。蓦然间一道金光，直射对面山崖，并给这幽深的峡谷增加了一丝神奇的光明。青树、怪石，在这夕阳一抹之下，更显得清奇古怪。

极目望去，在将落山的太阳的余晖中，我面前的山巅变得容光焕发，像光华四射的少女的鲜艳面庞，像玲珑剔透的水晶石雕成的举世无双的艺术品。那一声声隐约可闻的鸟语，让我反而觉得此处的荒凉。对面绝壁，自古无人问津，眼前脚下，又有几人站过？多少难得一见的美景，生在深山无人知。只是山并不想让世人领略。千万年来，它自生自灭，明媚清雅也罢，平淡无奇也罢，阴森恐怖也罢，朝云暮雨，阴晴雨雪，春荣冬枯，夏季的一色墨绿、翠绿，秋晴的万紫千红，霜叶杂染。总之，它美也罢，丑也罢，并不想愉悦谁。可是人却在世间不甘寂寞，大才小才无才，都要在人生舞台上拼命地显示自己的存在。此刻我站在危崖上，不也希望自己的劳动成果，被人认可与赞赏吗？我开始收敛心中顿生的种种念头，专注地对着镜头说话，不敢有半点疏忽地完成我的台词，因为时不待人，天就要黑了。

回到水运站，主人端上热腾腾的菜蔬、米饭。大家风卷残云，把一天的饥饿与疲劳都吞了下去。

9时许，告别热情的主人，我们返回丽江县城。晴空朗月，几抹轻云，山路两旁的峰峦苍茫可见，神秘无限。车上人几乎异口同声请求停车。车停路边，大家下车，深深地吸着鲜鲜的、淡淡的香气。环视四周，都没有话讲了，大家都被四周的杜鹃花的冷艳惊呆了。千朵万朵、远远近近的杜鹃花，盛开在山坡上。月色清辉，把一丛丛、一片片正在怒放的碎玉般的烂漫花朵，衬托得淡雅、庄重、宁静、妩媚。花是那样蓬勃，仿佛有生命在律动，仿佛吟唱、诉说。但我们不懂她的语言，也感知不到她的音波。在这人迹罕至的荒野，杜鹃世世代代默默地展现着无人知晓的美好精灵般的仙姿。

既然这么美妙的景观，千万年来鲜为人知。那么，在大自然的神奇魅力前自惭形秽的我，有什么不平。我有什么资格想称雄一时呢？自然是净化人类心灵的师长，它在默默地向我们，向有幸窥视到它一星半点美感的人，显示着无意苦争春的超凡脱俗的风骨。

在四川与人打交道要多一些，对古代文化的遗存有缘观瞻的机会多一些。但那是人世之心的一种暗暗积累，那是激励我奋发向上、出人头地的一种鼓动。而在云南，更多的是在人迹罕至之处，观赏大自然亘古以来的沉寂，领略它甘于岑寂，而毫无争一日之短长的矜持。大自然绝不自怨自艾，它在人出现之前就存在，在人繁衍之后仍存在，在人类蒙昧之初即存在，在人世演出悲欢离合的种种活剧时仍默默无声地存在。它一如既往，守住它的寂寞，它容忍人对它的种种猜测和对它肆无忌惮的伤害。然而，大自然终究是伟大的拥有者，也是悲哀的牺牲者。无论是江流和山岳，凭你亲和，也任你开采。我们的到来，是否已惊扰了它。但它以自身的神秘告诉了我，无论我怎样在尘世中争抗，在山野中寻求解脱，总之，我永远是渺小的一员。

离开丽江的前一天，我到了黑龙潭公园。古木扶疏，亭阁剥蚀，几乎整日没有游客。草荒疏而无人整理，篱破败亦无人问津，已失去那诱人的意境，仅剩下杂乱的野景。只是抬头望见的玉龙雪山，几乎终年不化的雪迹，勾出如大理石的白玉色条纹一样的雪迹。山下如春，山上清冷，也形成了一种特有的神奇瑰丽。不过，黑龙潭水映出了它动人的倒影。

临回北京，我心中已有了打算。今后要努力奋发，进则跟随先贤大师们的足迹，怀有“天生我材必有用”的雄心，闯练一番；而退则独守岑寂，容得下冷暖风晴，也耐得住无人赏识的寂寞。于是记下一首我自吟自写的《春城歌》：

春风春雨洒春城，

春城无日不春风。
漫山杜鹃春光俏，
绿水红花盈盈笑。
君看玉龙山上雪，
春风不曾到山头。
春雨尽日似轻愁，
春光春水两悠悠。
古潭莲花烂漫开。
潭庆雪山影倒栽。
剔透晶莹含春色，
仙姿妩媚寻春来。
四季如春无寒暑，
一段冰魂做傲骨。
春风春雨弄春柔，
碎玉飘零蝴蝶舞。
何须到处觅胜境，
春城春城是乐土。

第二天，我吟味着没有尽兴的诗意，怀着一展身手的信念，回到了今后将给我种种机会的北京。

央视20年：昨夜星辰昨夜风

这是我在1988年我国电视业创建30周年[①]前夕写下的文字。追忆以往，述说心怀，算作荧屏内外的拾零，也希望多得到几分理解，企盼从中悟出些道理。

灯下提笔，往事如潮……断断续续的回忆使得我情致如痴。那琐碎的、平淡的、枯燥的一切仿佛笼上了一层朦胧的柔雾，于是思绪绵绵，令我深情地品味那似乎不完全属于我的往昔。

梦幻岁月

我与我同时代的人经历过共同的风雨，也感受过大体相同的欢乐，有着执着的追求，也遭受过各不相同的磨难。喜悦、忧愁、悔恨都曾围绕过我。

值得欣慰的是我至今仍从事着我喜爱的工作，并投入了我全部的身心。中国电视事业的发展提携了我，我随着中国电视事业的发展长大，我是这个宏伟机体的一个零件。我有生之年总在思考如何施展才华，为我从事的工作竭尽全力，报效生我养我的祖国。

无论遇到怎样的大起大落，无论受到什么样的委屈，无论历经怎样的艰难痛苦、坎坷、曲折，过去、现在和将来都不会，也不可能动摇我的信念。

1985年，是我的一个多事之秋。戏剧性的一幕是这样开头的：3月1日，《新民晚报》刊登了一条消息，题目是《电视观众运用发言权，投票选出最佳播音员》。文中说："全国第一次电视播音员、节目主持人评选活动今天在上海揭晓，有五位播音员和节目主持人获奖。"我荣登榜首。

1985年3月23日晚，上海电视台播送室华灯齐放，流光溢彩……最佳播音员颁奖大会正在进行。记得领奖时，我手捧红色绒面的荣誉证书和一束艳

① 1958–1988年，共30年。

丽的鲜花，面对摄像机由衷地说了这样一段话："感谢大家给了我这样的荣誉，这完全出于广大电视观众对我的厚爱。我想这是我一生中第一次，也可能是唯一的一次得到这样的奖励……我会把这次奖励当成一种动力，更加尽心竭力地为大家服务。"

第二天，当我们离开上海国际饭店时，没想到被等候在门口的群众团团围住。多亏服务员帮忙，我们才挤出一条路，上了汽车。车开出很远了，回头望去，人们还没离散。一股热浪涌上我的心头，使我久久不能平静。

尽管这次评奖规模不大，仅在《大众电视》的十几万读者中进行，但这确实是一次观众发自内心的选评，一次真正的民意测验。这次测验验证了我在观众中的影响，我内心感到极大的满足。因为，能取得这样的荣誉，我是做了巨大的努力的。

记得1979年，我赴美工作时，CBS人员和美国的报纸曾将我与美国著名新闻节目主持人沃尔特·克朗凯特相提并论，誉我是"中国的克朗凯特"。我却不以为然，因为克朗凯特在他65岁离休时，仅主播了20年的新闻节目，而我在这次赴美工作时，还不到40岁，却已经有了近20年的新闻播音经历。当时不少人嘲笑我们中国的播音太死板，比不上洋人，我也不以为然。我确信，再过20年，我的成绩是克朗凯特望尘莫及的。我爱CCTV，CCTV是一棵大树，我只是它的一片叶子。没有CCTV，就没有我的一切。1979年，我在美国时，曾有人多次找过我，希望我留在美国工作。1982年我在东京时，NHK（日本广播协会）国际部负责人也曾希望我到NHK工作。至今我仍有不少类似机会，但我不为所动。因为我清楚地懂得这一点，没有中国电视就没有赵忠祥。因而，我发奋努力，不断地在艰辛与痛苦中磨炼自己。25个春夏秋冬，9000多个日日夜夜，终于，我得到了观众的承认，听到了观众的反响。当我手捧奖状时，按捺不住内心的激动。然而，我万万没有料想到，随之而来的却是这样的一幕。

1985年初，正值我的业务处于成熟阶段，就在我领奖的同时，我却身不由己地离开了奋斗20多年的新闻播音岗位。没有解释，没有声明，更没有像克朗凯特离休时，三大广播公司并网播出他的告别节目，我就那么不声不响地离开了。

紧接着，关于我的传言一夜之间便闹得满城风雨。先是四面八方传来了我的“死讯”。一些多年没联系的朋友，转弯抹角地打听我的情况，他们说我骑摩托车撞上了汽车。北京当时有这样的笑谈，“要想死得快，就买一脚踹（摩托车）”。我从没骑过摩托车，也过了骑摩托兜风的年龄，我还不至于死得那么时髦。居然听说有人在给司机们讲交通法规时，严肃地说：“你们如果不遵守交通规则，就要出人命！大家听说了吧，赵忠祥就是这么完了的。”哪跟哪儿呀。

1985年岁末，我又在其他节目中出现了。因此，我收到了不少观众来信，大部分来信都是祝我早日痊愈，祝我平安的。传闻又降了温，说我没被撞死，只是撞伤住了院。一位东北观众用墨笔写了一个条幅，好像是挽联：“我们想念你。”面对这样的慰问，我很尴尬，也很感动，因为我相信，大部分人是希望我能继续为他们带来欢乐的。不过，这传闻相当持久，那一年，我“死去活来”了好几回。没有办法，我只好硬着头皮，同谣言打一场持久战。

1986年春节前夕，我母亲去世了。她真的离开了人间，却没有几个人知道。母亲身患癌症，早已卧床不起。在病中母亲听不到外界的传闻，她唯一的信息来源就是电视。以往我工作紧张，无法常去看望母亲，母亲能从电视中看到我在播音，她的心中便有了几分慰藉。但在她最痛苦的时刻，她没见到我的图像，一定会产生种种猜想，我何以安慰她老人家。

1986年的春节晚会，总导演黄一鹤提出让我担任主持人。那时，我要照看病中的母亲，又要参加函授考试，还要排练，时间很紧张。但我希望能在那次春节晚会中出现，我知道这是对我亲爱母亲的最大安慰，也是对关心我的一大批亲爱的观众的告慰。

1985年岁末，母亲病危，我希望辛苦一生的母亲能熬过春节，一定要熬过春节。一天中午，当电话通知我快去医院时，心中一阵紧缩。虽然医院没对我报过母亲病危，但我立刻觉得天旋地转。我飞奔至医院，母亲已被推出了病房。在走廊里我拦住了车子，作为母亲唯一的儿子，我痛悔自己没能在最后一刻见上母亲一面。我的妻子和儿子放声痛哭，而我却欲哭无声，只记得负责这个病区的陶斯亮大夫走到我身旁安慰说："不要太难过。"

在医院太平间昏黄的灯光下，我打开自己的化妆盒，亲自为母亲化妆。我是遗腹子，在人性冷落、世态炎凉的境遇里，母亲劳累一生抚养我长大成人。工作二十多年来，母亲关注着我的曲折沉浮。我深知这个世界上唯一最关心我和最袒护我的就是母亲。当我们的生活逐渐好起来，能使母亲安度晚年时，母亲却溘然长逝了。她老人家憔悴的面孔呈现在我面前。我跪在她身旁，泪水滴在母亲的身上。我知道母亲期待我的是什么，我是她生命的延续，我要为母亲争光。

离春节晚会还有二十来天，按说我可以请假料理后事，平静情绪。古人守孝三年，我岂能不懂其中的道理。可是，母亲生前从不让我为家事而耽误公事，我知道怎样才能让母亲满意。

令我感动的是其他几位晚会主持人都来真切地安慰我，姜昆、王刚、刘晓庆、方舒、顾永菲。我默然良久。我明白此刻只能调动我的全部精力投入工作，为了我的母亲，为了我的观众朋友，为了多给人间增添一分欢乐，减少一点悲凉。

关于我的"死讯"传闻之后，又一传闻，一直延续至今，驱之不散。"赵忠祥不播音了，当了副台长。"至今我仍能收到"赵忠祥台长收"字样的观众来信。这从何说起呢？这个谣言在我离开《新闻联播》节目之后，越传越盛。我曾写过一篇文章，连带辟谣，但没有奏效。更令人哭笑不得的是在我外出时，一些单位的领导和工作人员竟当面直呼"赵台长"。我解释他们也不相信，无可奈何。说我死了，一笑了之；说我当了台长，这岂非沽名钓誉。

人很难达到宠辱不惊的地步。何况我是一个内心并不坚强的人。1985 年是我一生中的低潮，如何冲出低谷只有靠自己的努力。

我只是一介书生，唯一的愿望就是能更好地为电视事业奉献我微薄的力量，此生不渝。这是我 28 年前萌生的愿望，那时，我 18 岁。

路在脚下　情在人间

1960年4月22日晚7点，像往常一样，北京地区的电视屏幕上出现了沈力端庄大方的形象，她微笑着向观众问好。忽然，屏幕上一阵杂波，随着画面的闪动，一个观众未曾见过的小伙子出现在屏幕上，正当他要说些什么时，图像又消失了。这个临时差错恐怕在今天已经没有几个人记得了。那时，全北京市仅有几千台黑白电视机。但是，那10秒钟的亮相却永远留在了那个小伙子的记忆里，因为那个小伙子就是我。这是在切换出错，我又毫无准备的情况下的首次亮相。

第二天中午，我去食堂买饭，总觉得有人在注视我。几位中年女同志在私下议论："好像是他。""没错，是他。"一位老大姐向我招了一下手，我走到她们的餐桌旁边。她问："昨天电视里那个小伙子是你吧？！"我茫然地点点头。"怎么回事？"随着话音，几双眼睛逼得我无地自容，好像我做错了什么事。我解释说："阿姨，是这么回事。昨天第一次在新台播音，由沈老师播新闻，我在四楼准备，不知道什么原因，中间突然把我播了出去。我是新来的，不是我的错儿。其实，领导还夸了我，说我没慌神儿，没出洋相。"一位年轻女同志仍以责备的目光注视着我，还是那位老大姐打了圆场："让他买饭去吧，小伙子好好干。"

那时，正当新旧台址转换，出个小纰漏是常有的事，就是不搬家，哪天也能挑出小毛病。当年的老台就坐落在广播大楼的东南角，一批老电视工作者在这里工作了30年，把一生最美好的年华都献给了它。

自从那天我首次亮相，台里几位领导叮嘱我说，以后只要在镜头前准备就一定要保持播出时的状态，说不定什么时候就把你亮出去了。老领导孟启予对我说："原来请过几位剧团的演员报幕，挺漂亮的姑娘词儿一错，就吐吐舌头或出个怪相。播出是个严肃的事情，这样有失'尊严'的事，怎么能不让人恼火。可当时只有沈力一个播音员，她忙不过来，哪有现成的呢？"

一些老同志告诉我，周总理和其他中央领导同志亲临电视台视察时，对电视台的工作做了许多具体指示。当了解到电视台缺少播音员的情况时，曾指示广播局在北京市应届高中毕业学生中去挑选。周总理还曾指着沈力对大家说：“她是在幕前工作的，你们是无名英雄。”

1959年下半年，广播事业局正式组成班子，开始了挑选电视播音员的工作。

我那时正无忧无虑地念书，准备迎接高考。我们这届1960年高中毕业生已经经历了一次筛选，尝试过竞争的滋味，初中毕业考高中时，淘汰了一半儿。初中时，我曾获得两届优良学生奖章，如果初三再获得一枚，就可以得到北京市教育局颁发的金质奖章，就能保送高中，但我未能如愿。

记得发榜的那一天，我和左邻右舍的小伙伴眼巴巴地望着胡同口。一辆绿色自行车拐进胡同里，我的心急剧地跳动起来。大家蜂拥而上。当我拿到属于我的那一张通知书时，却不敢即刻拆开，似乎这一刹那将决定我一生的命运。我颤抖着展开通知书时，高兴得腾地一下冲进院门，激动地向我的外婆宣布：“我考上啦！”眼前出现的是外婆布满笑容的脸。此后，我似乎很少再遇到能使人如此激动的情景。

我珍惜自己争得的学习机会，我们那一届高中生都是这样想的。升大学已没有扣人心弦的竞争了，因为这一届在校生已不足当年大学应招的人数，我们都将是未来的大学生了。尽管学习紧张，但同学们春风得意，校园里到处是欢声笑语。那个年月人们没有过分的物质追求，我们的口号是：“祖国的需要就是我的志愿”，灿烂的前景就是我们蓝色的梦想。

然而，我却接受了新的考验。

电视台挑选播音员的工作涉及近百所中学的毕业生。我有自己美好的理想，但是当播音员我却从未想过。我所就读的北京市第二十二中学，以涌现优秀体育人才而著称，庄则栋就是我上一届的同学。我也迷上了体操，在业余体校进行刻苦的训练，教练希望我能参加第一届全国运动会，由于我在一次测验中受了伤，失去了机会。那个时候，我精力旺盛，兴趣广泛。我还参加过东城区学生话剧团，接受过专业教师的严格训练，还扮演过几个角色。我也受过声乐老师的培训，老师认为我是个有培养前途的学生。我喜爱古典文学，也尝试着作诗。我的俄语学得不错，曾作为学生代表用俄语发言。我最大的愿望是考上名牌大学，名牌系，不辜负这几年的努力，我做梦也没想到去当播音员。

尽管我并不热心当播音员，但年轻人的好胜心理无疑刺激着我。我第一次到广播大楼应试，得知有一千多人试音，要花费四个月的时间。这是一次公平的竞争，为了挑选一个播音员花费这样长的时间，这么大的力气，使我产生了好胜心，希望能在这次竞争中崭露头角。至于是否放弃高考，我还没有下最后的决心。

录音、试镜头，去同仁医院检查声带，真把人弄烦了。当又一次通知我去考试时，我不打算去了。我想把这个良机让给筛选出的其他三位同学，让他们去吧。

那是一个星期天的下午，我独自走进坐落在国子监的首都图书馆，这儿是我有空必来的地方，它与二十二中仅一街之隔。当我翻开喜爱的书时，就会沉浸到另一个奇妙的世界，忘却了身外的一切。我融化在这静悄悄的环境里，心中一片温馨。

一阵脚步声，我的一位同学急匆匆地走来小声对我说："人家接你来啦，我们上什刹海溜冰场找你一圈，又到这儿来找你，快走吧！"在那个年代，人们办事就这么认真。

我又进入了电视演播室——在广播大楼西翼四楼一个面积不大的房间，这里灯火通明，令人眼花缭乱。这 80 多平方米的演播区就是原来最大的播送室，用木板隔成的控制室靠在大厅的西南角，播出人员、导演们挤在里面切换画面，调节音响。这就是早期中央电视台的"心脏"。

轮到我站在摄像机前了，我的面前除了机器，还有亲自坐镇拍板的梅益局长等领导同志。指令从那间小木屋传出来，一会儿让我说几句话，回答几个问题；一会儿又要我转过身去，向左、向右。由于我受过业余剧团的训练，应付这次考试并不感到紧张，相比之下那三个一同来考试的伙伴还不适应这里的气氛，显得挺紧张。如果电视台要我们两个男生两个女生，那该多好，因为在考试期间，我们彼此结下了深厚的友谊。如果只挑选一个人的话，我相信那就是我。

从暖烘烘的大楼出来，迎面一阵寒风，我不禁打了个寒战，头脑清醒了许多。我盘算着今后的前程，快 18 岁了，高考迫在眉睫。我留恋校园的生活，如果电视台要我怎么办？去，还是不去？刚才李伍副局长还动员我，希望我投身到电视事业中来，电视在中国刚刚起步，这里需要人。“祖国的需要就是我的志愿”，我眼前浮现出教室墙壁上的一行大字，就这么办吧。

回到学校，我一路上冻得够呛，也饿得够呛。宿舍的灯已经熄了，同学们可能已进入梦乡。我轻轻推开门，十几个同学都坐了起来，他们像关心自己的命运一样，真切地关心着我的命运。“怎么样？”在黑暗中我已觉察到他们探询的目光，我无法告诉他们准确的消息。一位同学跳下床，冷得他抖动着身子，从封好的煤炉上拿了一个烤得焦黄的窝头，因为烫手，他两手急速地倒换着递给我：“你饿了吧，趁热吃吧，你再不回来我就吃了。”我接过窝头，不觉一股暖流涌上心头，这情义是宴席上体味不到的。

“感时花溅泪，恨别鸟惊心。”我要离别可爱的学校了，我无言地望着朝夕相处的伙伴。我舍不得离开这些情同手足的同窗学友，我将只身一人走向一个陌生的新世界。

“望风怀想，能不依依。”每当我遇到挫折，每当我感到孤独，每当我面临困境，我总会情不自禁地想到我那充满温情的母校，希望重新再现那充满幻想、充满欢乐、充满友谊的时光。这一不可名状的深情经常注入我用过的解说词中。直至今日，在那抒情语句的字里行间，仍可寻觅到当年的种种情愫。

1960 年 2 月 22 日，我拎着一只旧皮箱，两位同学帮我扛着行李，坐了一个多小时的公共汽车，来到了广播大厦的门口。那时坐落在礼士路的崭新的广播大楼处于北京市区的边缘，再往西除了军事博物馆，便是一片旷野。广播大楼当时还没有修筑围墙，我们一直走到大楼门前。

严寒尚未退去，春天即将来临。护城河的水仍静静地凝冻在大楼的东侧，两岸垂柳在寒风中摇曳着枯条，尽管抖尽了叶片却仍旧婀娜多姿，仿佛在向我们招手。告别了同学，我转身推开沉重厚实的大门，一股似曾相识的暖风迎面扑来。对于刚从中学校门进入这个大门的我来说，这幢大楼未免太豪华了，大理石地面光可鉴人，楼梯铺着柔软的地毯，庄重、整洁、肃静。在这宏伟的建筑里，我不知为什么有一种渺小、空虚的感觉。但我想到我是近百所中学里唯一的获胜者，我的自尊心支撑着我一直向前走去。

我在中央人民广播电台先学习了一个多月，初次感觉到了播音工作的严肃与紧张。那时，大部分稿件都是直接播出，那种为了播音全力以赴的神圣感，给我上了第一堂课。我叹服老播音员镇静地坐在播音间，把圈画得很乱的稿件直接播出去，而且字正腔圆，有声有色，动人心弦，我希望我有一天也能像他们一样。

一天，播音组组长林田对我说，根据你业务学习进展情况，你可以上一点节目了。当时林田已是闻名全国的播音员了，她让我起一个播音名字。我告诉她，我要起一个响亮点的，有寓意的话音名字——赵方，让声音传遍四面八方。她很赞赏这个名字。正当我满怀信心准备参加中央人民广播电台的播音工作时，电视台召我回去。

我又进入了一个新的环境。不过，在这个新环境中，当时播音员都不报姓名，所以我起的播音名字一直没用上。后来，当我的儿子降生时，把我曾经的播音名字给了他。但是，我并不希望儿子与我从事同样的职业——我为之付出多年心血却又难尽如人意的职业。

自从我到电视台报到至贸然出现那个图像的 4 月 22 日，前后不过两个月，我已经开始正式工作了。这项当时并不起眼的工作，在以后漫长的岁月里使我备尝艰辛……

为伊消得人憔悴

历史从昨天走过来，它将继续走向绵绵无尽的未来。30 年的岁月白了少年头，而中国的电视事业已进入了而立之际，它注定将日益兴盛，日益成熟，日臻完善，成为现代社会与大众融为一体的亲密伴侣。

我有幸在中国电视的初创阶段，成为第一批中国电视工作者。我随着电视事业的成长而成长，随着它的发展才逐渐明了，我从事的是一项值得我终身自豪的事业。

我为自己的工作付出了心血，同时也得到了超乎我期望的报偿。如果我能重走这28年的历程，为了今天，为了我的观众，我会更自觉地更科学地磨炼自己，或许将比今天更如人意。不过，我并没有愧对自己二十多年的路程，我已尽了力。

当年的电视台如果没有今日辉煌的映照，也许难以给予估价。那时，我是到电视台的第78位工作人员。我们挤在一个狭小的演播区，参考数据告诉我们，全国仅有12000台黑白电视机，而且只分布在几个大城市。我们进行的是前无古人的工作，对于这一点每位工作人员都意识到了。电视台的设备十分简陋，胶片是用手工操作冲洗的，记者们配备的AK16摄影机，又重又笨，一不注意，电瓶溢出的酸液就会烧了衣服。那时没有录像机，就连同步录音机也还没出现，一切都靠人力，靠手工，节目只能直播。那时的工作态度，用“认真”二字形容是不够的，可以说简直是玩命。

这是一个充满朝气、充满信心、充满干劲，同时也是一个不甘人后、蓬勃向上的集体。这种奋进的精神感染了我，制约了我，也规定了我只能向前，不能落后；只能振作，不能气馁；只能从严，不能放任；只能成功，不能失败。总之，已不是我在学校就能通过的标准了，及格是不行的，必须优秀，否则就被淘汰。

电视播音员是一项新的职业，中国第一位电视播音员沈力自然成了我的第一任老师。我们没有条件和机会向国外的同行学习，只能自己摸索。在我到电视台之前，沈力已经胜任自己的工作，紧张的工作使她非常劳累。1959年，沈力被评为全国“三八红旗手”，出席了在人民大会堂举行的表彰大会。这四天会期内的电视播音由中央人民广播电台的播音员代替，这才使她松了一口气。沈力的屏幕形象很好，端庄、亲切、大方。在日常生活中，她却是一个性格内向的人，不苟言笑，轻声细语，这或许与她在中央人民广播电台工作过一段时间有关。中央人民广播电台和中央电视台不太一样，电台的风气较严肃，而电视台则显得随意一些。沈力是一个孩子的妈妈，也是一位贤妻良母，待人周到，工作严谨，荣誉的光环总是围绕着她。

那时，我是一个好说好动的年轻人，我向她学习业务，可学不了她的性格。

用当时的一句话说，我的学习是“练为战”，先从配画外音入手。早期播出新闻与专题节目的画面是16毫米影片，晚间播出，下午对画面。自己拿到编好的一卷影片和解说稿，钻到一个小放映间，一边放电影，一边根据画面的内容，把解说词一段一段对上镜头。音乐编辑也一同工作，用秒表卡长度，然后去选音乐。开始时一条两分钟的片子，对上五六遍还找不到解说点，念稿子时顾不上镜头，看镜头又顾不上念稿子，直播使我们感到压力巨大。每天晚上7点钟前，编辑抱着一盘胶片往放映间跑，争分夺秒，像是有人追赶着一样。装上胶片，时间一到就立即启动开关，画面直接放到银幕上，再用摄像机取画面，传出图像。当时，胶片的接头是用胶水粘的，很容易断片。有时，放映员与编辑手忙脚乱，跪在地上用手拽片子，因为无论如何不能断片。画面传出去的同时，坐在控制台上的音乐音响编辑数着三、二、一，把事先准备好的音乐效果放出去。播音员在播音室，看着画面，配解说词，一个星期紧张七天。

与电台播音不同的是，画面解说不能只低头念稿子，即使在一段解说中间，也要不时抬头看看画面，因为下午对好的片子，很可能临播前编辑又要增加或删去一段画面。要靠临场决定快、慢或调整前后顺序。每个环节都不能出错，集体的劳动成果不能砸在一个人身上。当时的空调设备不好，夏天一身热汗，冬天也免不了冷汗一颗接一颗地滚落。直播对播音员来说是最好的考验，但也是一场折磨。“文革”前期，有一次我播公报，夏天的播音间，没开空调，我上身穿着中山装以示严肃，下面穿了条短裤。我当然知道这次直播会热到什么程度，半个多小时灯光的灼烤，浑身湿透，汗如雨下，幸亏没出错。当时，由于保密的需要，直到快进播音间，才把稿件给我。我来不及看一遍就开始了直播，连急带烤，那滋味非同一般。

1965年以后，中央电视台仅有的一台录像机，成了“台宝”，平时不舍得用。1966年播《十六条》，我用过一次录像机，那是“文革”的开始。那个时候，在心理上大家都怕担责任，所以动用了录像机以防万一。

中央电视台从1958年9月2日正式播出以来，有一条约定俗成的规定，除了新闻之外，所有的图像部分必须背词。这是一道难关，每天为了背词我们绞尽了脑汁，花费了巨大的精力。但这种强记也锻炼了头脑。我至今仍可把一篇没有什么内在联系的文字用极短的时间一字不差地背下来，这是和当年付出的辛苦分不开的。如果遇上几天以后才派上用场的串联词，我总习惯在没人的僻静处，边散步边默记。离广播大楼不远有一条护城河，入夜，当一对对的情侣沿河漫步低语的时候，我一个人徜徉于河旁柳岸，欣赏着月色下的朦胧的景色，默念着我要背诵的词句，别有情趣。在这里，我领略了“杨柳岸晓风残月”的景致，但并无寂寞与伤感。我心中涌现的是一阵阵对未来的向往。

日复一日的直播，消耗着我的精力。那时我身高1.78米，体重只有62公斤，总希望人家说我胖了一点，正像今天总愿意听人说我瘦了一点似的。年复一年的直播，并不总有新鲜、刺激的内容，很容易感到枯燥难耐。而电视播音员最致命的弱点，就是丧失了在镜头前的新鲜感，缺乏新鲜感就丧失了激情；丧失了激情，就会使观众看到一个对工作与生活没有兴趣的形象。感情一要自然，二是充实，缺一不可。在镜头前的振奋感和运动员保持竞技状态一样，要有跃跃欲试、不可按捺的冲动与激情。如何培养激情，也是一个很难的课题。据说，美国的克朗凯特，有时在临播前决定重编播出顺序，弄得播出人员手忙脚乱，而他却异常兴奋，有人分析他是为了寻求一种冲动与刺激。当然只要是直播，就会经常遇到刺激，即使排除一个难点也是刺激，人们最不能忍受的是平庸。1962年冬，有一次我正在预告节目时，忽然停电了，耀人眼目的灯光骤然熄灭，不到两秒钟备用电源开启，灯又突然亮了，我沉稳地应付了这个情况。如果在停电的一刹那，我左顾右盼，面露惊慌，那一定在观众面前亮个傻相。只有做到感情贯穿，气定神闲，才不会造成刺眼的毛病。苏洵的一段话对我很有教益，“为将之道，当先治心。泰山崩于前而色不变，麋鹿兴于左而目不瞬”。我常常告诫自己，任何情况下，只要不慌乱，就能排除障碍，乱了方寸，必出差错。然而，保证直播质量的最大支撑点乃是责任心。

那时，每天下午6点20分召开播前会，工作人员准时到场，没人迟到。值班导演宣布节目时间、衔接要求、各工种的工作地点和每一处可能出现的难点，如没有疑问就各就各位了。

每天节目播完，不管几点钟，从总值班负责人到场地管理人员，照例还要开播后会。如果当晚播出的节目出了毛病，这个会可就热闹了，指出问题，分析责任，该批评的批评，该表扬的表扬，常常一开开到深夜。

我记得当年有位老灯光师，人很随和，工作也认真，但毕竟动作迟缓。在播出过程中，他调整演区灯光，往往来不及撤步，镜头一切，亮出老头半边身子。“你怎么又把我弄出去啦！”成了一句笑谈。

在播后会上，为了分清一个小问题的责任，常常争论不休。干吗那么认真呢？当时，电视工作者大多数都很年轻，往往把荣誉看得比什么都重要。无论是谁，只要出了差错，不管什么原因，一律写成书面检查贴在走廊的布告栏上。播音员念错一个字也要贴一份检查。有一个阶段，我三天两头贴检查，为了少贴检查，我下了一番苦功。

有一次大祸从天而降。那是1960年夏季，一个星期天的晚上，播前会散了，我站在广播剧场附近背词。我的活儿不多，一头一尾，中间是实况直播。这时，一位看演出的老太太问我，剧场大门在哪里。我指了指方向，她还不明白。我看了一下手表，6点40分，还有一点空，于是我就领她来到剧场，帮她找好座位。估计只有几分钟时间，我不紧不慢地往回走。忽然一位灯光师跑着来找我，“你干吗去啦？”他脸色都变了。我一边跟他往播送室跑，一边问怎么回事。他说开始标志已播完了，你不在岗位，只好把字幕切出去了。“这不可能。”可我一进播送室就傻了，屏幕上显现的正是当晚演员表，只要再给我两分钟，就不会是这个情况。我一看手表，还是6点40分，停了，该死的！

我只觉眼前一片黑暗，脑子里嗡嗡作响。这时，播送室的门推开了，当时的台领导胡旭同志闯了进来，只见他脸色发白，大概是气的。他严厉地批评我，只见他声色俱厉，几乎听不见他说什么，只听清了几个字“你要检查！”人去楼空，我坐在摄像机前发傻，我愿付出任何代价，可大错已经铸成。我正想好好干一场，却在这个当口出了岔子，觉得没脸见人，一连几夜睡不着觉。

过了两天，我的老搭档搞音乐的曹文济对我说：“胡旭同志说当时他态度不冷静，其实从屏幕上看，没大毛病，叫你不要见怪。”我想，当时他即使打我一顿，也是应该的。

第三天，老播出部主任苏实找到我，“真抱歉！”他说，“那天你送到剧场的那位老太太是我母亲，我很过意不去……”

过意不去的是我，我把这次闪失牢记了一生。

三年困难时期，大家都吃不饱饭。但我们议论的问题是如何搞好工作，我们与党同心同德，相信一切都会好起来的。我住在单位宿舍，很少有时间回家，一是工作太紧张，没有节假日，没有星期天；二是只要我一到家，母亲和外婆总要省下一口粮食，让我吃一顿饱饭。我已是大人了，我不愿再增添妈妈的困难。后来，周总理特批给播音员每月 4 斤鸡蛋，我拿回家中，让妈妈和外婆共同分享。

那时，我振作精神全力以赴地搞好工作。屏幕上，我保持微笑，这是面对一批新老朋友发自内心的愉悦。全国人民正奋发图强，渡过难关，不能萎靡不振，更不能愁眉苦脸。当然在那时，还没有国外硬派小生把一股冷峻堆在眉间的示范，那个时代需要微笑，这温和的微笑能沟通人们的感情，增进人们的理解，能解除人们的烦恼，增添和谐的气氛。面对饥饿的折磨，微笑能显示一个人的胸怀和一个人善良的内心。

小时候胡同里第一家大门旁贴的一副对联给我的印象很深：“忠厚传家久，诗书继世长。”忠厚善良应当是真、善、美的核心。1979 年，我在美国看了克朗凯特的节目，也听到同行们对他的议论。这位美国家喻户晓的电视政治家，有一副慈祥和善的面孔，他的眼神是那样真挚、直入人心，他的笑容令人感到温暖。他并不漂亮，我见到他时，已是一位白发长者的形象。我想东西方审美情趣在某一点上是相通的。尽管好莱坞塑造了不少英俊小生，风流倜傥，但电视观众却宁肯喜欢和善长者的形象，前者生活在故事里，后者存在于生活中。

在我国，电视是一个年轻的传播媒介。据收视率估计，当年的电视台的影响，未必赶得上如今的一张小报。和新华社、人民日报社、广播电台相比，人家的编播队伍有一大批有影响的专家，在技术上有一批权威。人家当年是“珠穆朗玛峰”，电视台充其量只不过是个无名高地，创业初期，没有多少人向往电视台。记得1960年秋末冬初，一个狂风大作的日子，我和老记者化民挤上公共汽车，来到京郊四季青人民公社。我们提出要采访全国劳模李墨林，可是人家不让见。塑料棚里一片碧绿的春意，可人家的态度却像棚外的冷风，新华社、人民日报社都来采访过了，你们还来干什么？再者说北京电视台是干什么的呢？如果北京电视台来人也要见上一面，聊上半天，那还忙得过来吗？30年弹指一挥间，如今电视台记者不到，会议都不开，这是什么派头。可是我们不能忘记，没有经济的发展，没有电视机的普及，就没有中央电视台的今天。1988年中国已拥有一亿两千万部电视机，是当年的一万倍。可我们的工作质量比当年提高了多少？我常常自问。

除却巫山不是云

尽管当年我是不起眼的园地里的一棵不知名的小苗，但我决心，利用同样的阳光、雨露，同样的土壤、空气，顽强地生长。我首先要做的是提高我的技能，为此我付出了自己全部的心血。

1960年9月，在我来电视台的半年之后，一位新伙伴加入到我们的行列中，我和沈力迎接了她。她娇小纤弱，但朝气蓬勃；她穿着学生裙，扎着两条小辫子，一双大大的眼睛闪现着纯真和好奇的光亮。她就是曾在我国电视史上颇有影响的吕大渝，当年，她才满16岁。她比我幸运，她是一位漂亮的姑娘，漂亮的姑娘总是比小伙子得宠，古今中外概莫能外。她曾在电影《祖国花朵》中扮演过角色。《让我们荡起双桨》这首歌流行全国，曾唤起多少人幸福的向往呵。吕大渝曾和另外三名小伙伴给毛主席献过花，毛主席慈祥地笑着，四个小朋友围绕在他身旁的照片在50年代已经尽人皆知。这个经历，同样给大渝绕上一圈神奇的光环。相比之下，我当然显得暗淡了，常言说男孩子7岁8岁讨人嫌，我十七八岁了，也并不讨人喜欢。

但我很骄傲，这一点大渝知道，她并不对我低估，因为我的播音是过硬的。我没有任何背景，没有外界的凭依，我有的是自己的聪明才智，肯吃苦的劲头和自己的工作成绩。这些支撑着我的自尊心。

大渝来后不久，我就去广播学院播音班学习了。我不可能去，这是命中注定的，沈力、我、大渝，只能去一个。沈力已是我们的老师了，我来了仅半年就已成了骨干，一时还离不开，所以只能派大渝去。如果大渝没来，也不可能派我脱产学习。然而，我多么需要学习呀。

那时，没有任何业余学习班和函授单位，我感到自身的压力，我的同班同学都上了大学，我怎么办？我不甘落后，这是我从小养成的习惯。记得小时候我和几位大同学用小皮球去投篮筐，说好每个人投200个，人家玩一会儿，都投够了数，要回家去了。“不行！我连50个都没投进，坚决不走。”人家等了我一会儿，天快黑了，都走了，只剩下我一个人。我又着急，又不甘心，天已晚了，篮筐在月光下并不显得模糊，我一边流着眼泪一边投篮，不凑满200个我决不会回去。我没什么先天的优势，只有一颗不服输的心。只要我瞄准了目标，奔跑也罢，走路也罢，就是连滚带爬我也要到达终点。

当我同班同学都能在正规的学院里受到社会承认的正规高等教育时，我就像小时候投篮筐一样，自己独自跟自己较劲。映雪、囊萤、锥股、洞壁，古人的学习佳话，长期影响着我。我其实无须那么卖傻力气，然而我又不能不那样做，一是形势使然，一是我爱书如命。

大约在初中时，我受老师的影响喜欢上了古典文学，直到参加工作以后，床头的一本《唐诗三百首》已被我翻烂了。像背外文单词，我逐篇背诵，反复咀嚼，静心玩味。我喜欢南唐二主的词，尤其喜爱“虽蓬头垢面不掩天姿国色”的李煜的词。那时对李后主之词能倒背如流，从词句感受到的美，浸透了我的全身心。那时，正是我无忧无虑的青春年华，也是“为赋新词强说愁”的时候，兴之所至我也信手写上几句，日后看来，有时竟不相信是自己写的。

白天，只要我稍有空就钻到六楼资料室，看各种报刊杂志，很快就和图书馆的老太太混熟了。她特准我进到书库去自由翻阅，临走还“恩准”我借上一本书。我定期还回，决不食言，因此得到她的信任。进入书库，如鱼得水，我最喜爱的是法国和俄国小说，法国的巴尔扎克、福楼拜、雨果、司汤达、乔治桑、莫泊桑、梅里美这几位世界著名作家的作品，只要图书馆有，我都仔细阅过。记得“文革”前我读巴尔扎克的最后一部作品是傅雷先生翻译的《搅水的女人》。在此之前，我们图书馆所藏的近 30 本巴尔扎克的作品我都看过了，很遗憾至今我读的还不到《人间喜剧》的 1/3。

我受俄国文学影响也很深。当年，我从书架上抽出书来就蹲在书架的空当处，匆匆浏览。一般的翻一翻，读个梗概，喜欢的借回去，仔细看。如果问我浩如烟海的书海里我最喜欢哪一部作品？我至今仍毫不犹豫地回答：外国作品《红与黑》，中国小说《聊斋志异》。如果有人问我，你最喜欢的播音作品是什么？那就是《动物世界》。从今天的创作里可以找到我当年喜爱聊斋的痕迹。动物是有灵性的，这仍是我今天的看法。

书给了我精神上的极大慰藉，我不能离开书，如果在一天内没有书看，则不堪忍受。书使我当时所在的狭小天地变得宽阔而深远，书使我当时的寂寞生活变得生气勃勃，书使我的内心得到了充实，书也给我的播音创作增添了营养元素。我的艺术观点和播音风格至今仍受到丹纳《艺术哲学》的影响。

我曾在紧张的工作中上过四次“夜大”，当然那绝不单是为了文凭。文凭有时说明不了问题。我虽已取得英语单科结业证书，但英语至今并未过关。我也有新闻编采专业毕业证书，但我的水平学识超过了这张毕业证书。那么还是混文凭了？不，我爱学习，我心中的隐痛是当年我放弃了上大学的机会。我要补上，补上那个空白，也补上一段学习生活。

播音员安身立命之根本，还是靠运用声音来表达内容。因此，对声音的训练无疑是最重要的基本功。

声音的训练从理论上讲非常简单，无非是气息的控制、声带闭合与共鸣腔的调节这三个部分。然而关键是练，是实践。在训练中，对我影响最大的是王嘉祥老师，他是中国歌剧院的演员。他总结了一套民族发声规律，当时有很多演员跟他学习。

经人介绍，沈力、大渝和我曾跟他学了一段时间。我和大渝学的时间最长，大约三年。上课地点在北海公园少年水电站。每天王老师准在公园开门时，从后门进入，我和大渝从电视台赶来，从前门走进。面对开阔的湖面，老师带我们练声，主要是练京剧《击鼓骂曹》的几段念白。我练了三年，在练声中结识了不少朋友。大家都很自觉地准时到场，每逢老师外出演戏，我们就自己练习。在风景优美的公园里，在空气清新的晨曦中练声，又是一群风华正茂的年轻人，惹得游人驻足观看。记得那时习仲勋同志每天也从这里经过，每次我们都上前和他握手，他对我们很亲热。那时正值庐山会议之后，习老在逆境之中，但我们都非常尊敬他，与他谈笑风生。

练功，其实就是功夫，就是坚持不懈。这不但锻炼人的机能，也磨炼人的意志。冬练三九，夏练三伏，寒暑不辍，这并不是一件容易事。我们不论头天晚上播后会开到几点，睡得多么晚，第二天5点以前就得起床。我和大渝约好在车站见，乘第一班车，在北海公园大门没开之前就等在那里。这三年风雨无阻，我们是北海公园每天的第一批游客，下雨打着伞进去，下雪时，在白茫茫一片园地上留下第一行足迹。现在我回想起来，不得不佩服当年的劲头。北海公园的阴晴雨雪，春天的和煦明媚，桃红柳绿；夏日的浓荫遮天，荷香沁脾；秋日的蝉鸣高枝，丹桂袭人；冬日的庭园寂静，风寒雪冷，都一一收入眼底，记在心头。

一般练完声，我和大渝从前门出来，会在旁边的餐厅吃早餐。每次都是大渝抢着付账，其实她比我工资还低一级。我们常开玩笑，我说："你留着吧。"她说："没关系，我的钱花完了，你再付。"

从北海练完声回到电视台，我常常到大演播室去弹钢琴，在大块的地毯上练练功。我弹钢琴时已是不可造就的年岁了，没有老师指导，全靠自己练。

好在钢琴只要弹上去就会发出乐音，不会“呕哑嘲哳难为听”的。在空旷的演播厅里，《少女的祈祷》《献给艾丽丝》《天鹅》的优美旋律，激起我心头的柔情，我迷醉在那优雅清新的旋律中。

我的业务工作进步很快，直播基本上不出错，也经历过了一些大场面。

1960 年国庆节实况转播的任务派给了沈力和我。正式工作才半年，一场硬仗便摆在我的面前。

在曾经贴过我不少检查的布告栏上，看到国庆工作人员名单时，我的心一跳。在中央人民广播电台能够担任国庆实况广播的是赫赫有名的老播音员，年轻人是做梦也想不到的。我离开学校参加工作刚半年，就派我担任这项工作，紧张得一连几个晚上睡不着，越临近播出日期越紧张，越紧张就越睡不着。我担心这样下去我不可能有精力去承担这个任务。

那年的国庆节激动人心。

天安门广场庄严雄伟，天安门城楼巍然矗立，鲜花、标语、气球把这里装点得熠熠生辉，当我耳畔奏响了激越的国歌，当我看到五星红旗在蓝天飘扬，当我看到毛主席等国家领导人检阅整齐的方队和欢呼的人群时，我的眼睛湿润了。我的胸中升腾起一种神圣庄严的自豪感，我忘记了自己的渺小，我把充满激情的词句，用高亢嘹亮的声音传送出去，一万多字，没有一个错。

当天晚上仍是一场战斗，白天的游行实况要拍成胶片，几乎全体工作人员都挤在二楼放映间，大家都为能出一点力而感到光荣。“马上播出了。”我拿起一叠稿件，跑进播送室，几位编辑护着一盘胶片跑进放映间。画面又一次呈现出动人的情景，我振奋起精神，忘了一天的劳累饥渴，又一次充满激情地把杂乱无章的稿子理顺，传送出去。

我成功了，我感到欣喜。梅益局长拍着我的肩膀说：“小伙子，有劲，念得好。”我看到沈力也在笑。老实说，我给她增加了负担。她要念自己的词，还要照顾我，但我的确把难度最大的工作完成了。“曾经沧海难为水，除却巫山不是云。”

以后，每一次在重大集会上的实况直播，我都不会忘记这第一次的工作带给我的感受，也不会忘记我付出的代价和辛苦。

这其中，我获得的最深刻的感受，就是自信。有了自信心，面对任何难度的播音便有了成功的基础。

莫道前路无知己

“文革”之后，我乘船途经三峡曾写过一篇散文，其中有这样一段：“波浪柔和，船身微颠，这硕大的船体成了摇篮。我的心随着江波起伏荡漾，久久不能入睡。过去的一切像这流去的江水，一去不复返，留给我的只是一场梦，一场噩梦。我多么希望快些醒来，驱散心头的阴霾，让灿烂的阳光重新恢复我童年的梦幻……”普希金这样说：“而那过去了的，就会成为亲切的怀恋。”“十年一觉扬州梦”，那是文人对往昔的恋情；“十年一觉‘文革’梦”，却使很多人不堪回首。

我又回到了我的岗位，但并没有恢复我过去所从事的全部工作。当时我仍以库图佐夫迎战拿破仑入侵时的名言“忍耐与等待”作为我的座右铭。

我的任务是播画外音。录音播出，这对于我是一个很轻松的工作。在制片部，很多老同志都是当年一同密切合作过的伙伴，这个集体对我来说是一种宽松的环境。比起在干校喂猪的日子不知好了多少倍，即使在干校喂猪，我也能保持乐观。我曾这样揶揄地表态：“喂猪是一项重要的工作，只有苦大仇深的贫下中农才能担当饲养员的职务，我今天也有这个光荣，怎么能不高兴呢。”现在我又能从事我的专业了。听说当我正在干校“高温高速炼红心”的时候，还有一位老同志为我鸣不平。那时，录音工作量较大，可人手又少，尤其缺乏能胜任工作的播音员。当军代表研究需要调一位播音员来的时候，这位老同志说：“我给你们推荐个人吧，就怕你们不用。”“谁？”一位军代表忙问。这位老同志说：“赵忠祥。”全场哑然，我深深感谢他的直言。其实，我们不过是一般的同志关系，我回台不久，他因夫妻长期两地分居调走了。

在“文革”中，我超负荷、超限度地用声，嗓音喊坏了。我用很大的力气企图恢复原有的嗓音，却怎么也不成，越使劲越喑哑，而且每况愈下，我真的着急了。

这时，我的老搭档，曾文济助我一臂之力，是他帮我寻找回了失去的声音，其中的一个方法就是缩小音量。我们曾议论过某些歌唱演员声音不能持久及嗓音损坏了的原因是撑着唱，气息、声带、共鸣腔这三者之间找不到平衡，久而久之就会走偏。但是一旦声音出了毛病，没有人帮你是很难自我纠正的，曾文济从摆话筒到定调门都帮我想办法。经过一年多的时间，录了几百条解说词，我的嗓音才逐渐有了好转。这时的声音已不再像昔日透明、嘹亮，于是我开始按自己的音色设计自己的解说风格。

回顾过去的岁月，我惊异地发现，飞逝的时光不仅带去了青春年华，带去了往日的温馨，也带去了不可补偿的追悔。“文革”期间，毛主席会见外宾的电视片，没有派我播音。后来需要男播音员，军代表提出几个人试试音。当时的副台长徐国盛力排众议，他说：“还是让赵忠祥播吧，台里的工作应该用本台的人。”于是我恢复了一种政治待遇，在调工资的时候，徐国盛又一次想到了我。这一切都是在他快离休时，我才听说的。他作为一位老干部一定不在乎我是否对他感激，但至今我觉得原来对他的一种隔阂感，是他拆除的，我不免愧疚。

1976年是一个多事之秋。那一年，中国人民的感情是何等悲痛。毛主席、周总理、朱德委员长相继与世长辞。在治丧播出工作中，我尽了自己的职责，历史地承担起传达亿万人民悲痛感情的重托。

1月8日，一个突发的噩耗，使中国人民肝胆俱裂。中国人民引以为豪的周总理逝世，凄风苦雨，愁云惨雾，亿万人民无不悲痛万分。这悲痛的泪水，呜咽的大地，汇聚成悲愤的哀悼，向上苍倾诉。十年的压抑，被“文革”分裂了很久的情感，在哀悼最敬爱的总理时，共同迸发出一种不可遏制的意志。人们的感情在悲痛中弥合，总理以他最后的一息促成了全国上下的凝聚。

我心中的痛楚与委屈交织在一起，当我进入播送室，泪水模糊了视线，几乎控制不住自己的声音，我知道此刻的每一个字有千斤的重量。这是一场意志的抗争，我义无反顾地站在广大人民群众一边，运用我长期工作练就的技能，以尽我的哀思。可是一批人奉“四人帮”之命，就坐在播音间外，他们的指令是不要过分悲哀。

这伙人撤了，我坐在播音间发愣。录音科科长宋培福问我：“还不走？”我说：“你来一下，把片子拿回来，我重录。”他完全理解并同意我的做法，天塌下来我承担。当银幕上出现总理的遗容时，我失声痛哭，擦干了眼泪又被一层泪水蒙上。我以自己深沉的哀悼为总理送行。

1979年1月，我在美国遇到一位美国朋友，他和妻子在香港看到了总理治丧活动的电视片。他紧握着我的手说：“我现在才知道是你播出的。当时，我听到你的解说，我哭了，我们全家都落了泪。”

1976年，唐山发生大地震，随后又一噩耗传来，毛主席与世长辞。泪水干枯了，我是一个新旧思想参半的人，是以晚辈的尽孝之情为他老人家送终，用我的声音不仅表达我个人的哀痛，同时也力求准确地表达整个中华民族的心声。

我想除了准确地把握感情外，还需要技巧，需要过硬的技术和过硬的体格。总理逝世期间，我一共播出了三集片子，而每一集片子录完之后，得原地待命，上面审看，只要动一个镜头或改一句解说就要重录一遍。一连三天三夜没离开播音间，只是在困乏时靠在椅子上闭一下眼，如果身体不行，是完不成任务的。尽管是录音播出，但录音的时间正是播节目预告时间之前的半小时，这半小时和后续的片子时间差不多，只要错一个地方就会延误播出，这么大的事谁敢延误。但如果错了不修改，将会造成天怒人怨的后果。一个片子上百个解说点，吊唁活动，一般要配一百多个驻华使节、友好人士、各界知名人士的人名。有的镜头长仅两秒，一处错了就影响全局。要掌握感情又要对准画面，只许成功，不许失败。这个难度我过去没有遇到过，以后也没有遇到过，而我没有辜负众望。

粉碎“四人帮”，举国上下欢腾起来。1976年大半年的阴沉、抑郁与悲愤，犹如积聚于地下的岩浆，此刻迸发出惊天动地的力量，中国人表示自己欢悦的心情就是敲锣打鼓放鞭炮。一切都该好起来了，一切都正在好转。

1979 年，我在美国华盛顿九龙饭店曾对一位美籍华人小姐说：“祖国正一天天好起来。”她流下了眼泪。

从一场噩梦中醒来，是一片和煦的阳光。十年“文革”之后，我第一次出图像是沈力大姐的主张。她主持的节目《访八一厂》需要一个人现场采访。她想到了我，当她通知我去采访时，已经事先找过了人事处，得到了许可。我又有了机会重返荧屏，又是她拉了我一把。

我深深感受到，个人有天大的本事，如果没有机遇，没有朋友的帮助，不过是一粒没有机会和条件发芽的种子。感谢党的十一届三中全会的政策，感谢我周围的好人。如今这粒种子发芽了，那么就应该顽强地生长，我期盼着日暖风和。

1978 年岁末，我正在家中与爱人孩子一起从 12 英寸黑白电视机屏幕上看节目。一阵敲门声惊扰了我，宋培福闯进来。我预感，我期待已久的这一天终于来临了。他无事不登三宝殿，进门来不及坐下，就催我：“快走，车在楼底下，台里叫你马上去直播一条重要消息。”

我们急速奔赴电视台，一位台领导交给我一份稿件，离播出的时间不多了，她说：“我们认为你播合适。”这篇稿子就是 1979 年元旦《中华人民共和国全国人民代表大会常务委员会告台湾同胞书》，祖国统一大业的信号发出了，我荣幸地承担起了这个信息的传递任务。

我庄重而神圣地走向我阔别了十年的镜头前，充满了信心。

当晚是一组迎接新年的文艺节目的压轴，可是真正压轴的却是我播送的这条重要新闻。摄像机的红灯亮了，我把在此之前的一切回顾与思考摒除脑外，沉下心来，庄重而镇静地把稿件的每一个句子以至每一个字通过荧屏传送出去，没有任何差错。播完之后，我悄悄地退出播送室，这里的一切对我都仿佛是一场值得回味的梦，一个亲切的记忆。我曾在这三十几平方米的演播室，度过了我青年时期的播音生涯。“文化大革命”割断了历史，割断了文化，也割断了我的播音工作。这段工作空白期间，却发生了那么多令人不堪回首的往事，有摧残我的心灵与尊严的屈辱，也有我辛勤劳作的欢乐，我青春年代的美好时光就这样度过了。当我身处逆境时，我憧憬着重返播音岗位的一天，在灯光前，一刹那的寂静中的冲动，一切又都在灿烂的朝阳中恢复了正常。那阳光就是耀眼目的灯光，那温馨就是直播中的寂静。

我独自悄悄回家，仍会千百次地在我的岗位上把任何人间奇迹，四海风云，惊天动地的业绩向世人传送。而我只是这部传送工具的一个零件，仅此而已，我的一切梦幻植根于此。

从1979年元旦起，中央电视台逐渐恢复了口播新闻。在这半年中所有的口播节目，都由我一个人播出，而且是直播，包括对画面部分的解说也是直播。说老实话，这期间的重要新闻的直播，无论从长度、难度、紧张程度上都远没有早期工作那样困难。

至此，我原有的功能全部恢复，全部运转起来了。我满足了，只要让我学以致用，只要交给我力所能及的工作。虽然那会儿我只有一间16平方米的宿舍，做梦也没敢想过以后会住上三室一厅。我那时月收入56元，也从没有拥有一台20英寸彩电的奢望。唯一的不满足即是我不能施展自己的技能，而这技能又偏偏不能拖延等待。万幸的是“文革”动乱结束时，我还年轻，命运注定我还可以再大干一场。

通过卫星传送节目，远不能列入早期中国电视工作者追求的目标。当美国前总统尼克松访华时，我们才痛感自己的落后。中国人这十多年，真诚地希望杀出一个红彤彤的新世界，但那个永远没有实现的新世界都包括什么物质内容，谁也说不清。美国人带来了全套设备，包括卫星地面站，他们把尼克松先生的活动，迅速传回国内。那时，我正在干校喂猪，方圆百里没有电视。

时隔不久，中国电视居然发展到自己也可以在异国他乡向国内传送节目了。我希望，有朝一日，我能站在遥远的地方，向广大观众报告消息。

中美建交的公报是我在去天津的列车广播中听到的。此行我去天津，正是为患了癌症的母亲联系治疗事宜。

我返回北京时，桌子上放着一封信，是上海电视台的同行寄来的。

信中说：“一听到中国政府代表团访美，我们这里议论纷纷。同志们猜测中央台谁去转播，请这个、猜那个，但我心里是希望你，希望这次派你去。一旦没能派你去，希望你不要难过。”

赴美的工作人员名单很快宣布了，有我。同志们告诉我，戴临风台长说，赵忠祥去可以顶半个编辑。半个编辑也许并非赞扬之词，但他肯定了我的能力。

还是那句话，一个人再有能力，没有同志们的提携帮助，没有人在关键的时候拉我一把，我就不可能走到今天。

相见时难别亦难

波音747飞机穿过万里蓝天向美国飞去，凭窗眺望，夕阳余晖照射下的云朵变幻成各种赏心悦目的图景，透过云层隐约可见无言奔涌的大西洋。

世界变小了，现代化的交通工具使人们在十多个小时后便到达了地球的另一面，另一个世界出现在我面前，这是我初出国门，1979年初，37岁。在异国他乡的时时刻刻，我把自己当成中国人民的使者，在眼花缭乱的世界里，心中升腾着中国人的尊严。

中美经过30年的隔绝，重建了外交关系，中国政府代表团第一次访问美国。我当时担任邓小平同志率领的中国政府代表团的随行记者，中央电视台采访小组的成员，通过卫星向国内传送邓小平副总理的访美活动。中国政府代表团在美访问的8天时间里，我们进行了10场传送播出。美国三大广播公司的同行们和我们一块进行拍摄、录制、传送的工作。众所周知的美国三大广播公司是各不相让的竞争对手，这次为中国政府代表团的访问竟然采取了前所未有的合作姿态。他们组成了最强的工作班子，负责这次报道的节目制作人拉克先生是NBC的名导播。尼克松与福特总统访华时，他是两次转播工作的负责人，另外两家公司CBS、ABC也都派出高手参加合作。

为了增进中美两国人民的友谊，邓小平同志几乎利用了一切可以利用的时间进行访问活动，日程安排得十分紧凑。中央电视台电视报道小组要逐一进行及时报道。在美国的五个城市，从东到西，从南到北，我们从早到晚都在工作，有时一夜只能休息两三个小时。

电视报道小组先期到达美国时，首先采访了美国总统卡特。自从我们宣布将采访卡特以后，美国各家新闻单位记者就围上了我。探询我们将要提出的问题，希望为他们各自的机构发出引人注目的新闻花絮。我只能回答他们："我们正在商量。""你们可能会提什么问题呢？"他们仍然一个劲地追问。

在国际交往中，中国人一向以真诚著称。我们不会提出让人为难的问题，我们对卡特的采访就是友好的表示。

但美国方面却焦急地催促我们把准备提出的问题尽快交给他们。就在1月的一天上午，我们接到通知："白宫方面希望在今晚8点以前收到你们要提的问题。"可是，准备提的问题才交给中国驻美使馆请他们审定。中午，使馆回复说，请向国内请示。电话又打回北京……这一夜，我们没睡好，白宫也并不平静，电话一个接一个。最后，白宫方面提出，希望明早8点钟把问题交去，最后又补充一句："总统说，也可以事先不给问题，当场提问。"其实，他们这么焦急催促，说明美方也十分慎重地对待这次采访。

第二天上午我们来到白宫，准备提的问题也总算定了下来。当我走进白宫椭圆形办公室，录像机已经架好，这是一个并不豪华的房间，历届美国总统都在这里办过公。我正打量着这个房间，美国国家安全事务助理布热津斯基走了出来，他原是一位波兰人，很年轻，也很精干。他礼貌地同我打招呼，通知我："总统推迟一小时来。"我明白，卡特需要时间与助手们商量答词。

白宫的秘书小姐们往来穿梭，走路一阵风，快节奏地处理手头的工作。一位小姐请我先到休息厅坐一下。

这里已被记者们挤满了，这次是CCTV独家采录的新闻，其他记者进不了采访现场，但记者们却不肯放过外围活动。我需要静下来休息一会儿，因为昨夜没睡好。这时，一位黄头发小伙子很体贴地问我，"你紧张吗？"我笑着摇摇头说："先生，我曾采访过几十位政界要人，卡特先生是其中之一。"

"请。"正式采访即将开始，我再次进入现场。这时，卡特总统迈着轻快的步子笑容可掬地走来。他亲切地握住我的手问好，然后，就座随便聊了起来。这正式采访前的随意交谈，如果做成节目的话会更动人。

采访的时刻终于到了，一种历史时刻的庄严感在我心中升腾，这时的感受与我 18 岁在天安门转播国庆实况时的感受相同。就在这一瞬间，仿佛令人热血沸腾的国歌在耳边奏响，庄严的五星红旗迎风招展，千万只手臂在挥动……作为崛起的中国人的一员，一种自豪的情感占据了我的全身。我稳住内心的激情，庄重地说出了这段开场白："总统先生，这是中华人民共和国中央电视台记者第一次有机会采访一位美国总统。"采访顺利进行……结束时，卡特先生擦去额头细密的汗迹。白宫的一位工作人员走上前来表示祝贺，我意识到，这次采访，无论对中央电视台或对我个人都将是一次具有重要意义的经历。

当我们提出继续采访为中美关系正常化做出过贡献的尼克松先生和基辛格先生时，美方仅安排了我与基辛格的会面。因此，我们没能见到这位因"水门事件"下台的总统。

在美国一次动人心弦的采访，发生在华盛顿九龙饭店。那天，我们预定采访一位来自中国的女经理，无意中却采访了另一位中国姑娘。我们一进饭店，经理就说："这儿有一位中国人想见你。""中国人？"多么亲切，我立刻走了过去，原来是一位华裔姑娘在举行婚礼。这位女子见到我站了起来，她很激动。我向这一对新人祝贺问候，向她说明了我的身份，出于职业习惯，我顺便问她对中美建交以及对邓副总理即将来访有什么感想。她说："很好，他为中国人做了许多好事……"忽然，她口吃起来。我以为她太紧张了或许中文已不流利，只见她两行热泪夺眶而出，她哽咽地说："我希望中国人同心同力，建设好我们的祖国。"这时，她无语凝噎，全场肃穆。我的眼睛也模糊了，不禁百感交集。

她这番简短而朴素的话语里寄托着对祖国多么深厚的感情，又包含着多么深沉的情意啊。身在异域，心向祖国，我们的心是相通的。"我理解您的感情，小姐，我们的国家正在一天天好起来。"

这个场面被摄入了镜头，协助我工作的美国同行编辑鲁克尔先生，他在

20 世纪 60 年代我和同事在国庆现场实况转播

1965 年播报新闻

20 世纪 70 年代《新闻联播》剧照

1979 年在白宫专访卡特总统

1983 年在钓鱼台国宾馆采访卡特前总统

1982 年在钓鱼台国宾馆采访美国总统里根

现场指挥摄影师一刻不停地拍摄，这突发性的采访被编入镜头传回了国内。这是一个事先并未列入计划，却很成功的报道。我感谢鲁克尔先生的真诚合作，不幸的是鲁克尔先生后来在一次空难中遇难，一架DC-10客机在墨西哥上空爆炸。这条消息是我在电视新闻中播出的，然而我万万不会想到鲁克尔先生正在这架飞机上。他是一位性格沉稳而内向的人，颇有儒雅之风。记得有一次，我们拍外景来到林肯纪念堂前，那是一个不太寒冷的上午，细雨夹着雪粒纷纷扬扬。林肯的塑像坐落在那里，面颊深凹，目光深沉，安详地面对这个朦胧的世界。在这肃穆的氛围中，我想到他为解放黑奴做出的巨大努力，想到他生前悲天悯人地惦念他多难的事业，我仿佛觉得一颗善良的心在他胸中跳动。鲁克尔问我："你对林肯如何认识？"我记起了马克思对林肯的评价，我说："他是一位我所尊敬的伟人，他的影响超越了他的国界。"鲁克尔沉默片刻，轻声说道："是的，他的影响也超越了他的时代。"我们都无言地望着细雨飘摇的广场，华盛顿纪念碑直指灰蒙蒙的天际，倒影映在一池水中。岑寂，闹市中的岑寂显得凄清。

一位翻译小姐也与我们结下了友谊，她是一位美籍华人。开始她抱着略有敌意的态度对待过我，我们也争吵过，可是通过一个月的交往，大家有了了解，当我们即将分手时，她哭了。她送给我们小纪念品，送给我的一条领带附有一个小纸条儿："赵先生，相见时难别亦难。珍重！"

往事，已经过去了又一个十年。当时风华尚茂，如今岁染鬓白。是的，对这个职业来讲我已显老了，但我的心仍有一种渴望创作的激情。

我曾出国访问过几个国家和地区，但第一次出国，又在那样的历史背景下的出国，留在心中的感觉是鲜明的。

记得访问美国的最后一站是西雅图，当我顺利地完成了最后一次播出，自然会产生了一股欣慰之情。几天来，每次都是在直播中不断收到递来的稿件，我振作全部精神，终于一字不差，感情饱满地完成了任务，我如释重负，能不快慰吗？

第二天，我们将再取道纽约回国，美国同行为我们饯行，地点在宇宙针塔旋转餐厅。室内，人影在闪动变幻的灯光下令人目眩，透过窗子，我看到在灯海中的西雅图的美丽夜色。

“您此时心情如何？”一位美国朋友问我。

“您呢？”我反问他，因为我没考虑过心情如何，我正在想着我事业的前景。

白发苍苍的拉克先生说，工作完了，心情愉快，要痛痛快快地玩几天。

我说：“一个人自从脱离了孩提时期甜蜜的蒙昧，我想就不太可能有单纯的快乐了。”人生是短暂的，然而当你一步一步往前走时，又是漫长的。还有那么多的事要做，还有那么多的难点要突破，我从来没有一味的快乐。

当年，我送别一位友人时，分手之际吟诵了几句即兴构想的诗，算作依依惜别之情的表示：

还记韶华时，京城春满楼。
月夜酒方消，长谈志未酬。
一任风波起，客梦上心头。
从此天涯路，阳关故人愁。

不知我的那位友人现在何方。我想起一个个少年时代的朋友，天各一方，但心是相通的。我们都面临过各种曲折，现在我们又都继续为实现共同的理想而拼搏着。西雅图的夜色迷人，但我的头脑却冷静地思考着应该做的一件件事情。

一位美国朋友又一次提出要我考虑在美国工作，他说他喜欢我这个人，他可以为我安排。“谢谢，我已到了故土难离的年龄了。”

我知道，我在美国之所以受到热情接待，受到尊重，那是因为我是中国政府代表团的随行记者，是中央电视台的一位老资格的播音员，离开了这个背景，我就难以存在。

生我养我的故土，只有我知道自己对您的深深眷恋之心。明天，我将回到您的怀抱，明天我将面临新的挑战。

再见，美国。

我与《动物世界》的缘：赞美大自然的生灵

我没有想到《动物世界》与我结了缘，也没有想到我的解说风格会以《动物世界》为代表。1980年12月，我第一次为《动物世界》配解说时，纯属偶然。那时候，中央电视台为了丰富荧屏的花色品种，买进了国外从60年代开始兴盛的这一节目。然而不会有人想到，从那时起，这个节目在中国长盛不衰，播出了14年。①

在《动物世界》播出10周年的时候，编辑组决定录制一台大型节目来纪念这10周年的成绩。当时有两个打算，一是举办一台综艺型的晚会，其中包括知识问答和文艺表演，使这台节目能吸引更多的观众，对《动物世界》产生更大的兴趣。这台综艺节目的创意与构思由我起草。但由于我们的节目组缺少承办综艺节目的经验，在录制的初期就打消了这一构想。后来，我们请了几位台内的有经验的编导，加上本组全力以赴的努力，编辑成100分钟的专题片。

第二个纪念性的举措，是节目组所有编辑共同努力，出版了《动物世界》解说词集，共80万字，近千幅照片，装帧精美，至今仍具有不小的影响。这本书的序是由我执笔的。那天在办公室，我借了几张稿纸，伏在办公桌上一气写了一个小时，停下笔来看了一遍，我十分满意。因为这篇短短的序中凝聚了我的一片真情实意。稿子送到出版社，他们也很满意。这篇序的内容如下：

我和我的同事们都期待着这本书的出版。我想象得出，当《动物世界》的观众朋友们得到这本书时，会和我们一样感到亲切和欣喜。相信这近百万字的解说词的结集，不仅会为读者提供丰富的极其难得的有关野生动物的具有学术价值的资料，也将为读者提供一部绚丽多姿、千变万化的大自然的生灵的电视艺术形象赖以产生的文学读本。其中很多篇，状物、抒情，文辞优美，流畅

① 1980–1994年。

清新，的确很能打动人心。不少朋友们在欣赏《动物世界》这个节目时，早已领略了解说词所具有的美感和诗情。因此，这部书将成为我们工作人员和广大观众朋友一份共同的温馨的纪念。

特别要感谢华夏出版社为出版这部书所付出的辛勤和心血。这部书的出版很大程度上是由于我们都喜爱《动物世界》的缘故。

我和《动物世界》已有了十余年的缘分。只要可能我将全力以赴地为这个节目、为喜爱这个节目的观众继续尽自己的全力。能为《动物世界》配解说，对我来说是一件赏心乐事。同时，我也为自己在三十多年的播音生涯中，能遇到这么好的节目，感到幸运和欣慰。

我从小就喜欢各种讨人喜欢的小动物。儿时我生活在都市的一隅，住在一处小小的院落里的一排极普通的平房内，我鲜有同龄的伙伴，只好独自玩耍。有时就搬个小板凳坐在屋门外，展开稚气的遐思，静静地注视这寂寞庭院的风雨阴晴。其实至今我最喜爱的工作并不是主持热热闹闹的场面，而是喜欢坐在安静的播音间，一个人进行幕后的创作。正像我独处在播音间面对屏幕上变幻万千的情景一样，我儿时所在的小小空间，也会有生气勃勃的过客：天空中飞翔的鸟儿，石阶下鸣唱的蟋蟀，雨后墙角徐徐爬行的蜗牛，春天在邻居檐下呢喃筑巢的燕子，冬天在雪地上瑟缩啄食的麻雀……这一切都曾抚慰过我的童心。如今只要在我面前的屏幕上出现这些可爱的小生灵，我就会不自禁地有一种冲动，仿佛这些小家伙是我似曾相识的儿时伴侣。

年龄稍大，小小的庭院已关不住我，我要和小伙伴们走出家门，走出胡同，走出城圈，到郊外钓鱼，逮蟋蟀。踏着露水，顶着烈日，我把一切可以利用的假期时光都消磨在田间阡陌、荒草乱石之中。回到家里顾不上吃饭，先把封闭在一只只小纸筒里的可爱的虫儿放到一个个小瓦罐里。然后，喂给它们青豆和当时我能找到并认为是最好的食物。只要我觉得它们快活，我就快活。我养蟋蟀不是为了拿去斗，而是想和它们为伴。到了夜晚，蟋蟀们在墙角的瓦罐里此起彼伏地鸣唱，组成一曲秋夜交响曲。在这迷人乐队的催眠下，我慢慢进入甜美的梦乡。朦胧月色下的院落，婆娑的花影，白日有趣的活动幻化成神奇的景象，诱人地展现在脑际心头……

童年的梦，童年的乐趣是难以寻觅了。如今城市越来越大，郊区越来越远。在喧嚣的市声、稠密的人群和炫目的灯光面前热闹风光，但闲下来总觉得缺了什么。街头叫卖小金鱼儿的吆喝声久违了，秋夜墙角的虫鸣也很难再听到了，忽又想起好久没有看到萤火虫那明明灭灭的流光了。现代文明的发展伴随的却是自然野趣的日渐稀少，我想，偶尔袭上心头的失落感不正源于此吗?

幸好我有一个补偿的机会，可以投入《动物世界》的解说工作来重温儿时的梦，幸何如之！对《动物世界》稿件倾注的特殊感情，其中也包含着几分怀旧和感伤的色彩。寻寻觅觅，又自然涌动的是对动物的喜爱和沉湎于其中的纯情的回味。

总之，眼前这本书的每一篇、每一段，都曾带给我无尽的乐趣。

展现在我面前的形象远远超出了我童年的天地和儿时的想象。

在我们的家园——地球上，据说存在百万种以上的动物。天上飞的，地上跑的，水里游的，草里飞的，千姿万态，瑰丽多彩。在《动物世界》栏目中出现的动物，不要说我小时坐井观天没有听说过，就是此刻又有多少种没有看到过啊。而《动物世界》满足了我们这方面的好奇之心，也满足了各种观众的审美需要。

猎豹那矫健优美快如闪电的奔跑、蜂鸟那稍纵即逝的玲珑身影、角马迁徙时威武壮观摄人魂魄的场面、懒猴在热带雨林夜晚眨动的大大的圆眼、西班牙山林的金雕、澳大利亚的考拉、蓝色海洋中通晓人意的海豚、远游30年仍重归故里的大海龟，一切一切都活生生地在我们眼前跳动，就在这方寸之中，就在这荧屏之上。

伴随画面的解说词也为我提供了大量信息和珍闻，字里行间蕴含着动人的情调，与我的感情发生共鸣。对我来说，每一次工作都是一次欣赏和艺术享受。很多稿件采用的是拟人化写法，能使我们更深地体味到各种动物为了生存、繁衍和发展所付出的艰苦、拼搏；使我们认识到那些野生动物是人类的朋友；使我们对各种动物产生了一种近似相濡以沫的感情。

每年每月，每时每刻都有动物的个体与物种的消亡。无论是温驯的还是残暴的，巨大的还是纤小的；无论是漂亮的天使还是狰狞的丑八怪，许多动物都面临着危机。有些动物物种不是因为别的，而是因为人类活动而遇到生存危机，就更令人担忧。人类应该为它们担心，为它们分忧，为它们倾注更多的关注与爱心。每当想起《动物世界》的命运，我就无法以嬉笑调侃的腔调来解说，我无法在解说时抹去那对它们岌岌可危的命运的一丝叹息！

本书是二十多年来世界各国影视工作者，为广大观众提供的，有观赏价值的野生动物节目的重要构成部分。观众可以忽略他们在创作过程中的艰辛，却不应该忽略这些影视人员为提高人们保护生态平衡、保护人类生存环境的意识、保护在人类文明面前已显得软弱无助的野生动物的一片爱心！

无论在以往的节目播出中，还是这本书的问世，都有这样一种含义，即唤起人们深层的文明意识。人类发明了宇宙飞船，探索太空，寻找外星生命，但是我们却没能珍惜活跃在我们身旁的生命，没能全心热爱自己须臾不可离开、正在被工业污染侵蚀的家园。

只要我们共同认识到这点，我们可以付出巨大的努力，还给天空以蔚蓝，还给河流以清澈。让芳草鲜美，让阳光明媚，让春风和煦、森林茂密，“留连戏蝶时时舞，自在娇莺恰恰啼”，让消逝的良辰美景再现，让已有的不再逝去。

当大家观赏《动物世界》后，应当或多或少有这样的共识。这也就是这个小小栏目以及本书的最大愿望了。为此许多人仍在奔忙，他们甘于吃苦，乐于受累，出没于人迹罕至、极其艰险的地区，流汗流血，为这个栏目献出自己的全部热情。

我们面前的这本书，正是国内外从事这一工作的同行们一部分心血的结晶。这书里面的解说词虽不出自我手，但却曾经过我的口。因此，我仍把这部没有我片言只字的书集，当成自己的作品那样珍惜。

我愿人们在拿到这部书时，能像欣赏声画结合的节目一样，在烦躁喧嚣的市声中，感受那飘来的一缕宁静和清新的气息。

再一次感谢所有为这本书的出版而付出劳动的人们。这本书就像是一座小小的纪念碑，凝结了一种时代的美好愿望和人类的爱心。

当这本解说词集终于和读者见面时，我们大家都很高兴，我本人也甚感欣慰。很快《人民日报》海外版转载了我写的这篇序。这首先应归功于本组同事多年辛勤工作产生的影响，才使这株树上的一根枝条充满生机。

我想向读者述说的是，在当时的10年与现今又过去4年共14年的解说过程中自己的受益。

我刚刚解说《动物世界》时，并没有比解说其他节目更投入。只是把它作为一部专题片，对准画面，把每一段解说词念好而已。我那时对动物特别是野生动物的知识了解得很少，我甚至在开始接触这类节目时，对温驯善良的玲珑可爱的动物注入更多的爱；而对大型食肉动物，只觉得是那样的残忍和丑陋而列入可憎之类。我差点走上为动物惩恶扬善的解说路数。还有，刚开始，由于《动物世界》是画外音解说，而对于像我这样的电视播音员来说，要讲事半功倍的效果的话，解说再多，不如出镜几次。出镜率几乎是每一位还未能被观众熟悉的主持人不能不考虑的大事。要被观众认可，就有一个先被观众认识的问题。观众只会喜欢他们熟悉的主持人，而对一副生面孔往往会产生一种难于接受的心理。因此，一开始我接到画外音解说词，一叠稿件，又完全是难于清晰的手抄稿件，真是有点发怵。那开播的《动物世界》是50分钟一集，要念上大半天，有点受不了。但我毕竟被打动了，那就是在解说过一两年之后，我开始掌握了解说词那拟人化的手法。我开始有了一种对野生动物的理解，想到我解说过的动物所面临的越来越恶劣的生存环境，就似乎有了责任。动物们也要生存、要繁衍、要发展，它们为了能在自然界占有自己应有的一席之地，要奋斗，要竞争，要拼搏，而且要有忍耐的性格。当我解说《狮子》一片时，我竟然在那次节目的录制过程中第一次领悟到狮子不是该憎恨的恶棍，而是相当值得关心与同情的动物。它需要捕食，如果它抓不到可以果腹的食草动物，就要忍饥挨饿。每当非洲草原发生了干旱，就会有很多小狮子被夺去生命。我似乎一下子明白了貌似强大，在弱肉强食环节中的所谓强者，命运也依然是可怜和可悲的。在食物链与生态平衡的过程中，本来就是大鱼吃小鱼，小鱼吃虾米，虾米吃淤泥，而大鱼最后的下场也是尸变淤泥。因而，我打消了认为哪种动物是正义的，哪种动物是非正义的片面的看法。动物不分什么对与错，只要它存活着就必须按照它们自己的规律去生活，去拼搏。

当我接受了《动物世界》普遍采用的拟人化的解说词写作风格与情调之后，我忽然觉得，这一系列的解说词，几乎是对生命的讴歌，是一系列的优美的散文诗篇。即使有个别篇幅的文辞并不优美，但贯穿于一个系列的解说词曾赋予我深切感受，我会把它还回到另一篇稿件的字里行间。出版解说词集的一位编辑对我讲了这样的话："当我整理解说词时，我才发现，在听觉上所感受到的诗情画意有很多是你在解说过程中添加进去的，因为有些解说词稿件，本身并不优美。"

这使我想起了雷马克的《凯旋门》中的主人公拉维克对琼恩产生了爱以后的一段内心独白。大意是，他面前的这位所爱的女子的美，其实是他自己加上去的，因为这是他个人的感情所决定的。我在解说中，也情不自禁地对引起我喜爱的动物，产生了一种复杂的爱心。

在早期的解说过程中，每当我遇到生活与工作中的烦恼，我都会将自己的心境，逐渐接近杳无人迹的自然，进入原始的蛮荒，进入茫茫的草原，进入蓝天白云的无垠空间，进入小溪流水的田园山庄，滤去世俗的烦恼，获得暂时的宁馨，并把这种体验和品味尽量长久地保持下去。

于是，当1985年从新闻播音岗位撤下之后，我在工作中面临最终的选择时，我毫不犹豫地选了解说《动物世界》这个专职。我甚至产生过，情愿别的工作机会一律不要，只要能让我长久地在一间小小的播音间面对这小小的荧屏，一页又一页地轻轻翻动那稿纸，用我的全部身心投入到解说之中。这是一种美好的工作氛围，这样就免去了去处理复杂的人际关系。我只需一个人，独守着自己与世无争的小空间，就会心满意足。于是，我申请到国际部，专门解说《动物世界》。当时的台领导曾在电话中对我讲，国际部并没什么栏目，你会不会感到工作太单调而后悔。我表示，这是我慎重的选择，我希望能在一个不起眼，因而竞争也少的单位，默默地工作。也有朋友对我说，你正是能够干很多大节目的时候，为什么选择这样一个小的栏目，做一件单调的工作。他们是一片好意，可是他们当时还没理解，我是经过了多少年的思考，才下定这个决心。因此，在1985年，我来到了国际部，专职解说《动物世界》。

那时候，我完全没有想到这是最好的宣传环境保护意识的节目。我后来才进一步产生这个意识。在1985年以前，我只觉得我适合解说《动物世界》。我没有想到我干了一件值得毕生为之奉献的事业。

1994年，我与获“金话筒”奖的八位主持人，应上海电视台之邀，参加了由叶惠贤主持的一台晚会。我在接受现场采访时，有这样一段问答。“你解说《动物世界》的过程中，喜欢哪种动物？”我说：“当刚一开始承担解说时，我根据自己的好恶标准，喜欢那些外貌美丽而生性善良的动物。但是，经过长期工作之后，我对任何野生动物都喜欢，不分美丑，无论善恶。因为美与丑和善与恶的观念，是人的主观看法。生气勃勃的动物都是大自然的精灵，都是美好的礼物，完全不能以人类的意识形态去界定动物的善与恶。”记得一位现场的朋友调侃地插上一句话：“呵，这是博爱，这是佛心。”

这仍然是世俗的观念。

“平等、自由、博爱”，这个资产阶级早期的口号，并不适用于我们全球的生存环境。在那个时代，提出这个口号的人们，在争取自由与平等的过程中，与之平行发生的工业革命，却是以满足人类的物质需要，而肆无忌惮地向周围的环境发起了“进攻”。我们的先人们，完全没有考虑地球上除了人类之外，还有500万种以上的各种生物，完全没有想到要关心它们，要给它们以自由生存的空间。相反，在大量植被被毁的情况下，许多生物物种随之萎缩、消亡。更有甚者，大量的有钱人以猎杀动物为快，手持工业文明中生产的更新型更具杀伤力的武器，去对待只有尖牙利爪的看似强悍实则无力抵抗的野生兽类。于是殖民者入侵北美之后，不但印第安人丧失了家园，还在北美至白令海峡平行纬度的广袤土地上猎杀了200万头狼。此时期，印度虎濒于灭绝，非洲草原

金话筒论坛

北京电视台《大戏看北京》特别节目：赵忠祥和他的朋友们

上的犀牛消失了两种，另有大部分的动物已无处安家。博爱并未遍及生灵世界。

佛心，在长期以来，有佛祖舍身饲鹰和喂虎的传说。但，佛教主张的不杀生，并以素食为宗旨，并不是保护生灵的完美措施。素食主义者可能没有想到，这所谓的素食，是在毁掉原始植被的条件下生成的。人类是很挑剔饮食的，食谱又是那样的狭窄。你就算是吃草，不也是和食草动物争食吗？因此，不杀生是不直接杀生，是君子远离庖厨之假惺惺举措。于是，我们面临的问题就不仅是简单的杀生与否，而是应进入理性的选择。人当然要活着。当生命受到威胁，或饥渴即将夺去生命之时，还是应当先保存我们自己。

问题是，要真正使我们生活得好，就要把我们的生产活动的效率提高，节省能源，提高单位面积产量来保存现有原始植被，保护濒危物种，来保持生物物种多样性。

因而，博爱与佛心，都远远涵盖不了现代文明理性的抉择。怎么才是好办法，人类正在探讨。这些理性的思维，并不是我解说《动物世界》的主体风格。《动物世界》在我心目中仍然是诗是歌，而不是政论文和哲学论文，要我去理智地阐发。

我解说《动物世界》，最大的收获就是找到了一种适合我的发声结构、发声方法，而又能准确地与之相协调的播音方法。我在二十多年播送新闻的过程中形成了平白直叙的风格，声音追求响与亮，语言要求平整规律，感情只限于喜与怒、爱与恨的一般表述。因此，在一个时期以来，我解说的许多专题片，只有高亢昂扬，而少有阴柔低缓。

在《动物世界》的解说中，我找到了一种我最喜爱的风格。这些学术上的体会与探索，不宜在本文阐述。但在我播音的生涯中，这个栏目给了我新的艺术生命，而观众最喜爱与肯定我的也是在解说《动物世界》中产生的风格。如今提起《动物世界》，人们就会想起我，无论在何地见到我也都会自然而然地提起《动物世界》。

《动物世界》把我的播音道路拓宽了，延长了。我不仅受益于文化心态上的种种感怀，同时在业务上使我终有代表。有的人干了一生，几乎没有代表作，那是很遗憾的一件事；有的人尽管有一两件值得称道的代表作，可又体现不出他的主体风格。风格与代表作相辅相成，事业有成就当之无愧了。

更值得自豪的是，我今天已经走进了环保事业的领域。我可以毫无愧色地宣称在14年的播讲过程中，我学到与掌握的专业知识或许已达到了一般人无法理解的程度。爱好是最好的老师。我被专家、专门机构和学术团体认可。于是我拥有了以下头衔：

中国野生动物保护协会理事

东北林业大学野生动物资源学院兼职教授

中国环境科学学会理事

林业部野生动物与环境监测高级专家顾问

我走到哪里都会有人问我，你怎么不播《动物世界》了？我昨天听到是别人解说的，解说得如何如何。我解释说，那是以前的老节目的重播。刚一开始，我们大家都参与解说，后来我专职解说，是由于广大观众的厚爱，认可我的解说。其实，解说能否被承认，严格地衡量，并不一定别人比你差，艺术本身很难以量化标准来度测，有时就有点无理可循。观众喜爱我的解说，并不意味着别人不成，比我播音差，起码我不这样看。但是我想说，我爱这个栏目，这个栏目给了我生命更有意义的活力。我是以爱来投入工作的，因此，我能被观众认可。当这个节目已与我的风格相一致时，我深深认为这是命里注定。注定我从此不仅与解说《动物世界》结缘，我还要身体力行地去投入为保护我们的家园而采取的共同行动。

《动物世界》在继续，我把它定性为给人美感，唤起爱心。从这个意义上说，节目已远远超出了动物的范畴。最终还是回到人类如何使自己的生存更美好，首先要把自己的家园保护与建设得更好。

在自然界中，分为有机界、无机界。在有机界中，38亿年前，衍生了生命的原始形态，5亿年前形成了高级生命，500万年前出现了直立动物，300

万年前出现了人类，7000 年前开始了地球的文明。

文明的早期实际是野蛮为主体，杀俘、献牲、苦役、人相残、相杀、相食，强者永远欺凌弱者。有时这残忍度，即使跨过二十多个世纪回首，仍令人不寒而栗。但，人类的文明就是这样开始，与这样走过来的。进入 21 世纪的文明史就不会再局限到人类本身，而会拓展到全球、宇宙。

全球的政治家与有识之士正在探讨生存环境与人的发展。

于是《动物世界》的继续存在尽管是必要的，但再也不能包容更广泛更深层次的所有话题了。

《人与自然》这一更宽泛的环保节目在中央电视台的屏幕上，应运而生。

我高兴的是，我参加了它的孕育与发生的全过程。《动物世界》还在继续，《人与自然》与你同行。

从播音员到主持人的转轨：柳暗花明又一村

《昨夜星辰昨夜风》写成于 1988 年，那是我第一次尝试写出的个人的感受。许多朋友问我，有些情节没读明白，如 1985 年工作的转折，究竟是怎么一回事，也有杂志约我再把 1985 年以后的经历写出来发表。

我其实并没有为自己写传的打算，那篇文章回顾了一段岁月，但只是个人的一些感怀，并不是自传片段。

邓肯曾表述过这样的意思，任何一个人，只要肯把内心的隐秘完全写出来，就会成为一部动人的自传。这位舞蹈家有所不知，有一些事，是不应该都写在纸上的。再者，有些事情当局者迷，即使围绕在自己身边的一些事情，自己有时反而弄不清楚，甚至两代人也很可能对发生于当代的事情搞不清楚。大到王朝的更迭，国运的兴衰，战场形势的逆转，人事变动，当然不包括我这般小人物的变动，弄不清的事例并不算少。于是才出现了许多历史学家不断地考证与诠释一个个的千古之谜。

至于1985年调动我工作这件事，时过境迁，我基本上不再想细说什么。事实上，我当时很清楚，人事的纠葛往往在一个小单位没有对与错、是与非可言。我知道，在我的观众喜爱我的大氛围中，也不排斥有不少人不喜欢我，谁都一样，不可能所有的人都喜欢一个人。我当时的挫折感，主要原因可能就是风头太劲才形成的。不过，我当时就瞧不起那些颐指气使，认为自己可以为所欲为的左右其他同志命运的人，所以我不屑于与他们理论，我有点理解亚可卡被福特炒了鱿鱼的命运。但那个事件发生在资本主义国家里，资本家的面孔从来是见利忘义、冷酷无情。我难过的是，我们的个别同志也沾染了资本家的作风，根本不考虑工作的大局和同志间的亲情。幸好，我没在挫折中消沉。我把这外界的压力转化成动力，作为一种鞭策，奋蹄向前。因而，我今天反而感谢这个决定与做出这个决定的人。

1985年，这是我事业上的转折点，当然也几乎成了我在屏幕上的消失点。

正是这次调离使我当上了专职主持人，要是有人觉得我日后当主持人会成功，会远远超出我过去25年的影响，一定罚我去干别的。不过，我认为工作无大小轻重之分，只要你肯干，任何节目都能使你成功。我就是在播画外音过程中创出了受观众喜爱的《动物世界》的播音风格。专心致志成全了我，毛主席曾在七千人大会上引过司马迁的一段话："文王拘而演《周易》；仲尼厄而作《春秋》；屈原放逐，乃赋《离骚》。左丘失明，厥有《国语》；孙子膑脚，兵法修列；不韦迁蜀，世传《吕览》；韩非囚秦，《说难》《孤愤》；《诗》三百篇，大抵圣贤发愤之所为作也。"我有所郁结于心，只能寄情于《动物世界》之中。所以，无论谁模仿我，都不可能有我那时的沧桑感。

我在茫然的情况下，摸索着一条适合我走的路。

我的第一条体会是，播音员有人给你现成的稿件，你只要念好了就成了。可是主持人，没人会那么周到地对待你，一切都要靠自己与别人主动合作，合作得越默契，工作就越顺利。七分做人三分演戏。

当时的境遇与艰难，现在回想起来，就像我中学时和一位同学划船一样。那是昆明湖泛舟，天太热，我想下水，可是当时我游得并不好。当我跳入水中抬起头来时，那位同学正游目四望，独自操桨，把我抛下一大段，我急得差点喊救命，他终于停下来等我上船。这次离开播送新闻岗位时，就像又一次下水，而且没有船来接我。我真的没有时间去考虑和追究为什么落水，只好先向岸边游，上岸再说。傻子才会回了船大骂为什么翻船，不弄清原因不上岸。非常幸运的是我得到几位同志无私的真诚的援助，尽管我没有向他们诉过苦，但对他们我无以为报。

这其中有孙素平、童国平、曹兴成、丁友友、冯际庆（此君与我同年同月同日生）。这几位同志，当时和现在他们都是中央电视台出色的编辑。我一无栏目时间，二无机器设备，三无节目资金，但是在他们帮助下，我在1985年到1986年做了《看北京》《谈宝钢》《逛灯会》《十二小时即时采访》《撞击与反射》等一系列节目，有的还获得过一等奖。他们跟我走南闯北没有二话，我一不会摄制，二不会编辑，全凭他们拉我一把，大部分节目都通过当时的副台长杨伟光审查，并安排播出。当时的一些合作者有灯光、司机、台内台外之人，别说付劳务费，就是领补助我都没有立下项目，至今我都觉得我欠他们的情岂能用金钱衡量。

我只要能继续为党工作，干什么都一样。坦率说，我那时并非没有牢骚，但我从不动摇对党的忠诚。我们那时做的节目，都是正面歌颂大好形势，歌颂改革开放的新局面、新事物，歌颂在平凡的工作岗位上做出奉献的普通人。

我当时从没有在任何时间、地点流露过对任何人的不满，我真的这样认识。我从一个涉世未深的18岁的孩子走到这一步，是党和人民培养了我，是电视台使我拥有了一批观众。同时也在那一段工作中深深体会到，我所采访之处，人们热情地接待我，帮助我，冲的不是我自己而是中央电视台。

我是中央电视台这棵大树上的一片叶子，我为这个机体输送过经光合作用而形成的养分，也受这棵大树的支撑能在阳光下闪烁。尽管任何一片叶子迟早都会脱落，但是，这棵大树注定根深叶茂，日益繁盛，没有中央电视台就没有我。

树可以离开任何一张叶片，而任何叶片离开这棵树，就会“零落成泥碾作尘”。

当然，没有国家的富强和发展，中央电视台又怎么会有灿烂的今天。我1960年来台，全国才有几台黑白电视机呀。如今我们已经拥有8亿观众，我到世界各地，凡有华人之处就有我的亲切的观众朋友。

我庆幸我没有因埋怨停步，走到了今天，我没有理由不继续努力更上一层楼。

怨而不怒，哀而不伤，这是古人教给我们做人的规矩。如果我在文中有悖古训，那也是不得已而为之，因为这是历史，历史是不可以信笔扭曲的。

在1985年以前，我的主体工作是新闻播音。二十多年的时间里，我在屏幕上发布的重大新闻不计其数。这期间的党代会、人代会、政协会议的会议情况与会议公报，党和国家领导人的国务活动的报道，多次国庆盛典的实况转播，采访多位国内外政要，原子弹试验爆炸成功，“文革”中毛主席的八次接见红卫兵，周总理答外国记者问，直到毛泽东、周恩来、朱德等开国元勋逝世的悼念活动的报道，我都参与了播发。这使我内心总有一种生活在时代的旋涡中心的感觉。新闻工作者的素质，使我养成了对各类事件发生的密切关注与报道分寸的把握。对于播音员来讲，报道分寸即是播报的态度与力度。生活在新闻报道的氛围中，自然对于所发生的事情与可能发生的事件有一种敏感与刺激。新闻工作者最不能适应的是，长期以来没有新闻事件和重大变故的发生或平平淡淡无话可谈。幸亏这个世界这么大，总会有许多事情需要及时报道。

在新闻播报过程中，遇有重大事件与突发事件，编辑、记者、播音员都会处于一种紧张、神圣、庄严的亢奋之中。他们一旦离开了这个岗位，一旦失去了仿佛处在事件中心的感觉，就会觉得六神无主。

我从新闻岗位退下来之后，一段时间很难适应那没有紧张刺激的清闲。

主持天津电视台《王者归来》栏目

主持河南电视台《中国感动》节目

人干久了一种工作，一旦离开，会无所适从。许多老同志，劳累一生，一旦到了退休年龄，或已办了离退休手续，都会出现一种由失落感引发的心理失调，甚至有的人会一下子老了许多。我从新闻岗位退下时，刚好42岁，在这个年龄告别熟悉的工作，会更难以适应。我可以闲适地安排自己的生活与工作，但又不甘心，而干其他什么工作，又心中无底。

于是，我很像一个断了线的风筝，在空中飘摇，不知会落在哪一块地上。

我当时严格地说，并非没有工作，有《动物世界》与许多专题片的解说工作，有一些专题与文艺晚会的主持工作。那个时候，正是电视节目主持人的萌生或说是初创阶段，播音员才十来个人，可是比现在还闲适。那时专栏主持人节目只有一个《为您服务》，是由沈力主持的。我曾想开辟一个新的栏目，题目定为《大家谈》。至今文件犹在，许多有关负责人都签了字。但我那时根本还弄不清楚开辟一个新的主持人栏目，需要多少经费，多少人手，以及要耗费多么大的精力。现在回过头来看这份报告的内容与一些负责人的签字，未免有点可笑。因为，只签一个同意，实际上等于不同意，因为一无机器设备，二无播出时间，三无固定人员，四无经费开支，只有我才是外行到了极点的傻瓜。

但是傻瓜有拼劲，我偏要在不可能做成节目的条件下，做出节目来。这就是王铁人说过的一句话“有条件要上，没条件创造条件也要上”。对于这句话后来有许多非议，认为是极“左”，盲目的口号。其实这个口号有它的盲目性的一面，但其主体是对消极的、悲观的、无所作为的情绪的一种扫荡与振奋。

创造条件的前提是看你还缺少什么？我孤军一人，但我有一批好同事、好朋友，他们在完成本职工作之外，都肯帮助我做一些有益的工作。经费开支虽有困难，1985年前后，还不兴拉赞助，几乎没听说过做有偿报道的事情。但幸亏帮我工作的同事，没有一位开口要过劳务费。我那时月工资七八十元，还要养活孩子，拿什么钱贴给别人。那时社会上刚有走穴这一说，钱也很少，我要是走穴挣钱，就根本甭搞节目了。至于播出时间，那时候栏目很少，节目源更比不了现在，只要能搞出像样的节目，有的节目组就表示欢迎。还有，当时的副台长杨伟光也多次对我讲，你们去做节目回来，我看过，好的就可以播。这些条件似乎都难不住我。在北京地区拍摄，我还可以请摄影组到我朋友开的饭店吃上一餐饭。那时候，条件就这么创造，就看肯不肯干。

至于做哪一方面的选题，由于我是新闻播音出身，所以采访、拍摄与组织这个领域的节目更有把握。正像一位商人所说的，做生意要做你自己熟悉的生意，要用自己筹来的资金，自己去做。搞节目不是做生意，可道理一样，除了钱我没有以外，其他两点我都具备。

这一切的动力，来自我不甘心就此偃旗息鼓，我倒要看看，自己能干出点什么名堂，体现一下自己的价值。免得人家说，你除了念念稿子，还会什么？但年龄也确实是决定因素，我如果已经52岁，而不是42岁，那就不会再拼一下了。我真不明白，当时哪儿来的那么一股劲儿，让我这样单枪匹马驰骋了一年左右。我居然在大家帮助下，完成了11个选题，并且有几个选题获得了较高奖项。

我在全身心地投入自找的分外工作时，在紧张的节奏中，忘记了一切的不愉快。任何事情的发生，原因总是来自多方面的。一件事情，譬如我离开我所熟悉的岗位，我想事情已发生了，就没有必要再去烦恼，也没有时间烦恼，还有那么多事等着我做呢。另外，改革开放以来，形势日新月异地发展，出现了许多有价值、值得报道的事情，越深入到社会生活本身当中，就越会被许多振奋人心的事情所鼓舞。

我的确是怀着一种新闻工作者长期形成的朴素的热情与敏感嗅觉来讴歌大好形势的。说得狭窄一点，做新闻专题节目，没有这样讴歌新生事物，没有对本民族和自己祖国所发生的新的变化有一种积极投入与报道的愿望，是不可能搞好的。

我与对外部的曹兴成、韩青兰同志一起策划，利用他们的机器，先从近处做起，做一个节目叫《看北京》。我没钱出差跑远地方，北京近在身边，它的变化，也是很大的。于是我下农村，去农田，进牛棚，这可是真正的牛棚，进鸡场，到养鱼池旁，到工人、农民身边，请他们用具体的事例说明近年来政策的变化，如何使他们深深受益。北京郊区我是熟悉的。1965年我在昌平县流村公社黑寨大队第四生产队当工作组组长。我知道那时社员真是干了一年还欠队里的钱，青黄不接时，有的社员蹲在我办公室地上哇哇哭。我那时，也与他们同甘共苦，吃过糠和榆树叶，共度春荒。时隔多年，北京农村在十一届三中全会以后，发生了极大的变化。除偏远山区，农民们不但衣食不愁，而且副业与乡镇企业的收入使很多乡村已解决温饱，并奔向小康。这个节目播出之后，我感到自己对直接宣传大好形势做了一番努力，取得了一定成果。

于是，我投入了第二个节目《看宝钢》。我在上班时，经常串门，去编辑部门坐坐，聊聊，为的是能够汲取一些我所缺乏的采访编辑的知识，也希望能联络感情，多几位同事帮帮我。一天，我在经济部办公室，听他们聊天，说宝钢一位工程师回西安休假。正赶上学生们由于对宝钢产生误解而要上街游行，学生们一听说有一位宝钢技术人员在这里，就召开了一个质询会，目的是向他提出一系列问题请他解答。气氛一开始是紧张的，这位工程师并没有思想准备，于是人家问一个他回答一个，最后问题少了，他成了做报告，而且博得了全场热烈的掌声。会后，学生们宣布不上街了。我是一个爱冲动的人，这就是新闻工作多年养成的习惯。我立刻请教这位工程师是谁，家住哪里，能否找到，并问在座的几位可不可以帮个忙，去一趟宝钢搞一个节目。当时，有几位同事热情很高，表示愿意一块儿搞这个节目。用了半个小时，我们就商定了拍摄内容与播出形式。一、先到北京几所高校采访，收集对宝钢的疑问与他们的看法；二、带着这些问题前去宝钢，召开各种形式座谈会，基本上是请各有关部门，在他们工作场所边办公、边生产、边回答问题。我们又给宝钢打电话联系工作。他们听说中央电视台的赵忠祥要前去采访，非常支持，表示欢迎，并且包吃包住。

这样，我和三位同志带着一台机器，飞到上海，乘汽车到了宝钢。我是第一次到这么一个大规模的现代化的钢铁基地采访，那壮观的厂景使我耳目一新。工人们在高炉前用现代化的仪表操作，出钢时，那耀眼迷目的钢花使我激动异常。

对于宝钢的建设投产，社会上曾流传过各种各样的说法，众说纷纭，其中有不少怀疑的论调。我们搜集了比较典型的十余个问题，有些问题我一听也觉得很有道理，于是我就把这些问题一条条地提出来，请他们有关人员回答。回答问题的有党委书记，有工程技术人员，也有工人。首先是选点问题，选来选去选在沿海地方，选在一个烂泥地，要是一旦打起仗来怎么办？要是地基出了问题怎么办？这个提问似乎有理。宝钢人回答："地基绝无问题，有科学数据为证"，并解释选在上海这个大工业城市附近建厂，生产出钢材可以就近由消耗钢材最大的市场直接使用，省了将来的运费；要出口，这里有优越的上海港码头，可直接装船运往海外。至于打仗，现代化战争一旦爆发，没有内地与沿海之分，持这种疑问的人几乎忘了时代的发展，还持有所谓到"三线"深山沟去生产的观点，再说尽管中东海湾战火不断，但石油买卖不还是照做。这个回答起码令我心服口服。

第二个问题，宝钢的原料。铁矿砂来自澳大利亚，中国这么多铁矿为什么不用，要依靠别人。宝钢人回答："澳大利亚矿砂含铁量60%以上，而我国的铁矿大都是贫矿，矿石含铁量很少超过37%，这个百分比的矿石在澳大利亚没有开采价值。再说我们国家多年来一直出口原材料，现在可以原材料进口，经过加工出口，难道不是先进的做法吗？"

第三，花那么多钱，值得吗？宝钢人说："大家很快就可以看到宝钢投产后有很高的利润，同时用这些钱买的不仅是国际上80年代的钢铁技术，而且是买时间，宝钢一上马就标志着我国与国际水平一下子贴近了。"

第四，过去日本人欺侮我们，如今你们又依靠他们搞技术，这是否属于好了疮疤忘了疼？其实这个问题，不需要宝钢人回答，日本军国主义与日本人民，日本资本主义与它的先进技术不是同时进口的。宝钢不少老干部、老工人过去直接受过日本侵略者的欺侮，他们说，今天我们花钱雇日本技术人员干活儿，这说明社会已发生了很大变化，今非昔比了。

问题大体上是这么四个方面，提得尖锐，回答得心平气和，有理有力。

我自己也受到一次教育。因为在宝钢边采访，边用当地设备编辑，拿回来已是成品。回到北京就请有关部门领导审看。大家一致说好。节目播出之后，还接到不少来信，观众们也感到受益不小。不是自诩如何，事情就是如此。自从这个节目在中央台屏幕上向全国播出之后，再没有听到过有什么对宝钢质询的疑问了。

当我站在时代的发展前沿，满怀热情地工作时，我早已忘了年初发生在我身上的不愉快的事情，工作累但心情挺不错。

转眼到了年底，我又一次来到经济部的一个组里。那天是 1985 年 12 月 31 日上午，元旦就要到了。尽管元旦比不上春节那喜庆的节日气氛，但毕竟是个节日，大家也都有说有笑。我到了之后，向几位同事建议，年根儿了，咱们组织一拨人，带着机器，开着车，到处走走看看，看看在最基层的岗位中，一些不能离开岗位的人是如何过新年的，编一个节目怎么样？立刻有人赞成，愿意一块儿干。好，志同道合，人马凑齐，我们拟定了大致的采访思路，于下午 5 点车轮滚动开出了电视台。这时，除了值班人员，电视台的工作人员都已回家过年。

第一站驶向西单菜市场，在副食品部，拍摄采购节日食品的人流，并请售货员现场讲讲近几年来人们采购熟肉制品的情况，用销售量的对比来说明人们生活水平的提高。两位同志讲完情况，我们只说了几声“谢谢”便匆匆离去。下一站奔清洁工人驻地，但人家工作尚未开始，打一声招呼，一会儿见，就上街拍交通警察值勤，约摸 9 点多又返回清洁工人驻地。天已黑了，灯光下，垃圾车正一辆接一辆启动出门。一位老清洁工人拉住我们的手哭了，说：“我以为人们把我们忘了，近几年很少有人来看我们，采访我们。想不到今儿过新年，中央电视台来看望我们。”我几乎无言以对，想想这些常年干这种脏活累活的人们，在勤勤恳恳地工作，我个人还有什么委屈不能承受。马达轰鸣，车灯划破夜空，照着扬着灰土的前方，我走向驾驶室。一位司机顶着噪声大声说：“我们的活儿又累又脏，收入也不高，可是总得有人干。我们愿以一人脏换来万家净。我们需要大家的理解。夏天我们装车工人站在没膝的污水中清理，那臭气能把人熏得晕倒。但社会上确实存在偏见，有时车抛了锚，我们进人家屋打个电话，人家不愿借；渴了要碗水，人家不愿给……”我心中确实不是滋味，这种采访，对我的心灵是个撞击。

下一站，我们向西行驶，开进石景山发电厂。我这张脸就是进门条儿，领导们欢迎摄制组进值班室拍摄。在现场，宁静的值班室里，发电厂同志讲述，为了保证首都工农业生产和居民用电，他们已尽了最大努力。当然电力仍然紧张，希望一要节约，二要理解。他们说，今天是元旦，大家正在过年，我们坚守岗位，就是为了带给大家一片光明。

一片光明，一片钢花飞溅。新年钟声刚敲过，首钢第一炉钢水出炉。我们在发电厂的近邻首钢炼钢炉前拍摄了钢铁工人挥钎的英姿。在噪声轰鸣的钢炉前，我戴了一顶安全帽，大声对着话筒讲话，工人们也提高了嗓门大声回答。钢花、铁水映红了我们的脸，汗水在这隆冬季节依然流淌……

出了钢厂，我们又向城里冲去，直奔妇产医院。元旦午夜。一个新生儿诞生了。这是1986年元旦，算来这小孩今年已9岁，该上三年级了。我记得他妈妈幸福的笑容，记得白衣天使手捧婴儿的快慰神情。我们没有问护士的姓名，整个节目出现的普通人都不必问他们的姓名。他们的姓名即使打出在字幕上，至今也不可能有人还会记住。但他们每个人代表的是一个群体，是支撑着我们国家的一节脊梁骨。

出了妇产医院，我们灵机一动，去公共汽车站。那一年，刘心武发表了一篇文章《公共汽车咏叹调》，反映了公交工人的辛勤与烦恼。我们在节日的凌晨一定要拍摄到他们，向他们问好。

那一年的新年之夜很冷，我们驱车东奔西走却找不到一家汽车总站，于是在故宫后门广场，我们原地兜圈。因为车一停热风就停，我们都穿得不厚，怕冻僵了。转呀转呀，忽然一道刺眼灯光射来，一辆吉普车已开到眼前，跳下几名武警走到我们车前。这是一辆巡逻车，他们在值勤时看到我们这辆车行迹“可疑”，就过来查问。来得太巧了，正缺少这样一个拍摄细节。我下了车和战士们打招呼，他们认出我，也很高兴，大家彼此介绍。摄像机已对准他们，我就呵着手，大声说：“感谢你们，你们太辛苦了。”一位小战士激动地说：“这是我们应尽的职责，我愿以我的生命和热血保卫首都的安全。”我们激动地挥手告别，并在他们指点下，向前门方向开去。

“停车！”我高喊了一声。大家隔着挂满水汽的窗子向外望去，只见两位清洁工人在凌晨3点多的凛冽寒风中扫马路。我们跳下车去，走向他们，一位是年近六旬的老工人，一位是二十出头的少女，相距五十来米，各自默默地扫着自己脚下的路面。风很大，马路其实被风刮得很干净，可他们还在认真地一下一下地清扫，戴着口罩，猫着腰。四下静悄悄，没有路人，没有车辆，在天安门广场南侧，他们做着几乎没人知道的工作。那位少女在寒风中冻红了双颊，每说一句话就喷出一股白气儿。“这是首都的标志，我们要以清洁的面貌迎接来自五洲四海的客人。”怎么我们遇到的每一位普通工人，都能用简洁的语言说着口号似的话。我明白了，这是他们心中最简洁的语言，然而他们是以实际行动来实践这口号似的语言的，他们说到做到，因而显得异常的伟大。

我问自己，假如要是换了我去做这个工作，我会做吗？不会，我不会，人要凭良心说话，我的思想境界比不上他们。可是人家能干，你为什么不能干，人家也可以不干，但总要有人干。我不知道，我至今也不能回答，我至今仍被他们感动。

最后一站到了，公共汽车总站，这是1986年元旦的凌晨4点。眼前，灯光、雾气、人影、人声，在四周静谧的黑暗中犹如一个神奇世界。但仔细看来，他（她）们都是极普通的年轻人。5点出车，司机与售票员都在准备，提着热水桶化开一夜冰冻的机箱。人来人往，年复一年，元旦将有更多的乘客，将有更多的穿着漂亮衣服的乘客，要搭乘他们的车。他们以这样的起早摸黑来迎接新的一年，迎接以后的每一天……

我们摄制组乘上一路公共汽车向西沿着长安街，向原坐落在复兴门外大街礼士路的中央电视台开去。新来的售票员——一位笑容甜甜的女孩慢慢地说着：“我每天3点就出家门，坐班车上总站，大家都这样，5点出车一直到下班。有时看到乘客多，心里也烦，不过，我特想让乘客理解我们。我愿好好为

新闻联播同事

人民大会堂现场报道

现场采访

主持参与了十八次中央电视台《春节联欢晚会》

大伙儿服务，大家都不容易……”她在甜甜地笑。

我们一位女同志哭了，她叫孙素平，现在是妇女栏目《半边天》的负责人，她看完了这个节目流下了泪水。“太棒了。”她擦着眼泪说。我们那个节目叫《十二小时即时采访》，打破常规，当天安排播出，并获当年专题新闻节目一等奖。

那已是10年前的旧事了。如果要我回答，1985年我工作中的曲折是如何度过来的，我想您会明白，这是与这些善良的朋友们的帮助，与这些在基层普通岗位上工作的人们的挚诚之心分不开的。从他们身上，我汲取了力量，增强了信心，获得了最伟大也是最简单最普通的这一信念。

那一年，我马不停蹄东奔西走，因为我不甘心消沉，也不甘心销声匿迹。我像一条游在海中的鲨鱼，我不伤人，只是由于没有鳔就必须一个劲儿不停地游不停地动，否则会因没有浮力而下沉。

在“游动”中，我去了那么多我过去不可能去的地方，即使过去有可能去，担子不一样。早年随摄制组奔波，我只管出镜，只管领略，只管体味与遐想。而这一段不同了，我要管的就不是我自己了。我要联系吃、住、行，我要联系机器，联系机房，联系被采访单位，还要送节目给领导，听取意见修改，再操心播出。

那一年，我还参与了童国平拍摄的《撞击与反射》三集电视片，报道石家庄的改革思路。

拍摄《逛灯会》时我有幸在自贡看到了“银河落九天”的迷人仙境。人们说“看景不如听景”，如果您到过自贡赶上灯会，您一定会说，百闻不如一见。《逛灯会》是在童国平、孙素平鼎力支持下完成的。我们一路风尘来去五天拍完，然后编成播出。我受到的热情接待，我得到的巨大帮助，我体验到的人间美景，留待日后再细说端详吧。

1993年袁德旺导演的大型文艺晚会《太平盛世闹元宵》，这个名字是我建议使用的。那是源自1986年我去自贡拍摄灯会的启迪。只有风调雨顺、国泰民安，才能办灯会、闹元宵。办灯会体现着天下太平，五谷丰登。“宁做太平犬，不做离乱人。”谁不期盼天下太平，幸福安宁呢？

这一段的工作结束后我调到国际部。其实，再那么跑下去，我也受不了。

我在1985年至1986年这一年多时间，干了许多，想了许多，也明白了许多。

一个人的成与败、得与失，在一生中在所难免，不可能一生顺遂，也不可能一生倒霉。成败得失，形势固然关键，而人的内心所能承受的喜怒哀乐也至关重要。成功了理所当然要感谢大伙儿帮忙，如果一时失败，那完全需要你自己去找原因。原因就在你自己身上，四处申冤诉苦，四处埋怨愤然，只能说明你是懦夫，而懦夫注定一事无成。

这一年的实践为我逐渐向真正意义上的主持人过渡奠定了基础。

义气与职称：解铃“不”须系铃人

人没有一辈子倒霉的，也没有一辈子都顺利的。

——一位中国画家的话

解铃还须系铃人

1988年年底，一个星期六的下午，我骑着一辆半新半旧的自行车，从彩电中心大门出来，向礼士路骑去。

这一天，寒风凛冽，北京城里风沙迷眼。虽然骑的是顺风车，但我心里却嘀咕，本来可以不来的。

那天上午，台里人事处通知我参加高级职称评委会会议，我是评委理应参加。可是这次会议主要是解决上届评职称中遗留的问题，不算重要，我又正好安排了下午的工作。在电话中，我已向有关人员请了假。可是，不知哪根筋牵着我，下午一上班，把工作很快干完，照理说该骑车回家，可神差鬼使不知怎么拐向礼士路了。快到真武庙，我才埋怨自己，这么大风天，又已经请好了假，吃饱了撑的上这儿来开会。

既然来了，就进去吧。

会场在广播大楼西边的灰楼（原广院院址），我锁好了车，刚要离开，一阵大风咣当一下，把车刮倒了。我心想，再扶起来，还得挨摔，一辆破车，委屈会儿趴着吧。

推开会议室大门，一阵暖风吹向面颊，十几双眼睛也同时瞄向我。“对不起，我有点事，来晚了。打扰了，抱歉！”铁城笑着说：“赶紧请坐，大家正看材料。”

按职称评定惯例，先把申报人的材料分发各评委，轮着看过一遍，再集中评议，最后无记名投票表决。

播音员职称系列是几位老播音员，尤其是林田老师，从1984年年底就积极筹划，多次往返劳动、人事部门争取下来的，是当时国务院批准的第十八个系列。全国播音员人数不多，算是个小系列。我是第一次评定的主任播音员，属于副高，但是由于正高职称没几个人，组成高评委必须添上我们几个副高身份的人，才合于法定人数。所以当时，我却以副高身份几次参加了对正高职称的投票。

我坐下之后，接过一叠卷宗，打开一看，心砰地一下，不是解决上次遗留的问题吗？我记得只有宋世雄一位报正高评为副高，今天这次会议只是再对他议一议，怎么方明、铁成也报了正高申请材料。本来屋内的暖气已驱走了我身上的寒气，可是我顿时觉得刚才街上的寒冷此刻全聚在我心中。

我这一生中，经历过太多的不平之事，能忍的我都忍了，该吃的亏都吃了，不该吃的亏，我也吃过，但人不能忍一辈子。苏轼在《留侯论》中，开篇提出：“古之所谓豪杰之士，必有过人之节，人情有所不能忍者。匹夫见辱，拔剑而起，挺身而斗，此不足为勇也。”是的，东坡先生认为这不足称其勇。可是我在几十年的现实生活中，从上小学起，很多事我都忍了。我一直坚信古人的话：“吃亏是福。”

可是近年来，我觉得这是傻瓜逻辑。如果接二连三的不平之事都忍了，到哪儿是一站呀。再说，我从没有想过要当张良辅佐王者以成霸业，也更比不了韩信，日后当位大将军。我只想平平稳稳过此一生，但总是隐忍，何以心安？心不能安，何以平稳？

也许，是刚才的大风刮得我气往上升。

我把卷宗一合，说道：“各位，我能不能发言。”

宁静的氛围被我打破，大家都注视着我。没人不叫我发言，于是我问：“这是怎么回事，今天的会议不是补评上届的遗留问题吗？铁城、方明怎么报了新材料呢？”我和他们二位从小一块成长，没有任何不睦，我并不反对他们申报高级职称。可是，为什么他们材料都报上来了，中级评委会也附上了同意的意见，而我压根儿不知此事。我记得这是我生平第一次，在这么一个场合，申诉我的不平。“各位评委，我个人认为评职称类似高考，我也许不是一个优秀生，但报名是我的权利，考不上是我技不如人，没什么可说的。可是不让我报名，这公平吗？这合理吗？我请各位评委主持公道！”

高评委副主任委员，一向和善的张振东这时开口了：“你们台没有通知你吗？这样吧，我们再查询一下，你也回去了解一下情况。因宋世雄同志材料手续不完备，你们台还要再议一次。你如果有意申报，我们可以考虑专门为你们台再召集一次会议。”我气仍未平，说：“各位，对不起，为了我自己的事，干扰了大家看材料。我想要表明的态度是，假如事先一视同仁，通知我可以申报正高职称，我是不报的。我自己还要扎扎实实工作一段，我今年还不满50岁。有的老同志工作了一辈子，快退休了，职称问题还没能解决，我十分同情。但是这次事已至此，我表明我一定申报。”

离开会场时，铁城送我出门，我们只紧紧地握了一下手。我们彼此明白，我们都是在播音岗位上拼搏半生的战友，我们之间没有任何利害冲突，我刚才衷心地投了他一票。他叮嘱我："弄明白了，再说话。"

不说白不说

顶着西北风，我理顺了我该着手的事情。

进了家门，我立刻着手写申报材料。两个多小时，写了近4000字的报告。从1985年到这个时间，三年多的工作历历在目。我写第一个副高职称报告时，颇费周折。1960年参加工作到1985年，25年的工作，千头万绪，不知怎么整出个条理。干活越多，材料越难写，尤其是干播音员。我播过那么多节目，说哪个好呢，不能写成长篇小说，规定3000到5000字。有人没干几件事，报告反倒好写了。他可以展开手笔，铺陈、渲染，怎么立的意，怎么出的门，怎么架的机器，怎么工作完毕，有什么心得，有什么体会，有什么效果，有什么成绩，还能从中总结出理论，写得状物抒情，感人至深。我一提笔就傻了，25年的工作，在思路上一整理就得几个小时，只能合并同类项，罗列数字，几乎写不完简历就到了3000字，删繁就简，虽则认真却不尽如人意。不过，幸好，大家互相了解，副高就这么通过了，我的报告还列入了职称范例一书。

而这一回，就好写多了。第一，学习上我又拿了两个文凭。一是广院一期新闻编采成人教育，三年来，辛苦可想而知，但毕竟跟下来了。我的毕业论文《论主持人》得了97分，主讲教授说，这是他第一次给这么个高分。同时，我也拿下了英语单科文凭。这期间，我还写了不少文章，一一列举，本人也极满意。第二，工作上算来，我真干了不少。几个大节目都干得有声有色。平心而论，这份报告，写得真使我自己都有点感动。

报告最后一个字写完，我就拿起了电话，拨通某领导家。这位领导如今已离休，在职时，对我还是很不错的。不过我在写报告的激动情绪支配下，开口就说道："我是赵忠祥，今天下午我参加部职称评委会，我有意见！"这话一出口，我想，坏了！怎么能这么讲话。果然，在话筒中，我听出对方不高兴了，什么事都没说，上来就有意见。可是话已出口，追悔莫及，只能把我的所有想法如实通报。电话中，对方说："这件事，我知道的只是补报补评，既然

铁城他们可以报，你当然可以报，通知所有人都可以报！”我觉得这话锋有点变味，我管得着其他人吗？那是你们的事儿。

我又拿起了电话，拨通具体操作此事的领导家：“喂，××同志吗？我刚才参加了一个会……”我又把会议情况以及和某领导通话情况向他说了一遍。

听筒里传来他平静的声音：“我怕你申报来不及了。”

“为什么，部高评委说可以等。”

“台里决定，下周三上午开中级评委会。这样吧，如果你能写完报告，你们部门初级评委也开会通过，星期三一并讨论你的问题。”

我不是傻子，我明白这般刁难，给你申报权利，但过时不候。我再没多言多语，赶紧做自己的事。

我又拨通了我所在的部门领导家的电话，他与我同住一楼。“正好你在家，等我一下，我上你那儿去一下，有事相商。”“好，快来吧。”

他与我共事二十多年，为人很本分，办事又认真。我知道他一定会帮我。

时已入夜，在灯下，我从从容容把整件事的来龙去脉讲了个滴水不剩，同时也审时度势说了我的想法。他静静地听着，我知道作为一个知识分子，对世事感慨我们应该是相通的。他问我：“你业务报告几天能写好？”我把一叠材料交给他：“我已写完，按程序先交给本部门。”“好！就这样，祝你好运。”

星期天我就什么都不想了，过个休息日，包包饺子，看看书。这一类的事我从不和家人讲。男子汉一人做事一人当，犯不上和太太嘀嘀咕咕，惹得大家都窝气。

星期一我照常上班，但见部里几位同事忙进忙出，本部门评议小组开会了。平时开会人很难凑齐，早几天通知也是如此，可这一天，各位与会人员，都在班上，召之即来。快到中午了，他们通知我，全票通过，秘书把表格一并送到有关部门那里。

电视台的电梯上下都慢，有时等电梯超过等公共汽车的时间，我拨通了××办公室电话。

“××同志，我遵照您的要求已写好了业务报告……”电话中传来他的声音："业务报告不能马马虎虎，怎么这么快就写出来了？"我心想，你让星期三之前补完手续，现在是星期一中午，如果业务报告还没写完，那还来得及吗？

"××同志，我的业务报告不但已写完，而且今天上午我部评议小组在仔细审阅之后，已经全票通过，大概我们部秘书已经到您那里了。您告诉我一下，星期三上午在哪儿开会？我是台评委成员。"

星期三的上午，台评委十几位同仁端坐圆桌，我的材料已报了上来。根据会议原则，评到评委，本人要回避，我退出会场之外，没多久又叫我回去。经无记名投票，结果我获通过，这里面理所当然有我自己一票。同时，宋世雄也获通过。当这个结果报告给部里之后，我得到通知，下个星期三的下午2点30分，参加部高评委会，专门讨论我和宋世雄的材料。

我和宋世雄既是好同事，又是好朋友。多年来，在很多关键时刻我们休戚与共。当时宋世雄不是高评委成员，因此，我的出席与否，以及我发言的分量，关系我们二人的"安危"。

两难与双全

"万事俱备，只欠东风。"我没想到，在大风中参加的一次误打误撞的会，使我身心都折腾了一回。经一事，长一智，至于高评委能否评上，全靠别人的安排了，不过最起码，还有我神圣的一票。

谁知一个晚上，家中电话铃一响，我立刻又陷入为难之中。是李宁，体操王子李宁为人很好，我们平时交往也很亲近。他诚恳向我发出邀请，去深圳参加他的告别体坛仪式。我问他："什么时间？"他说："下星期二的晚上。"我的天！下星期三下午，高评委要开会，投票，怎么办？我拿着听筒半天没吭声。李宁说："小弟诚心诚意邀您主持。"大约过了三秒钟，我斩钉截铁地说了四个字："我一定去！"

这一晚，我想了很久。深圳路途遥远，那时，还没通飞机，要在广州出机场上火车。如果回程稍有延误，我将怎么向部评委交待。你折腾了半天，专为你开会，你居然不出席，这也太藐视与戏弄各位专家了。可是，李宁的告别体坛也是一件大事，如果李宁在汉城奥运会载誉归来，我一定根据目前处境，向他表明，我不能出席的理由。可是，我在电视转播中眼见李宁兵败汉城，这时候，他在这样悲剧气氛中告别体坛，请我去，我却不去，于情、于理、于他、于我、于朋友们怎么说呢？友情为重只是挂在口头吗？我决心既已下定，排除万难一定要两全其美，两不耽误。

宋世雄已应邀先走一步。我通知组委会一定为我订好星期三一早第一班从广州飞回北京的机票，切记！

星期二一早，我和方舒一同启程，从白云机场下飞机赶到广州火车站，买了去深圳的火车票。一起在站上食堂吃午饭，她问我好像有什么心事，我只说了一句："急的！"

当我们下了火车再赶到体育馆，已是下午，场上正在走台，北京文艺界的很多朋友都到了。一边儿寒暄，一边儿说笑，一边儿准备走台，李宁正忙得团团转。他邀请了许多客人，哪一位都不能慢待，我也就没顾上找他。

这时，宋世雄过来了，他一见我愣了一下："你怎么来了？！"我告诉他，你放心，我连夜返回，明儿一早飞机，误不了。"机票拿到了吗？""没问题。"其实，他哪里知道，深圳组委会的人根本把这事忘了。

既来之则安之，走一步说一步吧，先把晚上的事儿交待过去。

李宁告别体坛在深圳是很轰动的，场内爆满，明星们友情出演都很卖力，也很动情。当李宁手捧鲜花唱着一首声泪俱下的歌，绕场一周时，很多朋友都落了泪。李进就在我身边，我看他泪水盈眶。李宁的这位哥哥对弟弟没得说，李宁也极听哥哥的话。小时候，李宁去体校训练，每天都是哥哥把他背回家，路远难走，加之年幼力单，训练完一点劲都没了。这位世界冠军是骑在哥哥背上成长起来的。

李进握着我的手，一个劲儿道谢。我说："你先别谢我，还是把机票叫人买到，否则将误我大事！"

散了会，李宁一个个道谢，他对我表示了没完没了的谢意。我说，应该的，但你马上派一辆车，现在我就赶回广州。

“那也得吃夜宵哇，大家都没吃饭，你一定吃了饭再走！”就这样我跟大家一起回驻地。

在餐桌上，朋友们频频举杯，我实在没心情喝酒，因为此刻机票没有，明天怎么回北京呢？

好心必有好报！当《羊城晚报》记者魏辉知道我的难处之后，来到我身边说：“您别急，我陪你一同去广州机场，我送你上飞机！”

什么都别说了，一切都是命。在宴会上，我又遇到了庄则栋。李宁用心很细，前世界冠军能请的他都请了。“师兄，您好！”庄则栋是我二十二中校友，长我一岁，高我一班。他得世界冠军时，我也刚到电视台。他又介绍了他的日本妻子，我也深施一礼。刚刚相见，又一一和各位告别，我和魏辉钻进汽车，连夜驶往广州。

千里不留行

深圳到广州的公路正在翻修扩建，在茫茫黑夜中，汽车在坑坑洼洼的路上艰难开进。

我对师傅千恩万谢，谁愿意大半夜走这种路。

赶到广州机场已是凌晨4点，车停到民航宿舍，魏辉说要马上去票务主任家，找他帮忙。

我说你先等等，天还早，人家正在睡觉，你们也休息一会吧！

冬末的广州，虽然不像北方的酷冷，但清晨时也一阵凉气袭人。我隔着玻璃窗望着蒙蒙雾气中的树林的身影，心中翻腾着捉摸不定的人生，倦意全无。我不知为什么，为什么这么累，为什么这么要强，为什么总想拼搏。人怎么活都是一辈子，可我这一辈子到底是喜是忧，是舒服是烦恼，是苦是甜，我捉摸不定，也整理不清。总之，我大部分时光是听天由命，也有时不甘心随波逐流，而人生只要不甘于现状，自会遇到一件又一件躲不开甩不掉的烦恼……

总之，飞机飞上蓝天，我进入梦境，一觉醒来已落在北京首都机场。从离开北京经广州，到深圳，再回到北京，一共27个小时，正是星期三中午。

李白在《侠客行》中有一句诗，描述侠客来无影去无踪，谓之“千里不留行”。

但更使我动容的却是唐人小说《红线》的一段主人公自述。红线不辱使命的忠肝义胆和连夜奔波的豪情尽在言中：“……既出魏城西门，将行二百里，见铜台高揭，而漳水东注；晨飚动野，斜月在林。忧往喜还，顿忘于行役，感知酬德，聊副于心期。所以夜漏三时，往返七百里，人然邦，经五六城；冀减主忧，敢言其苦。”

若果有其人其事，我愿隔一千三百年的岁月时空，永结知己。

结尾

当星期三下午 2 点半钟，我安闲地推开会议室大门，向各位一一致意时，没有人知道我过去 27 小时发生的任何事情。议论、投票，全票通过。

我那年正好 46 岁。在全国播音系列高级职称中，暂时是最年轻的一位。从我得知申报信息到全体通过，其间，写材料，打电话，开台评委会，去深圳，赶回北京，加之各种工作和杂务，仅 12 个工作日，这在所有参加申报和评议通过的高级职称人员中，绝无仅有。

道是无情却有情：我与《正大综艺》

这是从刘禹锡的《竹枝词》中的“道是无晴却有晴”套出的标题。诗中的“晴”就是同音字“情”的隐喻。

我想了很久，觉得这个标题能恰如其分地点明我与《正大综艺》这一栏目以及与我的观众的剪不断、理还乱的感情。

1995年夏天，《大京九》剧组来到山东济宁。在与当地领导谈话时，我想起在北京，王姬曾对我说过孔府家酒要与外商联营的事情。她当时还说，这么好的效益为什么要与外商合办，让他们占便宜。我问济宁市的领导，“有这回事吗？”他们说：“有，和正大集团谈过。”我听了后很有点兴趣，就问：“谈得怎么样？”当地领导说：“没谈成，因为正大只想要股份而不肯出钱，他们说，正大的名声就是金钱。”哈哈，说这话也不怕闪了舌头。如果没有《正大综艺》这个栏目，中国有几个人知道“正大”是干什么的？！可你又不能不佩服人家，这个广告做这么长时间。

这时，“我该不该上这个节目”——当年接手时的疑问又涌上心头。

我是在一个特定的情况下出任这个栏目的主持的。我过去并不喜欢这个栏目。如果说得更明确一些，就是我不愿为他人作嫁衣裳。但是，我又不能不接手，也不能不为已接手的工作全力以赴。这不但为我的观众，也包括为我的名声。我在这个栏目中，寻找到了一位长期合作的最理想的合作伙伴杨澜。我们在三年的时间中，精诚合作，形成了相得益彰的、互补型的主持风格。我们相约以我们已有的文化功底以及为这个栏目所需而努力填补扩充的学识，赋予这个栏目以应有的文化品位和尽量多的幽默与抒情格调。我们尽力实践创新、提高节目质量，逐渐赢得了日益增多的观众收视率。在三年将满的情况下，我们又几乎同时觉得是该离开的时候了。于是，在第200期里，我们淡淡地宣布了离别的言辞，怀着依依惜别的心情，告别了《正大综艺》，告别了合作三年的各位编导播出人员，告别了爱护与关心我们的观众，也告别了曾热热闹闹、欢欢乐乐的那种感觉。最后，我与杨澜告别，她去了美国，我走向《人与自然》。

我和杨澜都怀念这个栏目，怀念在主持这个栏目时得到的来自创作集体和来自观众的温暖，也怀念我们为之尽了心力的合作岁月。

再度合作

1994年岁末，杨澜应邀回国，我们共同主持迎接世界妇女大会的一台节目。在排练之后，乘车回来，时近中午，该是吃饭的时间了。杨澜说："您回家吃饭吧？"我说是的，有什么吩咐。她说："我想去您家蹭一顿饭。"我说："我中午只吃剩的，开水泡饭，不能待客。这样吧，我请你吃你爱吃的日本餐。"

在闲聊中，杨澜和我都不约而同地谈到了主持人在节目中应如何体现自己的真实的认识、真实的感受、真实的文化功底。三年的合作仿佛还没讨论完主持的方方面面。我们是两代人，也只有这个话题才能沟通彼此的心理。除此之外，我思考问题的方式和对一些事物的看法，无疑她不能完全理解与接受。反之也如此，她对一些问题的理解与思考的角度，我也是有许多保留的。边吃边聊，我们其实早都听到过外界对我们成功合作的评论，但从来都没有互相谈过。这符合我们相似的个性，不以外界的评论作为我们共同引以为荣的资本，我们都各自认真做好自己那一份工作就够了。

杨澜在讲述自己的学习过程中，忽然说道："我在美国看了一本杂志，说具有AB血型的人适合当主诗人，如果两个AB血型的主持人一块合作，就会成为最佳搭档。"我说："杨澜，这种文章你会信吗？"她说："姑妄听之，不过，我是AB型，您呢？"我说："很遗憾，我不相信什么特异功能，也不爱听那些杜撰的科学知识。不过，我也是AB型。"

我们都笑了。

说老实话，我十分高兴与这么一位聪明的搭档一块儿工作三年。但我们在这次交谈中谈到，离开《正大综艺》真正美中不足和遗憾的是，外界在肯定我们的主持时往往忽略了我们的刻苦以及为这个栏目的付出。我们为创作这个栏目的串场词，挖空心思，绞尽脑汁，却被外界误以为都不过是较为到位的即兴之作。这太委屈了我们自己的努力，太埋没了我们的劳动成果的特色。我们这次相约，今后有机会对外界讲一讲我们创作的艰辛。

杨澜又回了美国。待到她今年主持1995国际大专辩论会又回国时，我和她几乎一致决定，我们共同合作，把三年来的串场词整理发表，并分别写出创作时的生活依据、文化依据和信息来源的依据，出一本创作集。此事，一经向外界透露，已有三家出版社在约稿了。我们当场决定此事委托杨澜的未婚夫吴征负责联系出版，我在国内做前期工作。

这前期工作太多了，我和杨澜的合作始于第66期，结束于第200期，计134集。每集串场词约占15分钟。要从入库的录像带中，把串场词听下来，记下来，再包括打字、复印，这个工作量可不小，我一人承包了。杨澜在美国读书，这些事只有我干。这也算一种补偿，因为在我与杨澜合作的三年中，每次栏目中的景片，都是杨澜独自看的，她看后再把内容要点告诉我。这样过去她付出的大量劳动，这次由我部分偿还，来而不往非礼也。我于是在很多朋友的帮助下，终于把串场词调整理出了二十多万字，杨澜正在美国写她承担的一部分内容。我也开始动笔，本篇算是这个书集的介绍，将来扩充之后放入我们合作集中。

接手《正大综艺》

杨澜开始步入荧屏时，她的领路人是姜昆。姜昆是尽了心力带领这位涉世未深初上电视的小妹妹的，杨澜以一个没有任何电视主持经验的刚刚毕业的大学生的水平为起点，能得心应手，站稳在屏幕上，姜昆功不可没。杨澜应该感谢姜昆，应该记住这位领路人。

我和杨澜的合作，尽管时间较长，在合作中，我尽了努力帮她所需。但是，客观说，我们彼此都尽力来互相帮助，我也从她身上学到了不少我过去所忽略的素质。

我与杨澜合作主持《正大综艺》纯属偶然。1990年年末，《正大综艺》一度出现危机，而危机出在主持人的人选上。姜昆主持届满一年，退出了《正大综艺》，不知出于什么原因，《正大综艺》又去物色新的主持人，这无疑冷落了刚刚走红的杨澜。杨澜和我同在一间大办公室，一天她来到我办公桌前，把这个情况对我说了，并表示十分不理解有关方面为什么会这么做。我对杨澜说，这是一个全新栏目，对方如果有这样的打算，只能说明他们有点无情无义。不过，依我看，没有比你再合适的人选了。杨澜这时第一次提出希望我能与她合作。我说，杨澜，你有所不明，第一，境外合作方，是不中意我的，否则还用请姜昆吗？第二，我也不喜欢为他们出力，我们台兵强马壮，人才济济，节目源也足够，我至今也不理解为什么非要与他们合作。我劝你，你不妨顺应形势，下来休整一段。我断言，将来非你莫属，你不要看不到自己的优势，顺利时要多找不足，不顺利时要多想自己的长处。并且，即使万一他们决定换主持人，你一定记住不能埋怨，尤其不能埋怨本台有关人员。你不能忘记，是中央电视台把你调来工作，是电视台给了你成功的开端。至于我，不是不愿帮你，实在也出于我自己也不一定有成功的把握。这是我与杨澜第一次推心置腹地交谈，以前没有机会谈这些，以后也很少谈业务之外的话题。

有关方面决定让方舒姐妹一对搭档，杨澜和她的一位老师一对搭档，轮流主持。《正大综艺》由较为红火的局面，由于风格的不确定而转入低潮。一个本来有声有色的栏目，主持人忽然调换，会使外界对已有的欣赏定势产生迷失的议论。如果给以时日与耐心，当然可以调整到位，几位主持人都已在努力了。但这时方舒出了车祸住院养伤，这个局面就非再重新调整不可了。远水难解近渴，再慢慢物色人选，时间不允许。

于是国际部领导找我谈了几次，每次时间都不长，但彼此坦诚相待，意思是要我接手。我周围的亲朋好友也都向我直言，你大可不必接这个摊子，万一失手，二三十年前功尽弃。别人的担心是好意。而我不是一个服输的人，找了我，我不上就是服输，谁管你有什么堂而皇之的理由。

最后一次找我谈话，有关领导说；“我们请你出山，也是不得已而为之。凭你在观众中的人缘和多年经验，应该有把握。如果你也拿不下来，我们总算想尽办法，那也就没办法了。”话已至此，还怎么说呢？“人凭一句话，佛受一炉香。”再说，我只是电视台一名老兵，总不能像社会上的演员选择角色，自己做主。于是，我只说了一句：“那就试试吧。”《北京晚报》透露《正大综艺》主持人接任者是赵忠祥后，有观众来信给我，劝我别上。朋友担心，我自己何尝不担心。于是，在并无把握的情况下，我决定与杨澜同舟共济，唱好这台戏。

这三年的主持，我何尝敢一日松心呵。我知道自己其实不是最佳人选，但是却可以暂时顶上一段，可万一合作的结果不成功，那我就惨啦。当时年届半百，没有时间再让我打翻身仗了，事隔多年，我回忆当初决定接手主持仍有点后怕。幸好，还算对付下来了，看过两期播出，朋友们对我说，当初我们为你捏一把汗，不过还行。姜昆郑重其事地对我说：“大哥，您接住了。”他的爱人敬民说：“比姜昆强。”这是朋友间宽厚的理解与支持，我感谢他们的鼓励。

然而在场上，我初次录制中，还是有许多难以适应之处。

我过去很少与别人共同主持，即使合作，也是完成各自台词就大功告成。而《正大综艺》却不这么简单，它一开始，就已有了定势。这很像一首歌，不管后来者如何发挥，在观众听来都不如原唱者，不如原唱的风格动听，艺术实在是难于接手的。

姜昆与杨澜合作一年，这个节目已经搞得不错，我再努力也不可能模仿他们的模式，这就给我带来了难点。我的年龄、性格、过去主持节目的风格，都与他们已形成的风格产生反差。摆在我面前的首要一关，就是我难以适应原来的快节奏。我认为，过快的节奏有时令人觉得浮躁，而当时社会上的一种浮躁之风也令我担忧。我如接手，要让《正大综艺》先静下来，而这个问题不解决，就很难继续搞下去。

节奏与气韵

我曾在齐白石先生的一幅画前，观看良久。大约是一幅六尺竖幅画卷，上端一根渔竿，下端一条上钩小鱼，中间是气韵绵长的一丝墨线，通天彻地。在整体画面里，墨色只占不到百分之五，而那气势已充满全局。这是国画大师的一件惜墨如金的精品。

李可染先生也是中国画无与伦比的大师。看他的山水画，往往是墨色布满宣纸，晕染堆积，使山峦雄浑矗立，往往只在山巅上方，留一抹白纸本色。

有人谓之，惜字如金。

围棋国手，几只棋子往盘中一布，那胜数已定，通盘在握。

金庸先生小说中，剑客中的顶尖高手，出剑点住对方，这一招已然封住了敌手上中下三路的周身要穴。

记得赵丹先生自导自演的影片《青山恋》的开头，一位老林业工人背向镜头，走上两分钟路，无声无息，就这么领着你的视线走下去。金山在扮演施洋大律师的一段三分钟台词中，那贯口的处理，几乎一气呵成，听不出断句，如开闸夺门而出的怒涛，气势如虹。

中国传统书法中，有“疏处可以跑马，而密处不容插针”之说，那是论及书法作品的布局。

这些都可以说成是节奏，也是气韵，也是独具匠心的运营，守若处女，疾如脱兔；静如山岳，奔如电闪；泰山崩于前而色不变，麋鹿兴于左而目不瞬。这也是节奏，节奏不仅体现在速度中，也体现在气度上，一味快并非节奏，一个劲儿的慢也不是节奏。动静之间，快慢之间，张弛之间，都充满了节奏，充满了气度。这一切处理得当就会变为构成大器的神韵。

在《正大综艺》的主持调度中，我学着做的是在我心目中前辈大师那种峙若山岳的气度。我不喜欢把自己当成欢乐的小溪，那是杨澜的角色。她是一位讨人喜欢的清纯型少女，是一位有着良好的高等教育的功底，并有着基本教养的年轻的主持人。她可以使自己的活力迸发，使自己对一切外界的事物充满兴趣、充满热情。我想这么做也做不了，我不能和她相比，我们是两代人。

在场上，我们一老一小；一个沉稳，一个热情；一个充满了洞察世态的沧桑感，一个因涉世未深而理想单纯。于是动与静，热与冷，快与稳，亢奋与凝重，好奇与练达，浪漫与现实，奔放与徐缓，探奇与思索，坦率与含蓄，形成了我们的分工合作的角色格局，既有各自的特色，又相辅相成而统一。

两个将要长期合作的主持人，首先要有一个共识，即我们将在今后的合作中，如何充分发挥各自的优势，并使自己能在与合作者的共识中，使场上的调度目的明确，言行举止互相让位与补充。

与杨澜主持 100 期《正大综艺》

《正大综艺》10 周年

1995 年告别《正大综艺》200 期

我十分欣赏杨澜的一点，即她有着很高的悟性。因为，她不但在此之前，由于主持经历短，没有这样的思考。我也仅仅是在这次合作中，才萌生了这种以特性的反差，形成协调统一的构想。

在与杨澜的合作中，我们较为一致的认识，就是串联台词基本上由我们共同创作，而且我们又都认识到这次合作至少应该是一年。我还从没有这样长时间与人合作的历史，加之我们在性别、年龄、资历、经验、学识甚至外形上都有那么大的差距，我们不必在场上形成一顺边儿的、互相迁就的、互相模仿的、互相靠拢的主持形式，而应该在总体上协调。而这种协调是互补型的，要充分展示与发扬自己的个性，在我头脑中，似乎有着太极图黑白鱼似的反差与统一的模式，不是平面的而是立体的。

杨澜同意我的这一想法，并且从最初我们就向各自角色贴近。即她是个年轻的少女，我是个和善的大叔。我们之间的分工一经确定，就出现了场上节奏的起承转合的韵律，使得主持有品味，有回味，有韵味，有趣味。

杨澜的快，不因我的参与而放慢。我的慢，不因她的轻快而随之变换。反而，我们更突出了自己的特点，不为适应对方而苦恼，这可能是我们一个有目的、有清醒意识的创新。

有观赏意味的作品必然是静与动的结合。静得过分，那就会沉闷、压抑甚至产生一种莫名的消沉，如今的时代没有多少观众会喜欢这类节目。如果全场火爆，令人目不暇接，那种过分的躁动，会产生一种令一部分年轻人喜爱的类似摇滚乐的效果，但中年人、老年人准会觉得闹心，产生烦躁的心情。而一动一静、一张一弛，则是我当时追求的节奏。动与静的规律就是节奏，快与慢的安排也是节奏。这种节奏不应当是整齐划一的切割，而是看似随意实则有控制的起伏。

播音时的断句，初念稿子的新手，往往不敢大幅度地停顿。因为他做不到词断意不断，他即使机械地停顿，也使这空隙了无生趣。其实，停顿类似着墨留白，那空隙，那留白，是语言的无声部分，是感情表述后的一个不可缺少的回味部分。令听众顺味过去，有一个接受上一句信息包括情感信息的回旋，并追寻了一句言语的去向，使受众感到的是连绵不断的意境。

主持人在场上如果滔滔不绝，怕串场词与形体动作的间隔太长，那并不是流畅，反而会感到绷得太紧，让人无法松下心来静观。有意识的间隔、停顿，犹如朗读的断句，不是忘词，不是冷场，而是在静中把观众的悬念带入下一节的发展中。

我和杨澜在主持时，并不是一开始就默契，也不是一开始就协调的。

杨澜思维敏捷，想到哪儿就说到哪儿；轮到我，就缓下她刚才的节奏，细说端详；再轮到她又扬起基调，这样有快攻，有稳守，形成了互补。

也可能她嫌我拖沓，我嫌她急躁，但我们都是有修养的人，我们从没有一丝一毫指责过对方。我们的合作有宽容亦有谅解。她和我一样明白，我们就像双打运动员，任何一人的失手，都会让我们共同失败，因此，我们谁都不希望合作者失误。

这是我们合作成功的基础。我听说过有的合作者，希望自己拔尖，因此把合作方的明显的不足或失误当成自己的表现机会。这种合作是不会长久，也不可能和谐的。

幸好，我们的合作过程始终都在努力使对方发挥到位，谁也不挤对谁，好了是双方的，不好也是双方的。

串场词的创作

从一开始，我就认识到场上的气氛与主持节奏的风格，都不过是外部形态。当然这个外部形态如何，也决定了观众的喜爱程度，然而最重要的还是内容。

在当今高欣赏层次的观众中，大部分人会有这样的认识，一个专栏必须体现三性，即知识性、欣赏性、趣味性。其中文化水准越高的人越喜爱知识性这一要素，知识本身就给人以美的享受，以无穷的魅力和吸引力。

《正大综艺》的许多节目已经事先从境外录好，我们已无法加以任何改变，它给我们主持留下的空间主要是串场词。

我们意识到这串场词才是我们创作的小小天地。首先，我们认识到串场词必须真实，尽量准确，同时要最大限度地为它输入信息。

真实，就是指的我们在场上所要体现的感情要真挚、真情实意，所叙述的事例与感受不能编造，一定是自己的所见所闻和亲身经历，对任何一种所阐述的事情，要有自己真正的好恶尺度。对这一点，由于我们双方在许多认识上的差异不强求统一，可以保持各自的认识，但这种差异也不是故意制造的，确实是各自的真正认识。

基于这样的要求，别人就很难为我们写串场词了。我和杨澜又有文字能力，为什么不自己创作呢。于是，三年来，我们为创作串场词费了最大的心力。

在串场词中，体现了我们各自的性格，不同的经历，体现了我们是热爱民族传统文化与了解世界文化潮流的文化人，这是我们的追求。我认为当今主持人的竞争，主要是文化上的竞争。而文化并不仅仅等同于读书多少。多读书是好事，但如果没有悟性，不能融会贯通，那仍然不能成为一名优秀主持人。

我和杨澜共创作串场词 134 集。我们将在合作的书中，较详尽地介绍我们的创作过程。这里我仅举几个例子，借以说明，我们曾经为主持好节目而下的功夫。

每当我拿起这沉甸甸的一套串场词，就会想到为这些内容所进行的挖空心思的努力。每一段小故事，本来都可以铺陈为一篇岁月的回忆，但为了串场就大材小用。串场词中，有我们各自温馨的回忆；有我们双方角色的把握；有对自己、对合作者小小的玩笑，有自嘲，但绝不嘲笑他人；有对各个地方的了解后在限定的时间中简要的介绍；有来自报端的内容引发我们的感慨议论。

但我们尽量体现时代的精神，这是主持人的职责所在；尽量贯穿文化的底蕴，虽然引经据典，但绝不能累人，累观众。

在我们开始合作主持《正大综艺》时，为了活跃场上气氛，也为显示我们今后合作的格局，曾想了一个晚上，出了这么一个点子。

赵：（手拿一张纸，纸上画着一个绿颜色的圆圈，记得这个小道具还是杨澜自己做的。）杨澜，请你当着朋友们的面，说说看，我手里拿着的是什么？

杨：这也算一张画吗？我知道了，您画了一个西瓜，可太简单了。

赵：不对，再猜猜。

杨：不是西瓜，那是小一号的瓜，绿皮香瓜。

赵：你思路再放开一点。

杨：是鸡蛋，是鸭蛋，鸭蛋有点绿。

赵：为什么想得那么复杂。

杨：哦，这不过就是一个绿圆圈。

赵：不能算对。

杨：那我可猜不出来了，您自己告诉大家吧。

赵：我手上拿的是一张画了一个绿圈的纸。（众笑，杨也笑）

杨：观众朋友，这其实也算不上是什么玩笑。我们大家对一个事物，往往凭自己的经验与想象去解释、回答，其实应该多换几个角度试着破解与思考。

赵：我们的节目当中，往往会出现许多问题。刚才这个小玩笑，实际上还是有用意的，希望大家对所有问题，轻轻松松地思考，然后可以从各个方面来回答。我们的问题，往往从您没有想过的，忽略的角度来回答反而是正确的。

这是对观众善意的提示。文艺题材有时就是需要复杂的表述，如果简单地提醒大家，就失去了趣味性。

可是，我们为了想出前面的点子，用了整整一个晚上。当我们变换了多个方式，终于想到“只见树木，不见森林”这句成语时，这个点子随之出现。我不想表示，这个点子是如何的高明，也许朋友们会有更好的主意。但我们觉得，哪怕为了场上气氛能稍稍活跃一点点，我们也愿尽心竭力。

我们一生经历的故事，您可能会觉得有很多很多。其实，仔细回想起来，并不多。真正有点趣味，能拿到大庭广众面前的故事则更少。为了《正大综艺》的串场，我竭尽全力去回想、搜寻。在主持134集的过程中，不过才有一二十个故事。活了那么多年才有那么几个故事，读者诸君若不信，您试试看。听到的不算，只说有关您自己的。下面两段串场词就以我的真实经历写出的。

第一个例子，是第85期。

杨：观众朋友们好，非常高兴能与您共度这个愉快的周末。（众掌声）

赵：杨澜，我倒要请问你，你的周末是怎么过的？

杨：今天上午睡了大半天觉。

赵：莫让年华付水流，别老睡觉，做点户外活动也有利健康。你喜欢钓鱼吗？

杨：不喜欢，好像女孩子没有什么人去钓鱼。我性子急，钓不到。有一回，有一个朋友拉我去钓鱼，说给我做鲫鱼豆腐汤。钓了半天一条都没钓上来，就拉他们回来了，也没吃上什么汤。

赵：你不喜欢不要紧，别破坏别人的情绪。

杨：那您喜欢钓鱼吗？

赵：已经很久没钓鱼了，不过我仍有过五次钓鱼的经历，其中还有值得一说的经历。

杨：那您说说看。

赵：1982年秋天，我与剧组住在一个湖边，导演约我去钓鱼。他说有两副杆，一人一副。那是个好日子，天高云淡，荒草没膝，四下静悄悄，我们一会儿工夫就钓了半桶。忽然，我的伙伴大喊一声，不好！只见他手上的杆儿只剩了半截，那插上去的杆梢被鱼连钩都带走了，一下子没入水内。

杨：一定是条大鱼。

赵：我想也是。正在恼火，忽然在离我们50米外的水面上，那根杆竟然立了起来，在水中转悠。他脱下外衣就要下去。我说，别，别，还是我下去，我水性好。临下水前，我对他说，鱼要是急了，一条尾巴拍在胸口，就能把人打晕，我要有个三长两短你回去叫人。

杨：还挺悲壮。

赵：我蛙泳过去，尽量不溅水花，游近了一手拽住杆，连鱼一块儿往回拽。咦，可能鱼累了没挣扎，待我游到岸旁，把杆交他手上，往上一提，你猜鱼有多大？（比画一下）也就三两大小。（众笑）

杨澜：赵老师的经历说完了，我想每位朋友都会有自己的经历。今天我们第一站去马尔代夫看看他们怎么钓鱼。

这段串场词就是为活跃场上气氛而集中设置的开台“锣鼓”。故事绝对是真实的。只有讲自己亲身的经历时，才能有投入的、引人注意的叙述。我在讲这段故事时，场上顿时静了下来。观众们饶有兴致地想听听有什么意外的事件，其实什么也没有，只有一条小鱼。这就形成悬念与结果的不对位，形成了包袱、笑料。在开心的笑声中，整场的录制就显得流畅而顺利。好的开头往往是成功的一半，的确如此。

当然，口语的叙述，要比落在纸上的情节生动，而只有亲历者的有生活依据的诉说，才会有真实的感情，我们的串场词就是依据真实的往事改编成的。

第二个例子是这样的：

杨：我们每次开头的话，都要讲一件亲身经历。我自己经历不多，机会很少，您到过不少地方，讲一个有点惊险的故事吧。

赵：我觉得惊险不如有趣，有趣不如有点道理。我说件小事儿，是在1965年。

杨：太遥远了。

赵：那一年，我与朋友们到昌平县城。因为有点事，我先回我住的一个村子，打算第二天回去。可第二天一早起来，漫天鹅毛大雪，公共汽车不通了，我只能走回来。走着走着，雪停了。周围银装素裹，一片洁白，空气清新，心旷神怡，我唱着曲子，雄赳赳大步向前。

杨：还挺浪漫。

赵：先经过一个村子，老乡都在家中，可一条小路扫得干干净净。

杨：农民们勤劳。

赵：你说，我该往哪儿走。

杨：人家把路都扫干净了，现成的。

赵：可是出现了一个问题。

杨：怎么啦？

赵：那条路上蹲着三条狗，隔一段一条，正看着我呢。（众笑）我想，好狗不挡道，我给你让路绕着走，但根本没这个可能，跟它们商量商量吧。

杨：那怎么商量呀？

赵：我走到第一条狗跟前，做了个手势，嘴上说："靠边儿。"它还真乖，站起来踩着雪窝绕到我身后，夹着尾巴又蹲下了。

杨：多好呵。

赵：是友好。第二条、第三条照样给我闪道。也可能在与第三条狗打招呼时，我态度生硬了一点儿，刚没走几步，就听见身后，汪汪叫着，三条狗一块向我扑来。

杨：赶紧蹲下，您赶快蹲下。

赵：对，人往下一蹲，狗就退几步，以为你抓石头打它。但我一起来，它们叫得更凶，又扑上来。我又一蹲，它们一退，我跳起来就跑。它们一扑，我又蹲下，再跑。它们气势汹汹，我气急败坏，连蹲五次，这才脱离险境。我觉得我那颗心，咚咚地跳，浑身汗也下来了。

杨：谁遇到这事儿，不害怕呀，不过要是我……

赵：你怎么办？

杨：我惹不起还躲不起，我绕道踩雪过去就算啦！

赵：好，朋友们，下一站去科伦坡，不是看狗，而是看满树的乌鸦。

这是"四清"时，我在村里遇到的事。我就怕穿别的村，遇上拦路的恶狗。这件事，除了背景我没讲，那情节却历历在目。我觉得在讲这件事时，心里还存有恐惧。

这类串场词，有生活气息，能活跃气氛。但不能一味追求这类效果。再说哪有那么多故事呀。为了使我们的节目具有文化色彩，有时候也要引经据典查阅资料。

在第148期中，我们遇到一个可以有感而发的串场机会。这期节目中，恰好有一个小片子，叫《潮汕行》。

杨：亲爱的观众朋友们，今天第一站旅游我们请大家看看潮汕地区。如今这里经济已十分发达了。可是早先，这儿是个穷地方，历史上是贬谪官员的地方。韩愈就被贬于此，曾在这儿当了八个月的刺史。

赵：是的，这里的人们修起韩公祠，至今仍在怀念他。历史上苏轼曾作《潮州韩文公庙碑》怀念韩愈。可见韩愈为政之清廉。不过，韩愈当年曾在此有一个奇怪的举动，并有文为证，那就是《祭鳄鱼文》。多么离奇，一位大文学家竟然与鳄鱼对话。这篇文章相当完美，且义正词严。文中有："维年月日，潮州刺史韩愈，使军事衙推秦济，以羊一、猪一、投恶溪之潭水，以与鳄鱼食，而告之。"

杨：郑重其事。

赵：韩愈列举鳄鱼残害老百姓罪状。文中说："今与鳄鱼约，尽三日，其率丑类南徙于海，以避天子之命吏。三日不能，至五日。五日不能，至七日。七日不能，是终不肯徙也……夫傲天子之命吏，不听其言，不徙以避之。与冥顽不灵而为民物害者，皆可杀。……必尽杀乃止，其无悔！"据说，鳄鱼真的在一个风雨之夜溜之大吉，这简直是一篇神话，连苏东坡也著文记述。两大文学家岂不是在讲鬼故事。

杨：鳄鱼能听听文章就乖乖走了，简直离奇。

赵：我想这篇文章是真真实实的，然而是另有所指。其实韩愈这篇文章是向恶势力宣战，文中说："刺史虽驽弱，亦安肯为鳄鱼低首下心。"

杨：那时候，韩愈身体不好，而且又是被贬的官员，地方恶势力一定对他的治理政令进行捣乱。

赵：这些细节可想而知。当时韩愈身体状况确实是挺糟的，他在《祭十二郎文》中说："吾年未四十，而视茫茫，而发苍苍，而齿牙动摇。……吾自今年来，苍苍者，或化而白矣。动摇者，或脱而落矣。"

杨：未老先衰。

赵：但韩愈以大无畏的气概与恶势力抗衡，造福一方，其功不可没。

杨：往事悠悠，还是看看当年韩愈所在地，今日新风貌吧。

这段串场词看来稍长了一些。但在综艺节目中，一味地调侃，没有一点文化色彩，格调就不会高。像这样的串场词我们并非刻意寻找，而是信手拈来，有引文有议论，或许在轻松中给爱散文的朋友一点回味，给文化品位较高的朋友一点小小的话题，也算我们的一点古文读后感吧。

对于文化题材的运用，这是唯一的一次较为沉重的话题。但以轻松的方式论古述今，也是我们的追求。

在第142期的节目中，我们叙述亲情关系，有这样一次串场安排。

杨：您借给我的资料当中，有这样一篇。1992年下半年，在香港文化界一次评选大众最喜爱的10首唐诗中，您猜怎么着，孟郊的《游子吟》荣登榜首。我觉得孟郊不能和诗仙、诗圣相比吧。

赵：贾岛、孟郊是苦吟派诗人，当然在艺术成就上不能与李白、杜甫、白居易相提并论。

杨：有关评论这样认为，《游子吟》之所以打动人心，是因为这首诗用浅显的语言，生动地表现了母爱的亲情。"慈母手中线，游子身上衣"，这是千百年来最能打动人心的感情。

赵：不论社会制度如何，不论社会发展到哪一步，母爱永远是伟大的，孝顺父母也是人心所向。

杨：像《渴望》《风雨丽人》所表现的亲情，尽管出自普通百姓，却也动人。

赵：著名人物表现出对母亲的孝顺，我就很感动。人与人之间的亲情也同样动人。记得1982年我采访安定医院，就为医务人员对精神病患者的关照而感动。我向大家介绍第一位嘉宾，就是10年前我采访过的安定医院的姜佐宁院长。欢迎您。

这段串场词最终的落点是要表彰安定医院广大医务人员，但综艺节目不可能像新闻节目那样安排。从母子亲情说到人际关系，从人与人的互相关心，谈到人们应该关心弱者。这样，在串场词编排上过渡得较为自然，同时它也承载着很多信息量，既有文化也论及伦理，这种串场我是喜爱的。

编这段串场词也是很偶然的，在办公室读一篇文摘，看到香港评选10首唐诗的消息，我与杨澜一商量，下午就用上了。

对社会现象的议论，也是我们串场词的创作内容。在第169期里，有一个对“大腕儿”的称呼的看法。

杨：有人看我们的节目请许多名人做嘉宾，就说：“你们请那么多腕儿。”尽管他们说时没什么恶意，可我听了不舒服。您过去听过这词儿吗？

赵：我过去是在旧武侠小说上看过的。郑证因的《鹰爪王》写于解放前，那上面有江湖黑话，把有点名声人称为“万儿”，不是手腕的“腕”，而是一万两万的“万”。有一位评书老艺人叫连阔如，写过一部《江湖丛谈》，列有一些重点，就是江湖黑话。据他讲，有四五万言。说的是中国话，可你不懂，这叫黑话。人家是从文学角度来剖析这些通俗的现象。

杨：可是有一些报纸也居然“腕儿”“腕儿”地用得不少。尤其是正式场合，是否合适，要斟酌一下。

赵：这个现象越来越严重，这是一些流里流气的文人痞气的用法，私下的调侃竟然堂而皇之地上了报端，除了显示自己追求低下格调，把肉麻当有趣，没有别的意义。时下，有些小报记者，也可能是非正式记者，满篇文章，把这些江湖黑话当成自己的专用词，我看这是一种不良现象。一正压百邪，难道不能以我们党历来提倡的文风来扫除邪恶，而非要以邪攻邪吗？

我和杨澜在各地方台录制过程中，总会一到当地就请来有关方面的专家、学者给我们上课，并请他们从风土民俗、文化遗存和今昔对比等方面帮我们尽快扩充知识。我们也按着当地同志的介绍，编成串场词，求教于他们，然后上场使用。

这类串场词，我们力求写得带有特色，不落俗套，但也不能像中学地理教科书一样，罗列一些数字，在这方面我们还是有不少心得的。下面，只举一个例子来说明我们的构思走向。

在湖南的串场词（第112期）：

杨：很高兴又和大家见面了，和大家共度这个周末。

赵：欢迎朋友们，我不知道你们发现了没有，刚才走过的这个镜头，是非常美的，这就是衔远山、吞长江、朝晖夕阴的洞庭湖。这说明我们已经来到了长沙，从陕西来到了湖南。

杨：也就是说，从黄河来到了长江。

赵：一提起黄河、长江，我们在座的朋友和电视机前的观众，就会肃然起敬。

杨：对，我们在湖南可以找到舜帝的墓葬。司马迁告诉我们，当年舜帝南巡的时候死于苍梧之间，也就是现在的湖南境内。毛主席当时写的那一句诗："斑竹一枝千滴泪"，讲述的就是这个美丽的、动人的，而且带着悲剧色彩的传说。

赵：楚文化确实是瑰丽的和神奇的。它鼎盛时期的代表人物和代表作，当属屈原和他的《离骚》，后来一大批的文人墨客也来到过湖南。

杨：如朱熹、李白、杜甫、李商隐、周敦颐等，太多了，而且他们都在这里留下了他们的传世名作。

赵：过客骚人，多会于此。这过客指的是什么呢？是遭贬谪之人，如柳宗元，贬为永州刺史；王昌龄，贬为龙标（今湖南黔阳）尉；屈原也是遭谗去职，被长期放逐；还有韩愈。

杨：韩愈不是吧？

赵：韩愈自己说的，夕贬潮州路八千。他大约也路经过此地。

杨：那也算到过湖南。到明清那一代出现的思想家我们就不再一一列举了。但可以说湖南是名副其实的人杰地灵的地方，而且出了那么多的伟人。

赵：毛泽东、刘少奇、彭德怀、贺龙、何叔衡、向警予、蔡和森、杨开慧，一直到伟大的共产主义战士雷锋。毛泽东是这儿的人。我们今天在座的，都是这些名人和伟人的老乡，我们向你们表示敬意！

串场词的举例到此为止，留待以后详谈。为《正大综艺》下了多少功夫，“都云作者痴，谁解其中味”。

告别《正大综艺》

“千里搭长棚——没有不散的筵席。”在我参与主持《正大综艺》的一年多之后，我已有了这种感觉。而且越当主持顺手，就越会有这样的想法。但我没跟别人说过，也没向杨澜说过。她正处在业务上升期，年轻人的热情只能鼓励不可泼冷水。我曾想过退出这一栏目，但一时无从说起。我也试着向杨澜提出，假如换一位搭档如何。杨澜也可能是顺口而出，她说，不希望与另外的人合作这一栏目，我也很感动。人心都是肉长的，大家有缘分在一起共事，而且合作得还很顺遂，按说没有停止这种工作格局的道理。

主要的原因是我们很累、很辛苦。而且，撰写串场词的经历和话题的储备已基本用尽了。于是，杨澜也开始有了退意。

我记得多少次，我们在组织自己的串场词时，常为了一两句承上启下的语言的不到位而苦恼。我知道，我很笨，黔驴技穷。但杨澜有一种拧劲，想不出来，大家别走，谁也别吃晚饭。已过下班时间，还常常是站起来又坐下，打个电话问问朋友与家人有什么新鲜事儿。遇到有加班的同事进办公室，问我们“你们还没走？”正好，我们就请教他，有什么小故事或有什么小点子。人家都怕我们了。我们也绞尽脑汁了，杨澜说头都疼了。得，回去吧。有时，我们回家之后，还彼此通个电话，只要想出一个路子，都很高兴。只要思路想好了，凭我们两个人的能力都不费劲就可以把串场词安排好。譬如，第197期开头，导演要求有一段抒情的叙述。我和杨澜中午通了个电话，商量一下内容，下午就一人写了一段小串场词，很协调。

这两段串场词是这样的：

杨：春天是所有生命的节日，是岁岁年年又一次蓬蓬勃勃的开始。她是孩子的，也是老人的，她是拂在脸上的风，更是唱自心中的喝彩。

赵：春天在小溪的流水中，跳起了轻盈的舞步。她跃上了杨柳梢头，在湖畔河岸，摇曳生姿。她掀起了万里田原绿油油的滚滚麦浪，她在群芳斗艳的花蕾上绽开了甜美的笑容。

在优美的圆舞曲音乐衬底中，两段串场词说完之后，场上响起掌声，这是对我们努力的回报。

然而，我们《正大综艺》合作之路已到了尽头。于是，我们在场下，几乎很平淡地提到我们的告退。杨澜将去美国“充电”，补充文化营养，开阔眼界与思路。我将走上新栏目《人与自然》。创作集体都恋恋不舍，但大家也明白，也理解，我们的合作可以告一段落了。

这时，我们接到不少观众的来信，希望我们能继续在《正大综艺》主持；也有的观众比我们自己还理解我们，一位观众提出，希望在告别的那一场，我能穿一身白西装，杨澜能穿桃红西装，以示我们的努力与热情。我和杨澜都照办了。

真正奇怪的是《正大综艺》的合作方，竟没有一人表示一次挽留之意。也没有一人表示你干了三年，起码也为《正大综艺》做了宣传。尽管有点别别扭扭，但总还是出了力，表示一声谢谢。谢一声或办个告别饭局不为过分吧，但没有。想想真令人心寒，这正是我决心离开《正大综艺》的一个原因。但我感到创作集体是温暖的，文化界朋友，其他很多位朋友，听说我们告别《正大综艺》，都愿在最后一场出席，为我们饯行，许多观众都表示了遗憾心理，我们也舍不得这样一个群体。总而言之，那分别的滋味是复杂的。

我这时想起了开初与杨澜的一段串场词。那次节目中，有一段《巴顿将军》的影片内容。杨澜在场上说，这部影片不错，演员斯哥特的表演也十分精彩，但他拒领奥斯卡奖。当时，我说了这样一段话：杨澜，你能了解他的心情吗？也可能是我妄测，影片最后有这样一段旁白：一千多年前罗马的征服者在远征得胜之后凯旋，他的家人与子女穿着洁白的衣服坐在战车上。战车前走着戴镣铐的大队的俘虏，一个奴隶手捧皇冠在他耳旁不断地低声说："这一切都是过眼烟云。"一切都是过眼烟云。斯哥特既扮演了一位过眼烟云的将军，又体味了影片结尾的意蕴，这样他的不去领奖也就顺理成章了。

当我走进第200期的现场，在开机前与嘉宾朋友亲切话别时，为现场热情观众签字与合影时，我很奇怪地想起了当初这段台词。转眼三年，过起来漫长，回头望去一刹那。现如今，我们离开《正大综艺》又差不多两年。太快了。但这一切不都是过眼烟云，爱也好，恨也好，恩怨纠结也罢，总之，一切结束了。道是无情却有情，我至今怀念我的合作集体，怀念我所付出的努力，怀念我的观众朋友。

关于这第200期的详细情况，《北京青年报》的记者史诗以《聚散两依依》为题，做了真实的记录。现将它抄录如下，作为本文的结尾：

1994年1月23日下午，《正大综艺》第200期实况录像，这一期是赵忠祥、杨澜最后一次主持，几天以后，杨澜就要飞赴美国。

14：00赵忠祥从第六化妆间出来，他身着白色的西服、藏红色的领带，旁边的杨澜是一袭桃红色的西服。几天前，有一位热心观众曾来信，建议他们今天的着装红白搭配，以寓意"真诚的奉献和有过的辉煌"。他们和嘉宾亲热地打招呼，都是老朋友了。老朋友聊天中少不了插科打诨，尤其有了侯耀文、石富宽、王景愚、蔡明几位以喜剧见长的嘉宾。

14：25 嘉宾开始就位，赵忠祥和总导演辛少英一前一后走向演播室。“这场戏永远不要散，该多好啊！”辛少英说。赵忠祥脸上很平静（波澜在他心里？）“今天下午咱们有的是时间，不急，一段段来。”他叮嘱辛少英。

14：50 演播室里座无虚席。“大家知道这一期是正月十一才播出，提醒你们答题时千万别说快过春节了什么的，您就假装春节已经过完了吧。”两位主持人做开始前的最后叮嘱，观众笑了。

15：00 灯光亮，《正大综艺》开始曲响起，节目照例从介绍嘉宾开始。石富宽自己说，这回他是主动报名来的，为的是向赵老师和杨澜告别，也顺便捎来观众的感谢。

15：20 第一个节目是关于“家”。画面在舒缓的音乐中展开，背景音乐是那首古老的苏格兰民歌《友谊地久天长》（也译为“一路平安”），不知是有意选的还是巧合？

“不论走到海角天涯，我们忘不了这里曾有一棵松树，有一朵兰花。”阎肃诗一样的话语脱口而出。杨澜不禁迟疑了一会儿，没有及时应答上来。

16：30 结束了“世界真奇妙”的神游，杨澜在观众席前站定：“此刻，我有很多话要说，可又觉得有些话说出来挺酸的，也许唱出来会自然些。”她邀请王志文和她一起唱《在我生命中的每一天》“看时光飞逝。我回首从前……我是如此平凡却又是如此幸运。我要说声谢谢你。在我生命中的每一天。”在歌曲的间奏中，杨澜缓缓地说：“就好像一眨眼的工夫，四年过去了。我对节目的感情不是一两句话说得清的，在这里我衷心感谢帮助、关怀、批评我的老师、同事和观众……”说到这里，杨澜哽咽了。

16：40 两束鲜花送到赵忠祥和杨澜的手里，他们在掌声中又把花传给嘉宾。“该说再见了，每次都和观众朋友说下个星期再见，而这次却是一次真正的告别。真诚感谢给予过我们关心和支持的朋友和电视机前的亿万观众，不足之处请朋友们谅解……”赵忠祥那深沉的话音成为结束语，而真正的结束语是一片热烈的掌声。

16：50观众退场。有人走上来请主持人签名，天坛家具公司的两位同志握着赵忠祥的手："我们永远忘不了您带给大家的欢乐，谢谢您。"

17：00赵忠祥、杨澜和《正大综艺》同事们挨个合影留念。

17：25演播室的灯光又暗下来。往外走的王志文颇为伤感地说了一句："离别挺让人难受的，尤其又有一个朋友要出远门。"

杨澜拿起她的羽绒衣，神情黯然，声音低沉地告诉记者："我原想高高兴兴地和大家道别，可是一下子情绪控制不住了。在这里，我只想说：祝愿大家在新一年都有好机会。"

17：32杨澜最后一个走出演播室，她竟然没有回头看一眼。她的眼角有些湿润。

蓝天雄鹰

1995年的一个暮春之夜，难得悠闲的我被家中的电话铃声打破。

"喂，哪位？""赵老师吗？""不敢当，怎么称呼您？"听筒那端传来一位中年妇女的声音。她说，她是北京通州区一所中学的教师，打听了几天，才找到了我的电话号码，因为有事要请我帮忙。我当时倒吸一口凉气，这么多年接到无数信件和许多电话，找我帮忙的有求职的、问医的、申诉"冤假错案"及各种各样的诉求。可是我大都爱莫能助，久之几乎成了"铁石心肠"，实在无能为力去奔波处理。但这一次却令我兴致盎然。因为这位王老师说："我班上一名学生收养了一只受伤的秃鹫，现在快养好了，不知该怎么办。您播《动物世界》，所以想来想去就找到您这儿啦。"我立刻决定，这件事我要管。

第二天在办公室我和大伙商量，大家都认为这是好事。但"这可能吗？一个农民能把捡来的大鸟认定为秃鹫？"最终我们还是决定先去看看再说。

当时林业部摄制组的小曾正在《人与自然》组实习，于是我就请她带着她的同事去了通州区。她们上午去的，下午回来，我们一块儿看了带子。

"啊！"我看到的这只秃鹫比多年来在《动物世界》中看到的都漂亮，只见它羽毛鲜亮，尤其那一对圆眼又大又亮又神气，真是一只国家二级保护动物秃鹫。我们栏目组责无旁贷，这事要管，也该管。我们保护野生动物不仅是说说，还要身体力行去做。

我联系了北京林业局，通报了这件事。他们十分重视，由闪局长率领工作人员会同我们一起去了通州区宋庄。那天是五四青年节，在蒙蒙细雨中，我们驱车沿大运河进了村，来到一户农家院落，主人叫刘宝元。这位值得记住的纯朴老农迎了出来，还有村干部也在，我们先到院里看了这只被拴着一只脚的大鸟。

"它可厉害了，家里的两条狗都怕它。"

进到屋里，宾主落座，刘宝元不善言辞，这时一位年轻的村干部滔滔不绝地为我们介绍："来，让大家认识一下，这是老刘的大儿子，上中学，那只鹰就是他和同学放学路上，在河边发现捡回来的。今儿知道你们来，老师准他假在家等你们。"喝口水他接着说，"这鹰一进他家门，全村轰动，十里八村的都来看。有人出钱想买走，也有人说把它杀了熬锅汤，让全村人都尝尝鲜吧，也可能是逗着玩，老刘可不干。他说，这是国家保护动物，伤害它犯法，应该保护它。"村长指着一位妇女说："这是老刘家里的，这鹰一进门她可忙坏了，下不了田了，天天看着它。怕它伤了人，也怕人伤了它。现在全村人都挺关心这鹰，给它逮耗子吃，还不能吃药死的。但哪有那么多老鼠呀，有一回没吃的了，怕它饿着，就把家养的一只鸡给它吃了。老刘还赶集给它买肉吃，它还不吃肥的。你看，老刘家并不富裕，自己都舍不得吃肉，还给它买……”

我们是越听越感动，越听越受教育。一位普通农民能有这样的觉悟，有这样一片爱心，难能可贵。

闪局长是一位血性汉子，他激动地站起来说：“老赵他们建议林业局给你们家颁奖，一张奖状，一份红包，钱不多，补贴补贴吧。电视台的同志也表示了心意，《人与自然》组凑了点钱……”一个简单的颁奖仪式在这普通的农民之家举行了。

老刘一再说：“我一个农民，知识有限，这都是看电视受的教育，我爱看《动物世界》，一有节目就看。”轮到我讲话了：“我十分感谢，也十分感动，这一张奖状不足以彰显老刘全家和全村父老的美德。我们从你们身上受到鼓舞也汲取了力量。是你们的行动教育了我们，保护一只秃鹫乍看起来是一件小事，但我们将会通过这件事情，让世人知道，中国保护环境的意识已深入人心，人民依法办事的觉悟正在提升。北京林业局和我们《人与自然》组给老刘全家的奖金只算我们的一点心意，老刘这一义举的价值不是这点钱能体现的。而且他们全家对野生动物的爱心与金钱无关，我们将以更努力的工作回报大家。”

当天仪式结束，北京林业局决定择日来带走这只秃鹫，到北京松山保护区再饲养一段时间，然后放飞。

接走秃鹫这一天我没再去现场。在录像带中看到，村里人都来送这只鹰，老刘的妻子哭得很伤心。据说这只秃鹫在212吉普车后窗把头贴着玻璃，看着收养、照顾过它的人们，它的一双爪子把皮坐垫抓碎了……

后来，我们把这个故事编成节目在《人与自然》中播出了，同时请刘宝元来做嘉宾。再后来，香港与美国几家电视机构先后采访过我，我把这段故事原封不动讲给了他们。从那之后，我经常会仰望蓝天，想念并期待它——大自然的精灵的出现。

我深有感触，十多年不过一瞬，人们的观念却发生了巨变：十多年前，有的农民观众来信要求我们多播些养鸡喂猪的节目，少播些野生动物之类的内容。如今，同样是农民，却明确地告诉我们，他因为经常收看《动物世界》，所以能准确地判断他收养的那只大鸟是国家二级保护动物秃鹫，并精心保护放归自然，让我们深感欣慰。我们又一次体会到，央视经常宣传环境保护的理念，深入人心且已取得明显成效。作为央视的一名员工，作为《动物世界》栏目组的一名成员，幸何如之。

话说1980年岁末，我解说了第一辑《动物世界》，那是改革开放以来中央电视台引进的第一批国外优秀节目。1985年后，为了这个我所喜爱的节目，我要求调到国际部。但我没想到，我能为这个节目持续解说了28年，先后解说过两千多部（集）。1995年，为了配合中国政府宣传保护环境的基本国策，在台领导的支持下，我们又在《动物世界》的基础上开办了《人与自然》栏目。从爱护野生动物到宣传人与自然的和谐，中央电视台为我们国家的环境保护工作在不断进行着自己的努力。

1995年《人与自然》开播时，曾分管环保工作的原国务委员宋健同志给我来过一封信，向全组同志表达了他支持、关心和喜爱这个节目的心意。同年，曲格平同志向我们传达了联合国前秘书长加利先生对中国中央电视台开办《人与自然》，努力宣传保护生态环境的肯定与赞扬。加利先生是在一次教科文会议上，号召一些国家的电视机构向中国中央电视台学习，加强对环保的宣传的，《新闻联播》播出了这则消息。如今《人与自然》也已播出十余年了。往事匆匆，令人怀念和喜爱的影像已经久远而模糊了。但不变的是人们喜爱大自然和爱护生灵、生态的情怀，这是几代人积攒在心底的情结。

毋庸讳言，今天全球生态环境的状况比起二十多年前，有更恶化的趋势，而人们关注环境的心情也更加强烈。全世界有很多野生动物种群数量面临着萎缩和消失的危机，而宣传环保理念和以野生动物为主题的影视节目的数量却在逐年增加。失去了才更加惋惜，濒临灭绝的才更显珍贵。

事实上从20世纪中叶以来，全球物种的消失速度是以往的1000倍。为了我们和我们子孙的长治久安，我们应该更加努力去宣传保护我们的家园。

20年前也有业内外的朋友对我的解说提出过建议。我曾仔细思考过，但我没有停止过保护生态的思考和行动，也绝不会停止探索更具人文关怀的电视

1980 年起解说《动物世界》至今，共解说三千多部集，解说文字两千多万字

为电影《熊猫总动员》配音

《人与自然》主持现场

与毛阿敏主持《人与自然》

农民与秃鹫

摄制组与刘宝元一家合影

节目的制作。如今，大部分观众表示喜欢这样的解说方式，但我知道其实还存在不少毛病。只要我还有改进的机会和时间，我会继续努力，永不放弃。

我在全国政协工作的十余年间，所有的提案都围绕着环保的议题，有的曾被列为重点提案，这使我有了一些成就感，但绝没有满足感。无论是工作、宣传抑或身体力行的实践，我还都差得很远。

十分庆幸，我赶上了一个好时代。央视给了我巨大的空间，让我在工作中遇上这么多难得的机会，能在自己喜爱的节目中学习、汲取、投入感情和精力并感到幸福。能在工作进程中摸索、培育、养成特点和风格是一个人的幸运。我内心深处无时无刻不在用白居易《观刈麦》的名句来自问：

"今我何功德，曾不事农桑。吏禄三百石，岁晏有余粮。念此私自愧，尽日不能忘。"

在央视的48年①播音主持生涯中，我所获过多，而所献甚少，因年事日高，终究会淡出荧屏。可是我仍会再尽绵薄，用我的感恩之心，力所能及地书写一点文字以颂岁月，以怀故旧，以报家园。

《岁月》情怀上：《岁月随想》出版往事

心事难说尽　相期沐暖风

在湖畔居住的这二十多年来，我从事的很多工作都是热火朝天的。尤其

① 1960–2008年，共48年。

大晚会，那是热闹到顶，曲终人散回到家中，却又别样的安宁。很像玉渊潭公园，当游人如织时，欢声笑语，呼朋唤友，风光热闹；然而夜阑人静、宿鸟投林、云淡星稀，那份寂静，那份凄清令我顿感洗净尘心的湖水，滤过嘈杂的浓荫，仿佛是原始洪荒的遗存。此时，若幽若在的天籁之声弹奏着神秘的旷古清音……

我仿佛永远不能皈依于单一的生态基调，无论天地人间，有热闹就有冷清，有高兴亦有烦恼，有成功就伴有挫折。“人有悲欢离合，月有阴晴圆缺，此事古难全。”

我在《岁月》三集中大致记述了人生的七情六欲、经历的五味杂陈，大多记述的是在湖畔居住的这段年华的情与缘，拙作第二本就命名为《岁月情缘》。

这次本节文字所叙，仍有千根万根烦恼丝在若隐若现的时光之径中飘伸缠结。我心依旧，我情依然。

春花秋月，湖水澹澹，风清日丽，鸟语花香，漫步在石砌曲径极目远眺，心胸豁然。偶有几许回想，几多期盼，似柔雾缥缈，如轻烟袅袅。

记得八年前，曾在报端发表我的七律二首，记下当时对新春的期待之情。

诗二首

世纪之交，春节又到，适逢播音亦40年，抚今思昔，不胜感慨。

一

虎兔相逢沐暖风，新春潇洒兆年丰。
九州得益开新路，四野温馨除旧容。
万户荧屏传浩唱，三觥美酒敬诗翁。
和谐此日欣同世，满目祥云伴彩虹。

《红楼梦》中写元春有句云“虎兔相逢大梦归”。余逢盛世，可反其意而用。

二

四十春秋从艺忙，壮志仍炽识开张。
回眸笑看风和浪，昂首平添寿与康。
众手耕耘新世界，齐心规整好家乡。
春风化雨赞神韵，锦绣前程未可量。

每当我在湖畔流连不由得就会忆往事思来者，“弃我去者，昨日之日不可留”，但那是我的一段欢乐时光。值得欣慰的是我把这些感怀写成了书，记忆是可留的，我仍怀念和遥想当年。

鲁迅先生曾有“人生识字糊涂始”这一感言，见仁见智，可做几方理解。我对鲁迅先生早怀深深敬意。想当年，我在河南干校，白天喂猪，有幸趣味充盈的是，入夜在孤灯之下能反复读诵《鲁迅全集》。那是一位“五七”战友我的老同事全家下放，携可读之书来到淮阳。我能借来，如获至宝。那是那时唯一能看又不犯忌可堂而皇之当众持读的书。欣喜过望的是，身在干校田间，我却能有机会仔细通读了几遍《鲁迅全集》，又十分巧合的是我自己也带来一本恩格斯的《反杜林论》。我手捧恩格斯的书，更无人敢于干预，那是无产阶级革命导师的名著。除此之外，我想看的书在那时都不能看。记得，当时在宿舍灯下聊天，和几位同事背诵唐诗。因没有书，只口中吟诵，彼此印证，稍觉意趣。第二天领导训话，让我们不要再翻那些“封资修”的沉渣。鲁迅有《沉滓泛起》篇目，但那绝不是指再读唐诗。当年恩格斯与杜林论战，但当他得知杜林先生因此被柏林大学辞去讲师之职时十分气愤。他老人家坚决反对因观点不同的争论，哪怕是唯物主义与唯心主义的争论，动辄就把对手开除。但在那“十年动乱”之时，说错了话那可不是开除就能罢休的事了。孰是孰非，我真的糊涂了。

总之，鲁迅说“人生识字糊涂始”，信不缪矣。识字、读书、造句、作文，但轮到写书，那就不仅是糊涂始，而似乎“人生写书是非多”了。就算写自己身边的一些琐事，颇有自娱自乐“著文章以自娱”的感觉，那也躲不过外界的是是非非，好在如今口舌是非并无灾妄，时代是进步太多了。徜徉在玉渊潭湖畔，看着那如镜的湖水，尤其月色朦胧，在星星点点灯光的辉映下，那浓密柳条的倒影越发柔和，风乍起，湖中波光微荡，恰如往事的闪回。

我的《岁月随想》就是在这湖畔居住的时光中写出的往事。我望着寥寥可数的星辰，望着在西北远方那高攀入云的电视塔，心中总有说不尽的回味。矗立在北京西三环那380米高的电视发射塔，在夜色中犹如眨着会说话的慧眼，通透的忽儿彤红偶又鲜蓝的色泽，给北京的夜空平添了几许艳丽、妩媚和神秘的吉祥光影。我曾或多或少参与过它的建成，1985年拍摄《看北京》时，曾为北京市和央视的会商尽了点薄力。当时的北京市副市长韩伯平和央视商讨建塔事宜我就在场，好像要贷一笔款项建一座超过400米的高塔，但最后没建那么高，差了20多米，却还是北京的最高建筑。夜色中，云里、雾里、晴空里，它总在闪闪烁烁，有时几乎隐在夜雾中，融化在夜空里，有时它亭亭玉立，令人无尽的遐思，而当年我参与它兴建的几次会商却怎么也记不清了。“红罗袖里分明见，白玉盘中看却无。”它是水泥结构，在入夜后的云天遥望又像水晶般通透。

这就是岁月的印记，是点点滴滴似有若无的往事云烟。若清若透，忽明忽暗。落笔成文，虚无中的记叙留住了点点滴滴的存在。

有了自己的著作，使往昔成为实实在在物化的长存。尽管我的著作也给我带来过不写它就不会有的风声雨意，但强似“也无风雨也无愁”。

收拢遐想，话说从头。

几度风和雨　新枝欲出墙

身为文化人著书立说或成一家之言，既是一生积淀的成果，也是一种久已萌生的夙愿和不懈的追求。我早就想写书，但几回冲动，几回平静，几回答应出版社，几回以工作太多实无闲暇推托了。但，我终于不好再推了，机缘巧合，提笔开篇……

1995年3月，乍暖还寒，我在全国政协会上小组讨论之时接到一个电话：“我是上海人民出版社的陈军，想约您一部书稿。”“好，约个时间见个面吧。”

这漫不经心而又可有可无的约会，想不到竟成了一诺千金和著书立说的一步活子。

说时容易而做来难。总之，从无到有，一部二十五万字的《岁月随想》，经过八个月的写作，书稿完成。我和陈军都没想到以后将会是什么样的情景。

如果不是陈军，这本书可能时至今日也还是幻影。我不是不能写，但不是陈军的催讨，不知会拖到哪日哪月哪年。他从沪上赴京后干脆住在央视西边的水利招待所，一住五十天，不理发，不刮脸，一位清秀的沪上中年男子，变成了一个蓬头络腮的“都市鲁滨逊”。

在那之前，我没见过这样的编辑，在他之后，我也还没再接触到这样的人。

毛主席诗句：“世上无难事，只要肯登攀。”果真如此，理应如此。

1995年，是我工作最多的时候，白天工作，晚上加班，没有节假日这一说，其实电视人的工作节律和公务员8小时坐班本就不一样。工作就是命令。白天、黑夜只要有任务就要全力以赴，而我们的单位就是为这种态势而设的。

干完了一天的活儿，很乏力，把攒足了的精、气、神已经一股脑儿都用在话筒和镜头前了，回到家里，想无思无虑地放松一下。可一想到陈军就扎营在我家西边儿，说心里话，没陈军在那儿盯着，我绝不会深更半夜拿起笔来一个字儿一个字儿地写下去。我至今仍和也许不多的老同志一样拿惯了笔而不敲冰冷的电脑键盘，在思绪的散漫游走和情感的跌宕起伏中，手上的劲儿时松时紧，笔与纸的摩擦时快时慢，时轻时重，甚至时工时草，早已形成了一套“模式”。这运笔的功夫是童子功，我写完稿子请我组打字员孙立红抽空帮我打出来，我的第三本书《岁月缤纷》已由张美珠替我打印了。

写书很累，很枯燥。以前知道写书难，但读了这么多年这么多的书，念过几十年数不清的文稿，也写过作文，从小学就开始了，也发表过散文、随笔、诗篇和学术论文。我在北京广院读新闻编采专业时交的毕业论文，据教我的陆锡初教授说，他给我的分数是他教书以来给过的最高分——97分。

按说和我的专业最贴近的技能和工种就是写作和编辑。写几段串场词、发表几篇文章并不难，而且一如既往地在做着呢。但写一本书，就不容易了，何况当年我认为写一本书要是少于实实在在的二十多万字真拿不出手。

于是在玉渊潭畔的家中，在夜深人静、万籁俱寂的灯光下，我伏在茶几或靠在沙发上一个字一个字地写下去。提笔不久，便觉只有如潮的情思和仿佛在目的历历往事，欢欣失意、成败喜忧围绕着我，听得见的是笔在纸上有节律的簌簌声和偶尔感到自己呼吸的深重……也许有一声叹息。

开笔时先感到压力，枯燥，无法集中注意力，但还是逼着自己写下去，就渐渐地有了意趣、有了兴味，有了在其他时空中少有的惬意和一吐为快的倾诉感。像气功的入定一般，一旦抱元守一，“来者不拒，去者不留”，杂念渐消，身心舒泰。“文无第一”，书好不好主要由读者，几代的读者评判。作者只要真心实意，真情实感地写下去就是了。我写第一本书的时候，很少考虑到日后读者会如何评判。当然我很在乎别人怎么看我的书，但当时我废寝忘食地写着就顾不上日后的口碑了，更何况我完全没想到能拥有几位读者。

书稿基本完成，三十多万字，于是我与陈军都松了口气，出书是没问题了。接下来讨论的问题有三个：一是给书起个名，叫什么呢？二是三十多万字不好放进一本书中，按现今的排版那是三本书的量。我们反复讨论对有些篇章和大段文字忍痛割爱，有很多内容此次拿下，日后也不大可能再进入其他书中了。梳理一遍拿下约十万字的文稿，在通稿时，按内容分为三部分，第一部分内容是回忆往昔的经历和播音主持之路，可称“岁月篇”；第二部分内容和以往职场的经历联系不多，归结为“随笔”；第三部分是我在业内学习班的学术讨论中的发言记录，内容大多是探讨播音主持艺术，就称为“谈艺录”。我说：“这样好不好，把这三部分篇目的分称，放在一起组合为总称，当书名吧。”陈军也觉得说得过去，于是我当时把这本书起名叫《岁月·随笔·谈艺》。俄国作家爱伦堡有一本书就包含岁月二字，因此这书名还不俗。第三个问题十分现实，印多少册。我怕印多了卖不出去，对出版社和我个人都有压力，虽然我觉得这本书，思想性还算可以，趣味也不低俗。有可看性，送送朋友，同事，也算挺体面的。但放到书店去卖，有人买吗？这本书既不是小说，又没故事，更比不上朱自清先生那字字珠玑般的散文，当然更不是鲁迅先生的如匕首般的杂文，同时也不是学者专家的专著，不是诗歌不是剧本，写了点往事，可也称不上自传。在文学作品归类上，不伦不类，算什么呢？后来这类书有了称谓，统统叫“名人出书”，先按下不表吧。

基于种种思考，我对陈军说：“印三千本，你看如何？”陈军说：“三千本太少了点，这样吧，印一万册，我们的努力也算没白费。不过，我必须回上海跟社里商量一下再定。”

就此一别，他回沪上，我立刻减去了晚上熬至黎明的写作课程。少了劳顿，但也缺了点什么。

然而，当时我们双方都没把最应该做的事完成。这就是一纸合同。他们出版社不让我自掏腰包印书，我觉得这些上海人够大方了，夫复何求。如果他们真印个几千本并能再给我一二百本折价书就很好很好了，更夫复何求了。

又过了几天，陈军来京，带来了样书，当时还没有封面不过就是一沓印张。我说：“既然封面还没印，再把书名改改行吗？”陈军说：“没问题，改成什么呢？”我说：“我觉得第三部分‘谈艺录’的文字在全书中较单薄，也不足以代表我的学术观念，和前两部分不成鼎足之势，不如把‘谈艺’去掉，就留前面四个字《岁月·随笔》。”陈军说：“好，这样更像书名，《岁月随笔》不错。”我说：“陈军呀，要是大作家、大文豪写成随笔拿来发表，那还行，我来个随笔那更无人问津了，再说这些文字，虽说水平不高可也来之不易。你看把这‘笔’字改成‘想’字，称为《岁月随想》是不是更灵动飘逸一点？”陈军立刻表示赞同。于是我的第一本书《岁月随想》就这样面世了。万万没想到这本书很快就引来了始料未及的反响，有了巨大的销量，带来20世纪90年代的名人出书热，带来了热情的赞许，也带来了一系列的麻烦。不过从此以后，写作进入了我的人生，或说我已迈进了写作的群体，同时从这时起我和过去从没接触过的“官司”也接上了头。

从此文思动　凭谁论短长

“人生识字糊涂始”“人生写作麻烦多”，再好的书都会不断有人挑毛病，搞批判，进行颠覆，实行人身的、人格的、人品的异样解读和掀起种种昨是今非的考证，出了名的作者和出了书的名人都要永久地应对如潮的评议。当然如果什么议论都没有，就跟没人看的演出一样，这样的冷落更不堪承受。

写书不但耗时费力而且需要有点勇气，因为书不总藏之深山，是要发表的，是要给人看的，是要允许大家讨论的，觉着写得再好，也要让人挑毛病的。如果你不想面对这一切，那就别费心费力了。

话说，1995 年 10 月我接受陈军的邀请携书稿去了郑州。那是 1995 年下半年全国图书订货会，这是另一个“世界”，和我所在的话筒前、镜头前、舞台前后完全不同的地方。图书订货会，不需要化妆、灯光、摄影、音响，只需要白纸黑字的篇章和文稿，也不太相信一厢情愿的炒作。我完全不知道离开演播厅后，我还有什么能耐在不同的时空中如鱼得水般地遨游。

在一次晚宴上，多位图书发行的主管们济济一堂，我位列其中，想的是多让别人订一些书。入座不久，一位河南老总端起酒杯郑重地对我说：“赵先生，您这部文稿我拜读了，浏览一遍，文笔不错，有文化气息，但……”他看了我一眼停顿一下说：“这本书应该没什么销路，这年头儿读者哪有闲心去读散文呀，写得不错，但销路我不看好。”这借着酒意的快人快语，并不使我尴尬和难堪，我先于这位仁兄早就有了这种相同的“见地”。大约这就是现实了。

“屋漏更遭连阴雨”，陈军当晚来到我房间，神色不对，他悄声说：“书稿丢了！”我十分平静地说：“找得着就找，找不到就算了，千万别惊动任何一个人，你放心，不会有盗版。”要是《哈里·波特 1—5》丢了书稿，那才好玩呢。不过那会儿罗琳大约还没构思呢吧。

河南订货会平静地留在我身后，我想这个图书出版界大概也只有陈军一个人会不屈不挠地逼要我的书稿。

一天晚上，陈军从上海打来电话，“赵老师，”上海人对邻居都称老师，对邻居们的妻子都称师母，就像二十年前的北京，如果不称别人同志，就叫师傅一般。“你还记得沪所的曹经理吗？”“啊，在郑州见过的那位上海发行所的曹经理。”“对，他今天跟我们社签了协议，他们要包销《岁月随想》18万册！”

我半天没作声，没敢高兴，反而觉得有点恐怖。陈军继续说：“真的，他有眼光，有经验，有办法。”我开口了：“陈军，好事自然是好事，要是人家卖不出那么多，赔了，咱们怎么过意得去呢？那岂不成丑闻了吗？”

我眼前浮现出曹经理那和善的笑容，在河南他们沪所没说过什么，我也没向沪所表示过任何推销之意。但曹经理无疑是伯乐，是老江湖，是我的贵人。而且从那时起，好梦一个接一个，《岁月随想》在图书市场火了。

“有心栽花花不开，无心插柳柳成荫。”以这句老话形容我的出书，应该还算贴切。1995年3月决定出书，当年9月书稿完成，10月到河南，被泼了一头冷水，哪知这一盆冷水却浇旺了《岁月随想》的一路向前。

正是“山重水复疑无路，柳暗花明又一村”。我第一次拿起印好的书时，感到很温馨，很知足，封面设计也很简洁，不张扬，不俗气，送给友人很雅致得体。这是1996年元月我在沪上的日子。

上海人民出版社办了一个规模不大的首发式，只请了几位沪上学者和几位记者，在一个长条桌两旁大家对面而坐，随意交谈，没有鲜花，没有掌声，没有震耳的音响，连会标的惯用横幅也没拉。这个小小的首发式上几位出版社邀来的专家在发言中，给了我这本书不少的肯定。这个首发式和我原来的想象很近似，但我的同事和朋友东方电视台的曹可凡却不很满意，我说：“可以啦。”

这本书就此宣布诞生了，个中艰辛和完篇的忐忑，不足与外人道哉。

感动唯挥泪　难酬父老心

1996年春天，《岁月随想》签售正式开始，陈军安排我去南京签售。我在一个星期天的晚上抵达目的地。我刻意安排在周一与读者见面就是为的在上班时间去书店的人会少一些，我并不希望人多，有几十个人买我的书就很好了。

我提出在周一的上午签。书店经理说："那不行，大家都在上班，本来周一书店里就没几个人来的，多等等，等到下午吧。"他执意安排在下午签书并把我签书的位置放在书店的门外，我再三说这样不好维持秩序。他说："你一百个放心，我们有经验，前不久几位当红明星在大门外一字排开签得蛮好。我担心的是人太少了，冷落了赵老师。"

我无言以对，人家当红明星都这么签了，老赵年过半百，还有什么可讲。就像我书中第一篇文章的题目"昨夜星辰昨夜风"了，只要不落得"门前冷落鞍马稀"就好。

但，那一年的那一天的情景出乎预料，我以剪报作为岁月留痕吧。

来南京前夕，1996 年 1 月 28 日（星期日），南京《金陵日报》在第四版用一小篇幅发了一条消息。"赵忠祥明来宁签名售书"，邮票那么大的一个预告，我想能看到这个消息的读者不会太多。

而我与当地新华书店老总商议早签为好之际，怕冷落我的经理大概不知道，位于南京中山路的新华书店内外已有了不少读者等着签书。临近中午经理来接我们了，不是签书而是先去一家饭店用午餐给我们接风。

饭才吃了一半，经理已陆续接了好几个电话，终于不得不开口："赵老师，书店来人太多了，咱们是不是早点过去？"我说："好，现在就走吧。"于是放下筷子我们就赶到书店，里里外外，大街上，天桥上已挤满了人，并已经售出 5000 本书了。签名售书时要是先把书卖了再排队签名这是万万不行的，尤其人多时这是一个大忌。如果读者当场买一本，拿书交钱，这位读者过来，作者为他（她）签完名，刚好第二位正走过来，一个接一个，秩序就能维持，断无抢书现象。怕就怕，读者已手持一卷或多本，一拥而上，于是就没法签了。

因此就有了第二天当地媒体的报道："赵忠祥签名售书被迫中止""赵忠祥面对五千读者落泪"，等等，当地几家平面媒体都在 29 日发了消息。

标题惊人相似，一是被迫中止签书，一是泪洒中山路。南京新华书店经理没想到会是这般情景，我和陈军也没想到乘兴而来，未果而归，而且撤离得那样急匆匆，显得十分狼狈。

《金陵晚报》1996年1月30日刊登题为“赵忠祥签名售书被迫中止”，副题为：南京读者对《岁月随想》的热情出乎意料。文中说：“昨天上午，不到9点就有读者在门口排队，到下午1点，读者队伍一直沿着门前的天桥排到了街对面，桥上挤满了人。近2点，赵忠祥出现在（书店）门口。随后队伍开始混乱，无数的人流涌向赵忠祥签名的桌前，秩序无法控制，主办者不得不提前中止这次活动并让赵忠祥撤离现场……直到下午3点30分仍有许多人在门口等着，希望奇迹能出现。对此，赵忠祥表示：极为不安和抱歉。他非常遗憾，他希望今后再找机会来报答读者和观众。”

如果不是陈军给我的剪报并保存至今，我的往事记忆已十分模糊了。南京父老的热情我不会忘记，而细节几乎被流光抹去。1996年1月30日，《服务导报》留下了这样的细节描述：“人们不停地向签名桌拥去，巨大的力量使赵忠祥面前的签名桌显得十分脆弱。赵忠祥在摇晃的桌上，尽可能签上端庄的名字，但20分钟后，他放弃了这种努力，被人保护离开现场。”“昨天现场，年轻人较少，中老年人居多，与以往歌星签名售带时‘追星’的热情不同。昨天现场的人们大多出于一种发自内心地对赵忠祥的好感。”

那天，当我赶到现场时，店里店外拿着书的何止几千人，根本无法排成单行，而大街上驻足观望的人已把中山路的交通阻塞了。中山路是南京市内最主要的大道，类似北京的长安街，中山路交通受阻，南京城的交通就受到了影响。这一切，因我签书造成，我如何面对金陵父老，又如何对得起一早就拿着书等我的兄弟姐妹。

我是被人拽走的，当我明知不可为而为之，鼓足勇气走到签书台还没站稳，呼啦一下人群一拥而至。

一阵爆响把桌子挤斜了，挤裂了，维持秩序的人和要求签书的读者呼声一片。十几位店员拼命抵住桌子啪啪爆响，我身边两个小伙子说时迟那时快，架起我：“撤！”我就脚不点地被飞快带离现场，七转八拐上了几层楼，进入一个房间。这时南京市公安局的同志赶到了，询问经理怎么回事，弄这么乱，谁负责任。幸亏经理还算有经验，他事先上报过公安部门，没违规操作，但那会儿他紧张得说不出话了。而“您一百个放心”这句话还在我耳畔回响。

我从书店后门，被店员护送到车上，直接去了机场，后面的事儿无能为力了。

除了报纸报道，我还接到了一些当天到场的南京读者的信，他们述说了当时情况，我一直到今天都过意不去。其中有位金陵 ×× 公司一厂的耿先生来信说：“您风尘仆仆从北京赶来南京……当时五六千读者中只有一二十人有幸得到了您签名的《岁月随想》……那天早晨不到 9 点，就有读者在门口排队，队伍越排越长，分成两路，一路向西延伸，一路延着门前天桥排到街道对面，见不到尾。到下午 1 点多钟，门前起码聚集了五六千名您忠实的读者，连交通也中断了……第二天，有些媒体都说南京人过度热情，秩序混乱……难以理解……我们要问有关单位和书店是怎么组织的？”

还有位江苏仪征 ×× 公司的职工写信说：“我受部分职工委托，乘长途汽车前往南京新华书店，不到 10 点买了十四本《岁月随想》。饿着肚子排了四个小时的队，当您一出现队伍就乱了。我在人群中被挤得前仰后倒，手中的书撒了一地，慌乱中拾书手又被人踩破。遗憾的是没得到你签名的书。”

这位读者还特意制作了一枚信封，并写明：“赵忠祥先生《岁月随想》来宁首发纪念。定于 1996 年 1 月 29 日下午 2 点，中央电视台著名节目主持人赵忠祥来我省南京中山路书店，为求购《岁月随想》的读者签名。该作品问世，先生付出辛勤的劳动，作为先生的热心读者，为表达对先生的敬仰心情，特制此封一枚以作纪念。”

有了南京这次教训以后，就有了经验，以后我们每次签书不论人数多少，都算顺利。我和陈军一连跑了三十余个城市。

闲话当年事　欣然忆逝光

有一位记者评述我当年的签书是“八千里路云和月”，此言不虚。

“心连心”艺术团赴延安慰问演出

《岁月随想》签售会现场

给读者签名

《岁月随想》签售会现场

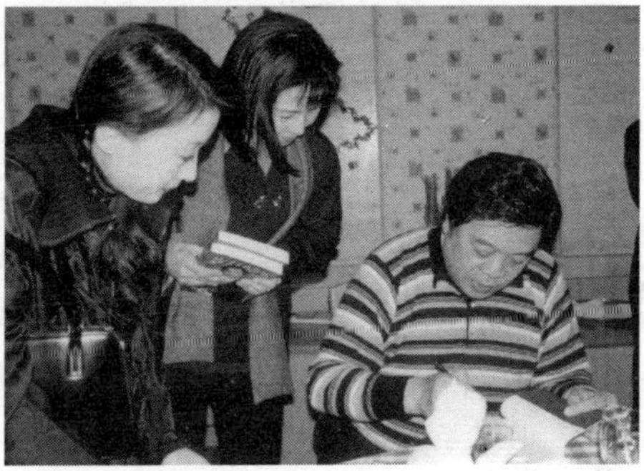
新书签名

我手里的几份剪报是读者们寄给我的，虽然签售所到的城市各不相同，天南地北风情迥异，但因为所到新华书店的签售过程大同小异，而无法一一回想各处特色。此次写书匆匆翻出我保存的一些剪报，上面登载的情节有些我已忘得一干二净，但那白纸黑字的往日报道却让我感慨万千，人生能记住的过程真是太少太少了。从千余幅签名售书照片中抽出几张，使我遥想当年，心潮起伏。

1996 年 11 月 9 日，中国图书商报记者文东写道："《我的自白录》（刘晓庆）热潮尚未平息，赵忠祥的《岁月随想》又席卷而来……至 8 月底发行达六十余万册，目前总印数已达七十六万册，不久还将出版一万册豪华本。自 2 月份以来，该书连续入选每月全国畅销书榜，其中四个月名列榜首。一本书持续畅销近一年，且至今销势不减，近年来在我国书业界绝无仅有。"

往事匆匆过　别来几度秋

平心而论，当年《岁月随想》不仅热销空前，在 1996 年年内，也好评如潮。不但平面媒体大量登载的文章对此书多有好评，而且天南地北的读者，雪片般的信件，寄来的知心话语，让我每每感动。第一波的感动来自孙家正同志写给我的信。

忠祥同志：你好，我的一位年逾古稀的朋友，读了你的《岁月随想》倍加赞赏，给我来了一封信，现转你一阅，该书我断断续续看了几篇，感觉甚好，待读完后有空再和你谈。

你和倪萍的黄梅戏唱得还可以，只是你起音稍高了一点，（望）临场注意调整一下。（此处指 1996 年春晚排练）

家正同志的信写于 1996 年 2 月 7 日，该书才发行一个月零几天。

在湖畔徜徉中回想流年往昔，如湖光月影，清风扑面，柔波摇曳，如弦乐舒曼的音线在连绵的微妙中游走，如钢琴键盘上那灵动纤细的手指在轻轻点出如珠般的透明乐音。大自然以天籁之声，在舒缓着劳人的心曲。望着那天际的点点星辉，吮吸着湖畔草丛的缕缕淡香，想起以往，回味当年。

孙家正同志如今是全国文联主席，且荣任第十一届全国政协副主席，给我写这封信时是广电部部长。我是广电老兵，从梅益局长算起，我眼前已有十余位部长在这个岗位上来来去去，其中至少有八位都和我这个老兵有过直接工作接触。他们都身居高位且各具文韬武略、不同凡响。我不想对他们各位的业绩妄做品评，但我对家正同志有着更多一层的钦佩。他先任广电部部长，后任文化部部长，再到全国文联、全国政协。每一位主要领导都不可能不被属下品评一番，再好的修为也不可能不受点评。但在广电部和文化部这样两个精英荟萃、知识密集且又多有个性的人物汇聚的地方，见多识广，名人辈出的群体中，要想落个好口碑谈何容易。而家正同志在两个部门长期做一把手，我结交尚属广泛，从未听到过别人对他的非议。

其实我与孙部长没多少次接触，不比与以往部长的接触多，但每次与孙部长接触都会给我留下较深的印象。

第一次，孙家正同志刚到任，恰逢中国广播电视学会主持人研委会召开年会，大家均希望新部长莅临开幕式并作指示。我时任该会会长，请部长莅临的报告打上去，孙家正同志来了，我们都是第一次见到他。我在会上做了开头的简短发言并请孙部长讲话。孙部长讲话中给大家提了几点建议和希望，然后对我说，他刚到任，事情较多，这就回部了。

我送他离开会场，临上车时他停了一下对我说："忠祥，以后有什么事直接找我。"我顿时觉得心头一热，因为，他的话说得简单、但诚恳。我十分感动，觉得这是一位没有架子，平易近人，又十分有人情味的领导。我时任全国政协委员，按说有什么建议直接向部长反映也不为过，但是，那一刻他那句话却与一位老兵拉近了距离。

在拙作《岁月随想》中我讲过："人凭一句话，佛受一炷香。"此人世之修为，装不来也。在他任内我从没为一件公事麻烦过他，我更没为私事去求他帮忙援手。但他那一句话，我感动至今。

第二次是他到任几年后，一天他秘书给我来电话，说："孙部长明晚请你和倪萍吃晚饭，一起坐坐。”我和倪萍如约到他住处餐厅造访，只有我们三人。他说：“南京家里来人给我送来一些自己包的蟹黄包和家乡菜，我借机会请你们俩尝尝。我希望像朋友一样聊聊天。”那天，我们聊得很热闹也很开心。他听说梁晓声身体不太好，对我说，问他好，有机会也一起坐坐。此后，我和倪萍商量几次回请孙部长，可一直阴差阳错没再聚会。直到2008年春节文联大联欢，家正同志特别点到我出席，见面时仍不忘旧情，说：“约上倪萍再聚聚，一起吃个饭。”

孙部长调任文化部当部长后，平时更没机会再见面了。有一次，我从南方回北京，我坐在经济舱，无意间发现孙部长在前面头等舱。他公务繁忙，又早已不在一个部了，就没去打扰他。不承想，飞机起飞之后，孙部长一掀前面帘子走进经济舱，而且一直走到我的座位前，说：“忠祥，我听说你在这架飞机上，干什么去啦，最近忙什么？”一位老领导，分开几年了，对我这位老部下仍充满关怀使我十分感慨。

现在提倡构建和谐社会，假如我们各级领导都能把下属当朋友，亲切平等对待，那会多温暖人心。读者诸君定会说：“你老赵是名人，领导对名人亲近一点，也未必对别人都如此。”错，在自己部门只有上下级，没有名人这一说，没人糊涂到在自己单位把自己当名人。听说法国前总统，“二战”英雄戴高乐再度竞选总统时，他家保姆就没投他的票。人与人关系离得近了，那道光环就消失了。

孙家正同志的那位老朋友在信中说：“我刚看完赵忠祥写的《岁月随想》，思潮起伏难抑。这本书文字流畅，记叙朴实，并有思想深度……这样的书现在实属难得。”

家正同志和他的老朋友的鼓励使我第一次对自己的著作感受到心中有了底气和略有成就感。

湖畔忆往事　谨记君一言

很快接二连三有了不少读者来信，一位徐州的张先生以七律送我，使我引为知己，因他的诗句的韵味很能体现我整册书的氛围。我只引开头结尾各两句，中间两联略过。因为盛名之下，其实难副："岁月峥嵘五十秋，布衣一领复何求……无边云水寻天地，激荡心如不系舟。"拙作曾写怀民先生题写唐人诗句"钓罢归来不系舟"一节，这是实写，但把心潮形容为无拘无束，我深深感佩。我已然领悟，这些读者诗友的天分、才情、灵气均在我之上，很多读者比我文字水平高许多。他们写信赞我，实则教我，使我可能生发的自得之意，收敛不少。

我保留这些来信，无论何时何地偶尔翻上几页，都使我感怀一番。因为信中的情感是真挚朴实的，书写人的文笔是生动精妙的，学识是令人钦羡的，叙事是叫人信服的。我永远会珍藏这些信件，作为我人生继续上进的能源。

奔忙其实不自由　角声孤起夕阳楼

《岁月随想》1996年始出版发行，到1997年12月19日，中国图书商报刊载该报记者陈斌的文章，《岁月随想》从畅销到常销发行逾百万册，称："1996年以来发行76万册成为中国第一畅销书的《岁月随想》，1997年雄风不减，乘势而上，至年底已累计发行逾百万册，创近几年来单本书发行最高纪录。成为从畅销书到常销书的典型。"

我和陈军于1996年先后到过几十个城市，也和当时湖北业界的龙晓君到过另外十余个城市，不一一列表了，总之"怎一个辛苦了得"。

除了我的本职业务又要四处签售，此处实话实说，由于签书而放弃了演出市场，要是算经济账的话，得不偿失。写书是发不了财的，除了罗琳，绝大多数出书者很难有大量物质收益。

那时，我每一天都有安排，在各地也都有报纸报道为证。忙得连生病也没工夫。后来居然有人说，1996年在我单位医务所为我看过病，认识了我交成了"朋友"。哈，真使我莫名其妙。如果不是别有用心就应举出何月何日何时在哪个门诊房间，及挂号证明，有吗？

1997年，也是我工作上最忙的一年。那一年最大的事是香港回归，主持各类晚会一个接一个，从春到夏，从秋到冬，当时央视综艺节目主持人中我和倪萍最忙。

就在这种情况下，我跟陈军商定签书告一段落。我们的合作算圆满成功。但此时出现了令我烦忧的现象，就是大量盗版书的出现。早在1996年上半年，这一情况就令我很无奈也很气恼，我收到的读者给我寄来的盗版书的种类至少有8种。接二连三的误解也令我不安。知道可能是盗版书的朋友在来信中表示气愤和同情，但也有不明真相的读者，抱怨为什么出这么一本低质量的书，对出版社也大为不满。上海人民出版社素有令名，但也因此蒙羞。

现摘发一位叫高山的读者来信，他先是对《岁月随想》表扬一番，表扬部分结尾这样写道："您在全书结尾处写道，谢谢您的阅读，我却忍不住在您话音未落之际说：谢谢您的倾诉！"

接着他话锋一转："《岁月随想》一书也有让人无法忍受的缺点，对于《岁月随想》一书的印刷之粗劣我不得不说非常遗憾！因为不能写，谁知我借到的这本书是否盗版印刷呢？错字之多已令人无法相信印刷出自上海。"这位小友称自己是在高墙电网里获得的这本书（有多难）。信中还说："如果说您此刻知道沦为囚徒的人当中亦有很多把您的书视为珍宝，我想您有理由再添一份欣慰吧。"他在大墙中竟然读了我的书，还给我写了信，直到如今，我读这封来信仍有一丝心酸。不知他如今可好？

这是怀疑盗版者的来信。

但有很多人，有很多善良的人，他们并不知道这个世界上还有盗版的存在和盗版书的涌现。于是，他们向我，也向上海人民出版社发泄了自己的愤怒，我完全认同和理解这种感受。但我无法，也不可能向他们一一解释我也是一个受害者。我的书出了一百万册，而盗版书或许不止这个数字。至今我手头还保留大量的勘误表，我那些可亲可爱的读者花费大量时间认真地为某盗版本检查出三百至五百个错处。我同样感到盗版不仅伤害了我的名声，夺去了我应有的收益，而且也坑苦了这么多可敬可爱的读者。我很少生气，但这一回气大发了。我气的是我无能为力。

更有甚者，一些盗版书堂而皇之进了机场安检门内，在登机厅的候机室的书摊上，盗版书赫然摆放。有一次我候机时被发现，有二十余位旅客买了盗版本围着要我签名，我实在不知如何是好。

我甚至希望，盗版者用激光照排，“我被你盗版我认了，你们印好点儿成吗？”那时激光照排只在中等城市出版社有这个技术环节，而有这样技术条件的单位奉公守法。小工厂、小作坊，找几个初中还没毕业的人躲在暗处，手打一遍书稿，可能再也不加校对就装订成册，流入市面，太恶心了。

海内存正气　苍天在上头

一天，我不知出于什么原因，对办公桌上一沓信件的其中一封产生了异样兴趣，也可能是寄信处让我顿生好奇。这封信寄自河南杞县，给我的感觉虽陌生却亲切。

郭沫若先生的大作《甲申三百年祭》的历史故事原生地就在这里，李岩（信）和红娘子正是杞县人。

我拆开信封扯出一张折叠好的大印张正是《岁月随想》的书稿。还附有一信，大意如此：“我是 ×× 单位一职工，发现我县 ×× 印刷厂一工人拿他厂印的书页包东西。我把剩下的一页拣回寄给您，我怀疑这个厂子在盗您的版。”

苍天有眼，这位兄弟给我通了风，报了信，该我上阵了。于是，我以这封信提供的证据报了案。要求北京新闻出版局为我做主，铲除这一盗版窝点。

我十分感谢北京新闻出版局的领导对打击盗版的雷厉风行。当我举报此事不过一周后，得知，执法人员已到了我所举报的现场，当场查出往来账目，除《岁月随想》外又发现 23 种侵权盗版书，其中有 4 种书属于扫黄打非的违禁书籍。主犯 M 得知风声已外逃。

又不久，M 落网，被依法提起公诉，获判入狱八年。如今这位 M 先生应早已刑满释放了。

当年河南当地法院用文书通知我，可以追加民事诉讼，追讨损失，我放弃了这项权利。因为，我和M并非个人恩怨，他主谋策划实施盗版24部书并有非法出版物4部，案发后，是检察部门代表政府对他提起公诉，他已受到了法律的制裁，据说他当时已身无多钱，这正应了雨果在《笑面人》一书中的开篇的话："滚动的石头不生苔。"靠歪门邪道，坑蒙拐骗修成正果，吾未闻之也。

我有资格郑重声明，中国政府和有关执法部门对知识产权的保护和对侵权盗版的行为是依法严惩不贷的。早在十年前，我就讨还了一个公道。

1998年3月，全国政协九届一次会议期间，新闻出版界桂晓风委员几次发言都提及了此事。我很荣幸与桂委员同组共事，他时任国家新闻出版署副署长兼全国扫黄打非办组长。此公发言流畅、侃侃而谈，提及以《岁月随想》一书为突破口一举查获24种盗版大本营，抓获主犯M某，十分高兴。

我散会后对他说："桂委员，我十分感谢你们当年雷厉风行的义举，感谢你们的大恩大德，但这次也是小民等见义勇为的体现。我的举报也功不可没。"我们相视一笑，我和晓风在政协同一届共事了十年，结下深厚友谊。大约也是当年共同破案形成了一种因缘纽带使然，他忘不了当年他所辖的部门战绩，我怎会忘记那使我又忧又喜的当年。

我也算有人缘，一位热心人伸以援手，犯险为我提供线索。但我至今仍坚守信义，遵他之嘱，不提他的姓名、单位，谨在此再谢并遥祝好人一生平安。

福无双至　"烦"不单行

我前面提及两件心烦事，一是盗我书的版，二是什么呢？是1996年和1997年好像风水轮流转。从1996年如潮的好评，到1997年如雨点般人们对名人出书的非难，令我顿感风云突变。

此时，什么点评，什么出书太匆匆，大有声讨之势令我不解。我不明白写一本书就算才气不高，文笔不佳，又没有强卖于谁，惹着谁了。

恰巧，又有人找上门来。我接到单位党委转给我的一封群众举报信。指出我在《岁月随想》中的《闲言碎语话家庭》一文中写了这样一段话："几年前读了一篇记述一位外国女企业家奋斗经历的文章，其中有这样一句话：‘如果事业与家庭产生矛盾，我宁可牺牲事业也绝不牺牲家庭。’这段文字很使我感动。我们东方人一向重视家庭，而这样的语言却出自一位西方妇人之口。感动之余，我想，我也必定不会以牺牲家庭的利益换取事业的成就。”我今天仍然这样认为。

可是1997年，一封举报信寄到我们党委。“赵忠祥公然宣称，可以不要革命事业和共产主义理想，只要家庭，这样的共产党员应该清除。”写一封行了吧，一而再、再而三，大有不达目的誓不罢休之势。

赵某人从18岁开始，放弃高考，服从国家需要（后来知道是周恩来总理批示过文件）来电视台工作。四十年来一直在自己岗位上兢兢业业地尽职尽责，虽没什么贡献和建树，但我绝不比举报信的作者在爱党爱国爱中华民族和爱岗敬业上有半点不如。我深感我应该或肯定要比他懂党的章程。自称退休的老干部，居然提出这样无理的要求，不懂开除一名共产党员需要根据党的章程和履行党的组织程序吗？幸好我没在他就是“党规”的这位同志的领导之下。

我们都有老的那一天，人老了，十多年后的今天我更老了，但关心国家大事不能稍有放松。即使看到或听到别人有不当言行，我也要以长者宅心仁厚的胸怀，与人为善地提出规劝，动不动就开除人家党籍，怎能“不教而诛”呢？这太可乐了，这种霸道作风与无理要求难不成要坚持一生吗？再者，我们伟大的革命事业的目的不就是要为人民谋幸福，使千千万万家庭“风雨不动安如山”吗？革命难道与家庭誓不两立吗？我要郑重重申，我指的事业乃个人业务，别解释成共产主义事业。

我写了一本书引来了如此多的麻烦。林林总总，故我曰：“人生写书麻烦多。”

但有一点，有批评也应允许反批评。

另外，最重要的一条就是批评的限度不应涉及不许别人出书的地步。因为一些持激烈批评态度的人自己也许永远不打算出书，却又不叫别人出书，“己所不欲，勿施于人”。

我也许受了对当时的一种否定“名人”出书的风潮的刺激，一不做二不休索性再出几本。当然，第二本书三十万字的文字码得严严实实。还是那句话，至少可以按今天一些书的做法，能出成不止一部。

《岁月》情怀下：《岁月情缘》出版往事

我的第二本书的出现也有巧合的因素，倪萍《日子》的责编、作家出版社张一玲在梅地亚宾馆和倪萍坐在茶座说事儿，我正巧也到了大堂等朋友。倪萍给我介绍了张一玲，张很热情地约我谈谈。第二天晚上，她带来林金荣和我谈到约写一本书的事，由她们二人联手做责编，在作家出版社出。这就算缘分吧，因缘际遇很多事凑在一起，而最主要的是《岁月随想》使我成为当时图书市场上的“当红作者”，很多出版社以我的书为目标，千方百计，约稿催稿，一时间名人出书热好不热闹。“你方唱罢我登台，兄弟姐妹写起来。”就算如此，坐下来写点文章，静下来集成一本书，这终究是尊崇文化的一种倾向，又有什么不好呢？

我曾对记者说：“有一句老话，被恶批过，我今天重拾起来，那就是‘万般皆下品，唯有读书高’。”

一个人，一个民族，如果都不读书，那还有什么前途。当然，多读书，读好书，读有用的书，不见得要读赵某人以及这类人出的书，那悉听尊便。何况我的书不算百万以上的盗版，正版印到105万册，销售一空，如果我与陈军再多努把力，相信这个数字还能再扩大。《岁月随想》不乏读者，包括点评和批评我的朋友们，也肯定仔细读了我的作品。

“万般皆下品，唯有读书高。”我想说的是包括我在内，这一“族群”的兄弟姐妹，出于自发或是应邀写作，他（她）们一定在写作中，看过不少书，参照过前贤与当今才俊们的精妙大作。仅这一过程，我们难道不应拍手称好吗？难道前辈大家著书界的名人，不应对这些仿效者加以指点与鼓励吗？我看到报载某教授鼓励他家小保姆学习文化，努力进取，经过高考，上了大学，这是多么好的事呀。

就算我和类似于我这样的为公众服务的演艺人员是您家的佣人，您不能也鼓励鼓励吗？

文字不通，语焉不详，甚至错别字时而有之，这个通病不独属演艺名人，孔老夫子也绝非从呱呱坠地伊始就会口吐《春秋》。所有的人通过学习，从无到有，从低到高，更上层楼，这是规律。这个道理人所尽知。“有教无类”，孔老夫子对人持的是“诲人不倦”的仁爱之心。

问题是当时，以至时下，乃至未来，出版社和编辑们也要负起责任来。约稿犹如采摘，您采摘那些成熟的果实，经过筛选、加工、包装，奉献给读者岂不好事多多，玉成其志。但书的思想情调的表现，如有不当，出版者既有帮扶之责，也有弃用之权，天经地义，不要歪瓜裂枣都一律端上来，贻笑大方。而当此之时，即便有微词与争议，出版者当越众而出，或“认打”或“认罚”，显得大气，做事磊落。至于字里行间，出现讹误和别字，如不是盗本，那出版社也应承担主要责任，否则校对一关岂不虚设。

总而言之，“名人出书”不应太匆匆，但有了这一股潮流，负责的批评家能本着营建和谐，悉心指教甚或严词点评，都是为这一潮流添光加彩的好事和善举。

断不至于像某博士在报上所言，“什么乌七八糟，我从来没看过。”我把这句“名言”理解为言出幽默、莞尔一灿。否则，无限遐思，就会误认为我们的教育体制是不是也出了偏差。

言归正传。张一玲、林金荣两位女“秀才”帮我“再立新功”，并且犹如陈军般的全力以赴，与我切磋，选题立意，一章一节都极尽思谋。我也算灯下苦熬，半年寒窗，三十万字的文稿绝非吹灰之力可成，个中辛苦与压力、希望与不足、努力与困怠、写作与职场之劳、居家与外出奔波，紧锣密鼓，无暇稍息。读者诸君，在下当时已近花甲，就算抄录三十余万字，也很费力，何况这本书的文字仍由我心淌出。《岁月情缘》于 2000 年问世，本待再现辉煌，却风波陡起，枝节旁生，就算我一千个不情愿，也竟至被请上法庭，我的第一场法律风波开始了。

风乍起 吹皱一池春水

高尔基的散文诗《海燕》是我学生时代必读的文学范本。

如果我现在朗诵这篇散文诗，精、气、神，均不能抒发作品高亢、激昂、响彻行云的气势了。前不久，有个晚会邀我朗诵郭老写的话剧《屈原》中的台词选段《雷电颂》，我坦言不能胜任。我的心目中深惧惊涛骇浪，“阴风怒号，浊浪排空”的洞庭湖水在范仲淹《岳阳楼记》的描述中也令我“满目萧然”了。

我尤其惧怕海上的巨浪，如果是海啸那就更闻之色变了。我也怕那大江大湖无风波涌的茫茫声威。

但在玉渊潭边漫步时，“风乍起，吹皱一池春水”的情景仅使我的情怀微荡。我喜欢在这波澜不兴，碧水微澜的景色里，放飞心中的畅想，回忆以往的欢乐，期待未来的温馨。

2000 年以后，我的处境当然不是太平洋海啸，也不是樯倾楫摧的洞庭湖的“浊浪排空”，但恰似玉渊潭的湖水被莫名其妙的东西南北风刮起一片白色碎浪。

贾岛曾有“两句三年得，一吟双泪流。知音如不赏，归卧故山秋”之慨，曹雪芹亦有“都云作者痴，谁解其中味”之叹；俄国作家陀思妥耶夫斯基的处女作寄出之后，准备在不被出版社接纳，将走上绝路之际，夜半惊魂，一阵拍门声后，出现在他面前的竟是当时在俄国文学界“一言九鼎”的权威评论家别林斯基。这位泰山北斗，激动地说：“果戈理又出现了！”

我无从在文学、文字、才情、影响上，与这三位中外历史文化名人相望，但对自己已经开始写作，出版了《岁月》两部作品，且随后引起20世纪末中国文学出版界的一股热流也颇自得。

在拙作中，我曾引用过我于1978年在白帝城碑林中看到楷书镌刻的朱柏庐先生治家格言，并已记住“得意不宜再往”这句话。

期盼再续新篇，再次畅销，心中隐隐的盼望，这就是“得意而又想再往”了。违反古训，不听老人言，吃亏在眼前。“得意再往”按常人理解就是占便宜没够。

《岁月情缘》首发25万册，这一数字固然体面，比《岁月随想》多了7万册，这等于是卷土重来。应该说这本书，下了比《岁月随想》更多的功夫，但却少了新意，有点老调重弹，少了那份我所追求的行云流水的率性。

此处我说的是我追求的，并非已达斯境。

文人嘛，还要庄敬谦逊。不过，太过斟酌，虽使词汇更多姿和语句更华丽，的确是少了那份自在。这使第二本书追求更完美反而又有了不足之处，不过总的来看，我仍满意。

但出第二本书时，我身旁多了一些审视甚至挑剔的目光。第一本书的出版前后，产生的未可预知的效应，是十分吸引人们眼球的一件事。因此，这第二回的出书就有一些特别的目光了，但对这本书，至今还没挑出太多的毛病，不过我自己太热衷于外部的热闹了。这次在促销上我们走了偏锋，不是像以往只在新华书店签售，而是多了商业色彩与商家联手促销，他卖货我签书。说到签售，无论过去、现在还是将来，作者并不是自产自销者，无非是书店或商家从出版社以低于市场价折扣买进。他们或卖或给买自己商品的人送一本书，促销自家商品，本无可厚非。但这种场合，我的出现，别人会怎么看就不好说了。其实我一分商家的钱也没挣，纯属赚个人气，赚个名声。但在山东出了情况。

北京某报转载江南某晚报所发山东撰稿人写的一篇《买鞋才能获签名赵忠祥泉城卖书遭冷遇》一文。文中说，某商场某摊位必须买一双鞋，才能得赵忠祥一本《岁月情缘》。于是读者寥寥无几，面面相觑难以理解，相互询问，甚至高声喧哗：赵老师，您是售书，还是卖鞋？寥寥无几，何来喧哗？

北京某报与我一向交往甚厚，曾对我保护野生动物的心愿和第一本书进行过不止一次的报道，而这次却在我事先毫不知情的情况下，把这篇文字原封转载，转载文中有两个地方使我很不高兴。一是把我的《岁月情缘》错印成《风月情缘》，二是载文之后又发一个编者按，欢迎广大读者对赵忠祥这一现象讨论下去。

我的“岁月”被改成了“风月”，而一般人或我本人都会把风月理解成风月场所，伤风败俗哪有什么情缘。我把这家报纸的转载，发编后语再加上改我书名三件事连在一块儿，我认为这是故意作践人，居心叵测。

事隔多年，我用今天的觉悟来回顾当初，假设我当时装聋作哑，硬咽下这口气，也未必气成半身不遂来，就不闻不问不接招，这叫见怪不怪，其怪自败。应当这么做，但我那时虽年事已高而修为太差，觉悟太低，我采取了恩怨分明、不平则鸣、还以牙眼的方法。

而当时，我知道，假设我写一篇不同看法的文章，不但这家报纸不会采用，说有什么不同想法欢迎来稿，其实那并不包括被他们骂的人我在内，而且其他平面媒体就算与他们有竞争，但按他们的行规也不会采用。连一家境外传媒都表示过，“我们不会得罪同行”。这家媒体邀我做一个专访，我问假如我点了 ×× 报的名可不可以在你栏目中播出去？据她请示后说真的很为难。这叫什么逻辑，我就不是新闻人吗？他们登我的不实之事，怎么就不考虑同行义气呢？何以此亦一是非，彼亦一是非呢？

于是我宣言“沉默不是我的个性”，我有话要说，而且机会太多了。不久北京举办书市，邀我参加。我想那天媒体一定会采访我，我正好利用这次采访表示我的态度。有人依仗自己的媒体，我依靠我的名望，只要我愿意，总有许多能说话的地方。到了书市我发现我不仅在电视、演艺圈能有媒体不断关注，在图书圈仍有不少记者采访我。

当几台摄像机对准我，我在读了新书出版后的发行情况的书面发言后，同时，也对某报的不实转载和不怀好意的报道进行了“自卫反击”。我说他们在做歪曲报道，构造虚假情节，侮辱人格，而失去了起码的职业道德。那时我的情绪完全由北京某报的做法所引发，但我并不在意，甚至根本没记住这篇文字是谁写的，所以我至今也不记得说过谁是流氓这个词。因为我没有必要记住具体的对象，至少在我主观意识中完全没有对山东的记者有任何微词。我根本没注意他是谁，我也根本没把那篇不实的原文中的描写放在心上，我只是对北京某报转载和篡改我书名又发编者按而十分不满。我在意和气恼的是北京这份较有影响的报纸的这种做法。

他们在报上，以不实情节羞辱了我，我仅仅以一己之言，指出他们的不对，表示了我的态度，却“一石激起千层浪”。这家媒体的个别人，竟毫无自觉，反而恼羞成怒，仗着自己的公权力给予的职业之便，以人民的传媒对公民个人进行讨伐，在全国几家报纸上掀起了一波又一波的攻讦。

为人不做亏心事　哪怕有人找上门

一波未平，一波又起。2000 年 2 月的一天傍晚，我儿赵方晚饭前匆匆赶回家中，手握一张报纸，神色十分紧张。“爸，人家告你了！”他把报纸递给我，又是北京的一份报纸，而且把这条消息放在显眼的地方。

“山东省济南市中级人民法院已受理诉赵忠祥名誉侵权一案。”这名誉侵权的主要依据是我说了山东 Z 记者是流氓。

令我莫名其妙的有两点：第一，我从没有说过山东某人是流氓，我根本还记不住这篇歪曲事实报道的原创者是谁，我不可能仅以一篇失实报道，认定他就是流氓。第二，这个糊涂案，所涉事态纯系空穴来风，为什么一个大城市的中级人民法院会受理这件小案子呢。

我领教了“迅雷不及掩耳”是怎么个状况。头天方儿刚给我看了山东立案之事。第二天，我正在台里录音，忽然录音员在隔壁停了机。“赵老师，接电话。”谁这么多事，打进机房来干扰工作。我拿起电话，是从东门传达室打来的，一个男声："我是济南法院办案人员，给你送达法律文件，你出来接一下吧。""你们为什么不能预约一下？实在抱歉，我正在录一个等着播出的节目，请您稍候，我工作完了就出去。"但没等我录几分钟，技术员又停机了，又是门外那个人问我为什么还不来接传票。我十分耐心地对他说："我刚才说了，我正在录音，我正在工作，你应理解。"对方好像有些气恼，这时我想到，如果我是外科医生正在手术台抢救病人，也必须停止手术火速接这份民事传票吗？我这会儿同样也不能撂下工作，只能请他们稍等，他们也只能稍等。

没过一会儿，电话又来了。我每一回都要停下工作走出录音间，走到调音台所在房间接电话。我刚要说"我在工作……"电话中传来的是张子扬略带沙哑的声音。子扬虽然是我的主任，但由于过去长期合作，相互尊重，他都一直叫我赵老师。子扬说："门口来俩人，电话打到我办公室，说是山东法院的，我（子扬）问：'山东法院的跟我们有业务关系吗？有什么事吗？'"

对方说："这样吧，我们进去再说。"

子扬答："我们单位不能随便出入。我也无权让你进来，必须办手续，您有介绍信吗？"

对方又说："我们有传票。"

子扬又问："你们传谁呀？"

对方马上说："赵忠祥。"

子扬问："传他找我干吗？"

对方答："这是民事案子。"

子扬说："要是刑事案子，你就抓他吧，不用通过我。"

对方答："您是他领导，我们先向您通报一下。"

子扬最后说："我要想了解情况的话，也会先听我的同事说。我现在正开紧急会议，你们左一个电话右一个电话，还让不让我办公了？"

这是张子扬与对方的电话内容。他本人概述了这一过程，办公室同志也讲述了这一过程，以上对话为我综合整理。我这个人其实十分体谅别人。"这样吧，子扬，还是让小魏办个手续把他们先接进来，我录完音上去。"

读者诸君不一定知道这打官司的规矩也就是法律程序，对于民事案子，作为执法部门，应该本着调解的态度，能息事宁人，劝和为上，毛主席过去讲过这还属于人民内部矛盾嘛。

法院办案人员送达民事诉讼法律文件，应根据原告提供的被告的居住地址送达。一般说，民事诉讼，原告方如果不能提供被告的居住地址，按说不能立案。法院送达文件，也不是不可以打电话到单位找被告，但应该要做到和被告约好时间、地点再把文件送达。没必要立马抓人般地办事。再说，一人做事一人当，民事案子纯属当事人双方私事，不应牵连各自单位。

为了这么个无中生有的事，到人家单位门口吵吵闹闹，甚至干扰了被告所在部门的工作，依我看这两个人所犯的错误所造成的影响，比我说没说谁“流氓”还要严重。何况我没说Z是流氓，我也可以依法告他们干扰我的工作。我正工作，请你们稍等一下不成吗？再说，你事先又没打招呼，这么突然袭击，气势汹汹，连我们主任都被殃及了。这是人民法院为人民办事的作风吗？法院在处理民事案件的过程中应该以公平公正的形象一视同仁地对待原、被告双方。他们这种粗暴的做法，显然对我已经不公平了。

中国人，特别是年纪大点儿的中国百姓，长期以来怕官司。“屈死不告状”，谁沾了官司似乎大难临头。如今我们是法制社会，公民都可以依靠法律来维权，被告也有维权的资格。

基于上述观点，我虽是被告，但我认为已赢了官司。因为对方如果有理就不会采取这样有悖于事理、情理、法理的行动。中级人民法院超越权限受理这种小案子，又采取这种办案方法，难道他们会赢吗？

前途是光明的　道路是曲折的

凡事进入了法律程序，当事人就不那么轻松了，只要被拉到法律诉讼中，“无风也会三尺浪”。

但是，我坚信一点，“有理走遍天下”。理，首先是事理，也就是事情的原委。这件事本来就是无中生有，捡什么的都有，而世上居然有捡骂的人，真是无奇不有。在我接到诉讼文件，亦即传票之前，我根本不晓得世界上有Z某其人。美国著名学者卡内基在《人性的弱点》中说：“提示人们，人最在乎的是他（她）的名字。”

那天，当张子扬主任出于厚道的好意，把从山东来的法官请到国际部主任办公室，让他们在为贵宾准备的沙发上坐下，秘书小魏给他们献上清茶。这一切并不是张主任欠他们什么和应该这样做，照理是不应当的。他们执法时我们尊称他们法官，当他们肆无忌惮地跑到北京的宣传机关门前任意干扰人家机关的正常工作时，就是他们的不对了。

反正子扬这么做了，我把节目录完走进主任办公室，看到他们：“我是你们要找的赵忠祥，二位有何公干？”他们看来从没受过这样的“礼遇”，脸色十分不好看，大有气愤难平之慨。

他们拿出一纸文书，是一张诉讼送达文件，我一看原告Z某，我就问：“这人是谁呀，男的女的，我又不认识，告我什么。另外根据民事诉讼法，他起诉如果没有具名我的住宅地址，也没有电话联系方式，应属立案程序不全，不应立案。你们找的是被告怎么会闯到我们机关这儿，有什么执法依据吗？”他们只说：“他已经告了你，将来在法庭上会出示证据，根据证据依法判决。”我也觉得跟他们多说既无益又无聊，于是签了字让他们回去。

中华人民共和国的公民遵守和尊重法律，既已被拉入法律程序，我必须应诉。我请了两位律师代理山东这个案子，一位是老资格的巩沙先生，一位是杨晓虹女士。这二位并不在同一个律师事务所，但他们认真的、负责的办案态度给我留下了深刻的印象。

天下本无事　庸人自扰之

山东Z某告我的案由是说他报道后，我在北京说了他一句流氓。

请看2000年1月14日《北京××报》在第7版青年周末上的署名张××发表的文章，题目是《究竟谁该讨回公道》。文中说：《“名人出书”议论多》系笔者编发（很清楚这个笔者是北京该报的张××，而不是山东的Z

某）。这篇文章接着说："按赵忠祥先生的定性说法，编辑小心有加地再审文章事实和观点，除了因校对的缘故书名出了个错字外（翌日已做了更正），未能检点出流氓、无耻的半点行径。"

"再审京城某报文章，编者方才明白，赵忠祥先生抡过来的棒子，原来是要打在编辑头上的。"一、赵抡过来的棒子即所谓说了"流氓、无耻"；二、离事发最近的京城记者和这位编辑张 ×× 都认定如果骂了流氓也是骂的他这位北京某报的编辑。

但 2000 年 2 月 13 日，山东的 Z 某把这个"棒子"拿到了济南市中级人民法院以起诉立案。

天下之大，无奇不有。北京张 ×× 说骂的是他。山东的 Z 某一定要抢过来说骂的是他，这两个"他"不是一个他。这其实已说明，他们谁都说不清究竟赵某人说了谁是流氓和说了没有。

工作照干，饭照吃，官司照打。我是被告，我只能被法律程序牵着走。原告律师 F 某在报上发表文章，一句一个被告赵忠祥，不大了解法律的人总会认为被告肯定有错，要不人家干吗告你，而且法院又给他立了案。F 律师风光无限，他接过不少案子，哪次能像这回使他大名屡现报端。

法院的办案人员包括立案和审理该案的法官，他（她）们很清楚这个案子有多么的无聊。这么个无中生有的芥豆之微的小事值得中级人民法院受理吗？弄得一时轰轰烈烈，各地好奇、好事、挑事的所谓撰稿人、投稿人，有了点小由头全都兴高采烈。那一时期所发的有关这个事件的报道数不胜数，其实并没有一个人直言证明说："1 月 12 日在北京图书会上，本人亲耳听到赵忠祥骂山东 Z 某流氓！"不是当时缺少血性男女，而是没有的事难于好生生编出来，倒是有几位图书发行界的老总们在我身边跟我谈出书事宜，记者采访时，他（她）们近在跟前。事后官司发生，我律师取证时，他们仗义执言："从始至终赵忠祥没提过 Z 某二字，没有骂他流氓的言辞。"

但官司不是这么好打的，我既已成了被告，要说没骂人那我就要出示没骂人的证据了。这个证明算不算证据呢？

原告方Z某也没有直接挨骂的证据。有一个台播出了一组电视画面，内容是我拿了《北京 ×× 报》，并指出是他们故意把《岁月情缘》错写成《风月情缘》。巧的是这张报纸上又同时有转载山东Z某的文章，于是Z某以此为据，既然赵某人手中的报纸上印有他的文章，那这就是骂他的证据。而北京 ×× 报的编辑张 ×× 又力主说骂的是他这位京城编辑。幸亏这份报纸上还刊载其他文章的朋友没有人再“多情”地认为是骂了他们。于是这波“官司”就这么被Z某抢先在山东立了案。

在山东案子进行之中，北京报纸那几位自认被骂的人，并没因山东Z某已抢过“骂”声而释怀。不，他们更愿相信，挨骂的不是山东Z某，即使山东立了案也不能排除没骂北京这伙人。他们虽不必再起诉了，但他们会写文章，也不愁没地方发表。

恶意伤人　一语成冬

《岁月情缘》被故意错写为《风月情缘》并不是空穴来风。

2005年1月25日，西安 × 报在第16版刊登署名 ×× 拉的文章，标题是《赵忠祥“疯”了》。

这个口无遮拦的人，对于比他父亲还年长的人，使用一种粗野的语气谩骂，基本的人伦道德教养如此低下。我悲愤的倒不是他们用人民的报纸来放肆地撒野，而是看着这些人败坏新闻队伍的风气竟没有任何人来约束他们。如司马迁说“左右亲近，不为之一言”而心生隐忧。

读其全文，他说我“疯”了，不过是因为我据上海人民出版社通报的发行量逾百万册，实洋一千七百多万元人民币的事实。我转述出版社的小结即这本书既有经济效益亦有社会效益。竟使某报评论员这般用语，实属匪夷所思。

×× 拉在文中有这样一段精心并列的对偶体般的文字，多年之后，再来重读，仍觉得这样的说法在报上刊出，究竟为什么。

×× 拉文中写道：“……（赵说）他的第一本书创造了一千七百多万元的经济效益，并为许多人创造了就业机会。说实在有些文不对题，其线性思维的简单逻辑令人喷饭。现在是市场经济了，别说像名人写书这样的‘正业’，就是像‘吃喝嫖赌’那样的‘不务正业’，只要做到了一定的规模和气候，照样能创造出可观的经济效益，并为许多人创造就业机会。你能说某某人就‘配’吃喝嫖赌吗？！光凭一本书创造了多少万元的经济效益，为多少人创造了就业机会，就能说该书作者从事的一定是比吃喝嫖赌更高尚的行为吗？”

《岁月随想》1996年获上海新闻出版局颁发的优秀作品奖，难道不比××拉说的吃喝嫖赌高尚吗？

请再来看一组我的书的印刷数字：1997年12月19日《中国图书商报》报道《岁月随想》发行逾百万册：“这本书今年（1997年）先后加印6次……作为畅销书，在许多地方需求已不是几十册、几百册，而是动辄几千册、上万册。北京市今年已进数万册，仅五四书店进了两万册。重庆进5000册，成都3000册，自贡2000册。西安一家不大的天往书屋已累计发行《岁月随想》1.7万册。齐齐哈尔今年发行5000册。”这是我据以说明创造一千七百多万元的经济效益的部分统计数字。

我不知道××拉对嫖赌丑业调查和掌握的敛财数字情况，他既然敢于在报纸上鼓吹吃喝嫖赌与出书的经济、社会效益等同，就应该公布他相应的数据。嫖赌不仅在现行法律中违法，在人们公认的道德层面也是伤风败俗的。而某报评论员××拉居然在人民的报刊上说出这样的谬论。

更有甚者，××拉在大众传媒上，不仅公然把出书和吃喝嫖赌相提并论，进而又把从事央视的职业和吃喝嫖赌相比。并认为前二者都并不比吃喝嫖赌高尚，这种线性逻辑的存在令人憎恶。

××拉的上述言论已构成胡说，能原谅的胡说只有对不谙事理的孩子，所谓“童言无忌”。但他应该是对自己行为（言行）负责的成年人。所以他的这个提法，依中国人的新旧道德观来审视，过去、现在、将来，都属无耻之言。

这篇文字是我记事、懂事、认字以来所仅见的能被允许登在新中国报纸上，向全社会的良知发难的文字。而这样一篇文字竟然被允许发表在人民的报刊上，已不属于新闻自由，而成为丑行的代言人。

我不知道，××拉和允许××拉发表这篇寡廉鲜耻的文字的那些人，如今在哪里。如果他们仍混迹于新闻圈内，那仍是中国新闻界的不幸。

过去的往事，之所以还被我提起，是因为他们从不认为那篇文字有何不妥，此种丑类言行总会沉渣泛起和借尸还魂。何况当年并没有任何人对这样的言行有过正义的训斥，连批准或指使这样荒诞文字登上报纸的负责人，也许还可能时不时地这样办事，难不成就任其为所欲为吗？

“公众的记忆既有健忘的一面，却也有不断累积而固化为群体记忆的特质。”

“如果在言论表达中缺乏公共话语的文化精神，缺乏一种人类基本的道德操守，缺乏正常约束和控制……就会变成群恶或恶群。”××拉的那篇文字就是缺乏一种人类基本的道德操守，文中的恶语就是“恶群”的标识。直至今日，我仍责无旁贷，对这篇恶文及所代表的丑恶势力进行历史的声讨。

人世几回思往事　山形依旧枕江流

如果不是因为××拉在报上的恶语，我不必引用读者的溢美之词。但我希望曾看到过××拉文的读者能知道还有很多与其不同的观点存在，世上不仅只有××拉的歪理邪说，还存在许多人持有的公道、厚道和关爱。他们没有××拉的方便，不能在传媒上取得与××拉一样的“权力”，所以我要使这部分见解也能公诸于世。这位××拉是某报的评论员。这是我十分担心的事，他如不思改进，仍这样行事，还将会给我们的宣传事业带来危害。“天下兴亡，匹夫有责”，对这样的人和事，我不能不表明我的态度。现引几封来信以成对照。

中国民主建国会辽宁委员会张先生1996年9月9日来信说：“月余前，有朋友向我推荐了《岁月随想》一书，读后颇多感想，觉得是一部教科书，是一部有关人生哲理的教科书。感到您在荧屏前述说，娓娓道来，如行云缓缓移动，似流水叮咚作响，感到身心愉悦，您阐述的人生哲理使我受益匪浅。”

广州读者静林先生1996年7月1日来信说："只是粗略浏览了一遍，还是受益不浅。首先是你热爱党、热爱祖国、热爱社会主义、热爱党的广播电视事业的思想和敬业精神；其次是你处世待人的宽阔胸怀；还有你刻苦学习文化和专业知识的精神，一专多能的技艺，等等。一句话你的作品是写实的，是你工作、生活、思想的写照。以上几点是我读后理解的，也并不是你自己的宣扬。"

陕西李小友1996年5月20日来信说："我40多岁，不是感情容易冲动的年龄了，但在读书的诸多地方，我是流了泪的。您忠厚、善良，从书中看出，您有那么多好朋友。您读了很多书，而且在电视中您做了那么多好事，大家多年来都记住了。"

沈阳军区司令部伍同志信中说："我在日记中写道：这本书向读者展示了一颗赤诚之心，一颗坦诚、直率的心，一颗纯朴、憨厚的心，一颗真实、善良、美好的心。他之所以在事业上取得公认的成功，集中一点就是一个'学'字。虚心地学、刻苦地学、老老实实地学，不放过任何一个机会地学。勤学苦钻、忠厚为人、广交朋友……在书中，他不是说教，而是亲近平等地与人交谈……我不得不被《岁月随想》的人格魅力和逻辑力量所感动。这是我多年来读到的一本好书。"

一位北京的王先生说："我是作家协会成员，大学学中文，后教多年写作课，动嘴皮子，也动笔杆子。说真格的，我真心佩服您，佩服您的多才多艺学识渊博。'霜重色愈浓。'您不断进取的精神值得我好好学习。"

吉林省前郭县某建材公司李先生说："我一气儿读了'岁月篇'，读到您写的周总理那段，热泪盈眶。""我们这儿竞争激烈，您的书教了我许多处世之道。我要给我孩子一人一本《岁月随想》，一定会给他们巨大鞭策。"

长春交通局王先生在信中说："我是借书来看的，拿到书后，兴趣并不在文字上。我和妻子、孩子兴致勃勃地先看了正文前的照片，看到您年轻时是那个样子，不由得评说起人世沧桑。然后看了几段文字之后，我就有点爱不释手了。一是可读性强，我是一个晚上和一个上午读完全书的。若不是家里突然停电，我可能要一气呵成。二是真实、可信。三是知识性强，我觉得这本书简直是集人生、社会、自然于一炉的知识小百科全书。尤其是您关于人生的见解，读后使我受益匪浅。所以我想这本书之所以畅销，如果畅销的话，除了您的名人效应外，主要还是在书的内在魅力。”

之后，香港生本教育体系实验教材收入《岁月随想》“路在脚下，情在人间”一节。

来自惠州钟文先生的信中说：“我对您的书爱不释手，我把您当作我生活、工作、学习的老师。我崇敬您、钦慕您，绝非‘追星’心态，我对您的学识、勤奋由衷敬佩。”

这是我从上千件信中随意抽出几封并摘录几段。当然信中有很多溢美之词。虽然，我与这些读者至今并无往来，但当我抄录这些充满情感的语句时，仍使我心中充盈着温馨的感觉。我之所以不会被报上的恶言恶语击倒，就是因为一向还有那么多的读者、观众，他们有文化，有道德，有鲜明的是非观念，他们的见解是鼓励我自强不息的源泉。“山重水复疑无路，柳暗花明又一村”。山东的法院将官司一拖再拖，我估计他们虽有 ×× 拉等人鼓噪助威，但判案子尤其判一个已被吵得沸沸扬扬，众目睽睽之下的案子是真要有点胆略和要有如山的铁证的。否则可欺一人，欺一时，但不能欺天下，欺后世。

只要不讲道理和不按程序办事就是执法不公，法律语言没有“欺负”这个词汇，但不公就是欺负人，这是我们普通百姓的内心俗语。

一天，我接到济南市中级人民法院寄来的一份文件：“赵忠祥：你要于 × 年 × 月 × 日前，把未经剪接的原录像带寄到本庭。”我回了这样一封文书：“×××× 庭：不知是你们出于无知，还是别有用心，让我寄给你们无接点原录像带，天下哪有你们要的这种带子。”我十分不解的是作为法院对民事诉讼中的一方当事人，在根本没有判明是非对错的情况下，这种直呼其名的行文让我顿生反感。你们为什么这么没大没小没尊没重地称呼被你们审理的案件一方当事人呢？何况这是民事诉讼，没有罪犯。

原来是我误会了，据说法院行文直呼其名已是惯例，并不是济南法院特立独行。那我只能忍了，认了。一百多年了，大家都忍了，认了。爷爷忍了，孙子也得忍。我相信终有一天更人性化的称呼会出现在人际的称谓上，包括法律程序中。总有一天，也许那是和谐更进一步的一天。

再说对索要原录像带的事，没有接点的原录像带除非是监视系统一个角度一个景别的原位录像，记者采访时怎么可能单机拍摄没有接点呢？变换角度推拉摇移，都会有接点，但这与后期制作的剪接点不同。因而法院跟我要未经剪接的原录像带，一是没有这方面的认知，即无知；二就是故意刁难。

我总觉得这一件件小事，被胡搅蛮缠得说不清、道不明，没完没了。××拉和Z某一个在报上，一个在法院没结没完，无尽无休。

××拉等胡言乱语，恶语伤人。山东的案子也这么进行着。

2002年2月的一天，我接到一个电话。“我叫王富，我是律师。”“您是谁的律师，您找我有何见教？”“我是北京的一个律师。我知道您在山东有个案子，我想做您的代理人。”

那时，我在山东的官司已有了三位律师，除了巩沙、杨晓虹以外，还有一位崔莲英律师，她不代理本案，但是她是我的朋友，这次挺身而出，帮忙处理一些法律事项的庭外工作。王富律师再加入已不可能了，但“多个朋友多条路”，人家好心好意，先联系一下再说吧。我问王富：“恕我直言，您有什么把握呢？”

“我一向很敬重您，我觉得您在这个案子里有冤情，我想帮您做点事。”我觉得他虽短短几句话，但态度直爽、语言清晰、表达简练。我就说：“这样，有时间我们见个面吧。”于是第二天我们就见了面。

我对他的印象还可以，山东的案子他帮不上忙，可是我又觉得有些事理，听他讲讲，还很合我的思虑。他对我说：“山东这个案子我不看好，这么一件小事，这么一点儿标的额，就能在中级人民法院立案这并不寻常，说明原告有立案门路。既然这件案子人家立了，就绝不会这么轻而易举地结案。而且这个案子不过是个平台，现在各地以此为契机，大搞舆论轰炸，进行炒作，咱们没工夫打这种官司。我看了各类报道，目前，你们不在同一平台上对峙。您如果觉得山东Z某报道失实，其实也可在北京另起一案，告他名誉侵权在先。”

这正合我意，我先前就有过这样的念头。凭什么他们先做虚假报道，羞辱我，后来又告我，这太欺负人了。我只能拿起法律武器，维护自己权益和名誉。但我先前考虑，会不会我在北京起诉，他们二案合一都归山东审，两个客场，打起来更劳神费力，成本也太高了。

王富说："我评估过这个态势，两案合并可能性不是没有。因为是同样的双方当事人，又在同样背景下的官司，有可能后案就前案，合并到山东，这是一般的法律规定。但我估计能另立案的可能性大一些。第一，虽然前后两案的当事人双方都是相同的人，又都是因报道同样的一件事引起诉讼，但案件事实其实并不相同。他告您骂他是流氓，您告他文章歪曲事实，捏造虚假情节，两案并不是同一个法律事实。第二，您起诉到海淀法院，而海淀法院是全国模范法院，通常能创造性地适用法律，尤其擅长审理知识产权案和文化领域等法律边缘的案件。如果海淀法院受理了您的案子，应该不会叫对方移走。当然任何事情都有两种可能，这个风险您愿意不愿意冒一下？"

事已至此，舍此并无其他办法。我说："王富，我们办手续吧，我委托你做我在北京起诉的代理律师。"王富又请进他事务所的乔律师，于是起诉准备开始了。这件事暂时只有我们三人知道，稍漏口风，一定不胫而走。

我要在北京市海淀人民法院告山东Z某侵权，首先必须提交我在北京看到他登在南京某报文章的证据，有人一定会问，咦，北京某报不是明明刊载了吗？但我不想同城同仁法庭相见，再说北京转载江南某报一个牵着一个太啰嗦。虽然江南这份晚报名气不小，但问遍北京，并没找到其在北京的销售点，就算这份报纸在你手中，也并不能证实在北京某处买到的，事实上北京没零售这份报。因此，可以起诉，但应到报社所在城市起诉，法律就是这么规定的。眼看这一立案的构想不可能实施，我也不知怎么办好。一天中午，王富打来电话："我想了一个办法，到您家在电脑中下载这份报纸。"但我当天暂时不能回去，他问我家有谁在。我说可能儿子在家，他正复习功课准备赴英读研。他说："那您放心吧，我带人到您家取证。"

王富请了北京公证处的工作人员到我家，由赵方接待，通过我家电脑上网登录到南京某报网页，搜索到Z某的《买鞋才能获签名　赵忠祥泉城卖书遭冷遇》一文。公证员从我家电脑上下载了这份证据，并进行了公证，说明我在家中就看到了Z某的不实报道名誉受到损害。拿到公证书后，王富去海淀法院递交了诉状，七天之后，海淀法院受理了此案。一时间，媒体噪声顿息，我耳根清净不少。而山东案子也不再催促开庭了，暂无进一步审理的信息。

从电脑上取证，并被法院认可，据我个人所知，在司法中是王富首试成功。

果然，两个案子并没有被合并，山东案子虽在先而立，但海淀案子却是这个事件的先导，Z某不歪曲报道何以引起赵忠祥的气愤之情。于是海淀的判案成了两个案子的关键。2000年的“卖鞋风波”引出三问。

这三问从2000年的“卖鞋风波”的虚假报道中就生于心头，但并没机会一吐为快，这层窗户纸一直没捅破。这次在此敬请当时报道“卖鞋”事件的京鲁两地诸君思考。

一、赵某人的一本《岁月情缘》定价22元，以当时图书市场上的价位来评估，这是较低的价钱，而一双皮鞋就是在2000年的大商店柜台上也远高于我拙作的价钱的几倍或十几倍。何况赵某人的书就在这个商场的书档和毗邻商场的新华书店销售。编文的诸位，你自己会为了得一本《岁月情缘》先去买一双贵得多的鞋吗？因此，买一双鞋才能得到赵忠祥的一本书，或为了得到一本满大街都有的书非要先去买双鞋不可，是智者难于想象的事情。

二、我的书不是困难时期的购物券，商店的鞋也不是独此一家别无分号的货物。“只有先买一双鞋才能得到一本书”是商家答谢的行为。现场没人去柜台白要书，喜欢这本书，花不多的钱去买一本，不喜欢的送人家也不要。无论您是买鞋后获送的书，还是仅花二十余元买的书，我那天在现场一律都签名，这有什么分别呢？再者，如果我的书能造成商品大量促销拉动内需，我就愿意一直签下去。

三、我断定山东Z某的文章纯属想象，他绝没到过现场。

看我当时签书的照片，我身后的人是商店人员，左边的女孩子叫笪笑，是这次签书事宜的组织者。

当时现场秩序井然，人虽不少，但绝不喧闹。我仍一如既往地申辩，没有任何人像Z某文中写的那样高喊："赵老师，您是售书，还是卖鞋？"因为那一天我既不卖书，更不卖鞋，只为喜爱我的读者签名。我所有的签名活动都没拿过一分钱出场费。

想买书的人尽可以十分方便地唾手可得，愿意买鞋的人，商家送一本书表示感谢，没什么不妥，又有什么理由喧哗呢。唯一可以想到的是Z某其实不在现场，许多情节是他凭想象编造的。这是我今天的文字，支持我的判断的是昔日法院审理后的判词揭开Z某编造的目的，不仅仅是为了卖文，你卖文吃饭，但别伤害无辜之人，否则你吃饭香吗？这已是出于某种心思，对我进行诋毁，已经给我造成了舆论上的伤害。Z某不但不加收敛与检讨，又抢先告状，居然把一个与他素昧平生，他已伤害过的人又拽上法庭，又以这个案子为平台，他和他的律师及其他人，在媒体上鼓噪，重复编织假象，并一味地羞辱一个从未伤害过他的和他素不相识的人。

我告他并非出于一报还一报之想，也是不得已而为之。一审我胜诉了，用北京晨报在头版上的一条消息的标题来做这三问的小结。

赵忠祥一审赢了官司

晨报讯近日，中央电视台节目主持人赵忠祥与《华商时报》记者Z某、新华日报社名誉权诉讼在北京市海淀区法院一审终结。被告Z某因撰写的新闻报道严重失实、新华日报社因在其子报《××晚报》上登发失实文章，被判决侵害赵忠祥名誉权违法行为成立，分别赔偿赵忠祥精神损失费2000元和1000元，并要在报刊上共同向赵忠祥致歉。

Z某和F律师在海淀法院当场表示，他们要上诉。接着，济南市中级人民法院一审也裁定驳回了Z某的诉讼请求。

江湖风波险　人际怪事多

正当我等待二审为暂时的法律"休战"而精神稍获松缓之际，忽然一个电话传来，一个女声："我是 ×× 记者，Z 某自杀了。"犹如一声霹雳炸响在我耳边。读者诸君，但愿你们一生都不会遇到这样的局面。

我忙问："我对他的轻生感到震惊和难过。你告诉我什么时候处理后事？"这位女记者说："他没死，送往医院后已没危险了。"我心想有你这么通报的吗？忽然有一种被对方联手愚弄的感觉。于是，我决定在情况不明之际再遇媒体采访此事，一概不予回应。

是 Z 某自己在报端发表虚假报道，损害我的名声，而这点法院已一审认定。当我向外界说明原委，以正视听时，他竟然反说我损害了他的名誉，把我告上法院。我只能应诉，听从法律裁判，并得到法律还以公道的一审裁判，不支持 Z 某的主张。咦！他忽出奇想，做出匪夷所思的行为，令我又一次心绪难平，大千世界无奇不有，但别都让我一人遇到呀！

这场发生在 21 世纪的事情，源于报端，炒于报端，又给报端平添情节，让某些撰稿人"兴奋"不已。一些混迹于新闻圈周边的人，他们唯恐天下无事，事越离谱越热闹，他们就越高兴。不管是骂是捧，他们并没一定的主张，他们也不对报道的后果负责。当然他们也怕一种人，他们对真正横的人是不敢惹的，而他们围攻的大多是对他们无可奈何的名人。若不是名人，比如面对捡垃圾的老人你就是给他们磕头，他们也不会"报道"你什么花边新闻。

现在，Z 某和被 Z 某"追打"的赵某人，借"自杀"一事，又上报端："据传张记者突然自杀，闻讯赵主持深表震惊。"报载：

上月底，CCTV 主持人赵忠祥、广东《×× 时报》驻站记者 Z 某互诉对方名誉侵权案尘埃落定，宣判结果是"赵大叔赢了"。本来，事情该告一段落，大家该干吗还干吗去。记者也只是想采访一下替赵大叔打赢官司的那两位律师，可不曾想，就在记者准备搁笔之际，忽然又发生"Z 某自杀"一事。这一来，原本渐渐就要结束的文章忽然间又要重新开头。

前几天打电话问赵忠祥，这辈子第一次打官司，而且一打就是两个，打完以后有什么感想？没想到赵大叔叹了一口气说："尽管赢了，今后还是轻易不要打嘴上的官司。凡是涉及自己的事儿，能不表态就不表态。”看来，经历此事，赵大叔的法律意识，绝对是大大增强。

王富解读稀罕事

就在记者此文即将写就之际，忽然在网上看到“Z某自杀未遂”的消息，大惊之余，找到王富律师。他说已经知道这件事情，他首先感到很不理解。当初，诉讼是Z某挑起的，他对两案一审判决和裁定不服，已经提起上诉，如果他认为自己是正确的，目前应该满怀信心地为二审做准备；其次，Z某采取这种方式，于事情是无补的，法院不会因为这一事件的发生而影响裁判。法律是基于证据、事实裁判，因为法律是公正的。

另外，王富还说，8月10日下午，有一位自称是Z某朋友的人打电话给赵忠祥，说了Z某自杀一事。那个人说，Z某律师到Z某家里，发现他已昏迷，立即送往医院，经查，是服了安眠药。没多久，一个自称是医生的人也打电话给赵忠祥，所说内容基本相同。王富说，我不明白，告诉赵忠祥这件事的目的是什么？但我的一个山东的好朋友，也到那家医院去核实了一下。一名护士告诉他，Z某当时是自己去医院的，没有昏迷。他对医生说，我吃了安眠药了。医生说，那就快洗胃吧。Z某说，不用。王富认为，Z某“自杀”一事，不管是真是假，与法院最后的裁判关系不大。

赵忠祥：见怪不怪，其怪必败

突然间“Z某自杀”成了网上炒作的热点。上周末，网上又发出赵忠祥就此事的5点声明，为了慎重起见，记者打电话到赵忠祥家。赵大叔说，我没有专门发表过什么声明，所谓5点声明是记者从我的谈话中整理出来的，总体意思基本没有什么歪曲，大体就像说的那样。但其中添加了该记者自己的一些主观想法，当然，这些想法也许是记者出于好意，可后果却有可能是消极的。

赵说，首先，Z某突然自杀，我感到非常震惊。作为新闻同行，我对他表示真诚的慰问，希望他放下思想包袱。这场官司本是一场他挑起的民事纠纷，本来也没什么了不起的。据称，Z某不堪压力自杀，这压力是个别新闻媒体恶意炒作的结果（但Z某是第一棒炒作人）。本来，济南签售并未引起什么风波，但“卖鞋搭书”的消息刊登后，全国许多报刊爆炒了很长一段时间，有的媒体大肆渲染、恶意炒作。假如记者们一开始就调查说明真相并帮助我们双方调解，而不是只图热闹，就不会发生今天的“Z某自杀事件”。

赵大叔还说，我希望Z某早日养好身体，为二审做好准备，只要他行得正，又有证据，法律会公正裁判的。因为现在这件事已进入法律程序，我们双方事情的最终解决，应当尊重法律的裁判。

巩沙：曾经沧海难为水

14日，记者打电话到赵忠祥济南一案的律师巩沙的办公室，希望听听他对“Z某自杀”这一新情况的看法。巩沙说，这个消息是他的朋友从网上看到，然后下载给他看的。他说，首先，他不知道这件事情是否确实，因为他也听说了“Z某自杀”的另一个版本——巩沙强调是“据不可靠消息”：Z某在神智清楚的情况下来到医院，说吃了安眠药，医生叫他洗胃，他不洗，说喝酒吐出来了，等等。

巩沙说，不管怎么说，Z某自杀这种情况是他不希望看到的。在第一个案子中，Z某是原告，对胜败应当有思想准备，采取这种消极的办法是不好的，相信法律，就应该等待二审。另外，Z某这件事情有待核实，他是真的受不了压力自杀未遂，还是受人唆使，刻意造成“损害后果”，给二审施加压力呢？二审的时候，Z某的律师一定会强调一审造成的所谓“损害后果”。希望这件事不要影响二审法庭对事实和证据的判断。

我的律师应记者之约在报上发表了自己的观点，Z某的律师也发表了谈话，当F律师回忆起那一幕时，仍然心有余悸。他说：“那是我生平第一次见到这种场面，我的全身都在发抖……”但F律师表示：一方面作为Z某的朋友，他认为Z某的这种做法不值，生命是多么可贵啊！为了这两个官司而放弃自己的生命，太不值得了。虽然各方面的压力很大，但应该坚强面对！另一方面作为Z某的代理律师，他认为，目前，整个法律程序还没有走完，一审败诉并不等于彻底失败，坚持把官司打到底很重要。"那么如果终审也败诉，怎么办？"F律师对此问题并没有回避。他说："就算终审败诉了，如果Z某同意还可以申请再审程序，检察机关还可以抗诉。总之，应该相信法律是公正的，Z某这种极端悲观的做法不会对案件的进展有任何帮助。"

红尘滚滚，人心各异。双方律师各执一词，读者诸君圣明，会有评判。

俗话说："两国交兵，各为其主。"律师当然向着委托人。但像F这样，眼看要出人命了，还继续添油加醋，还希望当事人不死无休地打这场无头官司，恕我多言，他这个律师越位了。

当年《××晚报》用半版篇幅围绕山东Z某"自杀事件"发表采访报道，21世纪的这小小一个"闹"剧，展示了那时的一幕民间风情，可供后世作为谈资。

天下本无事　庸人自扰之

大千世界无奇不有，当这场法律纠纷，正节外生枝，"Z某自杀"新闻又掀波澜之际，报端又浮出一幕情节。

据说在北京有几个自称文化界人士，就在Z某"自杀"扑朔迷离之际，搞了一次串联，联名给Z某写了一封"声援"公开信并发表于报端，对Z某的"见义勇为"（注意，此时一审已有判决）表示坚决地支持。我对这几个人大多不甚了解，有的没听过他的名字，登他们公开信的报纸称他们为十位文化人，但我相信他们如果真是文化人的话大多应经历过"十年动乱"，经历了风风雨雨或也曾受过不应有的错误对待。但他们几位仁兄却玩起了"己所不欲偏施于人"的套路，搞起类似"文革"串联，写个类似贴上墙的大字报式的"声援"构成对法律的施压。不知怎么就让他们如此这般发表在报纸上，颇觉时代的"幽默"。

但他们不早不晚在一审后凑这个热闹，一嫌太晚，二觉无聊，三显然不懂法律。什么文人？任何人都不应在法律进行时进行超理性的干扰，不管是老文人还是新文人。文人识文断字就要明是非，讲道理，上有领导，下有百姓，又有执法机关。这些人不论有什么“高见”都有经正常途径表达自己主张的机会。同时这登报发表的声明也有缺失仁心的一面，Z某真要轻生，这十文人断不该在一旁打气儿鼓动“劝”他再战到底。他们不懂审时度势，这当口看似热闹看似高潮，但事情闹到这一步，已经就要谢幕了，这时加入战团为时太晚。

请君试问东流水　诚意与之谁短长

就在这几个文人凑热闹之际，已有两位新闻界的人士挺身而出了。他们不想凑热闹。他们不管别人如何起哄、鼓噪、添乱，而以息事宁人的善良愿望，力劝双方当事人，放下嫌隙，以和为贵。他们不在报端上“显山露水”争出风头，而是避开记者，频频与双方沟通。仁者之心，感人至深。

这两位就是山东济宁电视台的周长行和Z某的同事张润刚。他们二人偶然相识，巧的是各与一方当事人都有交往，于是二人表示了一致平息化解这场矛盾的愿望。为此他们展开了频繁的甚至不屈不挠的调解工作。我终于被这二位的好心感动了。

在他们二人撮合下，这场冲突终于化解，也很及时地化解了几位老“文人”挑唆“再战”的做法。因为他们几个人，没有一个在发表的宣言中，说过一句劝和之语，而他们十人中的任何一位可能都比周、张二位更具社会影响力，我为这几位扼腕叹息。

正必胜邪，一些奇思怪想，忽地被和煦的真情化解于无形。

那十位文人联合给Z某的公开信不知所云，却大论“是非曲直”。古谚云“来说是非者，便是是非人”。在这场本来没有生死存亡，大是大非的小小风波中，本可各退一步海阔天空。但在那场风波中，一些人扮演的却是幸灾乐祸的角色。而周、张二位以和为贵，力劝和解。事隔多年，如果诸君，当事人和旁观者平心而论，各安的什么心，天知地知，你知我知。

在周长行和张润刚的撮合下，我和Z某发表了和解联合声明，让好人高兴，也会让几个居心叵测者觉得很无趣。

历史把这一小幕活剧，撂在隐约之处，我之所以旧事重提绝无掀起旧时疮疤之意。无可回避的是岁月，过去的一切绝不是任何人如今想怎么改就怎么改的，我绝不认为自己能改变那充满欢乐但也小有阴翳的往昔真相。诸君也切莫以为除了打官司闹得沸沸扬扬之外，没有别的事好做了。官司铺开就是这么点事，而且我有代理律师，无非举证、讲理，我自己从未出庭。

诉讼期间，我没有一天停止正常的学习、练字、学画、背诗文，而主持和播音更没有一个环节因我的私人官司受到影响。有巩沙、王富等律师代我对簿公堂，因此，官司只是我那时一个十分微小的芥豆之事，甚至我似乎处在无是无非的境况之中。我以为，尽管有许多值得回味和借鉴的失误，但我一路走过来了，而且一切尚好。当然我也希望，遇到烦事的任何人都应以我为鉴。

疑义谁与析

我的律师杨晓虹曾告诉我，她在与济南市中级人民法院的一位法官公事接触时，对方对她说："这个案子的结果，赵将可能赔付对方人民币五万元以内。"

我立即产生了这样两个疑问：

首先，无论如何，不应在案子未审结之前得出最终的结果，是非尚未断明，就把判决定好。这是随意聊天吗？不会，在履行法律公务时，没有聊天这个环节，也不可能有聊天这份心情。我只能怀疑对方早已把审判程序和结果策划敲定，明示"钱也不多，你认了吧"。我只能这样理解。

其次，案子的标的数额就是最终索赔的钱数，这个钱的数目（五万元以下）却是中级人民法院不应受理的案子。就是说根据原告的标的额（即索赔数额），这个案子应由区一级基层法院受理。

综上考量，能在中级人民法院立案，必有来头和立案前的"会商"。这个会商已包含了"不立则已，立则必胜"，结果的赔付也已经内定或说轻点，某法官已考量过。诸君，这法官怎不与我律师聊聊对方败诉将会如何。他只聊出一面想法，也可能会导致一面官司。

至今，我虽然一审胜了官司，但对于对方可能存在的疑点，挥之不去。

以上的怀疑还有佐证，就是济南中级人民法院方面为了这么小标的额的民事诉讼，居然劳师远征，风风火火，以迅雷不及掩耳的阵势，“闹”上机关大门，为之过甚，显现出教养、作风以及执法意识的低下。

然而事与愿违，当出乎始作俑者的预想，这个他们自恃必胜的案子，在公众的关注和海淀法院的判决影响下，是原告Z某以败诉告一段落。济南中级人民法院毕竟是在党、政、人民的监督之下，为人民办事的法律部门，毕竟要以事实为依据，以法律为准绳，不能以个别人的预谋为准则。一审判对方败诉，而这个判决的结果，已形成一份法律文件，理应一视同仁，是否也要派人过来到上次递传票的地点，也以刻不容缓的样子递到我手中，像发给我传票一般风风火火才算正常呢？事实是，这回他们没派一人传递，只装在文件袋内寄到北京再转给我。

济南中级人民法院曾在结案一年后给我来过一封征求意见函，我由于忙，一直拖欠至今，借此之机，谨献此言：“维护公平公正，促进社会和谐。”当然，济南中院的判决我认为是公正的。

带伤主持《我们万众一心》大型赈灾义演晚会

应当唱千万支歌／把我们的人民／赞美／赞美／他们的不懈的勤劳／和英雄无畏／应当作千幅画／把我们的人民／描绘／描绘／他们的外表的庄严／和心灵的高尚。

即使耗尽你们的天才／也不能再现／他们全部的英雄行为／如同太阳／他们总是忠诚又默默地散发着光辉。

——郭小川《人民万岁》

“横看成岭侧成峰，远近高低各不同。不识庐山真面目，只缘身在此山中。”宋代诗人苏轼的这首《题西林壁》，虽然写的是自然风光，但引申开来，又写出理性的思考，即人对自身的认识，对自己亲人、家庭、社团乃至对自己所处的社会、民族、国家的认识。由于所在至近，由于身在其中，由于视听一隅，所以往往失之偏颇或不知所以。然而，1998 年的夏天，当全世界的目光注视着中国，全中国的人民经历了一场惊心动魄的考验时，我们再一次感受到：中华民族勤劳、善良，中华民族多灾多难，中华民族不屈不挠，中华民族不可战胜。

1998 年夏天的特大洪灾，使每一位关心祖国前途、民族命运的人经历了一次巨大的震撼，受到了一次伟大的教育，经历了一次泪水浸润心灵的洗礼。从而对国家的前途，民族的命运和中国人民的钢铁意志与凝聚力有了一个更全面，更深刻，更高，更新的认识。每一个正直的中国人在 1998 年夏天那场惊心动魄，感天动地的抗洪斗争中，都会怀有一个崇高的念头，“我为祖国做什么？”

1998 年夏季，长江发生了全流域的洪水灾害，嫩江、松花江也遭到洪水袭击。这次长江全流域的洪水是自 1954 年以来，最严重，最凶狂，最危险，持续时间最长的一次特大水灾。

水患之初，人们还不曾想到它的残酷和肆虐的程度。那时我正在观看第十六届世界杯赛，6 月 26 日，杯赛即将出十六强之际，偶见报端一则信息：“入夏以来，长江中游雨量偏多，近日鄱阳湖、洞庭湖水位上涨，使长江中游的水位也持续上涨，临测江段已超出警戒水位。各地正密切注意水情，开展防汛工作。”每年夏天都会有类似的情况发生，这则讯息在我的视线焦点之外。我何至于想到，这竟是一个凶兆。“月晕而风，础润而雨。”然而我和很多人都没有料到一场生死存亡的大拼搏马上就要开始了。

在6、7两个月份，脚伤的确折磨着我。如果我是运动员，尤其是足球运动员，那就惨了，不仅这个赛季上不了场，今后的运动生涯还能不能继续都难说了。幸好我是主持人，不用为脚伤担心。但是，我是栏目主持人，《人与自然》是我策划与主持的，每周都要有新内容的栏目，我必须为栏目负责。脚伤了，运动员可以彻底休养，但我不能。我庆幸自己所在的部门，所拥有的栏目组的编辑与同事，都是那么善良，乐于助人。他们给我准备了一个轮椅，平时研究节目到我家来，该我录像了就安排司机，又来几位同事，扶着我上电梯，下台阶，进汽车，然后搀我坐上轮椅推到演播厅。我之所以能带伤坚持工作，全仰仗全组同志对我的呵护。平时听到某人带病坚持工作，我总是十分理解与佩服他，而我这几个月一次工作都没耽误，的确是同志们的功劳。他们每次与我合作，完成录音与录像，比我要辛苦。所以我说7月份的水情报道并没引起我注意，那阵子我对自己注意得多些。同时，我有时间还要关注世界杯足球赛。严格意义上讲，我并不是球迷，但我非常喜欢看电视转播，也常常为场上局势的变幻莫测，为球员的精彩球技和智慧的发挥而感动。

进入7月份后，我曾在报纸上又看到洞庭湖抗洪前线动员十万军民防洪抗洪，并且上级已部署汛区的各级领导立即深入一线，办公抢险。我仍然认为，这一切既正常，又会转瞬就平安与平静了。我仍然一如既往安排自己的各项工作，和同事们讨论《人与自然》的内容编排，探讨在串场词中该说哪些，不说哪些。还有几个节目虽不是我本岗位的工作，但也要尽全力去完成，如，"《共产党宣言》一百五十周年"，这是我一年前就答应与阎东合作的专题片。在6月初，我刚在老北京图书馆录完了图像部分，接着我就摔了脚。该录解说词了，他们用轮椅把我推到播音间，录了两个半天，脚垂在地板上，血涌来，胀疼的滋味挺不好受的。但我仍深情地录完解说，我为马克思、恩格斯一百五十年前的伟大革命实践与提出共产主义的伟大纲领而感动，他们当时才是20多岁的年轻人啊。

7月份，第十六届世界杯足球赛，经过六十四场鏖战与三十四天的征程，终于产生了冠军，大力神杯留在了法兰西。东道主没白辛苦，巴黎一百万人走上街头，通宵欢庆。他们高呼："法国人的凝聚力空前强大。"那是人家的胜利与人家的欢乐。一波未平，一波又起。这时，长江的水位猛涨，滔天洪水飞扑向长江中游的江岸，威胁到两岸人民的生命财产安全。今年水势绝非一般，来者不善啊。7月份洪水水位一直居高不下，水情牵动着越来越多的人心。中央电视台的新闻节目中每天播送着最令人关心与牵挂的雨水、洪水、洪峰的状况，以及国家防总与气象部门发布的汛情公报。长江沿线已有逾百万的人员日夜护堤与洪水搏斗，人民解放军、武警官兵也支援抗洪，上了险段。

这时人们的心开始产生了极大的不安，这洪水什么时候能退？为什么长江流域雨水不断？这也正是1997–1998年厄尔尼诺现象的一个侧面，全球旱的旱，涝的涝，而长江正是厄尔尼诺带来了大量降雨。

进入8月份，水位有增无减，长江中游军民与洪水展开了殊死搏斗。中央电视台新闻节目收视率达到84%，全国各族人民，每天最关心的就是在大堤上与洪水日夜拼搏的军民。风里雨里，他们惊天地、泣鬼神的英勇精神使每个关心汛情和长江安危的人热血滚沸，心潮久久难平。

8月8日，与洪水搏斗了四十多天的军民，抗御长江武汉关29米超高水位整整十天，但第四次洪峰又将袭来，形势危急。济南军区、南京军区、广州军区的空军与武警部队增派三万多官兵驻援抗洪抢险重点地段。中央要求把长江抗洪抢险工作作为头等大事，要求抗洪军民严防死守。第二天，朱镕基总理再次赴湖北抗洪一线，长江抗洪抢险到了紧要关头。朱镕基总理要求坚决严防死守，确保万无一失。在这紧急时刻，我目不转睛地盯着屏幕。当我看到朱总理一下飞机就动情地与将军们紧紧拥抱，看到数百名士兵身着湿透的军装，而士兵们用自己的身体挡住肆虐的洪涛，并像青铜塑像般伫立在惊涛拍岸的干堤之下，举手向中央领导致军礼时，我泪眼模糊了。我从心底发出"这是真正的铜墙铁壁"的感叹。

中央发出"坚持、坚持、再坚持"的号召。

此时，中央电视台开始筹办大型赈灾义演晚会，同时通知我准备主持。赵安跟我商量："你坐轮椅或拄双拐都可以。"我为能在这关键时刻和亿万人民一道表达我们的坚定信念与凝聚力而激动不已。

8月14日，江泽民总书记到湖北视察，10点25分，他直接来到武汉龙王庙险段。

他手拿扬声器以洪亮高亢的声音讲话：

我们这次抗洪救灾，充分体现了爱国主义精神，体现了中华民族强大的凝聚力，也向全世界展示了这样一个形象，那就是，中华民族是不可战胜的！

在洪湖大堤上江泽民总书记向人民解放军官兵讲话：

你们当中有“上甘岭特功八连”，上甘岭精神永远活在全体指战员心中；你们当中有黄继光生前所在部队，黄继光英雄献身精神也永远铭刻在广大军民心中。现在长江抗洪抢险斗争已到了决战关键时刻，你们要继续发扬不怕疲劳，不怕艰险，连续作战的精神，团结奋战，坚持到底，夺取抗洪斗争的伟大胜利！

我在电视机前，受到了极大的鼓舞，同时江泽民总书记的气壮山河的动员讲话也是我们主持赈灾义演的基调。

在我们紧张的排演过程中，与以往不同的是，每一位老朋友见面时，都异常严肃。大家点点头，话不多，更没有说笑，因为每一位参加表演的人员都知道形势的严峻。

我坐着轮椅来到现场，几位老朋友都过来问候，很关心我的伤势。我说，没关系，我会站着主持的。

周涛、朱军和我开场主持。他们推着轮椅，把我送上舞台中央，然后，我站在那里，他们再把轮椅撤走，等我们讲完话，再把轮椅推过来扶我坐上退场。我和导演商量好不出轮椅的镜头，以免我刚出场就分散观众的注意力。我也对周涛说：“真对不起，给你们添麻烦了。”周涛说：“您别这么说，甭说推轮椅了，必要时，我把您背上台去。”我十分感动。抗洪救灾把我们主持人也紧紧地团结在一起。中央电视台主持人队伍历来就有良好的团结一致的作风，这次义演更显得大家十分团结。我走完场下台阶时，每次都有好几位主持人扶我下来。我心中也很不安，在这样关键的时刻，我是这样的情况。我永远不会忘记这次主持经历。

8月16日晚8点，我们的义演晚会将向国内外现场直播，我是第一个致词的人。也许是巧合吧，这一天下午6点，长江第六次洪峰向荆江段逼近，水位已达44.95米，这是历史最高水位。下午6点30分江泽民总书记下达命令，沿线部队全体上堤，军民团结，死守决战，严防死守确保干堤安全。

电视台演播室召开全体演职员大会，排练一组非常节目："团结就是力量。"导演传达上级部署，一旦有情况，晚会立即改变原定节目，全体上台高唱这首歌曲。

每一个人都神情严峻，我知道大家跟我一样心已提到嗓子眼。荆江大堤呀，你护卫着江汉平原8000平方公里的沃土和武汉三镇800万人口的生命财产，护卫着南北大动脉京广铁路，千千万万，不能有闪失啊。

我们也纷纷猜测，如果水位涨至45米，将会炸堤分洪，那损失也太惨重了。我的心已揪紧，雨还在下，水还在涨，洪峰正铺天而来。我当时总觉得眼泪说不定什么时候流出来，心中十分难过。有一千六百年历史的荆江大堤长一百八十公里，是江汉平原、武汉三镇的生命屏障。根据荆州地方志记载，从明朝初年到新中国成立前，荆江大堤决口九十一次，每隔六年决口一次，"浮尸满城，哀鸿遍野""其情其状，惨不忍睹"。难道今天晚上，竟会出现这可怕的一幕吗？

我的心在痛。我不知道，在这种情况下，我走到台上第一个致词，会是什么情感。

雄壮的节目开始曲响了起来。刘璐到第一线采访到了江泽民总书记，他用洪亮的大无畏的声音又一次高呼："中华民族是不可战胜的！"我们的战士，我们的老百姓，正在风里浪里殊死搏斗。

周涛、朱军把我推到了舞台中间，我们也头一次三人并肩站立。我想这既是当晚氛围的需要，也包含着他们就近能扶住我别摔倒的关切之情。

于是，我在热血沸腾的状况下开始讲话。我觉得我的手比以往任何一次都用力地握住话筒：

“同志们，今年入夏以来，我国从南到北发生了严重的洪涝灾害。在这紧要关头，在党中央、国务院、中央军委的指挥下，全体军民紧密团结，用自己的血肉筑起新的长城，体现了中华民族一往无前的英雄气概。”

第一个主持实际上就是给整台节目定一个基调。那一晚上，没有人悲悲切切，有的是正气，有的是力量，有的是信心。这就是在1998年洪灾中，中国第一台赈灾义演的晚会。由中央电视台、中华慈善总会、中国红十字会联合举办的《我们万众一心》大型赈灾义演晚会。这不是一般的演出，这是每一位参加者用心用热情用一腔爱国激情谱写的抗洪曲。

当高建成的妻子出现在舞台上，以深明大义的气度唱一曲《真的好想你》时，亿万观众潸然泪下。高建成为了抢救人民群众的生命，为了战友的安全，他在簰洲湾大洪水中，把救生衣脱给战士。在生命的最后一刻，他尽最后一点力气把一位战士推向树木，高呼着：“同志们，坚持……”自己却被洪水卷走。这就是我们新时期的人民子弟兵。

在这场晚会演出之前，我得知，这次长江抗洪投入的解放军兵力，是渡江战役以来调兵最多的一次。在8月中旬以前，政府已投入13万多解放军、武警官兵，200万民兵，100多位将军身先士卒，投入5800多部车辆，860多艘舟艇，60多架飞机，渡河救生器材8万多件，帐篷3700多顶，被装25万套，食品1100多吨，给养器材35000套，通信器材近2000部，各种工具25万件，抢救转移群众300多万人，排除险情5500多处，加固堤防3800多公里。

“没有一支人民的军队，便没有人民的一切。”

还有新闻工作者没有辱没时代的使命。仅中央电视台在抗洪期间，先后就有600人次的记者奔向灾区，奔向大堤，奔向险段，哪里最危险，他们就出现在哪里，哪里最艰苦他们就在哪里，头顶烈日，头枕波涛。中央电视台这支听党的话、不怕困难、不怕牺牲、能准确及时完成任务的记者队伍，是我们的骄傲。

晚会上一幕动人的情景是鞠萍抱着解放军在簰洲湾从树上救下的那位小

女孩江珊。

这一天，这个被从树上救出来的小江珊，也被领到了播出现场。看着这小小的瘦弱的女孩子，想到她在风里浪里，在暗无星月的长夜里，在虫咬、水浸、涛声汹涌的骇人心魄的洪水中，她居然能被救生还，这真是奇迹。她身上凝聚的是中国人不屈的生命力。当人们看到小江珊时，很多人都哭了，说不出的伤心和委屈。中国人多灾多难，小江珊一家在这次洪水中死去了四个亲人。她奶奶在临被洪水卷走之前，千叮咛万嘱咐："孩子，抱住树，千万别睡觉，千万别撒手，等着一定有戴五星的解放军来救你，千万别撒手，千万别睡觉。"奶奶被洪水卷走，小小的孩子，硬是紧紧抱住树干，不敢闭眼，不敢往下看，听着轰鸣的涛声，在黑夜中熬了过来。她被从树上救下的镜头，是武汉电视台的两位记者拍下来的。这个镜头已然是中国1998年抗洪的最感人的经典画面，如果普利策奖回避它，是普利策奖的遗憾与悲哀。

这组画面将载入历史画卷，这是舍生忘死的记录，是惊心动魄的记录，是中国电视人的时代精神的记录。它不知在电视中被用过多少次。后来在洪水消退之后，中央台总编室做了一辑精品赏析节目，我们请来了有关人员。当湖北台的记者出现在现场，并且大屏幕重放这一镜头时，场内观众仍潸然泪下，有一位中年妇女竟然泣不成声。这组镜头所反映的这件典型的事件，从任何一个角度去理解、去诠释、去演绎、去叙述、去论证，都有无限丰富的内涵。

小江珊是多灾多难的中华民族的形象，她是那么弱小可怜。洪水肆虐于中华大地，它无情地吞噬了人民的生命财产。然而小江珊在这雷霆万钧的洪水中，就是以那柔弱的手臂像铁一样地抱住树干，不屈不挠，就是坚韧地顶住惊涛骇浪，活了下来。她也象征着中华民族生生不息的命脉。

她获救了，这是伟大的抗洪精神的体现，是战士救了她，是我们奋战在洪水中不屈不挠的战士救了她。

谁是最可爱的人？在危难之中我们靠谁？

我们可爱的电视记者，在这场灾难中视死如归的精神，忠诚于人民的新闻事业，用生命，用青春，用血泪，用灵魂，记录下历史真实的瞬间。

洪水无情，人有情。

当我主持这个场景时，我要说的话是：

“人们也许忘记了你们的名字，但忘不了你们的功绩。你们舍生忘死拍下的这组镜头，将成为历史经典画面。你们的精神将与这组镜头同在，永存。”我深深为他们骄傲。

歌德说过：“历史给我们最好的东西，就是它激起的热情。”作为中央电视台的一名资深员工，我已在屏幕上工作了四十年，我和我的观众朋友建立起很亲密的关系。这段历史的瞬间对我们个人来说是生命的漫长时光，曾有很多惊心动魄、壮丽辉煌、欣喜欢乐、悲伤欲绝、义愤填膺、正气浩然的事件撞击我们的身心。我们共同经受了时代的风雨，共同度过了刻骨铭心的时刻；我们有过共同的感受，共同的情愫和共同的认知。因此，我和观众们的情缘，已成为我们弥足珍贵的共同回忆与经历。伟大的历史瞬间，给我们的最好的东西，就是激起我们的热情。在茫茫宇宙中这粒小小的却灿烂绚丽的生命之星上，在我们一生的分分秒秒中永远激起我们美好的情操，激励我们去完成伟大事业中我们应承担的重任。

1998 年的重大事件中，抗洪救灾的伟大胜利当推首位。

1998 年，中国人民经受了严峻的考验，取得了辉煌的成就。大型赈灾义演《我们万众一心》是伟大的抗洪斗争的一个小小的组成部分，但每一位参加的人员都尽了自己的心力，使我们在远离洪涝灾害地方的人，同样以巨大的热情，一方有难八方支援。这次晚会令人激动的是我们的现场收到各地的捐款就有六亿多元，并在全国掀起了支援灾区重建家园的热潮。

难忘 1998 年之夏，忘不掉我坐在轮椅上，向舞台中央行进的瞬间，那时我的心灵又一次得到净化，全身心都浸在神圣、庄严感中，获得与我的祖国和伟大的人民同呼吸共命运的精神境界的升华。

晚会结束了，一场规模巨大的募捐活动开始了。同时那天晚上，我一夜无眠，不知道在黑沉沉的夜里，荆江大堤的情况如何。

第二天我得知，8 月 17 日晨 7 点水位已上涨至 45.19 米。

上午10点维持到历史新高45.22米，党中央江总书记要求大家再坚持一下。

11点，水位开始回落到45.1米，荆江大堤安然无恙。

据军事部记者赵元贵说：那一晚炸药已埋好，不知什么时候将会分洪炸堤。心揪着，不晓得炸堤后自己所待的地方将会如何，四下涛声依旧，但又悄无声息。一夜过去，东方曙光浮现，大家长出了口气，最难熬的一夜过去了。

历史会记住这日日夜夜的殊死搏斗。

历史将把中华民族优秀儿女在公元1998年夏天的伟大胜利，告诉中华民族的传人。

中华民族不可战胜！

汶川地震后随央视心连心艺术团奔赴灾区慰问

临江仙

惊魄汶川城震后，
心系乡亲煎似火。
家园地陷山崩，
神州情漫长空。
尤怜学舍掩孩童，
军民协力势如虹。
苍天何有眼，

风云千里过。
举世动哀容，
悲唱满江红。
天亦无情。

2008年5月12日下午2点28分，历史将会记住这惊心动魄的时刻。

四川省汶川地区发生了里氏8.0级特大地震，近十万同胞瞬间被夺去了宝贵的生命，几百万人不同程度地受了伤，逾千万人被灾难波及，美好家园顷刻房倒屋塌、山崩地裂。

地震摧毁了举世闻名的天府之国都江堰的很多珍贵建筑，夷平了北川，重创了映秀与汶川。

特大地震猛烈地震在全中国人民的心头。

地震牵动着海内外炎黄子孙的心。

汶川地震也使各国人民的目光关注着中国。

惊魂千里外　心系众乡亲

2008年6月21日下午，我接到央视文艺中心文艺部的通知："台里决定组成心连心艺术小分队赴四川灾区慰问演出，有您参加。"这指令使我激动不已，心已飞向四川。从这一刻开始，这几天一直不安的心境略感安定。

这是我平生很少有过的心路历程。

思前想后，心潮难平……

5月12日那天，我在杭州，在美丽的西子湖畔，参加视协主持人专业研委会组织的"校园金话筒"的活动。当时会场内欢声笑语一切如常，晚饭由当地交通局热诚款待，地点在湖畔一家酒店。席间主人问我："您感到地震了吗？"我和北京来的专家评委已被告知杭州有地震，但我没感觉到。当我听说震中可能在成都，连北京、上海、东北，甚至中国台湾地区、新加坡都有不同程度的震感时，我感到灾情严重，心情顿时沉重起来。

中国电视主持人 30 年年度风云人物颁奖盛典

发起成立中国电视艺术家协会主持人专业委员会

饭没法吃了，我们用手机和成都的熟人联系，但一个都打不通。回到住处打开电视，张羽和董倩在新闻节目中已经开始了灾情的报道。此刻我才获悉震中在汶川、都江堰一带。我从电视中看到温家宝总理已于下午飞抵灾区。那一晚，我在床上靠着，眼睛盯着央视新闻一直到夜半时分。

从那一晚开始央视对灾情的报道就一直延续下去。那一晚，人们的心都被灾区牵动。同时，一场前所未有的抗震救灾行动，在灾区、在四川、在全中国、在世界各地已经万众一心地展开了。

我回到北京，进一步知道了大家在同一时间知道的情况。中国媒体快捷全面的报道，令世界既佩服又吃惊，西方媒体只能采用中国同行报道的内容。用凤凰卫视评论员阮次山的话来讲："他们承认败了。"因为从快速、准确、全面、深入，任何一个角度来衡量，一贯自以为是的西方各大传媒，这一次被这一举世瞩目的事件报道边缘化了。他们无能为力，他们目瞪口呆，他们对我们的报道挑不出毛病，他们找不到碴儿了。他们在大部分时段中只能引用我们的消息。

而这些西方的同行，真的有时很可爱。他们当中有人说："从近五千米的高空玩命跳伞，军队千里奔赴灾区的大规模行动，使我终于相信了当年在朝鲜，无敌的美军是败在中国人民志愿军手下。"他们说："……像这样的十三亿人民，在地球上还找得到吗？"

我看到央视的年轻记者在灾区的现场报道，我看到央视的几位新闻主播脱稿直播的辛苦、敬业、动情。我看到了，恰好看到了赵普的泪涌语咽。作为新闻界的老兵，我为自己帮不上什么忙，做不了什么事而久久不安。

根据震前的约定我飞到云南山区。在山路的颠簸中，心绪不宁，于是用手机短信，填一首《临江仙》同时发给了几位诗友：

惊魄汶川城震后，
家园地陷山崩。
尤怜学舍掩孩童。

苍天何有眼，
举世动哀容。
心系乡亲煎似火，
神州情漫长空。
军民协力气如虹。
风云千里过，
悲唱满江红。

再后来，友人为我修饰并发表在报上，又上了网。

记者问我自己觉得写得怎么样，我说："我没想发表，这是朋友发的稿，我仅寄托了自己的真情实感，词填得一般般。"但我心中也觉得仿佛尽了绵薄之力。

央视八主持　灾区千里情

我没料到到灾区慰问这样一个光荣使命落在退休之后的我身上，中央部委的中宣部、文化部、中国人民解放军总政治部、广电总局、中国文联、中国作协共派出 9 个小分队奔赴灾区。

中央电视台心连心艺术团是这次行动中最后出发的队伍，也是演出场次最多、行程最长的灾区慰问小分队。

从 6 月 25 日飞往成都，第一站经宝兴碧峰峡大熊猫繁殖中心，我们慰问了坚守岗位的职工和从卧龙保护区迁移到这儿的大熊猫养育人员。他们身在灾区，他们之中有的不幸受伤，有的亲人罹难，但为了可爱的大熊猫，他们坚守岗位呵护着这些国宝。听说团团和圆圆也在这里，我们十分感动，也十分感谢他们。但我们没机会，也没条件见到它们，也没能像过去电视中的游览者抱着宝宝们照相。没有，我们匆匆而来，慰问之后又匆匆而别。

五天时间的行程一千五百多公里，演出 10 场。除了睡觉，就是在高山峡谷的路上奔波，但没有人叫苦喊累，其实很疲劳。有时在颠簸中打个盹，有时在车上排练。"央视八名嘴，灾区动真情"，这是记者发出的消息。

此行央视总编辑张华山带队，年龄最大的是我，还有李咏、毕福剑、王小丫、赵普、管彤、李佳明、韩乔生。其他演员来来去去，我们央视八主持从始至终走完全程。

千里之行第二站我们到了雅安、雨城区中里镇中学，继而赴宝兴县、灵官镇、硗碛藏乡新场镇、汉源县九襄镇、石棉县、荣络县、泗萍镇、绵阳市、北川擂鼓镇。演员阿宝全程随队，刘斌、张也、万山红、廖昌永、于文华、郭蓉、汤灿，还有四川当地的赵亮等人和成都京剧团演员，陆续先后加盟上阵，每场演员不过十几个人。中央要求轻车简从，靠自己，少添麻烦。此行我们是代表党中央、国务院来慰问灾区的，不能让当地领导和乡亲为我们多费心。

说是这么说，我们当然这么做，可是当地灾区领导和乡亲也尽可能地协助我们。每场15个人还包括其中8个主持人竟然演得热热闹闹，有时演出近三个小时。台上台下的互动让我激动不已。

四川人　四川遗风

都江堰两千年的泽被一方，造就了天府之国和养育了千万生民。四川人勤劳勇敢，吃苦耐劳，宅心仁厚又坚忍刚毅，川兵是善于顽强作战的英勇之兵，川妹子泼辣、多情和善良。

川剧很少悲剧，四川人天性乐观。5月12日的特大地震，震毁了家园建筑，震塌了房屋，震倒了树，震垮了山，震出了堰塞湖，震陷了地，震得河流改道、山岳变形，夺去了十万生命，造成近千万人的灾难。

但是，擦干了泪水，掩埋了逝去的亲人，我们可敬可爱的四川乡亲们，父老兄弟姐妹们，在破碎的山川和房屋的瓦砾中，站起身，挺起胸，任劳任怨，打起精神，又迅速地投入生产自救，重建家园的行动。

这次我们心连心小分队所到之处，没有看到一个人哭诉。乡亲们迎接我们时，没有阴云惨雾，没有愁眉苦脸。

我们所到之处，四川的父老乡亲、兄弟姐妹对我们的到来热烈欢迎，我真的立刻觉得我欠他们很多很多。欠他们的情，欠他们的义。但他们却绝不需要眼泪和同情。我忽然觉得，他们所需要的，也绝不是他们要求的，是我们应该给予他们的尊敬。我只有用伟大来形容他们。四川乡亲，在我们心目中，你们是伟大的炎黄子孙的典范。你们用昂扬的生命的伟大力量来鼓舞全体中国人民的志气，你们彰显了勇敢，坚忍和博爱之情，你们扫荡着衰朽萎靡的风气。由于你们的苦难和在苦难中的顽强、刚毅、乐观，使更多的人顿时感到无为怨怼的羞惭。可爱可亲可敬的伟大四川乡亲最好的功效就是扫荡畏缩、慵懒和堕落。

不是看到沿途的断壁残垣，不是看到一顶顶的帐篷和一片片的临建板房，我们几乎忘了这里不久前遭受的苦难和忽略了乡亲们此刻的艰难生活。

当我们路过一些受灾地区，乡亲们到我们身边，把他家鸡下的刚刚煮熟蛋，还热乎的，一包一包地塞在我们手中，实在推不开，难说不要。那一张张纯朴而又憨厚的面容，那一双双热烈而又深沉的目光，常使我泪眼婆娑和声音哽咽。这手中热乎乎的鸡蛋，是他们弥足珍贵的食品，我捧在手中只觉得那是一颗颗滚烫的心呀。

途中饿了，敲碎蛋壳，剥出嫩玉般的蛋白，破开金色的蛋黄，只觉得我从没吃过这么好吃，这么香中带甜的鸡蛋。没有盐就那么白着一口口嚼的仍是父老对我们的深情……

车在山路中曲曲折折地颠簸，心中不断想起的是，我们何以为报？同时不断想到的是冬天就快到来，宿在帐篷中和住在板房中的乡亲，我们怎么给他们温暖？他们在寒夜中，会怎样煎熬地思念永远失去的亲人？

心在震撼——汶川地震的悲思

“5·12”这一天开始世人才感到，中国人已正是警醒的雄狮，血浓于水的真情在每个炎黄子孙的血脉中激荡奔腾。一方有难八方支援，人、物、钱从这一天这一刻从没有这么快、这么多、这么全心全意与全力以赴地从天南地北，从世界各地向汶川汇聚。

抚今思昔，我也忘不了1976年的唐山大地震，因为当时它波及了北京。

我是夜半惊魂和妻子仓皇跑出户外，我又是在露宿街头的塑料布竹竿支起的避震棚中熬一个多月。而且，我和同事也同样冒着余震或再震的危险坚守在录音间录制地震报道。当时，北京没有发生重大灾害，惦记着唐山但又感到仿佛离得很远。

这次汶川特大地震，我们自己都震撼。我们中国人有这么大的力量和信心，这么广泛的团结，这么感人的坚强性格，这么顶天立地的英雄气概。

在这次大难中最让我们感动的是人性的凸显、人性的光辉的闪烁。对生者，对死者，显现出来的大爱、大慈、大悲，在几千年中华民族历史进程中，这是一次全面的凸显，是全民族精神的升华，是把我们民族几千年来的优秀品质整合得感天动地。

“5·12”灾难固然让人悲悯，但在灾难中闪现的大规模的一往无前的勇气、大爱无涯的深情、人命关天的救援、上下同心的凝聚，这令世人，也令我们全体国人和海外华人都感到巨大的震撼。坚强的，真诚的，火热的，战无不胜的合力“比铁还硬，比钢还强”。钢铁可能锈蚀，但中国人的凸显的精神力量只会更加升华，更加瑰丽，海枯石烂不动摇。这是我们的生命之所系，这使我们在伟大的精神层面中站在了世界的巅峰。

因此，“5·12”将愈来愈为今世后人解读出这一天的苦难和由此引发出的无穷的合力和它的感天动地的价值。

我们永记同胞的灾难，我们永远怀念逝者，我们将以我们最感人的人性的关爱和继续前进的力量告慰汶川的亡灵。我们的群体中，我们生生不息的血脉中，我们永续雄伟的大业中，永远有你们不可或缺的位置和你们的因子。

我们就是你们，你们就是我们！

在灾区的路程中，有一站是夹金山下，硗碛藏乡，我站立在演出的一面石砌斜坡，遥望东部的一带雪岭，浮想联翩。当年，红军就是翻越这座雪山后，取得了长征的胜利。“更喜岷山千里雪，三军过后尽开颜。”

虽然，此刻站在演出地点还只能遥望夹金山的朦胧雪峰，但内心却激情

1998 年，抗洪赈灾义演现场

与王小丫在灾区用手机直播演出情况

灾区群众赠送的鞋垫

难平，我觉得它是那么亲切，那般圣洁，那样神奇和那等庄严。杜甫有诗："昔闻洞庭水，今上岳阳楼。"一千三百年前，诗人哀叹"凭轩涕泗流"。而一千三百年后，在夹金山下，我心潮激荡。"久闻千里雪，今到夹金山"，其时泪水也在涌动。不同的是，杜甫那时，战乱频仍，"亲朋无一字，老病有孤舟"。而今我们亲情似火，意志如钢。我们都是红军的后代，眼前的困难难不倒英雄汉。

经雅安到石棉，峰高谷深路险，路上有巨大滚石尚未清除，山上有一片片裸土，那是地震留下的灾痕。

雅安是绝美绝幽的胜境。森林覆盖率90%以上，雨量丰沛，年均降水量1700多毫米。雅雨、雅女、雅鱼是雅安三大特色，几乎无日不雨，无女不美，而雅鱼更是头内有一逼真的如宝剑的骨枝令人难解其谜。灾后的重建，大有前景。地震震塌了房屋，但"青山还在，绿水长流，英雄儿女，雄起神州"。

走到石棉，我们小分队是第一批到来的文艺演出队。藏族、彝族的乡亲，对我们情真谊深。有十余位乡亲，从深山走出来路上用了五个多小时，就为了献上一首发自内心的迎接亲人的歌，献上一杯他们自酿的米酒。我印象中蜀中居民，身材不高，但这十几位身着民族服装的壮汉健女，黝黑的脸庞、闪亮的眼光、挺拔的身姿，像山地的武士；纯朴的神态、嘹亮的歌声，无装饰音，毫无作态却从容而神秘，又真情动人。山川秀美，人杰地灵，地震能摧毁家园，能涂炭生灵，但夺不走不屈的精神和伟大的生生不息的生命力，我久久思考，50年来，走南闯北，还算经得多、见得广，但神州辽阔、精英遍地，有多少谜一样的人、情、事、物在大野洪荒，在山村野寨，在远近阡陌，有多少绝响妙文就蕴藏在我不曾领略的山乡幽境。

我也深深悟得，尽管有上千的记者，用上百的镜头和上万的笔触，为我们展现出抗震救灾中的一幕幕动人的场景和英雄的军民，但他们是典型，是精英。不可能上百个镜头和几十万文字能照见所有英雄和描述出千千万万个英勇顽强不屈的生命。

北川永远的疼痛

“北川完了”，我心中如锥般疼痛。

中央电视台心连心艺术团小分队慰问演出的最后一站是北川擂鼓镇。这儿曾是北川新选城址之一。在去擂鼓镇途中，我们的大巴开到了北川。只有这一条路可以进入双峰夹峙的山城，为了重新打通这条被滑坡堵塞的公路，多少人出生入死，冒着滚石的坠落的危险，日夜奋战。通了堵、堵了开，终于使救援队伍和救援物资开了进来，送了进去。那是在5月中下旬，我们曾含着泪水看着央视等传媒播出与报道的一幕幕感人肺腑的真实场景。

北川，重灾区。

当我们6月29日下午约2点走到这里的时候，眼前除了断壁残垣就是山崩地陷。公路都凹凹凸凸，歪歪扭扭。

北川，已空无一人，幸存者被安置他处。一座空城伴着冤魂，即使在白天也令人感到阴风阵阵，异常凄惨。守门的卫士，对我们一行“网开一面”，特准步行进入。

一路行走，我一路思考，我想到“5·12”汶川特大地震后的所有信息，都是我们在第一时间向外界公布的，这使得任何可能在大灾之中的谣言误解也几乎无法得逞。

透明、公开、迅捷，全面、客观、公正，令不怀善意的某些人和传媒，无话可说。中国的领导人，中国的军队，各地民众，志愿者，都为全世界做出了榜样。

我们受苦受难的四川等地的乡亲们在大灾之中所表现出来的自救、自强、坚忍不屈以及勇敢而乐观的精神面貌不但令国人肃然起敬，也让全世界善良的人们深深感动。

灾区的乡亲们不仅令全世界人民同情，乡亲们在灾害面前的英勇表现亦赢得了全世界的尊重。

我们当然也万分感谢各国政府和民间的爱的救援。一个善良的民族懂得感恩。我们永远不会忘记世界各国的援助。但，中国人民“自力更生，生产自救”的光荣传统如今仍在发扬光大。

有人说要是唐山大地震时也让外国救援队开进，损失会减小。愚下有不同认识。这次汶川地震共救出九万多乡亲，主要靠我们自己，靠我们的军民，靠乡亲们自救。外国救援的多支队伍，只有俄罗斯救援队救出 1 人。我这样讲完全是根据事实，绝无对外国救援有任何不恭不敬，相反我从他们身上感觉的是全世界的善良之心和国际和谐与亲如一家的人性。但救援主要靠自己这也永远值得各国政府和人民思考。

这一章略觉沉重，说个笑话吧。据手机的一则短信称：被俄罗斯救援队救出的老人家第一句话是：“咦，这一震把老子震到国外了吗？”

暑气蒸腾，滴汗如注，我们沿着唯一的道路向城市之中徒步行进。右手是大山，左手是沿着谷底的一片坝子，房倒屋塌，凄惨无比，没有了往昔的繁华，甚至也没有“5·12”后万人的日夜救援场景，更显得虚无缥缈。我隐约听到一线哭声，以为那是我的心在掉泪，但我看到在公路的一边，有残烛、香灰和花束，似有寥寥的人儿在祭奠亡灵。今天是 6 月 29 日，距 5 月 12 日已过了整整七七四十九天，这是最后送终的日子，愿逝者安息……半空中又传来几声鸡鸣，在哪儿，在山中、在树后，鸡鸣如晦……我抹去了脸上的汗和泪水。

看着北川这片瓦砾，我想起了 32 年前的唐山地震，那时的通信工具无法与今日相比。当时一架飞机飞向震中了解灾情。飞机飞在唐山市上空，机上人员向北京报告：“唐山没了。”那是哭诉和哭报……苍天不公，30 年中给了中国两次特大地震。

我曾和一个年轻人讲，唐山大地震时，我们所处的环境，无论在经济上和形势上是不能和今天相比的。但急人之难，血浓于水，一方有难八方支援的中华民族的传统美德从未泯灭过。

难忘今朝

6 月 29 日上午，在绵阳九州体育馆前演出的舞台是一辆卡车式的活动台板，人山人海，大约有三万乡亲和解放军官兵、援建人员。赵普事先联系打开央视新闻窗口，现场说了一段话，然后，他说：“我请一位我们队里年龄最高，身体也最糟糕的赵忠祥说几句话。”（这位小兄弟真会说话）我这样说：“这一行程一路奔波，一路震撼，我们的许多路线是当年红军走过的路。苦不苦，想想红军两万五；累不累，想想革命的老前辈。”这句话，以前说过，但这次在我心中它十分凝重。我们是在灾区，眼前闪动着中国人民解放军、武警官兵、消防官兵、志愿者出生入死的身影，面对的是坚强乐观的乡亲，好像不是我们慰问他们，而是他们慰问我们，他们捧出一份份在灾区能有的小小物品硬是塞在我们手中。

看，这是一双鞋垫，这字端庄大气，是绣上去的“感谢中央电视台心连心艺术团、感谢党中央对灾区人民的关心”。我作为从业快五十年的老电视工作者，如果没能有这样一次难得机会为乡亲尽点心意，会遗憾终身。

忘不了最后一天上午在绵阳九州体育馆演出，中午又赶往擂鼓镇。这天几万人将全部撤离绵阳体育馆，几万人这一天最后聚在一起观看我们的演出。经历了惊天动地的灾难，他们是劫后幸存的不屈的生民，又经历了四十余天的背井离乡，这一天他们将永远告别这患难与共的兄弟姐妹和巍然矗立的雄伟高大的体育馆。他们将重返那已然破碎的家园，既归心似箭，又心存渺茫，什么都没有了，没有了屋舍、没有了家当、没有了积蓄、失去了最最珍贵的亲人。

但他们是英雄的四川人，是英勇不屈的山地儿女，当然毫无疑义的是有十三亿同胞的关怀。我们今天向他们慰问就是代表党中央、国务院和全国人民的一片关怀、一片情谊和有力的宣示，党和全国人民永远关心和全力支援他们重建家园。

我从第一次到西柏坡做心连心的演出，至今共二十余场，天南地北，老少边穷，每次都会被当地乡亲的热情所感动。但这一次，我的心被深深地震撼，眼前是一望无际的整齐排列席地而坐的乡亲，彩旗飞扬，鼓乐喧天，欢声如雷。但，他们是遭受了巨大磨难的兄弟姐妹。他们喜气洋洋，笑容满面，却更使我心酸动情。我没有别的言辞来形容他们，可亲，可敬，可爱，令人心疼

（这是我想到他们刚刚度过的劫难而涌动在我心底的挥之不去的想法，在场的每一位乡亲，几乎都经历了生离死别）。

一位小伙子招呼我，我随他上了一辆山地越野车。车里已有三个人，其中有韩乔生，他也刚上来，递给我一瓶水，使我顿觉清凉。

车内的志愿者是5月12日当天就开车进川的北京人，老乡见老乡，无比开心。我问了他们的状况，他们只简单地讲开始是挖人救人，现在是做点力所能及的事儿。住帐篷、吃干粮几十天过来了，但他们穿着整齐，面色健康，身强力壮，不像经过苦战急待休整的样子。我问他们下一步怎么打算。他们没有定下归期，还打算继续尽力为灾区做些事。

这时车窗外一位中年妇女在敲玻璃，韩乔生打开车窗问她什么事，她说："请赵忠祥签名。"韩乔生接过纸笔一看，"赵老师，这是结婚证，您这是'第三者'签名呀。"忽然大家笑不出来了。因为她说："我丈夫这次地震中不在了。"只这一句话，每个人的泪水都涌了出来。她说："他生前爱听赵老师讲的《动物世界》，今天我真没想到能见到你们。我请赵老师在这上面签个名吧，也算告慰他了。"

这张大红的结婚证上明显沾有泥土的擦痕，我百感交集地签上了名。我唯一能做的就是怀着恭恭敬敬的心意签名，这一笔一画寄托着我无限的感怀、无尽的哀思和直至今天乃至永久挥之不去的伤痛。我没看到她伤心掉泪，相反她面带笑容，因为在她身边也有太多的人失去了家人。他们任重道远，他们还要重建家园，他们还要坚强、勇敢、乐观地生活，因为他们都知道亲人们希望他们坚强地活下去，快乐地向前。我在一路奔忙的日程中想得最多的是这样的话，愿逝者安息，祝生者吉祥。她是四川人，四川人不需要眼泪。他们需要的是永远的尊敬！

大渡河前断想

我们一行来到大渡河。一百多年来，这里流传着两个故事。一个是失败的惨剧，太平天国的翼王石达开兵败大渡河边，三军将士，惨遭杀戮，血流成河。二是七十余年前，红军将士强渡大渡河，十八勇士视死如归，组成敢死队，打通了生死之关，赢得了战机，赢得了长征胜利的天机。

2008年，在汶川抗震中又出现了十五勇士，他们在五千米的高空，为了灾区人民冒死跳伞，前有英雄后有来者。我在这无枪无炮又几乎没有人烟的大渡河畔充满敬意地注目长空，注目滚滚波涛。没有当年也就没有今天，后来者，努力！

我不是诗人，但我仍要以心中的诗歌寄托我的情愫。是夜，难以入眠，拼凑八句权作七律。

天灾骤降逞狂魔，
涂炭生灵伤痛多。
家园破碎天飘泪，
九域齐心地动歌。
艰辛再建新世界，
众志收拾旧山河。
笑迎万险与千难，
翠岭青川涌碧波。

回京后教正于诗友，我已知第一句，第三句都用了一个“天”字犯重了。格律也有犯规。承蒙友人指点示范，整理如下。虽已不是拙笔独创，但诗意共赏亦是传统，友人点拨成此七律。

无情巨震逞狂魔，
涂炭生灵伤痛多。
家园破碎天飘泪，
九域齐心力挽波。
众手重建新世界，

齐心收拾好山河。

中华民族成城志，

山海滂沱正气歌。

当我问这位诗友，你的建议岂非使这首诗过于政治化和口号化。他说：“5月12日汶川地震改变了我的许多观念。当我看到胡锦涛和温家宝等党和国家领导人在地动山摇之际走进灾区指挥救人，当我看到温家宝，一滴滴的真的掉泪，我忽然意识到这些领导也是我们中的一员，正因他们这样和人民心连心，我才觉得他们很了不起。我觉得这几句诗代表了我的真情。”

毛主席说：“战争教育了人民，人民赢得了战争。”地震也教育了我们，地震不仅给我们带来损失和灾难，也使我们更加坚强。我们必定能夺取最后的胜利。

北京奥运随想录：环球盛赞开幕式，百年奥运梦成真

一

北京城是福地。

2008年中国历史上发生了几件大事，留下了许多记忆，这一切悲欢差异如此之大，有如“天上人间”。

年初南方冰雪成灾，“5·12”汶川特大地震，这两件当中的任何一件如果发生在任何一个小国家都会造成灭顶之灾。但我们是一个大国，虽然还称不

上经济大国，甚至我们这次奥运会上获得了51枚金牌，也有人说我们还称不上体育大国。因为大球、田径、自行车、游泳等项目我们都还不行。凤凰卫视的阮次山在一档节目中说：“牙买加田径得了6枚金牌，难道就算是体育大国吗？”我甚同意，但咱们不必跟别人“抬杠”。我们就是体育大国，因为我们在奥运赛场上夺金点多，夺金数大。同时，我们还是举世无双的人口大国，这点无可否认。正因为我们幅员辽阔，人口众多，再加上我们同心同德，“人心齐，泰山移”，天塌下来我们顶，地陷下去我们填，“沧海横流，方显出英雄本色”。所以，冰雪之灾我们这个大国能克服，汶川地震我们能扛住，这两大灾害，足以灭一个小国，却难撼我中华民族。我们13亿中国人一边为灾区人民做出感天动地的救助，一边擦干泪水绽放笑容举办了一届前无古人、后无来者的令世界震撼的真正无与伦比的（罗格语）奥运会。

改革开放30年了，中国人全心全意搞建设，物质财富的积累是成功举办奥运的基础。假如20年前即使机会给了我们，我们有那份心，也没这份力。风风光光，体体面面办大事、办实事得有“银子”撑着才行，借用一句老话“兵马未动，粮草先行”。办事情再勤俭也得花钱，没有钱是万万不能的。我们的举国财富是13亿人民勤勤恳恳，辛辛苦苦共同创造积累的。如果我们不是有这13亿人真办不成这么多、这么大的事。很多朋友认为人口多是一个拖累，吃饭时嫌人多了，但活儿是大家干的，所以饭要大家吃。

“人多热气高”，这话没错。我绝不认为批判马寅初是对的，但我想毛主席说的“人多力量大”也没错。试想今天泱泱13亿人口的中国，这样一个大国，谁敢看轻。13亿人本身也是个巨大的人力资源和智慧才库，当然我也坚决同意计划生育，而且响应号召只生了一个儿子。说跑题了，话说回来吧，北京是福地。

1976年唐山发生大地震，有人也称为京津唐地震。我们北京人顶风冒雨，几根竹竿搭个塑料布棚在街上住了一个月。那时的物质基础和今天没法比，不能比，但也挺过来了。

在京津唐三地，当时北京受灾是最轻的。如果这次地震没发生在汶川，而是像1976年一样，发生在北京附近，奥运会怎么办？还能办吗？还能举办得如此辉煌吗？

北京是福地，是神州大地的福地，是13亿人民的福地。

2008年全国灾害不少，但北京风调雨顺，进入6月，隔天一雨，降水量是50年来同期之最多。要是以后老这么下雨，咱们再省着点用，南水就不用北调了。

当灿烂的烟花在首都夜空如此美丽神奇地绽放，当奥林匹克之夜给我们带来惊奇、喜悦、欢歌、笑语、感动，我们的心，一句话："我爱你，北京；我爱你，中国。"百年梦想，梦幻北京。人生逢此盛世盛会，这叫幸福。

二

北京奥运会开幕式给全世界一个惊喜。

记得当年申奥有个口号："请给北京一个机会，我们将给世界一个惊喜。"细想起来，好像我们求谁似的。

人都有良心，如果凭良心说话，2008年奥运会不是北京办，哪个国家能办得这么漂亮。我不恨那些有偏见的人，我同情他们。他们缺心眼儿，再怎么捣乱，再怎么说谎，再怎么幸灾乐祸，总之，他们没辙，没招儿了。当那天，8月8日，80多位国家政要，204个国家和地区派出一万多健儿，成千上万的世界各地记者云集鸟巢。我猜开幕式把他们震惊了。而那些诅咒和想搞垮我们的人，一定特难受。这些人肯定还会继续与我们作对。列宁同志有一句话："狗在叫，军队在前进。"这句话今天看有点瑕疵，因为如今狗已是很多人的宠物了。那些"气人有笑人无"的哥们儿，好可怜哪！

中国人最厚道，不记仇，只要别再闹别扭，交个朋友多好。

话说，开幕式那叫一个棒，令我喜出望外。记得开幕式前，有一个台一个节目一个人说："对开幕式别抱太大期望，因为张艺谋搞的在希腊闭幕式上的8分钟节目，不怎么样。你认为这次能搞很好，就可能失望。"

8分钟是8分钟，就像英国这次8分钟一样。英国人也不满意。

但，北京奥运会开幕式让人真没得说了。让全世界想挑刺儿的都哑口无言了。当然，“文无第一”，见仁见智，如果换一拨人也还会办好。不可能不好，练两年多，投入那么多的人力、物力、财力，主要还有心力。只能成功，不会失败，也没失败那个可能。

这次开幕式最令我震撼的是点火那一幕。梦幻，真的梦幻！尤其是李宁点火。我百感交集。我认为作为一个人，一位运动员，一位体操王子，一个又曾“兵败汉城”，后来又在商场征战的斗士，这一幕是他人生的再次辉煌。我清楚记得，1988 年李宁在深圳举行告别体坛晚会，他叫我去主持，我当时也有要事，但不为别的，就为他“兵败汉城”，我才非去不可。这一段往事记入了拙作《岁月随想》中了。我那时没想到 20 年后李宁还有今天这一幕壮举。不离不弃，坚持到底。如果说整个开幕式一点毛病挑不出来，那也不是。在电视画面上，李宁手持火炬凌空跑了近四分钟，轻灵飘动五百米，但大多时候在画面上太小了，微乎其微，有时像个蚊子，画面缺少中景，中近景和坚毅豪迈的特写。再比如，场中那幅卷轴画卷，展开那么久，却缺少局部细部的近景与推拉摇移的镜头画面。我在电视机前一直想细看，但一直都没看清楚。虽然有时电视画面给的劲儿不大，但仍让中国人和全世界电视观众激动不已，这更说明开幕式本身的成功。

不过，开幕式转播不是我们央视做的，如果央视有转播机会那将会更完美。开幕式和转播的差距，使我想到王国维《人间词话》的一段文字：“李煜的词虽蓬头垢面，却不掩天姿国色”。当然这次转播也还不是蓬头垢面。

三

1908 年，张伯苓先生在天津南开中学训话时，说了这样三个意思：什么时候我们派运动员参加奥运会？什么时候我们能派一支运动队去参加奥运会拿奖牌？什么时候中国本土举办一届奥运会？一百年后的 2008 年，北京举办了真正的无与伦比的奥运会。百年梦想，终于成真。

回答第一个问题用了 24 年。刘长春只身参加了奥运会，千难万难，终于去了，但无功而返；后来又曾有一支200人的运动队去到了柏林奥运会，不但仍是无功而返，反而带回一幅漫画和一句挖苦到极点的话，漫画是担架上搭着一只鸭蛋，一句话就是“东亚病夫”。回答夺金的问题用了76年，许海峰摘得金牌。又用了整整100年我们在本土梦想成真。当灿烂辉煌的灯光焰火照亮了十万人云集的体育场，也映照在全球几十亿人的眼前。中国健儿摘金夺银犹如探囊取物。

51枚金牌，过100枚奖牌告慰我们的先辈，也昭示我们的后人，中国人将会不断地以自己的扎扎实实的勤奋努力为全世界奉献出一个又一个的惊喜、奇迹。

永不言败，永不放弃，永不停步，永远进取。

当中国男子体操队以矫健、细腻、优美、自信的动作，取得男团、男子全能和多项男单金牌时，我觉得这是中国人以真、善、美征服了世界。

四

我最喜欢的一项赛事就是体操。每当我看到体操运动员的训练、表演和比赛时，我心中都会伴有各种美好记忆的闪回。

我会想到我中学时代的美好年华，会想到在校园的课余锻炼，会想到青年业余体校的训练，会想到体操馆那熟悉的气息和特殊的声浪；会想到亲如手足的伙伴，会想到用苦和累达到身体的协调和动作的美感，会想到曾经的受伤和伙伴的关怀；会想到当我参加工作后的一天晚上，和一位体校的同学又特意走回中学校园。在寂静的夜色中，跃上那熟悉的单杠，悠起身形，享受并无尽回味着渐渐离去的无法挽回的青春年华和再度品味往日的力量时，那份欢欣、甜美与些许的惆怅……

看到本次奥运会上的体操健儿，我发自内心地为他们喝彩，在他们身上似乎又找到了我的青春梦想。他们的动作就是我当年的梦幻。因为，我没有取得过任何成绩，也没做成过哪怕一个高难度动作。我那个年月的体操国手们也没有任何一位能做出如今的高难动作。时代在前进，体育给所有人的魅力就是："更快、更高、更强！"

中国体操队的小伙子们在四年前也是"兵败雅典"，竞技运动也有运气的成分，既有超水平的犹如神助的发挥，也有不走运的莫名其妙的失误、脱手、走形、掉下器械。第28届奥运会上中国男团因失利被一些恨铁不成钢的观众称为"摔跤队"。

但仅时隔四年，还是这支队伍却为我们演绎了梦幻般的身手。

体操是美的运动。比难、比奇、比完美，而讲究的是细节。成败就在灵动、舒展、控制、准确和从头到脚的姿态的完美舒展与否。

外行看热闹、内行看门道。如今就是我在观看他（她）们的动作，如果没人讲解我也只是看热闹而已。其实1962年我解说过全国体操锦标赛，但那时的男女运动员的动作、规则、裁判评分的标准和今天比有不少差异。虽然男子六项、女子四项这个格局没有变化，但动作的难度，评分的尺度有了太多的变化。

我想，如今的任何一项器械上的高难动作在40年前能做出的话，那会技压群雄甚至疑为神人天降。

体操在观众心目中是一项视觉艺术运动。运动员要有自信的从容，舒展的身手，健美的身材和松弛自然的表情，要有在惊险、高危的动作中的那份镇定和享受这份风险的舒泰表情。

外行看热闹，也会得到惊险、神奇、微妙与领悟到美感。但一旁有人解说，有人点破迷津，说出门道解开要领，说出诀窍，那更会是拨云见雾，心领神会，美感倍增。

但难的是精到地解说和传神地讲述。

做好体操解说那要内行，不是一般的略通此道。那要求是一位行家，要把一套动作在行云流水、石破天惊的刹那，同步拆解开来，讲出门道、力道和技巧。讲出难点和绝招，讲出特长和风韵，讲出要点和评出高低，在常人看不出的环节上点出成败得失。若非有感同身受的体验，若非具有教练和裁判的水准与眼力，是无法为高难险美的动作、造型和爆发的瞬间同步讲解，也无法对世界顶尖的选手以平视的目光和同甘共苦的心态一述他们的优势与弱点，成功与失误。

而会看，看得懂，看得准，不但心中有数，还必须会讲会说。一套兔起鹘落、电光石火的动作，要在运动员完成动作的瞬间，嘴皮子跟得上那起伏跌宕的转换。还不要令人烦，要帮忙不添乱，给欣赏者的美感锦上添花。表情达意曲尽入微恰如其分。也要有人文关怀，要有体贴的仁爱，对失误不幸灾乐祸、不冷嘲热讽，以极其体贴的心态发出惋惜之声，而对成功称赞，对优美欣喜；并要一视同仁，对自己的同胞和海外选手都视作自己的伙伴，公正、平和、热情、周全，这种要求真的太难了。

有一位嘉宾解说做到了，她就是前世界冠军原八一队的体操名将马燕红。她的声音甜美、表情达意细腻、语流贯通、语感灵动，一路解说得仿佛是她在做这套动作似的，要领难度，评述生动，预判准确。马燕红令我刮目相看。

我和她仅有过一面之交。那是20世纪90年代初，十多年前，我们在香港有一次聚会。我那次去工作，恰好方舒也在香港，她告诉我，李宁也在，晚上一块聚聚。

方舒、李宁和我欢聚一堂，方舒请来被誉为紫砂皇后的赵小蝶，李宁约来一位小妹妹，赴美途经香港的队友马燕红。那一晚我们酒逢知己，开心快乐，直到夜深。当时马燕红少言寡语，但笑得很开心，第二天她将远赴大洋彼岸去过可能孤独的留学生活。我和她只相见过这一回，觉得以后肯定天各一方，相会无期。

那个晚上，她的确是怀着依依告别乡土和友人的心意与我们相聚的。到美国之后她给我来过两封信，不断提到那次聚会给她的快慰和难忘。身在异乡为异客，每思亲友倍关情。我十分理解她，但对不起，真的太抱歉了，我一拖再拖，竟直至今日都没给她回过信。但我记住、清楚记得十多年前那位小妹妹，那位世界冠军。

我真没想到她如今能在话筒前口吐莲花，声情并茂地出色解说，与香港之夜的那位小妹妹简直判若两人。她已成为我的同行了。所以在这次观看奥运之际，我为李宁的复出与再续辉煌和马燕红十分有特色的纯熟解说而高兴和激动。

我想到在深圳，李宁含泪告别体坛的那个夜晚；也想到香港那个夜晚，想到我们在一家日式餐厅席地而坐，说笑不停的场面。

十多年过去了，当初我们彼此祝愿前程更美好，但也没有想到过奥运会能在北京举办，也没想到会办得如此成功，更没想到我和他们在北京奥运会相聚于荧屏内外。我是一位热忱的观众，他们身在赛场，他们二位都有令人难忘的表现。

这就是本届奥运会之中，也许仅属于我的种种情结。

五

北京奥运会的巨大成功还表现在运动员来自204个国家，只惜缺文莱一国。这是历届之最。

而良好的生态环境，细微的人文关怀，住宿舒适，饭菜可口，据说有的教练已多次告诫本队选手："请各位少吃一点吧。"美食当前，让年轻人的胃口自我节制，实在太不容易了，不比练习吃苦容易。要知道仅烤鸭一道菜式，从每天三百只增加到七百只，而且是挂炉现烤。我听乒乓球赛解说中，王涛在说王皓和瑞典年逾四十的老将佩尔森那一幕半决赛"厮杀"时称，"佩尔森一顿能吃一只烤鸭。"所以，我想虽没看到有关吃的统计，但可能除素食者外，应该每个人都可能美美地尝到这美食。中国人好客，如果来宾吃得香吃得多，比我们自己吃还高兴。

当然，最重要的是比赛场馆的设施一流，这不难，难的是让场馆的氛围给运动员带来格外的好心情，才会更好地投入更好地出成绩。北京做到了，这次38项世界纪录被打破、一百多项奥运纪录被刷新，这是成功奥运的硬指标。

在世界恐怖主义活动频发的今天，我认为最值得我们高兴的是来了这么多各国政要，各地健儿，他们带来了友谊和对体育运动的贡献。毋庸讳言，世界上会有敌对和恐怖势力盯着他们。

因此，在这儿先后几十万外宾汇集之地，做到安保万无一失，事实也是如此，谈何容易！

“高高兴兴来中国，平平安安回家乡。”我们做到啦！

六

北京奥运会结束了，人们觉得太短了。

百年梦想，两次申办，筹办七年，当开幕式的壮丽灿烂犹在眼前，而转瞬之间又已在昨。

当然，任何事件无论历时多久，无论喜怒哀乐，无论盼它快快过去或是痴痴留恋，在不尽的时光中，都会转瞬即逝。

俄国诗人普希金有这样一首爱情诗：

我记得那美妙的一瞬，
在我的面前出现了你，
有如昙花一现的幻影，
有如纯洁至美的精灵。

（《给凯恩》　戈宝权译）

我对北京奥运会倒不会这么柔情似水，但对它曾带给我的几多欢喜几多激情会永久挥之不去。

北京奥运会给全世界的优秀体育健儿提供了一个大舞台，同时这些优秀的青年男女向“更快、更高、更强”冲击时的感人一幕，给我们所有的观赏者留下的都是极美的瞬间，留下了久远的振奋和永恒的感动。

在我眼前群星璀璨，但我要点评的是最让我注目的三位明星：俄罗斯的伊辛巴耶娃、美国的菲尔普斯和牙买加的博尔特。

我想很多人都会有与我一样的对这三位的赞美，但每个人的侧重点有所不同。

伊辛巴耶娃在我心中是个美丽的精灵，也是一个十分会作秀的女孩。当然，她的实力使她有资格展示自己和享受自己的凌空一跃。在女子撑竿跳的群体中，伊娃以绝对的优势高人一等，而且遗憾的是她的纪录目前还无人能及更甭说超越她。

她说："我要一厘米一厘米地破世界纪录。"她要学她的同门师兄布波卡，想什么时候破就什么时候破世界纪录。而且她有心计，她绝不一下子破一大截，弄得她也许再也无法超越自己。所以她的"更快、更高、更强"用"高"来专门形容就是一次比一次高一点儿。在来北京参赛之前，她已 23 次打破世界纪录，主要是打破自己的纪录。

在鸟巢，她实现了万众瞩目的腾飞：第 24 次打破世界纪录。从 4.95 米到 5.05 米。一共跳了 6 次，她要享受完这全过程。我相信 5.05 米她不一定有一跃成功的把握，但 4.95 米她用不着跳满 3 次。但她要跳满 3 次，此时，全场十万名观众在专注地看着她，全世界也许几十亿双电视机前的目光在紧盯着她。她知道，她也沉迷于这份荣耀之中。人生能有几次这样的机遇。她不但在冲击创纪录的一跃，她也在表演这美妙的过程。她不但享受这一刻，同时也把这种美妙的感觉送给亿万的观众分享。

以上是我揣度她的想法，但我仍要说她是有理由、有资格、有把握这样做的唯一一人。

就像我们人人都有可能端起一碗饭、拿起一片面包，别问我怎么咽，别管我吃几口，总之我肯定能把它吃完。也许她的撑竿跳就犹如我们吃饭一般。吃饭人人都会，而这么跳过横竿的全世界优秀选手中只有一人——伊辛巴耶娃。

她聪明，也自省。早年，她还更年轻时就说过这样一句话："我每天都经历失败。"仔细品味这句话，她是说她的练习每天都以跳不过更高而告一段落。因为她追求的是更高、还有最高。她能超越现代和自己，但她也知道高度无止境……

伊辛巴耶娃注定还要不止一次地破纪录，但她不会再给我带来惊喜了，因为注定的成功无惊喜。

菲尔普斯——可爱的美国大男孩。他超凡脱俗，令人莫名其妙。他憨厚善良，绝不傲视群英，只是一门心思破纪录夺金牌。他说本次北京奥运会上要拿八块金牌，有人怀疑。他自己来北京后，在记者会上却不再提几块金牌了。

但他神奇而似乎顺理成章地、一块一块地、摘苹果一样地把一枚枚金牌纳入囊中，人们既不好奇也不冲动，只在一旁帮他数数儿。我绝对希望他如愿以偿，因为这个纪录，是在我们面前破的，这个新纪录在我们家门口北京产生的。这也已不仅仅是这个大男孩的光荣，仿佛是我们大家共同拥有的奇迹，不必跟他争了，因为没人能战胜他。我仿佛欣赏一场秀，一场赏心悦目的演出，我甚至享受这奇迹产生的时刻。作为运动员来说，他可能是几十年、上百年才出现的一位天才，对于我来说，我十分荣幸地能在自己的土地上欣赏到这千载难逢的梦幻，是菲尔普斯给我们带来这番享受。因此，我由衷地为他高兴，为北京奥运会高兴。

还有一点是他的纯朴天真，他的讲话令我想起阿甘。让我动容的是他每次游完了，都去看台前找他妈妈。尤其是有一张照片，他妈妈高兴地抱着自己心爱的可爱的大儿子。幸福的母亲，可谓含辛茹苦把一个笨孩子培养成无人能及的世界冠军。套在菲尔普斯脖子上的八枚金牌的红色缎带犹如一件红绸背心穿在身上。

呵，我们有幸，北京奥运会带来的这个令人如醉如痴的场景，也许将成为奥运史上的绝唱。当然我希望菲尔普斯将来再创辉煌。

闪电，牙买加的黑色闪电。

值得大家在鸟巢期待的是仅有二百多万人口的加勒比海西北部的牙买加短跑名将，令我们大开眼界的是看到博尔特连夺100米、200米两枚金牌又同时打破这两项世界纪录。博尔特名副其实地成为目前地球上跑得最快的人。让我们记住2008年北京奥运会和在鸟巢中产生的这个奇迹。跑步不咬牙切齿却给人优美和轻松甚至飘逸的感觉，是博尔特带给我们的观感。有幸，真是有

2008 年北京奥运会现场

在“神七”发射塔前

酒泉发射基地前，央视“心连心”为“神七”发射壮行演出

幸，真是“北京将给世界一个惊喜”。

那道黑旋风，那道闪电，让我们共同感到“世界真奇妙”。

博尔特也是大男孩，在他打破200米世界纪录的时候也是他22岁生日的前夕。

“祝你生日快乐。”

鸟巢内九万人深情地唱起《生日歌》，各种语言同声歌唱，其中汉语是主声部。这响彻云霄的祈福之声不仅是带给博尔特此生最响亮的生日之歌，全场的祝福之声发自众人之心，大家也同感幸福。

我是事后才听说这一幕的，我十分感动，为我们中国人的善良、友好、宅心仁厚而几近下泪。孔子曰：“四海之内皆兄弟也。”

但愿北京奥运会是更美好、更和谐，让世界更幸福的一个闪光的起点！

神七赞

飞船腾焰入云霄，载我英豪举世骄。
出舱漫步伴天链，定轨疾驰巡鹊桥。
自古凌空常似梦，从今奔月竟如潮。
敢请嫦娥捧陈酿，桂花香满同玉瓢。

赵忠祥

作于2008年9月27日17时

“神七”发射前夕，我们“心连心”艺术团到酒泉为英雄壮行，因而对“神七”能否一切顺利多了一份牵挂。回京后在电视中看到发射成功的画面，眼含热泪，心潮澎湃，作七律一首以表衷情。当我把这首诗作，发在我的博客上，立即引发了一次较大反响。对指出我欠缺者我深表谢忱，对鼓励我继续努力者也表感谢。只是瑕疵仍存，未作修改以待时日加以完善。因为无论对错已成过去，不变的是我对我们事业的成就激动的情怀。

下篇
退休生涯：字画诗文伴我游

XIA PIAN

我的书法
我的画作
我的诗文

我的书法

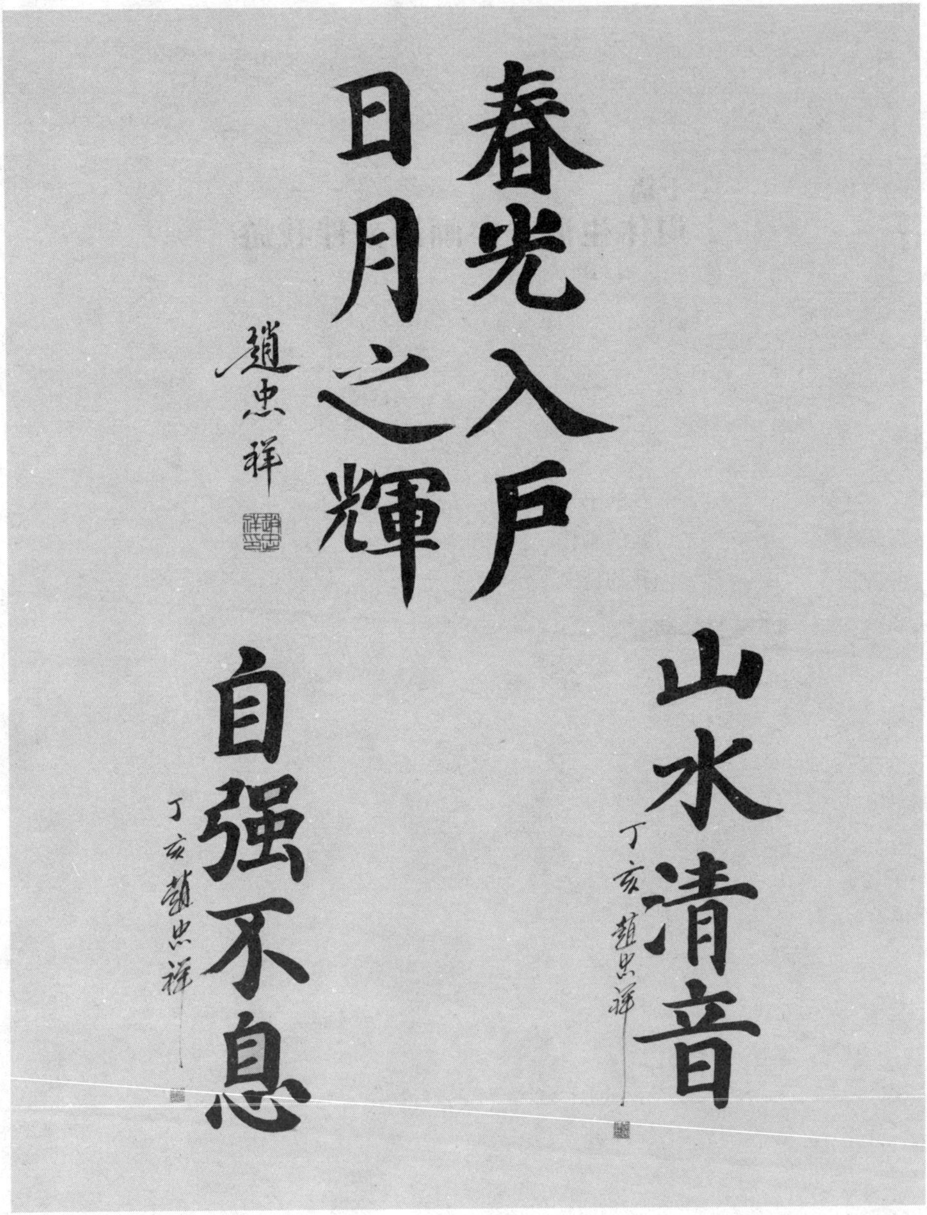

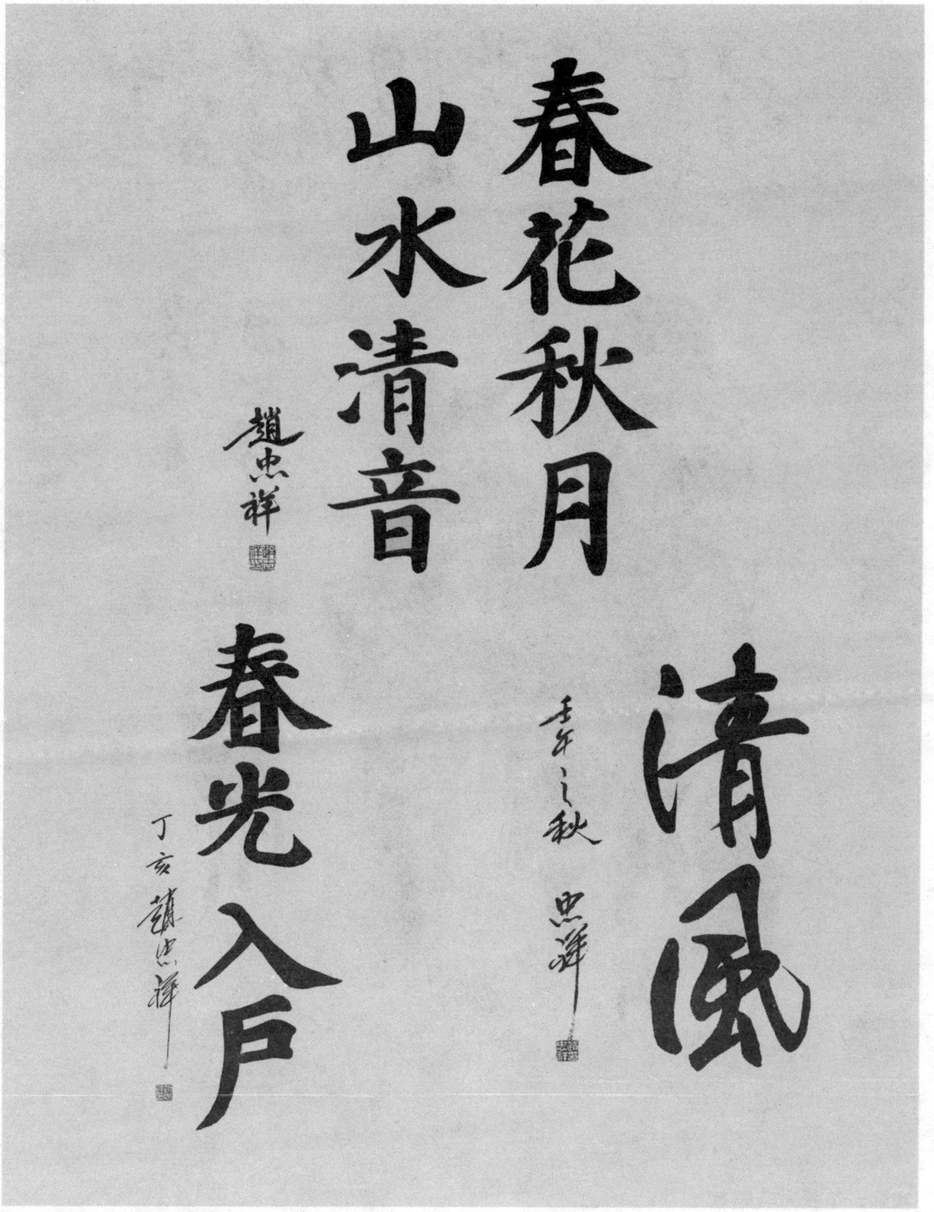
春花秋月
山水清音
趙忠祥
清風
壬午之秋 忠祥
春光入戶
丁亥 趙忠祥

我的画作

我画，范曾为我题款

黄胄、范曾和我三人合作

我与史国良合作，我画驴，他画人物外加一条狗

这是我珍藏的与黄胄的合作作品，左边的驴是我画的

2006 年秋，在青岛与范曾合作

画驴

我喜欢画骆驼，喜欢以泼墨手法作画，曾以一幅骆驼捐给《真情无限》栏目

《春潮图》

我画猪，范曾题款

《江南春曲》

2002 年，《秋声图》

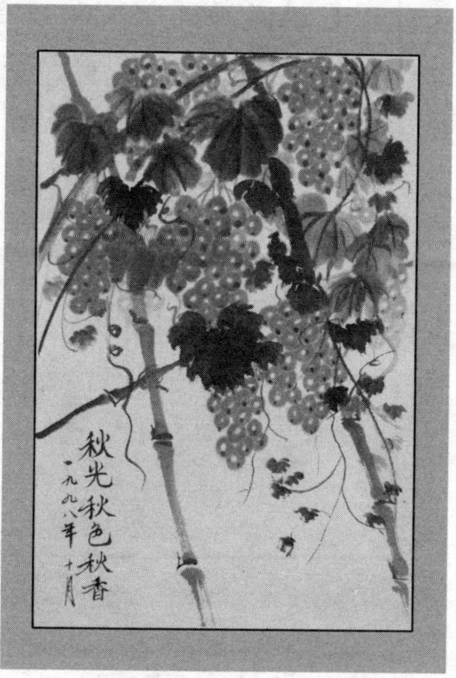

1998 年，我的习作《秋光　秋色　秋香》

画菊

画鹰

画鸡

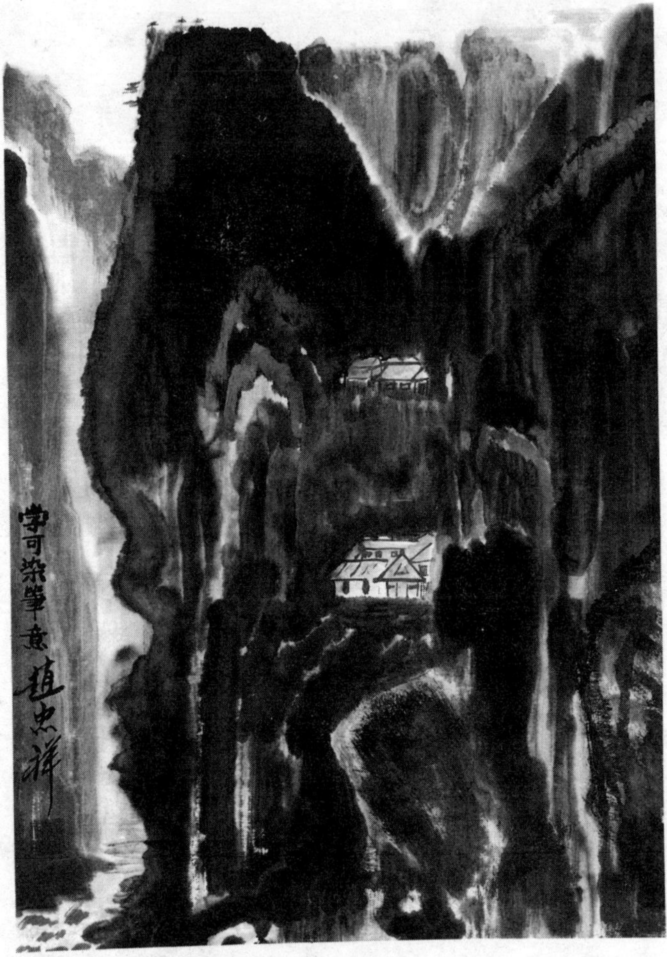

这是我迄今为止画过的唯一一张山水画

河北电视台《中华好诗词》

在《中国感动》节目现场合影

主持天津电视台《王者归来》栏目

我的诗文

七律·“神七”赞

飞船腾焰入云霄，载我英豪举世骄。
出舱漫步伴天链，定轨疾驰巡鹊桥。
自古凌空常似梦，从今奔月竞如潮。
敢请嫦娥捧陈酿，桂花香满同玉瓢。

七绝·舞林大会杂忆三首

2009年上海东方卫视力邀我主持《舞林大会》，每周往返，共飞行56次，吃力哉！

一

台上相逢皆旧游，说弹逗唱笑难休。
欣临盛会多英俊，鼓乐身姿两自由。

二

满台彩袖满台风，雨打荷塘莲叶中。
衣袂飘然弦乐起，急弹慢奏影朦胧。

三

霓虹歌舞意融融，紫燕轻旋一缕风。
曲尽眉扬红袖坠，彩霞散去浦江东。

五律·上海世博会一瞥

百年逢盛世，万里海天遥。

但觉山河艳，不知何日消。
莹光辉玉栋，华彩砌金雕。
环宇倾陈酒，邀君共一瓢。

七律·自贺新居

新居恬静似无邻，
闹市如斯颇自珍。
岁末水仙迎雅客，
春来月季伴嘉宾。
人生苦乐本无定，
世上情缘皆有因。
早在江湖藏字号，
悠游四海一闲人。

注：2008年，在我临退休之际，恰值广电总局最后一次调换住房，我居然获得搬迁新居的机会。

七律·答某卫视主持人

日前做客某卫视读书栏目，主持人问我仍读书否？我谓之曰：“鲁迅先生曾说：‘我倘能生存，我仍要学习。’”归来赋七律一首以自励。

闲居二载却繁忙，
况复平添韵语狂。
雨润含情心际暖，

墨研如梦砚台香。
青春犹肯惜朝日，
老大焉能负夕阳？
自古人间存大道，
一腔正气对苍茫。

七绝·沙尘

2010年3月20日春寒料峭，京城沙尘遮日。

春沙吹在小楼西，
鸽哨悠悠望眼迷。
飞到归云缥缈处，
可怜人世找天梯。

七绝·庚寅年春寒有感

一

春比常规暖尚遥，
去年残雪未全消。
应期嫩绿生街畔，
更盼鹅黄上柳条。

二

今年春色竟来迟，
四月槐芽未上枝。
塞外风尘弥漫日，

西南旱魃已多时。

三

东北平原春到迟，
天寒地冷误苗期。
日前哈市暴风雪，
正是西南大旱时。

注：2010年北方春寒而西南大旱。

七律·悼虎

2010年3月14日，央视四套《新闻60分》于上午8点40分前后播报一条消息：东北某野生动物园十一只虎死亡，上级已派员严查。其中击毙两只，余下皆为饿死。回想在政协期间，我提过十余年的建议，希望不再建立野生动物园，但收效甚微，皆因利益驱使，难于匡正。

已提建议十余年，
噩耗传来实可怜。
重利商人唯忘义，
无知园主敢欺天。
只求开拓新财路，
却说亲和大自然。
残害兽王天下怒，
老夫无奈作诗篇。

我从1980年12月31日起开始解说《动物世界》，至今30年矣！计2000多部（集），念文稿逾1500万字，合100多本书籍。其中万物种种，千奇百怪，备有灵性。我将继续把各个物种生境特色写入诗篇。

七律·舞林大会

晚岁诗情不减消，
跨江重过外滩桥。
楼前又见三秋近，
天际犹呈七宿遥。
欢舞流光珠佩乱，
长歌倩影羽裳飘。
只疑玉树临仙界，
却舞红绸上碧霄。

中央电视台《我要上春晚》

浙江电视台《中国梦想秀》

附录

众家评说赵忠祥

1959年，我来到中央电视台工作，而赵忠祥是1960年来的，迄今我们已经相处了数十年，感情十分深厚。原来，我一直叫他“大熊”，因为他年轻时眼睛大大的、圆圆的。当时我们几个在底下说，什么小赵、忠祥，都不好叫。既然他长的就像“熊”，又漂亮，又憨厚，那干脆跟他叫“大熊”吧，也许他自己都不知道为什么叫他“大熊”。不少人说，他是“国宝”。确实，我们的大熊猫就是国宝，他就像国宝。他除了可爱、长相好，声音也非常好。

忠祥最大的特点就是淳厚，不管是播音还是为人处世。此外，赵忠祥的性格很直爽，有时别人指责他，他从不记别人的仇，比较豁达。

他是中央电视台的主持播音的开拓者之一，也是文化底蕴十分深厚的著名主持人。他的播音风格不仅是中央电视台的播音风格，也是国家级的播音风格。他的播音字正腔圆，声音淳厚，而且在表达能力、在语句上都是非常动人的。

记得当在歌曲大奖赛的时候，郭兰英老师讲过这么一句话：有很多演员形象不错，长得很漂亮，声音也好听，就是不会唱歌。而我时常在想，现在很多主持人声音很好，长得很漂亮，就是不会主持，什么原因？

现在还有很多主持人甚至播音员，模仿港台播音员的风格，对此我不太苟同。但反过来讲，什么是主持人？什么是播音员呢？答案就是：赵忠祥。

赵忠祥受夏青老师的影响很深，他字正腔圆，很少念错字、别字；他是我们的“国脸”，是中央电视台的代表人物；他一出来，就像一台晚会定了一个基调。这就是为什么很多晚会一定要他参加的原因，因为他是中央电视台的代表。而且他正派，不媚俗，亦庄亦谐，还很多元化。不管是综艺节目还是大型专题晚会，包括《动物世界》，他能够适应不同受众的要求，这一点是很难得的。

——资深导演、中央电视台“春晚”创办者之一　邓在军

从有电视到现在，赵老师在岗位上，已坚持了数十年。他没有旁门左道，也不太跟任何领导走近，近乎不食人间烟火。遇到困难时，他都是自己处理，不会麻烦谁。

在名利场上，几乎每个人都不愿意在聚焦的时候把自己聚成虚的，一定要在焦点内，而作为主持人，就一定要在台上说最重要的话，咬最重要的尖。如此才能释放光彩，达到众星捧月的效果。我和杨澜都是如此。可是赵老师不一样，他每次上台都会后退半步，在后边衬托着我们。这一点令人十分感激。

赵老师入行时，我才刚出生，杨澜还没出生。在与他合作的 20 多年里，基本上都是他带着我们走过来的，特别是每年的春晚，重要的时间及重要的内容，他都会让出来。马上直播了，无论有什么不明白的字和词问他，他都告诉你。赵老师的厚道及文化内涵，很值得年轻人去学习。

我们应该感谢这样的时代，没有赵老师，中国的电视走不到今天，但是也别“过河拆桥”。所以我特别由衷地祝福赵老师。希望赵老师健康长寿，做一个中国电视的重新解读，再创辉煌。

——原中央电视台主持人、演员　倪萍

如果说夏青老师当年为播音员们争取了每人每月四斤鸡蛋的话，那么，赵老师不论从专业角度还是在主持人、播音员这个行业所做出的贡献，都是真正让我们各方面人士以及公众尊重的人，而不仅仅是作为一个传话筒。赵老师在中央电视台服务这么多年，理应得到这个台的珍惜，他是这个台很大的一笔财富。无论是他曾经的贡献，还是他的经验，这样一位老师是对年轻主持人最大的鼓励。

我跟赵老师二十年前曾一起主持过三年的《正大综艺》节目，当时的制片人是辛少英老师。那一年，我刚大学毕业。在跟赵老师工作的那三年里，耳濡目染，受他的影响很大，我学到了不少东西。

我一直印象很深的是，赵老师跟我说的第一句话是骂我的。那时我们在办公室首次碰面，在这之前我都不敢正眼看赵老师，因为他是我们心中的一个偶像，都在同一个办公室工作。然后他进来跟我说："你这小姑娘怎么回事啊，老艺术家到节目上，你怎么能直呼其名呢？"当时我还挺委屈的。因为制片人跟我说："我们可以开创点新的风格，直呼其名显得比较现代，比较平等，是一种新的年轻人的态度。"然后赵老师说："你别忘了，你是在中国的土地上，在我们的文化当中。"我觉得这句话突然点醒了我。后来在节目上我就做出了调整，再后来电视屏幕上一片"老师"之声，也有被滥用的倾向。

我觉得赵老师对这种中国文化的深厚的情感，还有对我们的年轻一辈主持人的影响是非常非常深的。我们其实已经很难达到赵老师当年的各种才艺了。我记得赵老师曾对我说："这一辈子都记着，艺不压身，哪怕你会翻个跟头，在节目上都能用得出来。"但是我们不可能像他那样，到公园里去练声，去学书画，去学各种各样民间的东西。但是他对于中国传统文化的尊重、好学，还有他所达到的境界，都对我们有非常深的影响。以至于后来，无论是我到国外留学，还是出席或者主持各种各样的国际的大型活动的时候，我一直记得赵老师的话。我就觉得，我要明白自己的身份和我们是从什么样的文化里出来的。

赵老师主持过很多国家的大型活动，在一个很长的历史时间当中，他代表着这个时代的声音。但我并不同意赵老师的某些观点，比如说，我不认为

“服从”是主持人最重要的品格，我认为真实是最重要的。

因为赵老师曾跟我说过：“电视是一个放大器，你要记得，你哪怕说一句谎话，你的一个漂移的眼神，所有的观众都能看见。所以哪怕你不能说某些话，你可以选择去说什么和不说什么的，但起码要做到不说那些违心的话，这是一个主持人的底线。如果你说的话连自己都不相信，你最好不要把它说出来，因为观众会看得非常清楚。”这样一些教诲，在我传媒职场的生涯当中，是刻在我的心里的。

还有一些学问，比如说怎么停顿、怎么播音、怎么化妆，赵老师对我们讲的，比很多在主持人学习班里学到的东西都重要得多。但是恰恰我们很多主持人学习班都不教这些东西。所以我认为，作为播音员和主持人，是否能经得起历史的考验，是否有这样一种对于观众的真诚以及有这样的民族的情怀是十分重要的。这样一种情怀，是在任何节目当中，都会在不自然当中流露出来。我非常感谢赵老师当年对我的这些教诲。在这之后，我虽然离开了中央电视台，也在社会当中面对着各种各样不同的境遇、挑战和挫折，但是我觉得，这样一种自我约束始终是伴我而行的。

我特别想提出的是：我们对播音主持的研究，不要再仅仅停留在所谓的语言的把握、声音的好坏、背稿的能力这样一个技巧的层面上，而要能够进入一个更深的心灵的层面。一个主持人对于国家、对于文化的认同，对于民族的一种情感，我觉得这些是真正能够发挥长时间的作用。

我非常喜欢看赵老师配音的《动物世界》。因为在20世纪70年代末80年代初，中国刚刚开始改革开放，社会逐渐开始松动，从那种僵硬的、官腔的、千人一面的语气当中，我们听到了人的声音，生命的声音。对于一个小狐狸，它刚刚生出来的时候，阳光照在它的皮毛上产生的逆光当中，我们听到赵老师那种充满了温存的声音。我觉得是对一个民族的情感的再一次启蒙。所以在《动物世界》当中看到的是人性的一个光芒。我也非常有幸跟赵老师一起主持《正大综艺》，当时这也是第一个能够让主持人自己发挥的节目。感谢辛少英导演第一个说，你们主持人可以说自己想要说的话。如果没有辛少英站在旁边，我肯定没有这样的机遇。因为她站在那里，所有的编导、制片人都非常尊重她的意见。她是第一个真正能够把编辑的功能放到主持人身上的人，而且为我们开创了这样的空间。如果没有当时辛少英的这样一个位置，编导很可能会对我们这些刚毕业的小孩说，照稿念，一个字都不许错。因为她在那儿，我们可以谈葬猪的事，可以谈骑马的事，可以谈蹦极的事。

——阳光媒体集团、阳光文化基金会董事局主席　杨澜

有时候人起名字跟一生的命运有关系。赵，我们可以谐音，肇庆那个肇、肇事也是那个肇，但忠祥本分不会肇事。他当得一个“忠”字，忠于党的电视事业，忠于主持人这个行当，甚至于忠于中央电视台。这么多年来，面对颇多诱惑，他都不为所动。

赵忠祥是中国电视的代表性人物。我曾跟我女儿说：“知道吗？这个人，赵伯伯，有中国电视就有他了，记住啊。”

尽管我们年龄差不多，但是个人之于一个单位，个人之于一个组织，首先是要忠诚。有时候难免像一个孩子一样，会有一点顽皮。主观上也好，客观上也好，忠祥都是做得很好的。他不是没有个性，只因他过去受到的“约束”太多。

接着说他这个“祥”字，人是更如其名了，他真的带给人一种祥和、慈祥、吉祥、祥瑞。不是瑞的话，能在这儿顶到现在还没有到头？那就不是一般的祥瑞了。大家都有这样的一种感觉，任何一个主持人，可能水平是这个阶层、那个阶层，这个领域、那个领域，可能有观众特别喜欢的，也有特别烦的。有的打开就不想换频道，也有一打开马上就换的。我觉得最男女皆宜、老少通吃的就是赵忠祥，他真的就是这样。而且这么多年了，没有说老了、落伍了、不合时宜了、不时髦了等，没有。他也曾试图时髦过，为什么收视率那么高？重要的原因，他要主持一个舞蹈的PK？他居然还要跳？于是我也是带着好奇去看了，令我十分佩服。

我是1995年年底进入中央电视台工作的，工作证都三千多号了。第二年春天的时候，我就要求离开，折腾四十多天，终于批了。当我从圆楼往下走的时候，接到一个电话："怎么你要走了，你干吗呀？别走啊，我都这把年纪了，再过两年就要退了。你现在是咱们'央视'最年轻的一个播音指导啊！你怎么要离开？"我说："谢谢，谢谢赵老师，已经办完了。晚了，晚了。"他真诚地挽留我，他真是特别好的一个人。

当然也有一些糗事。在电视观众眼中，赵老师是那样的。但是大家一合作了，对这个人了解了，感觉他是个优秀的人，有时候是很伟大的人，但是同时也是个很平凡的人，也有很多毛病，有些小情绪。

我们曾经一起从济南机场下飞机，奔水泊梁山。我发现司机一直偷偷地看着我俩，我都担心，你得看道啊。我们跟他聊聊，他忽然就说了一句笑话，我们不觉得怎样。司机受不了啊，"国嘴"啊，怎么这么说啊，就变成奇怪的一个眼神了。我说："师傅，您好好开车。"

还有他对艺术的钻研，那种爱好，他真是内秀的人，有很多般的情怀，不断地抒发。他不是没有原因的，他声音那么有魅力，那么有内容，那是有积累的。

每年春节的时候，或初一，或初二，我们有聚会，其中有一项。范曾画点画，写点条幅，拿来抽奖，真是老天眷顾．大部分一等奖全被他抽中了。

我记得有一次主持人说，大家觉得谁应该获得一等奖？因为我从来没有获过一等奖。大家都说："王刚！王刚！"结果一等奖还是被他抓去了。在今年的聚会上，他觉得过意不去。他说："我再抓一等奖就送给王刚。"结果他就真抓了一等奖，这下大家都说："我看你怎么办。"不能说不情愿，态度略有迟疑犹豫。我说："算了，算了。"他说："我得给你。"但是语气不坚定。最后还是范先生出来打圆场，说："算了算了，我再给王刚画一张。你不要生气啊，我给王刚画的比你那个还好。"

就是这样一个人，真的是良师益友，希望六十年、七十年的时候，我们还能欢聚一堂。

——著名演员、主持人　王刚

我在1981年到中央电视台之前，没有学过播音，是从山西来的，那时候有点“有病乱投医”。广播学院的吴郁老师我不认识，王露老师家、李刚老师家、夏青老师家、葛兰老师家，我都去过。当时赵老师家住在东大桥，我们曾经多次从广电部一起骑车回家。在路上，有时候我请教他声音怎么能耐久、体育播音应该是怎么样的状态、体育节目应该怎么主持？那时候我什么都问。我觉得赵老师已经是一位大家了，不拘形式。在短短的一段时间当中，赵老师能够一点一滴地告诉我、提示我。有时候一场转播完了之后，我问各位导演、前辈播得怎么样？赵老师说：“正平，还有上升的空间。”应该注意什么，对我来说都是受益匪浅。

1999年、2002年和2007年召开了三次全国的电视体育播音员、主持人研讨会，我们特意把赵老师请来。赵老师在这个会上都有即席发言，说得非常中肯，非常到位。他对我们体育方面的情况，包括播音员的状况了如指掌，如数家珍。

我曾经填过一个试卷，就是你最喜爱的中央电视台的播音员和主持人。当时我填的是赵忠祥老师，为什么呢？因为我觉得，赵忠祥老师是真正能够代表我们国家电视台，代表我们“央视”的旗帜式的人物、标杆式的人物。不仅是由于他播音播得好，他的大气磅礴，他的雍容华贵，他的博学多才。赵老师出书、赵老师写诗集、他能参加不同节目的主持，反映了赵老师能够与时俱进。他有开拓精神，他有这个能力。在各个领域，在他所经历和涉足的各个栏目当中，都能够表现出自己的真才实学，特别值得年轻的晚辈来学习。

我希望赵老师永葆播音青春，更能够提携我们成长，也希望赵老师出更多新的作品。

——中央电视台主持人　孙正平

赵忠祥的成长与成就，是经过数十年雨雪风霜的历练铸就的。我是这段历史的见证人，是和他一起成长，一起变老的。

赵忠祥聪明过人，有很高的悟性。当年，他作为一名18岁的中学生被选入北京电视台（即后来的中央电视台），从未接触过电视的他，能很快进入“角色”，并能扛起大旗，独当一面。当时，许多国内外的重大新闻都是通过他转播出去的。他那端庄稳重的形象，浑厚赋有磁性的声音，从一开始就奠定了中国电视播音的基调。

赵忠祥兴趣广泛，多才多艺，勤奋好学。他自从业以来，广结名士，博览群书，如饥似渴地吸纳不同学科、不同门类的学识，努力使自己成为知识渊博、学贯中西，具有深厚文化内涵的杂家，以适应电视播音主持工作特殊性的需求。同时，这也为个人的发展和成就夯实了牢固的基础。

他播新闻从容大度，气宇不凡，凭借平时练就的过硬的业务功底，能在任何紧急情况下，即使没有时间背稿，也能做到一气呵成，不出差错。他能驾驭各类访谈节目，从不拘泥于编辑提供的文字材料，而是有主见、有新意、有深度、有个性，做到厚积薄发，举重若轻。

他主持综艺节目谈笑风生，诙谐中透着智慧，娱乐中传递知识。

他参与配音的各类有分量的大型纪录片不胜枚举，风格独特，自成一体。特别是他主编并配音的《动物世界》《人与自然》声情并茂，别具一格，其声音的魅力，耐人回味，令人折服，至今难以逾越。

作为一名新闻工作者，他始终能够正确地把握舆论导向，十分难能可贵。

赵忠祥是一位敢于“吃螃蟹”并能取得骄人成绩的电视人。他是“央视”第一位男主播和主持人；是第一位进入白宫采访美国总统的中国记者；是第一位获得联合国秘书长加利褒奖的中国电视人；是第一位站在维也纳新年音乐会舞台上的中国主持人；是第一位蝉联十五届主持央视春节晚会的佼佼者；是荣获包括“五个一工程奖”在内的各类奖项最多的电视人；同时还是先后推出“岁月”三部曲的作者；他的“第一”还有很多…….

中央电视台为赵忠祥施展才华创造了最好的条件，提供了广阔的空间与平台，赵忠祥用满腔的赤诚和无私的奉献来回报央视。他为中国电视事业赢得了荣誉，在中国电视史册上书写了浓重的一笔，留下了闪光的一页。

“莫道桑榆晚，为霞尚满天。”衷心祝愿忠祥老弟认真总结过去，继续发挥余热，为我国电视播音主持事业多做贡献，再创辉煌。

——中央电视台第一位播音员　沈力

我和赵忠祥在一个办公室工作，我叫他老赵，这样显得比较亲切。我跟老赵第一次合作是在1983年2月。那是我第一次独立操作，独立当编辑，和老赵的合作给我的印象特别深刻。

那天上晚班，晚上7点开始工作，他迟到了20分钟，我当时心里特别不高兴。我说录音师都到了，你怎么能迟到呢?

我是个年轻的编辑，但是我在电视台这么多年，工作一直特别认真，所以对赵忠祥同志一点都没客气。

然后他开始对稿，试音播音。等录音师把他的声音调好了，走到录音间。他的声音一出来，我当时就震惊了。

我是1983年到的电视台，《动物世界》是在1981的12月31日开始播出的。那时候我在大学里上学呢，多次听过他的声音。到了电视台以后，我第一次跟他合作，他的声音从演播室一出来，我就感到一种震撼。本来我是一肚子气，他对我的解说词还有意见。平常他看到有解说词写得不好，还给你提，因为他见得多啊，他说怎么能这么说呢，我说就是这样说。但是他声音一出来，我的气当时就消了，完全把我给镇住了。第一次合作，可以说征服了我一辈子。

我们在一个办公室。人难免有缺点错误，人离得近了以后，不像外面一样要仰视。我们就叫他老赵，他有什么优点我们都清楚，有什么缺点我们也都清楚。但第一次合作，他这一嗓子就把我征服了。我也不懂发声，就觉得自己当时特别震撼，心里就觉得:“太棒了，太漂亮了!”因为我们不是跟他一个人合作，我们跟各个人合作的，所以他给我的印象特别深刻。

当时他不在《动物世界》，我就发现，我们送的稿子，他经常扣下。为了这个，其他人还有意见，找我提这个事。我发现他特别愿意播《动物世界》，而且跟其他的播音员比，他播得也好。

改革开放以后，电视台栏目化，他找到我，说能不能申请去播《动物世界》。我说我没意见，得请示一下主任，我们主任也没意见，这件事就这么一蹴而就。当然，这对《动物世界》肯定是大有裨益的。

1985年，《动物世界》栏目正式成立，定期播出，但是老赵连个办公桌都没有。当时他一共有三个栏目，两间办公室，但都没有他的办公桌。我就跟他说，有节目就叫你，您播完就走，没您的办公桌，没有地方，一个编辑一个桌子。他说没有关系。这就是我们刚开始的磨合过程。

后来他经常有一些外面的活动，跟我说，能不能走？我说可以，只要编辑找你，把节目安排好了，就可以。当然，这也给了他很大的发展空间。另外，我当时有一个担心，因为他的名气越来越大，我怕《动物世界》栏目过于依赖他。我就想使这个栏目播音不能光是赵忠祥老师一个人播，李扬、刘纯燕我们也可以试试。总之尽量不要依赖一个人。这是一开始，可是后来大部分都是他播。后来发现，他奠定了在《动物世界》等于是不露面的主持人。观众慢慢习惯了，我们也习惯了。这个时候，我就打消了再用其他人的想法。

有一件事老赵不知道。当时电视台有播音组，组长带着组员到白云观，找到我们，希望《动物世界》节目分给他们播。我当时就说，这个做不到。当时《动物世界》还不是一个组，只是一个栏目。因为《动物世界》，观众已经习惯他了，如果不用他播，观众会提意见。没办法，观众只认赵忠祥。1985年以前，播出是不打字幕的。老赵在不打字幕的情况下，播了好多节目，后来慢慢才开始打字幕。所以我就拒绝了他们的要求，我们做不到不用老赵解说。

老赵的工作态度很令人敬佩。我们做节目一开始，好的节目，在开头或者结尾，我会特意按照赵忠祥的播音风格来改编，实际上已经不是原文了。比如最著名的一篇，《野生动物的节日》，这是四集法国的节目，当时是辛少英翻译的。我按照画面完全改写了，完全按照赵忠祥的播音风格，按照中国人的语言韵律重新改写，还有北极熊，还有狒狒王国。我写的时候，都是按照赵忠祥的风格来写的。播到精彩片段的时候，他有一个特点，他录完了以后，自己说不行，这儿得重来一遍。他也不是特别要求跟着你走过来，但是最精彩的地方他知道，他能欣赏出来，他能感觉到这是全篇的华彩阶段，然后他要求重新播一遍。工作态度特别认真，出彩的地方一点都不松懈，一点儿都不放过。

再举一个例子，我在《动物世界》自己拍了一个片子，叫《黑顶鹤》，这是我自己拍的片子，所以非常认真。老赵播的时候，我已经很严格地要求按照那个播了。但是那天，棚里声音老调得不太好，还有几个地方处理不太好，下来以后我就一点不舒心，可能有点太苛刻了，我给老赵打一个电话。他说没事，重新录一遍，咱们换一个演播室。他自己把我的意思听明白了，马上换了一个演播室，这个片子重新播了一遍，最后《黑顶鹤》获得了全国电视片的一等奖。

我和老赵在同一间办公室，特别近，也没有感觉到他是名人，不可接触，就当成普通同志。1990 年我开车去西藏，大年三十，到了一个偏僻的地方。我们找了一个人，我提了一个要求“能不能在你家里看看电视？看春节晚会。”后来人家同意了，等于我们跟人家一家子，挤在人家那里看春节晚会。那次给我的感受特别深。当赵忠祥出来的时候，就跟在办公室不一样了，那是千里之外。你看到这个电视，你就回到了北京那种感觉。一个老乡家里，一个小电视，虽然环境也不好，但是一下子把我们和中央台拉近了。另外，我们到了西藏以后，或者到了山区拍《动物世界》，人家首先想到的是赵忠祥，这令我十分感动。因此，我对赵忠祥的认识，是通过这些观众，我们能感到他在观众心目中的地位是牢不可破的。

西藏野生动物，我拍了三年，拍完以后编了六集。我记得一边写解说词一边想着老赵念的语速，整个安排好了。但是感觉到老赵念不下来，因为当时是 1995 年了，他年纪大了。可我自己写的东西，一个字都不愿意动，连我们主任都特别客气，六集稿子只给我改了一个字。因为中国没有这方面的资料，没有人研究那里的动物，我们等于是直接拍、研究，到处搞检索，查资料。当时我就觉得，老赵年纪大了，念不下来。我就悄悄地找了两个人，都是腕儿级的，来试音，试完音以后，我就说不用了，还得用赵忠祥。赵忠祥录不下来怎么办呢？就删解说词，总之不能改变他的风格。我这辈子在电视台，自己拍的片子，全是赵忠祥解说的。但是我身在福中不知福，还想着换人，老赵根本就不知道，最后也没有换，而且是我最后忍痛删了解说词来适应他。这六集节目参加全国比赛没有获奖。当时没有颁奖，为什么呢？人家后来给我一个获奖证书，“你随便填吧，没有人跟你比。组委会盖着章的，你随便写，中国没有人跟你比”。

1995 年，我得了尿毒症，领导不想让我再干了，人家也害怕，所以我就放弃了。但是老赵一直播《动物世界》到今天，我觉得自己不如他。人家就像是长跑，我等于半途而废了。可是老赵兢兢业业，以《动物世界》为阵地，一直播到现在，退休以后还在播。就像一个长跑运动员一样，所以当你打开电视，听到赵忠祥在《动物世界》那种亲切的声音时，我是惭愧，自愧不如。

——中央电视台《动物世界》节目编导　王洋

饮水思源，这个源是我们行业的源，也是我本人的源。我在 1986 年作为观众，在现场举手上去发言，因而上了中央电视台的屏幕，主持人就是赵忠祥老师。他是我非常敬仰的老师。

这个世界上，从播音员转化为主持人的，美国有一个叫爱德华·麦克马洪，中国有一个叫赵忠祥。英国我还没有查到。一个主持人从广播时代能够直接进入电视时代，而且能跨越时代、引领时代的人，这是非常出色的。

赵忠祥老师的从业经历，已经告诉我们主持人到底要干的是什么。我一直在想，说到底，其实是要建立和呼唤一种公序良俗，我们主持人这个行当到这儿来，要从赵忠祥老师开始，为我们这个行当立一个公序良俗。

——中央电视台主持人　张泽群

我做的很多节目，因为有了赵老师的主持和配音，都获得了很大成功。

所以，我的职业生涯能够有点成绩的话，真的是和赵老师分不开的。

赵老师是1960年2月份进入中央电视台工作的，这一年的1月恰好我出生，我是我们家第一个。我爸爸说，一定要给我买一个最好的礼物。那时候电视刚刚有，我爸爸给我买的是电视。从小到大，我是看着赵老师的影像长大的，所以我一直对赵老师怀有一种崇拜的心情。当我有幸分到中央电视台工作的时候，我没有想到，能够跟从小看着电视中的这样一个长辈、这么一个崇拜的人在一个办公室工作，我真的是非常诚惶诚恐。

我1995年做过一个纪念第二次世界大战胜利四十周年纪录片，是请赵老师配音的，当时非常轰动。当时我是刚来电视台的一个黄毛丫头，也不是学历史的，也不是学纪录片的、学编导的，现在让我做我是不敢做的。但是当时不知道怎么回事，初生牛犊吧，就做了这样一个片子，我请了赵老师来配音。我到现在印象也非常深。

赵老师到了配音室，这个片子是60分钟，有很厚的解说词稿。我给了赵老师，赵老师直接推门进了配音间了。我心里想，赵老师没有看片子，也没有看过解说词，这样能行吗？但是我又一想，不合适的地方再停呗。结果赵老师进了这个门，一气呵成，从头至尾，语气等方方面面都运用得恰到好处，真的把我惊住了，没有停顿。包括控诉法西斯那一段，让我觉得，赵老师好像是跳起来了，坐那里非常气愤。

这个片子一播出，获得了很大的成功，这是赵老师的配音起了很大的作用。我当时收到很多人来信，其中有著名作家，也是当年“二战”期间在欧洲的记者萧乾老师来信，他特别说，这个片子由赵忠祥配音非常好，很有历史厚重感。我真的非常感激赵老师。

这个片子播出之前，确实很费周折的，没有人觉得能播出。台领导，包括广电部的领导，包括中宣部的领导看了都没表态。他们当时觉得片子里有一些新的历史观，因为正在改革开放，就觉得可能播不了。我们也就算了。后来有一天黄主任说：“你拿着带子陪着艾部长去中南海，总书记要审。”我不知道这是不是空前绝后的一个。当时我做完以后，陪着艾部长去了中南海，当时的总书记是胡耀邦。我想人家那么忙，哪有时间从头到尾看完，可能大概看一看，再让我们介绍一下。没想到，总书记从头到尾，一言不发，看了一遍。看完以后，他就说："我看挺好，明天就播。"他还说这个片子怎么这么好。确实，赵老师的解说真是非常有分量，而且让片子能够获得通过。

说到《正大综艺》，当时我们《正大综艺》第一年是杨澜和姜昆主持的，也是非常成功。在最后一个季度录像的时候，姜昆跟我说，他有更重要的工作，真的不能再主持了。《正大综艺》进入第二年，也应该迈上新台阶的时候，我们确实也觉得，应该找一位更好的、更有分量的主持人。当时在找赵老师之前，我们确实走过弯路。我们曾经到过各个学校，也包括还有很多尝试都经历过，但是确实不成功。在拯救《正大综艺》的关键时刻，我觉得没有第二人，只有赵老师出山，所以我们说请赵老师出来。赵老师早就功成名就。《正大综艺》这个节目不是随便一个人就能主持的，因为确实需要太多的知识，同时现场又需要反应、趣味等方方面面，要求一个很高水平的主持人，后来赵老师欣然答应了。赵老师第一次主持《正大综艺》的时候，我们就想到应该让赵老师怎么在节目中亮相。他说就用我的"第一次"吧。他就回想了他第一次来电视台，第一次录节目怎么露怯，等等。我就觉得，赵老师的很多故事都特别有意思。从赵老师进入《正大综艺》，讲了很多他第一次的故事，给我们定了一个调子，也给他的主持风格定了调子。他的历史故事、他的亲历，给节目增加了厚重感，配合杨澜的青春、朝气、时尚，效果非常好，使《正大综艺》进入黄金时代。

赵老师走南闯北，不仅在业务上，在生活上赵老师也给了我们很多帮助。另外，赵老师也很注重创作。我跟赵老师曾经去瑞士拍片，回来的解说词，赵老师看着画面，就能出口成章。我在旁边就记，非常好，很抒情，很到位，非常优美。我们去俄罗斯拍抗战胜利五十周年的特别节目的时候有一个插曲。赵老师年轻时可能学过俄语，跟特别专业的还不一样。但是赵老师在街头采访的时候，当别人用俄语说普希金的诗的时候，他居然在几十年没有用的情况下，用俄语背下来，很熟练地与对方交流。我是学英语的，几年不用英语，这个英语就要丢了。但是赵老师的记忆力，真不是一般人能及。

赵老师的厚道，不胜枚举。有一次在西安的时候，第二天录像，非常繁忙。我晚上有一个事要请教赵老师，我到他房间，没想到赵老师正趴在地上，都是让他签名的。他非常认真地一笔一笔地写，我说就算了吧，您得休息，明天还要录节目呢。赵老师说，人家也不容易。第二天早上，他把一摞子签名都给人家了。很多很多的细节，我很感动。我跟赵老师在一起工作了一段时间，一直非常敬仰赵老师，不仅在业务上，在做人上，给了我们很多启发。谢谢赵老师。

——中央电视台《正大综艺》节目第一任编导　辛少英

1993年，我刚来电视台的时候，赵老师是我的主考官之一。好像就是在那一年，我到台里，到一千平方米的演播室。没记错的话，那一年国庆晚会，是赵老师和倪萍大姐主持。这之前，我都是电视上看他们的形象，都是偶像。不光那个时候，一直到现在，我在中央电视台也不是算年轻的，也不算老同志。我一直都觉得这样的大型晚会，赵老师和倪萍大姐给我们树立了一个不可逾越的标杆。我进门口看到他们俩出现的时候，后来我们经常在那儿录像也好，看节目也好，其实不大的地方。但是1993年那一刹那，我就感觉赵忠祥和倪萍大姐距我特别遥远。我在这儿站了不到五分钟就走了，因为气场太大了，给我一种高山仰止的感觉。我来了中央电视台这么多年以后，熟悉了，情感的距离近了，所以那种感觉一点点消失，但是他们带给我的震撼一直在我的脑海里。无论文化多么多元，无论电视文艺多么丰富，赵老师和倪萍大姐带给我的震撼还一直影响到现在。

2001年的时候，我连续主持了差不多近20场的现场直播，全国青年京剧演员电视大赛，那是我来台之后的一次比较长时间担任直播的工作。快到主持完了的时候，有一次从台里后门出来，赵老师拍了我一下，说燕升不错。他一边往外走的时候一边嘱咐我几句："燕升，一定要朝着专业化主持的路子上走。"这是赵老师给我的不多的几句话之一。我一直坚守到现在，赵老师这句话起了很大的作用。

这些年来，我也邀请赵老师上过我的访谈节目，了解他年轻的时候，练声的时候，包括唱大鼓，包括他对传统艺术的热爱，包括他给我讲起了他年轻时介绍的与那些我没有见过的艺术大家的交往。我就感受到了，赵老师身上对于传统艺术的尊重和他的一种学养和情怀。此外就是赵老师的“真”，我特别有感触。每当赵老师在春节联欢晚会最后，跟倪萍大姐无数次说到，祝福我们伟大祖国风调雨顺，国泰民安的时候，其实这些都是标志性的口号式的语言，但是从赵老师和倪萍大姐口里出来，我就是觉得那么情真意切。我愿意相信他，但是如果换个主持人，我就觉得是假的。

我觉得人与人交往最终完成的就是一种托付，就是信任。那时候我为什么相信赵老师，为什么相信倪萍大姐？我觉得他们是有情怀的、有修养的，他们是真实的、真情实感的表达，所以我愿意相信他们说的一切都是真的。

我们每个主持人，不管是年老的还是年轻的，没有一个主持人希望干两三年就走的，也没有一个主持人希望观众不相信你的，但是怎么相信呢？首先要做一个真人，别端着，别装着，千万别假。你如果说假话，观众的眼睛是雪亮的。无论你说得多么流畅，包括我自己在内，很多时候，不管你自觉不自觉，愿意不愿意，也要说一些没有逻辑错误、没有语法错误的漂亮的废话，但是我们说了多少自己想说的人话？这就是我们说的真，一定要说人话。无论电视怎么变，无论电视的样式怎么变，我觉得现在我们的受众还远远没有达到“娱乐至死”的地步。我们老说“三俗”，我经常反省，我认为这“三反”不是从文艺节目当中反，也不是从演员身上反，我们首先要从自己身上反。我们做媒体的，作为一个主持人，我们身上是不是也应该清除一下“三俗”的形象，别太闷。现在很多男女主持人出来以后，我觉得眼神和表情里总是有挑逗观众的嫌疑，不真诚，不大气。

赵老师的眼神里没有攻击性，这是我们很多年轻的主持人身上缺乏的。他们非常有攻击性，那种带着功利带着火气的主持，是伤人伤己的。有很多的主持人恨不得把他们的话抢过来，把所有的词都抢过来为我所用，都带着攻击性，眼睛里看不到太多的仁爱和善良，更多的是一种攫取的欲望。我这么多年看赵老师，赵老师常说一个词叫“宅心仁厚”，我觉得赵老师就是一个宅心仁厚的主持人。无论是男主持人、女主持人，无论是老的少的，这么多年跟赵老师的交往，最多感觉的是父辈的甚至是老大哥带给你的温暖。跟赵老师在一起，私下聊天也好，包括我的困惑、一些痛苦，我愿意跟赵老师去说。这可能是赵老师带给我的无论是在主持层面上还是人格层面上的魅力所在。

赵老师的主持，体态上流露出来的是一种“拙”的气质。赵老师不会表演，不是我们经常说的风流倜傥、潇洒自如，不是。他那种就是我说的有种“拙”的气质在里面，但是我喜欢，因为他是真实的流露，不是装潇洒。所以我们说，评价一个人也好，一个演员也好，一个艺术家也好，因为我经常干这样的事儿，眼睛总是盯着所谓的舞台和所谓的荧屏，其实远远不够。离开这个所谓的荧屏，生活中的言行同样作为我们的参照，影响我们的审美。

举一个例子：濮存昕，他1996年之前演的话剧也好，影视剧也好，我觉得有千人一面的感觉。但是1996年，濮存昕演了一部电视剧，叫《英雄无悔》。我看了以后特别震撼，这是个好演员。倪萍大姐，她不是一般的演员，她是特别棒的演员。从那时候，我发现十多年的时间里，濮存昕干了什么事呢？慈善、环保，他把艾滋病的孤儿领回家同吃同住，消除了很多人对艾滋病的恐惧。所以当他做完这些和表演无关事情的时候，我再观察濮存昕的眼神里，多了很多的仁爱和善良。我再看濮存昕的戏，不再盯着他的演技去品味。赵老师，那么好的一个人，我怎么还会想着他这句话是不是合适，那句话是不是过分呢？我从来不在意这个，他在这个方面是无法超越、无法复制的。

——中央电视台主持人　白燕升

我是离赵老师最近的一个人，就住对门。我真的觉得三生有幸，第一能做赵老师的学生，第二能做赵老师的邻居，第三能吃到赵老师做的饭。

记得有一次，赵老师参加《朋友》的那期节目里，是倪萍还是杨澜说了一句话，说赵老师偏心眼，只有晓梅到他们家吃过东西，吃过馅饼。我记得当时倪萍大姐说，赵老师特别抠门，我就表示同意。大家说，你都吃了他家的东西，怎么还说他抠门呢？我说我当时吃了五个馅饼，正要吃第六个的时候，赵老师说："你怎么还吃啊？"

跟赵老师做邻居，一起工作这么长时间，他真是特别可爱又可敬的一位长辈，给了我很多指点。我虽然不像倪萍和杨澜跟他合作那么长时间，但在一些晚会上也有过合作，赵老师经常带着我。

有一次对词的时候，我非常早就把词记好了，就在旁边说了点别的事。赵老师上来就说我："你敬业一点行吗？"我说："怎么了？"他说："你看人家倪萍，拿了稿子，一直在角落里，背到节目开始，看看你。"

此后，当我再拿到稿子，我会非常注意赵老师有没有在我旁边。如果在我旁边，我就把眼睛盯在稿子上时间多一点。

赵老师非常敬业，他与晚辈以及比我还要小的晚辈在一起合作，无论是多么大的节目，无论多么小的节目，他永远和他的合作者说："我们再对一遍词吧。"不厌其烦地一遍又一遍地对。我跟一些年轻主持人合作的时候，我有时候会主动说："我们再对一遍好不好？"我的这些合作者可能就说："刚才不都对过了吗？"弄得我非常尴尬。我就经常想起来，我的这些前辈。我们这些年轻人如果在工作的时候，多一些我们长辈的这些敬业精神，他都做了数十年了，也没有一丝的不耐烦，甚至到了台口也会说："我们再来一遍吧。"这种精神、这种敬业，在我身上，我个人认为是得到一些传承了。

赵老师一直是活力无限，所以，我希望未来的时间当中，赵老师还会有新的腾飞。我觉得赵老师一定会做出更多更好的甚至能超越之前节目的新的作品来。同时，我也希望赵老师发展自己事业的同时，多分一点儿时间，把他的敬业精神和知识、经验给下一代传承下去，让更多想走到这一行，想为这一行做出贡献的年轻人能够更多地得到您的教诲和指点。

——中央电视台主持人　孙晓梅